Feedback- und Mitarbeitergespräche für Dummies

Schummelseite

DIE GRUNDREGEL: DER FEEDBACKDREIKLANG

Ein Feedback wird automatisch konstruktiv, wenn Sie den Dreiklang »Beobachtung – Wirkung – Wunsch« zum Klingen bringen:

Erster Schritt: »Ich habe beobachtet.«

Beschreiben Sie möglichst ohne Wertung, was Ihnen aufgefallen ist: »Am letzten Freitag in der Neun-Uhr-Sitzung habe ich gesehen, dass Sie mit dem Smartphone hantiert, mit den Nachbarn geredet und in der Zeitung geblättert haben.«

Zweiter Schritt: »Ich interpretiere.«

Beschreiben Sie, wie das Beobachtete auf Sie wirkt: »Das wirkt auf mich respektlos und unprofessionell.«

Dritter Schritt: »Ich wünsche/erwarte.«

Formulieren Sie Ihre Erwartung oder Ihren Wunsch an den anderen: »Ich wünsche mir einen respektvollen Umgang, ohne dass mit dem Smartphone E-Mails bearbeitet werden!«

REGELN FÜR DEN FEEDBACKGEBER

Gehen Sie von der Grundhaltung aus: »Ich bin okay, du bist okay.«

Stellen Sie sich vor, zwei Menschen schauen in die Landschaft. Der eine fertigt eine Landkarte, auf der die Wanderwege hervorgehoben werden. Der andere zeichnet eine Landkarte, auf der Landstraßen zu sehen sind. Zwei unterschiedliche Sichtweisen auf denselben Landstrich, und beide haben recht! Bezogen auf Feedback heißt das: Rückmeldungen sind ein Angebot, mehr darüber zu erfahren, wie der andere einen wahrnimmt. Es sind keine objektiven Wahrheiten und keine objektiven Werturteile.

Handeln Sie nach dem Prinzip: »Hart in der Sache, weich zur Person.«

Bleiben Sie in der Sache hart und konsequent, im Ton jedoch verbindlich und angemessen. Achten Sie deshalb darauf, die Rückmeldungen konkret und nachvollziehbar darzustellen – und konzentrieren Sie sich auf das Ziel, die Situation zu verbessern. Untermauern Sie das Feedback durch praktische Beispiele aus der gemeinsamen Arbeit, achten Sie aber darauf, ein einzelnes Beispiel nicht als Drama hochzuspielen.

Vermeiden Sie pauschale Kritik.

Pauschale Kritik anstelle konkreter Beispiele provoziert Gegenwehr und verbaut die Chance, sich konstruktiv über einzelne Verhaltensweisen oder Fehler auszutauschen. Folgen Sie stattdessen dem Feedbackdreiklang mit den Schritten Wahrnehmung, Wirkung, Wunsch (siehe oben).

Feedback- und Mitarbeitergespräche für Dummies

Schummelseite

Beschreiben – nicht bewerten.

Wer Rückmeldung gibt, beschreibt seine Wahrnehmungen und Beobachtungen – also das, was ihm am anderen aufgefallen ist. Danach beschreibt er, was diese Beobachtungen in ihm selbst auslösen: Gefühle, Empfindungen, Fragen, Überlegungen. Er fällt jedoch keine allgemeingültigen Werturteile, macht keine unbegründeten Vorwürfe und moralisiert nicht.

Stellen Sie positive Aspekte an den Anfang.

Einseitigkeit führt zu Verzerrungen. Achten Sie deshalb darauf, bei einem Feedback neben der Kritik auch die positiven Aspekte herauszustellen (sofern es Positives zurückzumelden gibt). Beginnen Sie das Feedback mit diesen positiven Aspekten. Es ist wichtig, dass sowohl der Feedbackgeber als auch der Feedbackempfänger beide Dimensionen betrachten.

Positives Feedback ist ein Zaubermittel.

Viele Führungskräfte haben das Loben verlernt. Das Ausbleiben von Kritik erscheint ihnen als Anerkennung ausreichend und wird zur geübten Praxis. Dabei wird übersehen: Loben und Anerkennen ist der effektivste Weg, um Verhalten zu beeinflussen und zu formen. Nutzen Sie diese Möglichkeit! Das Verhältnis von anerkennenden zu kritisierenden Äußerungen sollte bei fünf zu eins liegen, um ein psychologisches Gleichgewicht zu sichern und Demotivation zu verhindern.

Sprechen Sie in Ich-Form.

Beim Feedback sprechen Feedbackgeber und Feedbacknehmer für sich selbst, jeder bezieht sich auf seine eigenen Erfahrungen und Empfindungen. Das bedeutet auch, dass Sie als Feedbackgeber den Empfänger direkt und persönlich ansprechen. Hieraus ergibt sich die Regel, stets in Ich-Form zu sprechen.

Feedback sollte zeitnah erfolgen.

Da sich Feedback auf konkrete Vorkommnisse bezieht, sollte es zeitnah erfolgen. Liegt es länger zurück und schieben sich neue Ereignisse dazwischen, verblasst der emotionale Bezug zum kritisierten Ereignis – und das Feedback verliert an Wirkung.

Kein Feedback im Zorn.

Vermeiden Sie Rückmeldungen, wenn Sie emotional aufgebracht sind. Hier gilt der Grundsatz: zeitnah, aber nicht unmittelbar. Ebenso wenig ist es sinnvoll, ein Feedback zu geben, wenn Ihr Gegenüber emotional aufgebracht ist.

Feedback- und Mitarbeitergespräche für Dummies

Schummelseite

REGELN FÜR DEN FEEDBACKNEHMER

Akzeptieren Sie die disziplinarische Macht des Vorgesetzten.

Neben dem »Landkartenvergleich« kommt im beruflichen Alltag eine weitere Dimension ins Spiel, sofern es sich beim Feedbackgeber um den Vorgesetzten handelt: Sind im Feedbackgespräch die unterschiedlichen Sichtweisen geklärt, hat der Vorgesetzte das Recht, anzuordnen, welche Sichtweise für die weitere Zusammenarbeit gelten soll. Dieses Weisungsrecht ist im Arbeitsvertrag verankert.

Aktiv zuhören.

Signalisieren Sie dem Feedbackgeber, dass Sie ihm zuhören. Hierbei helfen Blickkontakt, eine zugewandte Körperhaltung, gelegentliches Nicken, immer wieder ein unterstützendes »Ja« oder »Ich verstehe«.

Zuhören heißt nicht zustimmen.

Wer kritisiert wird, reagiert schnell mit Rechtfertigungen, anstatt seinem Gegenüber so lange ruhig zuzuhören, bis er dessen Sichtweise vollständig verstanden hat. Hier hilft es, wenn Sie sich klarmachen: Zuhören heißt noch lange nicht, dass Sie zustimmen. Sie können ganz anderer Meinung sein und erhalten im zweiten Teil des Feedbackgesprächs auch die Möglichkeit, Ihre Position darzustellen. Zunächst geht es jedoch darum, die Sichtweise des anderen zu verstehen – denn dies ist die Grundbedingung für eine gelungene Kommunikation.

Tragen Sie zur Lösung bei.

Ihr Vorgesetzter ist weniger an Rechtfertigungen interessiert als daran, dass in Zukunft die Ergebnisse stimmen. Ihm geht es um die Lösung des Problems. Er wird Sie vermutlich fragen: »Wie wollen Sie das lösen? Haben Sie eine Lösungsidee?« Bereiten Sie sich auf diese Frage vor.

Bei Störungen ein »Signal« geben.

Wenn Sie sich verletzt oder durch die aktuelle Situation verunsichert fühlen, teilen Sie das dem anderen sofort mit, sodass darüber gesprochen werden kann.

Bedanken Sie sich für das Feedback.

Es bleibt Ihnen überlassen, ob Sie ein Feedback akzeptieren und Veränderungen vornehmen. In jedem Fall sollten Sie sich aber beim Feedbackgeber bedanken, weil Sie durch sein Feedback ein Stück Klarheit über Ihr eigenes Verhalten und Ihre Wirkung auf andere bekommen haben.

Feedback- und Mitarbeitergespräche für Dummies

Schummelseite

REGELN FÜR ERFOLGREICHES ONLINE-FEEDBACK

Seien Sie klar und direkt.

Beim Online-Feedback verändert sich die Mimik und Gestik. Deshalb ist es umso wichtiger, dass Sie deutlich machen, was Sie sagen wollen. Vermeiden Sie komplizierte Sätze oder Andeutungen.

Halten Sie es kurz und knackig.

Niemand will seitenlange Nachrichten lesen. Fassen Sie sich kurz, aber präzise. Wenn nötig, teilen Sie Ihr Feedback in kleinere Abschnitte auf.

Vermeiden Sie Missverständnisse.

Emojis können helfen, den Tonfall zu verdeutlichen. Wenn Sie zum Beispiel etwas freundlich meinen, fügen Sie ein Lächeln hinzu, ☺. Aber nicht übertreiben – es soll professionell bleiben!

Stellen Sie sicher, dass die Technik funktioniert.

Ob Videokonferenz oder Chat – überprüfen Sie vorher, dass Kamera, Mikrofon und Internetverbindung stabil sind. Technische Probleme lenken vom Feedback ab.

Wählen Sie den richtigen Kanal.

Nicht jedes Feedback passt in einen Chat. Besprechen Sie wichtige oder heikle Themen besser in einer Video- oder Telefonkonferenz, damit der Ton rüberkommt und Missverständnisse vermieden werden. Je emotionaler der Inhalt, umso bedeutsamer ist es, das Gespräch in Präsenz durchzuführen.

Feedback- und Mitarbeitergespräche für Dummies

Rüdiger Klepsch

Feedback- und Mitarbeitergespräche für dummies®

2. Auflage

WILEY-VCH GmbH

Feedback- und Mitarbeitergespräche für Dummies

Bibliografische Information der Deutschen Nationalbibliothek

Die Deutsche Nationalbibliothek verzeichnet diese Publikation in der Deutschen Nationalbibliografie; detaillierte bibliografische Daten sind im Internet über `http://dnb.d-nb.de` abrufbar.

2. Auflage 2025

Coverfoto: © nenetus – `stock.adobe.com`
Korrektur: Petra-Kristin Bonitz, Hemmingen
Satz: Straive, Chennai, India
Druck und Bindung:

Print ISBN: 978-3-527-72280-8
ePub ISBN: 978-3-527-85107-2

Über den Autor

Dr. Rüdiger Klepsch ist Diplom-Psychologe und seit 30 Jahren Experte für Veränderungsprozesse speziell im Medienbereich. Seine Managementberatung Dr. Klepsch & Partner bringt seit 1993 Stabilität und Sicherheit in Transformationsprozesse und sorgt für die Verknüpfung von psychologischen und betriebswirtschaftlichen Themen. Das 2009 gegründete Systemische Institut Hamburg (`www.systemisches-institut-hamburg.de`) bildet systemisch arbeitende Business Coaches und systemisch arbeitende Organisationsentwickler aus, um für die komplexen psychologischen Anforderungen des Wandels innerhalb einer Person, in Teams und in Organisationen gewappnet zu sein.

Dr. Klepsch publiziert regelmäßig Fachartikel in Fachmagazinen und Zeitschriften, unter anderem für SPIEGEL-Online als Kolumnist zur Beratung bei Problemen am Arbeitsplatz. Bevor er seine Laufbahn als Unternehmensberater startete, arbeitete er als Psychotherapeut und Supervisor in der Verhaltenstherapie-Ambulanz des Universitätsklinikums Hamburg-Eppendorf.

Auf einen Blick

Auf einen Blick

Inhaltsverzeichnis

Einführung

Feedback heißt Rückmeldung – und Rückmeldungen bestehen keineswegs nur aus dem, was andere Menschen ungefragt oder auf unsere Bitte »zurückmelden«. Feedback heißt für einen Rundfunksender, dass seine Programme gehört oder nicht gehört werden. Feedback bedeutet für ein produzierendes Unternehmen, zu erfahren, ob seine Produkte verkauft werden oder in den Regalen verstauben. Wenn Sie morgens aus dem Haus gehen, meldet Ihnen ein Kältegefühl, dass Sie doch lieber Schal und Handschuhe mitgenommen hätten. Auf dem Weg zur U-Bahn gibt Ihnen der Duft von Kaffee den Impuls, doch noch einen Kaffee to go zu kaufen. Und so geht es weiter: Noch bevor Sie das Büro erreichen, bekommen Sie zahlreiche Rückmeldungen, die Ihnen bei der Orientierung im Alltag helfen. Über zu wenig Feedback müssen Sie sich also wahrlich nicht beklagen!

Rückmeldungen, also Feedback, entweder bewusst eingesetzt oder unbewusst, durchdringen unseren Alltag. Dieses Buch behandelt einen Ausschnitt: Es konzentriert sich auf das *bewusste* Feedback, das auf Kommunikation beruht – das also durch Worte oder über Gesten, Mimik, Stimme und Stimmlagen gegeben wird. Dabei gilt eine wichtige Annahme: Es gibt nicht *die* Wahrheit! Jeder schafft sich seine Wirklichkeit. Somit gibt es so viele Wirklichkeiten, wie es Menschen gibt.

Durch Feedback ist es möglich, unterschiedliche Wirklichkeiten zu erkennen und abzugleichen. Wer eine dauerhaft produktive und erfolgreiche Zusammenarbeit mit anderen Menschen anstrebt, muss an einem solchen Vergleich der Wirklichkeiten brennend interessiert sein. Nur wenn die Selbst- und Fremdbilder der beteiligten Personen zusammenpassen, können sie reibungsarm zusammenarbeiten – und nur wenn eine gemeinsame Sicht auf die Wirklichkeit geklärt ist, steigt die Wahrscheinlichkeit einer guten Zusammenarbeit.

Feedback dient also zur Klärung des Unterschieds, sei es in der Wahrnehmung einer Sache, einer Person, eines Verhaltens zwischen zwei Personen oder zwischen einer Person und einer Gruppe. Dank technischer Möglichkeiten lässt sich Feedback zudem auch in Form von Mitarbeiterbefragungen, Kundenbefragungen, Zuschauer- oder Zuhörerbefragungen oder Befragungen von Parteimitgliedern bekommen.

Feedback ist oft unangenehm. Zwar mögen wir es, wenn uns andere loben und so bestätigen, wie wir uns selbst gern sehen wollen. Sobald Feedback jedoch kritische Hinweise enthält, frustriert es schnell. Selbst wenn es respektvoll geäußert wird, schwingt doch immer die Botschaft mit: »Ich bin beim anderen nicht so gut ankommen, wie ich dachte.« Das ist natürlich unerfreulich.

Aber wer hat gesagt, dass Feedback angenehm sein muss? Viel wichtiger ist, dass Rückmeldung etwas Wertvolles ist. Sicher, es ist eine Zumutung, aber eben doch eine nützliche Zumutung. Richtig eingesetzt, ist Feedback ein mächtiges Allzweckführungsinstrument, das es ermöglicht, Verhalten zu steuern und zielgerichtet zusammenzuarbeiten.

Konstruktives Feedback hat viele Vorteile. Es ermutigt Menschen, selbst wenn der Inhalt nicht lobend, sondern kritisch ist. Es ermöglicht Lernen, weil es bei der Fehlersuche hilft;

ebenso löst es persönliche Lernprozesse aus. Die Identifikation mit der Aufgabe, zu der man Rückmeldung erfährt, verdichtet sich. So führt häufiges Feedback im Berufsalltag zu einer erhöhten Identifikation mit der Arbeitsumgebung und der eigenen beruflichen Entwicklung. Mehr noch: Bei gelungenem Feedback verbessert sich die Beziehung zwischen Feedbackgeber und Feedbacknehmer. Wenn Ihnen jemand durch Feedback signalisiert: »Ich setze mich mit Ihnen auseinander«, hebt das Ihre Motivation – vorausgesetzt natürlich, das Feedback ist erwünscht und wird in einer Form vermittelt, dass Sie zuhören mögen.

Es ist keine gute Alternative, Feedback zu vermeiden. Wer vor der Realität die Augen verschließt, erspart sich zwar unangenehme Erkenntnisse, aber der Preis ist hoch: Wer sich der Frustration des Feedbacks entzieht, lebt nur kurzfristig komfortabler. Mit der Weigerung, über Feedback die Realität zur Kenntnis zu nehmen, steigt jedoch die Wahrscheinlichkeit, früher oder später umso heftiger mit eben dieser Realität zusammenzuprallen. Es lohnt sich also, sich mit den Regeln für ein konstruktives Feedback vertraut zu machen. Genau das ist das Ziel dieses Buches.

Über dieses Buch

Ohne Feedback befinden Sie sich im Blindflug. Bezogen auf den Arbeitsalltag könnte man sagen: Sie betreiben »Management By Surprise«. Sie wissen nicht, ob das, was Sie tun, den Erwartungen des Vorgesetzten oder der Kollegen entspricht. Umgekehrt weiß Ihr Vorgesetzter oder Kollege nicht, welche Prioritäten Sie gerade gesetzt haben und welches Ziel Sie genau ansteuern. Erst Feedback gibt die Orientierung, die Sie im Alltag, insbesondere im beruflichen Alltag, benötigen.

Hybrides Arbeiten – die Kombination aus Büroarbeit und Homeoffice – bringt besondere Herausforderungen mit sich, nicht nur, aber insbesondere auch beim Feedbackgeben. Ihnen ist bestimmt schon aufgefallen, dass es durch das Fehlen persönlicher Kommunikation und durch verzögerte oder verzerrte Signale leicht zu Missverständnissen kommen kann. Technische Barrieren machen den Austausch nicht einfacher.

Dieses Buch hilft Ihnen, die notwendigen kommunikativen Feedbackprozesse bewusst wahrzunehmen – und leitet Sie dazu an, Feedback konstruktiv und zielgerichtet einzusetzen.

Beleuchtet wird das Thema aus beiden Perspektiven – der des Feedbackgebers und der des Feedbacknehmers. Außerdem wird die Online-Perspektive für Feedbacknehmer und Feedbackgeber – wo sinnvoll – beleuchtet. Das Buch vermittelt einerseits Regeln und Verfahren, wenn Sie Rückmeldung geben und so das Verhalten Ihrer Mitarbeiter effektiver und effizienter gestalten wollen. Andererseits erfahren Sie, wie Sie Feedback entgegennehmen oder sogar aktiv einholen, um so Ihr eigenes Verhalten zu korrigieren. Dies sowohl bei Präsenz als auch bei hybriden Arbeitsbedingungen.

Die Feedbackregeln sind durchweg zukunftsorientiert. Ermutigung des anderen und Respekt vor dem anderen sind die beiden Grundpfeiler, auf denen die Hinweise dieses Buches aufbauen. Dahinter steht die Annahme, dass ein respektvoller und wertschätzender Umgang, unabhängig von der hierarchischen Zuordnung, die mächtigste, weil einflussreichste Haltung ist.

Wie Sie dieses Buch benutzen

Je nach Situation können Sie dieses Buch unterschiedlich nutzen. Wenn Sie Feedback geben wollen, stellt sich die Lage anders dar, als wenn Sie ein Feedback empfangen. Als Führungskraft haben Sie andere Probleme mit dem Feedback als in der Rolle als Mitarbeiter. Als Coach und Coachee, Trainer und Trainee sind Ihre Motive, dieses Buch zu nutzen, wieder anders.

Um diesen unterschiedlichen Anforderungen gerecht zu werden, ist das Buch so aufgebaut, dass es auch als Nachschlagewerk dienen kann. Die einzelnen Kapitel stehen für sich und können Ihnen in einzelnen Feedbacksituationen ein wertvoller Ratgeber sein. Allerdings empfehle ich Ihnen, zunächst Teil I zu lesen: Die dort dargestellten Grundlagen sind für das Verständnis von Feedback wichtig.

Sie können das Buch aber auch als abgeschlossenes Ganzes betrachten. Dann beginnen Sie mit den Grundlagen und erarbeiten sich nach und nach die unterschiedlichen Anwendungsgebiete und Techniken. So erwerben Sie ein praktisch-methodisches Rüstzeug, mit dem Sie nicht nur die wichtigsten Feedbacksituationen professionell meistern können, sondern auch in der Lage sind, in Ihrem Verantwortungsbereich eine moderne, auf gegenseitiger Wertschätzung beruhende Feedbackkultur aufzubauen.

Das Buch möchte darüber hinaus Anstoß geben, die eigene Person weiterzuentwickeln. Es wendet sich daher auch an alle, die besser werden wollen, die mit den Gegebenheiten nicht zufrieden und neugierig auf mehr sind. Das in diesem Buch vorgestellte Feedbackinstrumentarium ermöglicht es, auch sich selbst besser kennenzulernen und zu verstehen.

Konventionen in diesem Buch

Damit Sie sich besser in diesem Buch zurechtfinden, möchte ich Folgendes mit Ihnen vereinbaren:

- ✔ *Kursivdruck* verwende ich, um bestimmte Dinge hervorzuheben und auf neue Begriffe aufmerksam zu machen, die anschließend erläutert werden.
- ✔ **Fettdruck** verwende ich bei wichtigen Begriffen in gegliederten Aufzählungen.
- ✔ `Schreibmaschinenschrift` verwende ich für Webadressen.
- ✔ In grau unterlegten Kästen finden Sie interessante Informationen, die Sie sich nicht entgehen lassen sollten.

Törichte Annahmen über die Leser

Es gibt zahlreiche Bücher über Managementtechniken. Ich gehe davon aus, dass Sie kein weiteres Buch über irgendeine kompliziert klingende Managementtechnik lesen wollen. Stattdessen sind Sie daran interessiert, sich endlich einmal eingehend mit der »Mutter aller Führungstechniken« zu befassen: dem Feedback.

Ich habe ein paar Punkte aufgelistet, warum ich glaube, dass dieses Buch Sie interessiert:

- ✔ Sie möchten mehr über das Geben und Nehmen von Feedback im beruflichen Alltag erfahren.
- ✔ Sie fühlen sich beim Feedbackgeben manchmal unsicher und möchten lernen, wie Sie mit Ihren Vorgesetzten, Mitarbeitern oder Kollegen in schwierigen Feedbacksituationen besser umgehen.
- ✔ Es fällt Ihnen manchmal schwer, Feedback entgegenzunehmen – und Sie möchten wissen, wie Sie mit solchen Situationen professionell umgehen.
- ✔ Sie arbeiten ganz oder teilweise remote, was Ihnen das Feedback-Geben oder -Nehmen noch zusätzlich erschwert.
- ✔ Sie möchten sich persönlich weiterentwickeln, indem Sie Feedbacktechniken anwenden oder auf sich wirken lassen.
- ✔ Es geht Ihnen um die praktische Umsetzung im Berufsalltag. Sie sind zwar an einer theoretischen Einordnung und an einem Überblick interessiert – aber nur soweit es sinnvoll ist, um die Feedbackregeln zu verstehen und in der Praxis erfolgreich anwenden zu können.

Wie dieses Buch aufgebaut ist

Das Buch ist in sechs Teile untergliedert. Nach einem grundlegenden Teil, verbunden mit etwas Theorie, liegt der Schwerpunkt in der praktischen Umsetzung.

Teil I: Grundlagen zum Feedback

Der erste Teil führt Sie in die Grundlagen des Feedbacks ein. Sie erfahren, warum Feedback so wichtig ist und wie es funktioniert. Deutlich wird, dass es unterschiedliche Varianten gibt: anerkennendes Feedback, kritisierendes Feedback, ja sogar Situationen, in denen Feedback nicht mehr sinnvoll ist. Nach einem kurzen Ausflug in die Theorie lernen Sie die wesentlichen Regeln kennen, um einerseits konstruktiv Feedback zu geben und andererseits Feedback richtig zu empfangen. Dabei werden immer auch die Besonderheiten des remote gegebenen Feedbacks berücksichtigt.

Teil II: Feedback »von oben nach unten«: Chef beurteilt Mitarbeiter

Der zweite Teil beleuchtet die Situation, in der Sie als Vorgesetzter Ihren Mitarbeitern Rückmeldung geben möchten. Für den Führungsalltag hat ein systematisches Feedback eine enorme Bedeutung: Es gibt Ihren Mitarbeitern Orientierung, motiviert sie – und trägt so entscheidend dazu bei, die Abteilungs- oder Teamziele zu erreichen.

Der Grundgedanke dieses Feedbacks vom Vorgesetzten zum Mitarbeiter liegt darin, die für die jeweilige Situation richtige Feedbackform zu wählen. Ich stelle eine »Eskalationstreppe des Feedbacks« vor. Sie reicht vom Kurzfeedback zwischen Tür und Angel über das konstruktive Feedback, das Metafeedback und das Kritikgespräch bis hin zu Situationen, in denen kein Feedbackgespräch mehr geführt werden kann.

Teil III: Feedback »von unten nach oben«: Mitarbeiter beurteilt Chef

Auch Vorgesetzte sind nur Menschen – und Rückmeldungen können für sie nützlich und heilsam sein. Doch wie geben Sie Ihrem Chef ein Feedback, ohne dass er gleich sauer ist? Wenn Sie Ihren Chef kritisieren, bewegen Sie sich auf gefährlichem Terrain. Teil III befasst sich mit den Risiken und Gefahren des Aufwärtsfeedbacks, beleuchtet das Thema aber auch aus umgekehrter Perspektive: Wie nehmen Sie als Chef das Feedback Ihrer Mitarbeiter richtig entgegen? Und was können Sie tun, um in Ihrer Abteilung oder Ihrem Unternehmen eine konstruktive Feedbackkultur zu entwickeln?

Teil IV: Besondere Feedbacksituationen

Entwicklungsgespräche, Rückkehr -und Fehlzeitengespräche, Vertragsauflösungs- oder Kündigungsgespräche, Exit-Interviews, Leistungsbeurteilungsgespräche, Jahresmitarbeitergespräche, auch das Feedback unter Kollegen – das alles sind besondere Feedbacksituationen, die in diesem Teil herausgegriffen werden. Auch auf einige heikle Situationen, die Ihnen im Alltag immer wieder begegnen, gehe ich hier gesondert ein: Wie reagieren Sie zum Beispiel, wenn sich Mitarbeiter A bei Ihnen über Mitarbeiter B beschwert? Oder wie gehen Sie mit einem aggressiven, wie mit einem aufdringlichen Menschen um? Oder wie vermitteln Sie einem Kollegen, dass er Mundgeruch hat? Und die Besonderheiten im Homeoffice? Natürlich gibt es Herausforderungen, aber diese sind da, um gemeistert zu werden. Seien Sie direkt, klar und stellen Sie sicher, dass Ihre Botschaft ankommt. Gute Führung und damit letztendlich gute Kommunikation endet nicht an der Bürotür – sie wird in diesen Zeiten sogar noch wichtiger.

Teil V: Selbstfeedback

Im fünften Teil lernen Sie, wie Sie sich selbst Feedback geben und wie Sie aktiv Feedback einholen, um zu erfahren, wie andere Menschen Sie wahrnehmen. Gerade in einer immer komplexeren Welt ist es enorm wichtig, sich selbst, seine Bedürfnisse und seine eigene innere Haltung genau zu kennen – denn das ist die Grundlage, um die eigene Persönlichkeit weiterzuentwickeln. Selbstfeedback ist ein Weg, die eigenen Schwachstellen oder »blinden Flecken« auszuleuchten und so sich selbst besser kennenzulernen.

Teil VI: Der Top-Ten-Teil

Im Top-Ten-Teil erhalten Sie praktische Tipps in komprimierter Form. Sie erfahren die häufigsten Fehler beim Feedback und bei Mitarbeitergesprächen. Außerdem finden Sie hier kurz zusammengefasst die besten Tipps zum Umgang mit negativem Feedback – und schließlich einen Test, der Ihnen hilft, die wichtigsten Aspekte dieses Buches zu rekapitulieren. Selbstverständlich gibt es auch praktische Tipps für das Arbeiten am Monitor.

Symbole, die in diesem Buch verwendet werden

Im Verlauf des Buches begegnen Ihnen immer wieder Symbole, die Ihnen helfen, bestimmte Arten von Informationen leicht zu finden.

Dieses Symbol kennzeichnet Tipps und Ratschläge, wie Sie die Effektivität Ihres Feedbacks optimieren können.

Elefanten vergessen nie, Menschen schon. Dieses Symbol weist auf Informationen hin, die Sie nicht vergessen sollten.

Dieses Symbol weist auf mögliche Probleme und Fallstricke hin.

Oft kann nur ein Beispiel einen Gedankengang richtig lebendig werden lassen. Die Beispiele im Text sind mit diesem Symbol gekennzeichnet.

Und manchmal sollen Sie auch selbst aktiv werden! Wenn Sie dieses Symbol sehen, habe ich eine kleine Übung für Sie eingebaut.

Wie es weitergeht

Nutzen Sie dieses Buch nach Lust und Laune: Vielleicht haben Sie ein wichtiges Mitarbeitergespräch oder Feedbackgespräch vor sich. Dann erfahren Sie in der Einführung, mit welchem Kapitel Sie sich darauf vorbereiten können, um aus diesem Gespräch den größten Nutzen ziehen zu können. Viele wollen sich persönlich weiterentwickeln und benötigen ein Repertoire an Begriffen und Techniken, um diese Weiterentwicklung zu steuern. Diese Leser sollten sich auf den Selbstfeedback-Teil konzentrieren. Vielleicht wollen Sie sich aber auch über die vielfältigen Möglichkeiten des Feedbacks informieren; dann kommen Sie nicht umhin, das gesamte Buch von vorn bis hinten zu lesen. Für ganz schnelle Leser sei die Schummelseite, das Stichwortverzeichnis und der Top-Ten-Teil empfohlen.

Ab diesem Punkt liegt es an Ihnen, sich über das Erkenntnisziel klar zu werden und das Leseverhalten darauf abzustimmen. Viel Spaß!

Teil I
Grundlagen zum Feedback

IN DIESEM TEIL …

Der erste Teil dieses Buches führt Sie in die Grundlagen des Feedbacks ein. Sie erfahren, warum Feedback so wichtig ist und wie es funktioniert. Zudem lernen Sie die wesentlichen Regeln kennen, um einerseits konstruktiv Feedback zu geben und andererseits Feedback richtig zu empfangen.

IN DIESEM KAPITEL

Feedback als Klärungsprozess

Sechs Feedbacksituationen

Persönlicher Nutzen von Feedback

Kapitel 1
Die wahre Bedeutung von Feedback

Auf den ersten Blick ist Feedback etwas Alltägliches. Sie erhalten Feedback, Sie geben Feedback. Ständig, bei jeder Gelegenheit. Sie finden etwas gut oder schlecht und teilen es dem anderen mit. Und umgekehrt.

Was auf den ersten Blick so banal erscheint, erweist sich bei näherem Hinsehen als höchst komplexes Thema. Mehr noch: als ein Thema mit enormer praktischer Bedeutung – für den beruflichen Erfolg ebenso wie für die eigene persönliche Entwicklung. Feedback entpuppt sich als ein Thema, das besondere Aufmerksamkeit verdient. Dieses Kapitel möchte die Augen für die Dimensionen öffnen: Es gibt einen Überblick und zeigt auf, worin die besondere Bedeutung von Feedback liegt.

Die Kernfunktion: Feedback schafft Klarheit

Feedback ist nicht nur eine Schönwetterangelegenheit, die sich im gelegentlichen Lob oder in ein paar kritischen Hinweisen zwischen Tür und Angel erschöpft. Eine Form von Feedback ist zum Beispiel auch das ernsthafte Gespräch, das Sie mit einem Mitarbeiter führen, der mit seinem Verhalten die Abteilungsziele gefährdet – etwa weil er wiederholt Termine nicht eingehalten oder wichtige Informationen nicht weitergegeben hat.

Nun steht viel auf dem Spiel, und Sie benötigen eine gute Strategie, damit das Gespräch gelingt. Zum Beispiel kann es passieren, dass dieser Mitarbeiter mit Ihrem Feedback überhaupt nicht einverstanden ist. Sie haben den Eindruck, dass er Ihre Kritik nicht einsieht. Was tun? Nun, Sie könnten jetzt Ihre Argumente wiederholen, etwas lauter und massiver, in der Hoffnung, dass er endlich kapiert, was Sie meinen. Es kann doch nicht so schwer sein?!

Eine Alternative läge darin, die Perspektive zu wechseln und ernsthaft zu versuchen, die Sichtweise des Mitarbeiters zu verstehen. In diesem Fall stellen Sie einige gezielte Fragen, um herauszufinden, wie er die Situation wahrnimmt.

Fassen Sie dann in eigenen Worten zusammen, was der andere gesagt hat, etwa in dem Tenor: »Ich möchte gern sichergehen, dass ich Sie richtig verstanden habe. Ihr Gefühl ist, dass Sie Ihre Kollegen immer korrekt informiert haben, was bei mir aber nicht angekommen ist ...«

So entsteht ein Feedbackprozess: Sie geben Rückmeldung zu dem, was Ihr Mitarbeiter gesagt hat, der hierauf reagieren kann. Dieses Hin und Her schafft zunehmend Klarheit. Das muss keineswegs heißen, dass Sie sich am Ende mit Ihrem Gegenüber einig sind. Aber die unterschiedlichen Sichtweisen liegen auf dem Tisch. Immerhin!

Wenn Sie jetzt eine Entscheidung treffen, kann der Mitarbeiter sie nachvollziehen. Er hat Ihre Position kennengelernt und weiß, dass Sie seine Sichtweise zur Kenntnis genommen haben. Damit ist die Wahrscheinlichkeit groß, dass er Ihre Entscheidung akzeptiert, etwa wenn Sie sagen: »Wir haben die Situation jetzt aus verschiedenen Blickwinkeln diskutiert und ich habe den Eindruck, dass jeder von uns weiterhin auf seiner Sichtweise besteht. Ich kann nicht sehen, dass wir jetzt aufeinander zukommen. Deshalb schlage ich vor, dass wir beide das Thema einen Monat lang beobachten und dann noch einmal ein Feedbackgespräch führen.«

Das Beispiel zeigt: Feedback schafft Klarheit, indem es die unterschiedlichen Sichtweisen ausleuchtet. Die eine Person gibt ein Feedback, die andere empfängt es – und meldet ihr Feedback zum Feedback zurück. So entsteht ein Feedbackprozess, der Schritt für Schritt die unterschiedlichen Sichtweisen offenlegt. Man fängt an, einander zu verstehen. Genau da liegt die besondere Bedeutung von Feedback: Es bietet die Möglichkeit, Unterschiede in der Wahrnehmung aufzudecken und gegenseitig sichtbar zu machen.

Diese Klarheit ist gerade im betrieblichen Zusammenhang bedeutsam. Nur wenn ein Mitarbeiter verstanden hat, was der Vorgesetzte von ihm erwartet, kann er effektiv arbeiten. Erst das regelmäßige Feedback gibt die notwendige Orientierung. Oder umgekehrt formuliert: Je weniger der Vorgesetzte seinen Mitarbeitern Rückmeldung gibt, desto größer ist die Gefahr, dass sie vom Kurs abkommen und die Abteilungs- oder Unternehmensziele verfehlt werden.

Sechs mal zwei Perspektiven von Feedback

Bei jedem Feedback gibt es zwei Beteiligte, den Feedbackgeber und den Feedbacknehmer. Oder um ein Begriffspaar aus der Kommunikationswissenschaft zu verwenden: Es gibt einen Sender und einen Empfänger. Daran anknüpfend lässt sich das »Phänomen Feedback« aus unterschiedlichen Perspektiven beschreiben:

- ✔ Als *Feedbackgeber* senden Sie eine Botschaft. Dabei gilt es, zu unterscheiden, wer der Empfänger ist. Je nachdem, ob Sie sich an Ihren Chef, einen Ihrer Mitarbeiter oder einen Kollegen richten, wählen Sie eine andere Vorgehensweise.

- Als *Feedbacknehmer* empfangen Sie eine Botschaft und müssen darauf reagieren. Wie Sie das am besten tun, hängt davon ab, wer der Sender ist – Chef, Mitarbeiter oder Kollege.

Dementsprechend lassen sich sechs typische Situationen unterscheiden: Sie geben Feedback …

- »nach unten«,
- »nach oben«,
- an eine Person auf gleicher Ebene

… oder Sie empfangen Feedback …

- »von oben«,
- »von unten« oder
- von jemandem auf Ihrer Ebene.

Alle diese Situationen können in einem hybriden (= mindestens ein Teilnehmer ist online dazugeschaltet) Setting stattfinden. Als Vorgesetzter oder Mitarbeiter werden Sie mit all diesen Varianten konfrontiert sein und benötigen jeweils ein anderes Rüstzeug, um mit der Situation richtig umzugehen – und jede davon funktioniert in Präsenz etwas anders als in einem hybriden Setting. Aber keine Angst, all diese Situationen gehe ich nun Schritt für Schritt mit Ihnen durch.

Einem Mitarbeiter Feedback geben

Wer eine konstruktive Rückmeldung geben will, muss sich die Mühe machen, sein Feedback nachvollziehbar aufzubereiten und einfühlsam zu kommunizieren – und läuft dennoch Gefahr, einen Konflikt austragen zu müssen. So ist es kein Wunder, dass viele Führungskräfte die Situation gern meiden oder hinausschieben. Dabei übersehen sie, dass das Geben von Feedback zu ihren ureigenen Führungsaufgaben zählt.

Einem Mitarbeiter Feedback geben – das ist ein erlernbares Handwerk und zugleich eine Kunstfertigkeit, an der sich ein Vorgesetztenleben lang feilen lässt. Entscheidend ist die Feedbackdosis: Wo ein kurzes Feedback zwischen Tür und Angel genügt, bedarf es keines großen Kritikgesprächs. Das hieße, mit Kanonen auf Spatzen zu schießen.

In Kapitel 4 lernen Sie eine »Eskalationstreppe des Feedbacks« kennen. Oft genügt die unterste Stufe, ein kritischer Hinweis, damit ein Mitarbeiter sein Verhalten ändert. Sollte ein solches Kurzfeedback nicht fruchten, stehen weitere Eskalationsstufen zur Verfügung. Sie reichen vom konstruktiven Feedback über das Metafeedback bis zum Kritikgespräch.

Deutlich wird: Feedback ist ein Führungsinstrument, auf dem sich virtuos spielen lässt – mal in leisen Tönen, mal mit Pauken und Trompeten.

Dem Vorgesetzten Feedback geben

Als Mitarbeiter sind Sie mit Ihrem Vorgesetzten unzufrieden und wollen ihm das auch sagen. In diesem Fall sind Sie der Sender – und möchten Ihr Anliegen »nach oben senden«. Ein solches Aufwärtsfeedback hat seine Tücken. Man weiß ja nie, wie der Chef reagiert. Und wer seine Karriere nicht gefährden will, verdirbt es sich nicht mit ihm.

Gerade Topmanager tun sich manchmal schwer, Feedback entgegenzunehmen. Anstatt ein Fehlverhalten einzuräumen, reagieren sie gekränkt. Der Dumme ist dann der Mitarbeiter, der sich getraut hat, seinem Chef ein ehrliches Feedback zu geben. Anstatt Anerkennung für seinen Mut zu bekommen, fühlt er sich bestraft. Wer will schon dieses Risiko eingehen?

Ob Sie Ihrem Chef ein negatives Feedback geben, hängt von der konkreten Situation ab und sollte in jedem Fall gut überlegt sein; Kapitel 10 gibt Ihnen hierzu die erforderliche Hilfestellung. Falsch wäre es jedoch, auf Kritik am Chef grundsätzlich zu verzichten. Wenn Sie sich zum Beispiel von Ihrem Chef nicht wertgeschätzt, nicht unterstützt oder gefördert fühlen, wirkt das auf Dauer enorm belastend. Es kann die Zusammenarbeit gefährden und Ihre Leistungsfähigkeit beeinträchtigen. Spätestens dann besteht Handlungsbedarf – und da sollten Sie die Initiative ergreifen und trotz aller Bedenken auf Ihren Vorgesetzten zugehen.

Gelingt das Feedback, können Sie damit rechnen, künftig entspannter und damit auch effektiver arbeiten zu können. Das liegt auch im Interesse des Vorgesetzten, der von einem guten Arbeitsklima ebenfalls profitiert.

Letztlich weiß auch der Vorgesetzte, dass er auf konstruktives Feedback angewiesen ist. Entscheidend ist deshalb, dass Sie das Aufwärtsfeedback richtig anpacken – auf eine Weise, die der Vorgesetzte tatsächlich als konstruktiv ansieht.

Nebenbei bemerkt: Es muss ja nicht immer Kritik sein. Sie können Ihren Chef auch mal loben – sofern Sie etwas wirklich gut finden. Alle Menschen möchten gern gelobt werden. Auch Vorgesetzte. Ein ehrlich gemeintes Lob trägt zu einer belastbaren Beziehung bei, die auch negatives Feedback verträgt.

Einem Kollegen Feedback geben

Ein Wort von Kollege zu Kollege: Diese Situation unterscheidet sich vom Feedback zwischen Vorgesetztem und Mitarbeiter vor allem in einem Punkt: Es gibt kein hierarchisches Verhältnis.

Das macht die Sache keineswegs einfacher. Wenn etwa Ihr Kollege in einem ausgefallenen, Ihnen völlig unpassend erscheinenden Outfit zur Arbeit kommt, ist das bis zu einem gewissen Grad sein Privatvergnügen. Selbst wenn Sie das Verhalten Ihres Kollegen als sehr störend empfinden, kann es besser sein, sich eine Bemerkung zu verkneifen. In vielen Fällen treffen schlicht unterschiedliche Wertvorstellungen aufeinander. Und da ist es meistens besser, diese Tatsache anzuerkennen und den anderen so zu akzeptieren, wie er ist.

Überlegen Sie genau, ob Sie ein störendes Verhalten wirklich ansprechen wollen. Je mehr Sie eine bestimmte Verhaltensweise stört, desto eher ist es angebracht, den Kollegen offen und ehrlich darauf anzusprechen. Dabei hilft es, die eigene Motivation zu hinterfragen und zu überlegen, warum Sie sein Verhalten nicht tolerieren.

Es gibt aber auch Fälle, da müssen Sie einem Kollegen Feedback geben – nämlich dann, wenn sein Verhalten Ihre Arbeitsleistung beeinträchtigt. Wenn Ihnen ein Kollege wichtige Informationen nicht weitergibt oder Termine nicht einhält, ist der Fall eindeutig: Um ein Feedbackgespräch mit diesem Kollegen kommen Sie nicht herum. Dann liegen die Dinge aber auch klar auf der Hand. Die Kritik lässt sich an einem konkreten Verhalten im Zusammenhang mit der Arbeit festmachen. Damit mischen Sie sich ganz sicher nicht in eine Privatangelegenheit ein.

Feedback vom Vorgesetzten empfangen

Nicht Sie laden zum Feedbackgespräch, sondern Ihr Vorgesetzter möchte mit Ihnen sprechen. Verständlich, wenn Ihnen die Situation erst einmal missfällt. Offenbar ist Ihr Vorgesetzter mit Ihren Leistungen unzufrieden, womöglich steht Ihre weitere Karriere auf dem Spiel. Nehmen Sie den Feedbacktermin deshalb ernst – und bereiten Sie sich darauf vor. Und bedenken Sie vor allem eines: Ihr Vorgesetzter ist weniger an Rechtfertigungen interessiert als daran, dass in Zukunft die Ergebnisse stimmen. Für das Gespräch gilt eine Grundregel: Lassen Sie den Vorgesetzten ausreden, hören Sie ihm bis zum Ende zu. Zuhören ist die Grundvoraussetzung, um die unterschiedlichen Wahrnehmungen zu erkennen und ein gemeinsames Verständnis aufzubauen.

Führt der Austausch der Fakten zu keiner einheitlichen Sichtweise, ist es nicht sinnvoll, wenn Sie dem Vorgesetzten seine Wahrnehmung ausreden wollen. Am Ende entscheidet er – und Sie müssen wohl oder übel akzeptieren, dass seine Einschätzung gilt.

Sie empfangen Feedback von einem Mitarbeiter

Machen wir uns noch einmal klar: Feedback dient der gegenseitigen Abstimmung und gibt beiden Seiten die notwendige Orientierung, um etwa ein gemeinsames Ziel auf effektive Weise zu erreichen. Schon deshalb liegt es in Ihrem Interesse, wenn Sie als Vorgesetzter ehrliches Feedback von Ihren Mitarbeitern erhalten. Das gilt umso mehr, als das Feedback eines Mitarbeiters mit einiger Wahrscheinlichkeit auf ein ernstes Problem hinweist, denn wer sich dazu durchringt, seinem Chef ein Feedback zu geben, hat in der Regel wirklich etwas zu sagen.

Wie reagieren Sie auf das Feedback eines Mitarbeiters? Wie können Sie dazu beitragen, dass es konstruktiv verläuft? Kurz zusammengefasst kommt es auf zwei Regeln an:

- ✔ Nehmen Sie das Feedback eines Mitarbeiters grundsätzlich wohlwollend entgegen, selbst wenn Ihnen die Kritik unberechtigt erscheint.
- ✔ Hören Sie aktiv zu. Zuhören heißt ja nicht, dass Sie zustimmen. Sie können vollkommen anderer Meinung sein, aber Ihren Mitarbeiter dennoch in Ruhe anhören – so lange, bis Sie seinen Standpunkt wirklich verstanden haben.

Mit dieser Haltung erreichen Sie auch, dass der Mitarbeiter sich ernst genommen fühlt. Und genau das darf er bei einem konstruktiven Feedbackprozess auch erwarten: dass Sie bereit sind, seine Sicht der Dinge zu verstehen. Wie gesagt: Das heißt noch lange nicht, dass Sie diese Sichtweise teilen. Nun ist es alles andere als selbstverständlich, dass Mitarbeiter ihren Chefs freiwillig Feedback geben.

Es kann durchaus sein, dass Sie als Vorgesetzter von Ihren Mitarbeitern keine Rückmeldungen bekommen oder das Gefühl haben, dass Sie kein ehrliches Feedback erhalten.

Wenn Sie von Ihren Mitarbeitern kein Feedback erhalten, gibt es verschiedene Möglichkeiten, den Feedbackprozess »von unten nach oben« in Gang zu bringen. Zum Beispiel können Sie Ihre Mitarbeiter zu einem Meeting zusammenrufen und das Feedback in Form eines speziellen Workshops einfordern. Ein anderer Weg ist das sogenannte Mehrebenenfeedback, das anhand eines Fragebogens systematisch Rückmeldungen einholt. Beide Varianten beschreibe ich in Kapitel 11 ausführlich.

Feedback von einem Kollegen empfangen

Bleibt noch der Fall, dass ein Kollege Ihnen Feedback gibt. Grundsätzlich gilt auch hier: Versuchen Sie, der Kritik mit Wohlwollen zu begegnen – und hören Sie zu, anstatt im Abwehrmodus zu reagieren oder sich sofort zu rechtfertigen.

Zuallererst ist es »natürlich«, sich zu rechtfertigen, da Sie vielleicht einen Fehler begangen haben und sich konfrontiert sehen. Fehler aufgezeigt bekommen wird als Bedrohung wahrgenommen und löst automatisch und reflexartig – physiologisch nachweisbar – Schutzreaktionen wach, die ein vernunftbegabtes Sich-mit-dem-Thema-Auseinandersetzen schwer machen. Es ist jedoch nicht unmöglich: Aber vielleicht es hilft Ihnen auch, sich noch einmal vor Augen zu führen, dass Ihr Erfolg im Wesentlichen vom Lernen und Ihrer Lernfähigkeit abhängt. Die Kunst, negatives Feedback anzunehmen, beginnt mit der Einstellung, aus Fehlern lernen zu wollen und zu können. So erfahren Sie in diesem Buch auch, wie Sie eine konstruktive Gelassenheit entwickeln können.

Feedback in all diesen Perspektiven, aber online

Willkommen in der wunderbaren neuen Welt der hybriden Arbeit! Falls Sie sich schon gefragt haben, warum Ihr letztes Feedbackgespräch im Homeoffice so anders verlief als im Büro, dann ist dies Ihr Moment der Erleuchtung. Hybrides Arbeiten, also die Kombination von Büropräsenz und Homeoffice, bringt eine Reihe von ganz besonderen Herausforderungen mit sich – und die machen auch vor dem Feedbackprozess nicht halt.

- ✔ **Missverständnisse vorprogrammiert**

  Eine der größten Hürden in hybriden Settings ist das Fehlen von nonverbalen Signalen. Im Büro sehen Sie, ob Ihr Gesprächspartner nervös mit dem Stift spielt, sich zurücklehnt oder Ihnen interessiert in die Augen schaut. Diese kleinen, aber feinen Hinweise auf die Stimmung und den Zustand Ihres Gegenübers fehlen oft, wenn das Feedback »von Bildschirm zu Bildschirm« erfolgt. Da kann ein neutral gemeinter

Kommentar schnell als scharfe Kritik rüberkommen – und schon haben Sie einen kleinen Konflikt, den es eigentlich nicht geben müsste.

- ✔ **Zeitversetzte Kommunikation**

  Eine weitere Herausforderung ist die zeitversetzte Kommunikation. Unterschiedliche Arbeitszeiten zwischen Teammitgliedern können dazu führen, dass Feedback nicht sofort und im Kontext der Situation gegeben wird. Das kann bedeuten, dass die Rückmeldung entweder zu spät ankommt oder in einem anderen Kontext interpretiert wird. Was im Büro direkt angesprochen wird, liegt im Homeoffice womöglich schon Stunden oder sogar Tage zurück – und hat seine Wirkung längst entfaltet.

- ✔ **Technische Hürden**

  Die Technik, unser Segen und Fluch zugleich, spielt ebenfalls eine Rolle. Schlechte Verbindungen, verpixelte Bilder oder verzögerte Audioübertragungen können die Qualität eines Feedbackgesprächs erheblich beeinträchtigen. Ein Stocken im Video-Call wird schnell als Unentschlossenheit interpretiert, und schon ist der Weg frei für Missverständnisse.

- ✔ **Das Gefühl der Isolation**

  Ein weiterer Punkt, der oft unterschätzt wird: die Isolation im Homeoffice. Mitarbeiter, die nicht regelmäßig im Büro sind, können sich leicht von der restlichen Gruppe abgeschnitten fühlen. Feedback, das im Büro unter vier Augen gut funktioniert, kann im virtuellen Raum schnell als »alleingelassen werden« empfunden werden. Hier ist es besonders wichtig, empathisch vorzugehen und sicherzustellen, dass sich niemand im virtuellen Raum verloren fühlt.

Wie meistern Sie nun diese Herausforderungen? Wie geben Sie in einem hybriden Setting dennoch effektives und konstruktives Feedback? Die folgenden Tipps werden Ihnen die Sache erleichtern:

- ✔ **Klare, direkte Kommunikation:** Sorgen Sie dafür, dass Ihre Botschaften klar und deutlich formuliert sind. Was im Büro durch den Tonfall und die Körpersprache unterstützt wird, muss im virtuellen Raum explizit gesagt werden.
- ✔ **Regelmäßige Check-ins:** Häufige, kurze Feedback-Gespräche helfen, Missverständnisse zu vermeiden, und geben dem Mitarbeiter die Möglichkeit, sich regelmäßig auszutauschen.
- ✔ **Technische Vorbereitung:** Stellen Sie sicher, dass die Technik einwandfrei funktioniert, bevor Sie in ein wichtiges Feedbackgespräch gehen. Testen Sie Kamera und Mikrofon – denn nichts ist störender als technische Pannen während eines sensiblen Gesprächs.
- ✔ **Empathie und Verständnis:** Zeigen Sie Verständnis für die besondere Situation des Gegenübers. Manchmal ist ein schlechtes Internet nicht das größte Problem – vielleicht braucht Ihr Mitarbeiter einfach nur das Gefühl, gehört zu werden.
- ✔ **Follow-up im Büro:** Nutzen Sie die Tage im Büro, um Feedbackgespräche noch einmal persönlich aufzugreifen und etwaige Missverständnisse auszuräumen.

Feedback ganz privat

Ohne Feedback agieren wir weitgehend orientierungslos. Für eine effektive Zusammenarbeit im Team, für das Erreichen der Abteilungs- oder Unternehmensziele ist das Geben und Nehmen von Feedback deshalb unabdingbar. Feedback zählt zu den wichtigsten Führungsaufgaben. Daneben hat Feedback aber auch eine private Seite: Es kann als Instrument zur persönlichen Weiterentwicklung genutzt werden.

Es gibt Eigenschaften oder Verhaltensweisen, die einem selbst nicht bewusst sind, Außenstehende aber sehr wohl sehen. Die Folge davon ist, dass Selbstbild und Fremdbild nicht übereinstimmen. Je weiter jedoch Selbstbild und Fremdbild auseinanderliegen, desto schwieriger fällt die Kommunikation mit anderen Menschen und desto weniger gelingt es, sich im Einklang mit seinem Umfeld zu bewegen und die eigenen Ziele zu erreichen.

Ziel sollte es sein, Selbst- und Fremdbild möglichst weitgehend in Einklang zu bringen. Hierzu bietet eine Feedbackstrategie die Lösung: Indem Sie auf die Rückmeldungen der anderen achten, erhalten Sie Informationen über alle jene Gewohnheiten, Vorlieben, Abneigungen oder Vorurteile, derer Sie sich bislang nicht bewusst waren.

Es kommt also darauf an, einen Feedbackprozess in eigener Sache in Gang zu bringen. Wie Sie das anstellen, erfahren Sie in den Kapiteln 15 und 16. Ein zentraler Punkt: Wenn Sie aktiv das Feedback anderer Menschen einholen, sind Sie zwar in einer Privatangelegenheit unterwegs, dennoch können Sie hierfür alle Feedbackgelegenheiten nutzen, die sich im Arbeitszusammenhang ohnehin ergeben.

Feedback ist eine Fertigkeit, die erlernt und trainiert werden kann. Nicht nur mit Blick auf die betrieblichen Ziele lohnt sich die Anstrengung: Feedback bietet auch die Chance, sich selbst besser kennenzulernen. Wer hingegen Konflikten lieber aus dem Weg geht und den Abgleich unterschiedlicher Wahrnehmungen scheut, bleibt Gefangener seiner eigenen Sichtweise. Er vergibt sich die Chance, seinen Horizont zu erweitern und sich selbst weiterzuentwickeln.

IN DIESEM KAPITEL

Sender und Empfänger von Feedback

Abgleich unterschiedlicher Wahrheiten

Grundhaltung für gutes Feedback

Kapitel 2

Das Grundprinzip von Feedback: Senden, Empfangen und Abgleichen

Was genau ist Feedback? Welche Funktion hat es in der zwischenmenschlichen Kommunikation? Welche Grundhaltung erfordert ein gutes Feedback? Dieses Kapitel legt wichtige Grundlagen. Sie lernen Zusammenhänge kennen, die Ihnen dabei helfen, die später vorgestellten Feedbackregeln zu verstehen und richtig anzuwenden.

Senden und Empfangen – wie Feedback funktioniert

Feedback bedeutet zunächst »Rückmeldung«. Das klingt einfach und banal, doch werden Sie in den folgenden Abschnitten erkennen: Feedback ist eingebettet in ein komplexes sozialpsychologisches Phänomen. Eine Person gibt Feedback, eine andere empfängt dieses Feedback – und meldet ihr Feedback zum Feedback zurück. So entstehen Feedbackschleifen, die unterschiedliche Sichtweisen offenlegen und im Idealfall ein gemeinsam getragenes Verständnis schaffen. Und genau hier zeigt sich die besondere Bedeutung von Feedback: Es ermöglicht, Unterschiede in der Wahrnehmung aufzudecken.

Woher der Begriff Feedback kommt

Der Begriff »Feedback« hat seinen Ursprung in der Kybernetik, der Lehre von den Regelungsprozessen. Zum Beispiel verfügt eine Heizungsanlage über einen Heizofen und einen Temperaturmesser. Das Thermometer meldet die Temperatur, worauf die Heizung die Leistung steigert oder drosselt. Beide Komponenten geben sich laufend Feedback – Teil A teilt Teil B die Situation mit, worauf Teil B kontinuierlich reagiert.

Auch wenn es ziemlich unpassend erscheint: In der Psychologie kam man anfänglich auf die Idee, das technische Feedback zweier Geräte auf zwischenmenschliche Prozesse zu übertragen. Dabei ist eigentlich klar, dass sich das System der sich regulierenden Maschinen davon deutlich unterscheidet, denn zwischen Menschen erfolgen Rückmeldungen nicht linear, sondern auf unterschiedlichen Ebenen gleichzeitig. Welche Wirkung das Feedback einer Person B auf die Person A hat, lässt sich nicht vorhersagen. Klar ist nur: A hat eine Wirkung auf B und B auf A – und das kontinuierlich. Doch der aus der Technik entlehnte Begriff Feedback hat sich gehalten, ja sogar etabliert. Er wird verwandt, um ein Phänomen zu beschreiben, das die zentralen Merkmale »kontinuierliche Wahrnehmung«, »Rückmeldung« und »wechselseitige Beeinflussung« umfasst.

Auf das Feedbackprinzip stieß der Psychologe Kurt Lewin 1946 im Rahmen gruppendynamischer Untersuchungen. Mit seiner Arbeitsgruppe erforschte er, was das zwischenmenschliche Zusammenleben ausmacht und normalerweise unbewusst abläuft: das Geben und Wahrnehmen von Rückmeldungen. In einem Seminar für Lehrer, Sozialarbeiter und Geschäftsleute holte er den Trainerstab und eigens eingesetzte Beobachter zusammen, um das Trainerverhalten oder auch das Gruppenverhalten aus der Beobachterperspektive zu verfolgen.

Wenn im gemeinsamen Gespräch Wahrnehmungen rückgemeldet werden, entstehen neue Wahrnehmungsebenen, die vorher nicht bewusst waren. Hieraus ergeben sich neue Gesprächsthemen, die wiederum den Arbeitsprozess auf neue Ebenen bringen können. Lewin hatte mit seiner Gruppe diesen sich selbst fortschreibenden Gruppenprozess entdeckt, der unter dem Begriff Gruppendynamik – dem Verhalten in, von und zwischen Gruppen – von nun an erforscht und analysiert wurde.

Welche Schlussfolgerung lässt sich ziehen? Feedback ist vor allem ein Instrument, um Unterschiede in der Wahrnehmung auszumachen. Das hat handfeste Vorteile:

- ✔ Im beruflichen Alltag führt permanentes Feedback dazu, Abweichungen zu erkennen und sich durch einen Prozess des Ist-Soll-Abgleichs einem gesetzten Ziel anzunähern.
- ✔ In der persönlichen Entwicklung hat das Erkennen der Wahrnehmungsunterschiede einen Wert an sich. Aus der Wahrnehmung »So kann man es auch sehen!« entwickeln sich neue Anknüpfungspunkte für das eigene Denken.

Feedback begreifen – ein wenig Theorie

Um zu begreifen, braucht man Begriffe. Wer einen Zusammenhang präzise beschreiben und verstehen möchte, benötigt eindeutige Bezeichnungen. Daher ist es sinnvoll, einen kurzen Ausflug in die Theorie zu machen. Das in Abbildung 2.1 gezeigte Kommunikationsmodell hilft, die Mechanismen des Feedbacks und die daraus abgeleiteten Feedbackregeln zu verstehen. Wenn zum Beispiel in den folgenden Kapiteln immer wieder von

»Sender« und »Empfänger« die Rede ist, dann ist es gut zu wissen, was mit diesen Begriffen gemeint ist. Sonst haben Sie womöglich einen Sendemast und ein Radiogerät vor Augen.

Gut geeignet für die Erklärung von Feedback ist das Kommunikationsmodell von Friedemann Schulz von Thun. Im Kern besagt das Modell, dass es einen Sender, einen Empfänger und eine Rückmeldeschleife gibt (siehe Abbildung 2.1).

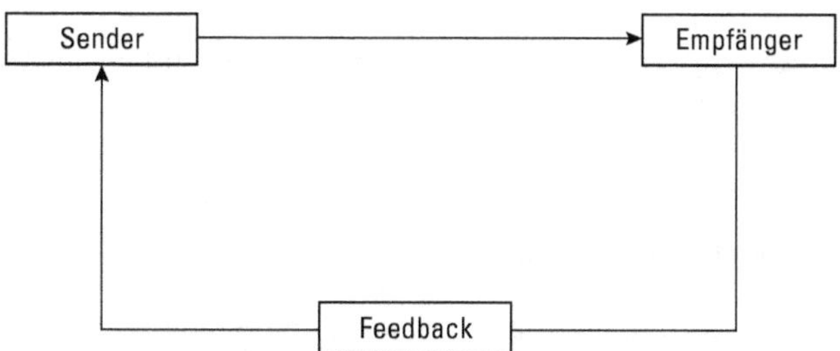

Abbildung 2.1: Vom Sender zum Empfänger zum Sender

So weit, so gut. Schulz von Thun hat Erkenntnisse der Kommunikationspsychologie aufbereitet und sein Vier-Seiten-Modell einer Nachricht (siehe Abbildung 2.2) entwickelt. Das Modell zeigt vier Aspekte der zwischenmenschlichen Kommunikation, die in jeder Botschaft, ob man will oder nicht, enthalten sind.

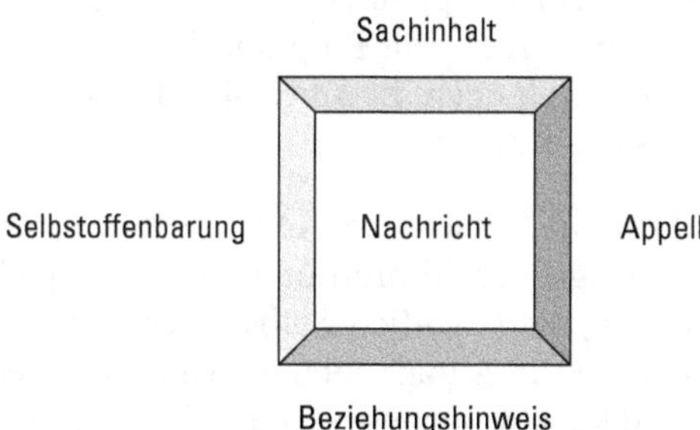

Abbildung 2.2: Vier Seiten einer Nachricht nach Friedemann Schulz von Thun

Sie kommen abends nach Hause, schauen in den Kühlschrank und sagen zu Ihrem Lebenspartner: »Du, der Wein ist alle!« Unabhängig von Ihrer tatsächlichen Absicht kann der Zuhörer nun vier unterschiedliche Aspekte heraushören oder auch nicht heraushören. Er kann auch eine Mischung aus zwei, drei oder vier Aspekten heraushören.

1. Sachinhalt

   Sender: Worüber informiere ich?

   Empfänger könnte hören: Wir haben keinen Wein mehr.

2. Selbstkundgabe/Selbstoffenbarung

   Sender: Was sage ich über mich aus?

   Empfänger könnte hören: Ich brauche Wein. (Jeden Abend? Alkoholiker?)

3. Beziehung

   Sender: Wie stehen wir zueinander?

   Empfänger könnte hören: Er stellt sich über mich und tut so, als hätte ich die Verantwortung für den Wein!

4. Appell

   Sender: Wozu möchte ich veranlassen?

   Empfänger könnte hören: Ich muss loslaufen und einkaufen!

Alle vier Aspekte beschäftigen einerseits in bewussten oder unbewussten Anteilen den Sender, werden andererseits auch bewusst oder unbewusst vom Empfänger wahrgenommen. Das macht die Sache ausgesprochen komplex. Schulz von Thun spricht von vier Schnäbeln und vier Ohren, die unterschiedlich ausgerichtet sind.

Ausgesprochen komplex – was heißt das? Jeder Sender kann sich bewusst vornehmen, über eine Sache zu informieren, eine Selbstkundgabebotschaft zu senden, seine Beziehung zum anderen auszudrücken oder an den anderen einen Appell zu richten. Das Problem ist jedoch: Der Empfänger kann unabhängig vom Sender die Empfangskanäle aktivieren und zum Beispiel nur auf einem der vier Kanäle empfangen. Es gibt daher keine Garantie, dass der Empfänger wirklich versteht, was der Sender meint.

Wenn man sich zudem vor Augen hält, dass eine Botschaft zu etwa 75 Prozent nonverbal – also mimisch, gestisch oder durch die Stimmlage und Stimmmodulation – ausgedrückt wird und nur zu ungefähr 25 Prozent über das Wort, wird deutlich: Selbst in der Alltagskommunikation herrscht ein hoher Grad an Unsicherheit. Im Alltag scheinen wir damit mehr recht als schlecht auszukommen. Tauchen aber Konflikte auf, geht es ohne Feedback und ohne Extra-Klärungsaufwand nicht mehr.

Der Sender kann nie wissen, ob der andere ihn verstanden hat. Die Bedeutung entsteht beim Empfänger. Sie müssen also erst die Antwort abwarten, um verstanden zu haben, was Sie in den Ohren des Gegenübers gesagt haben. Die Lösung des Problems liegt im Feedback, in den gegenseitigen Rückmeldungen zwischen Sender und Empfänger: Was will ich sagen? Was habe ich verstanden? Erst diese Rückmeldeschleifen schaffen ein gemeinsam getragenes Verständnis.

Feedback aus zwei Perspektiven

Wie das Kommunikationsmodell nahelegt, lässt sich Feedback aus zwei Perspektiven beschreiben: aus der Sicht des Senders, der eine Rückmeldung gibt, und aus der Sicht des Empfängers, der diese Rückmeldung erhält. Je nach Situation befindet sich jeder von uns mal in der Rolle des Senders, mal in der des Empfängers.

Als Mitarbeiter sind Sie mit Ihrem Vorgesetzten unzufrieden und wollen ihm das auch sagen. In diesem Fall sind Sie der Sender – Sie geben Feedback. Wie Sie dabei am besten vorgehen, ohne Ihren Chef zu verärgern, erfahren Sie in Teil III. Wenn dagegen Ihr Vorgesetzter Sie für etwas lobt oder kritisiert, sind Sie der Empfänger – Sie erhalten Feedback.

Es empfiehlt sich, die beiden Perspektiven auseinanderzuhalten; denn je nachdem, ob Sie Sender oder Empfänger von Feedback sind, haben Sie es mit unterschiedlichen Problemen zu tun.

- ✔ Als *Feedbackgeber* senden Sie eine Botschaft. Doch just in dem Moment, in dem Sie etwas gesagt haben, sind Sie schon nicht mehr Herr der Situation. Jetzt liegt die Angelegenheit beim Empfänger. Stellt sich die Frage: Was können Sie tun, damit Ihre Botschaft so vollständig wie möglich ankommt?
- ✔ Als *Feedbacknehmer* stehen Sie vor der Herausforderung, die Botschaft so zu verstehen, wie sie gemeint ist. Außerdem sollten Sie dem Sender ein Feedback zum Feedback geben, sprich: ihm vermitteln, dass bei Ihnen angekommen ist, was er sagen wollte. Stellt sich die Frage: Wie machen Sie es, Feedback richtig anzunehmen?

Deutlich wird, dass je nach Perspektive unterschiedliche Regeln gelten. Auf beide Situationen gehe ich in den folgenden Kapiteln ausführlich ein. Ziel ist es, dass Sie sowohl in der Rolle des Feedbackgebers als auch in der des Feedbacknehmers das Richtige tun.

Trügerische Wahrheiten: Warum Feedback so wichtig ist

Jeder Mensch nimmt seine eigene Wirklichkeit wahr – eine Wirklichkeit, die er für wahr hält, die sich aber von der Realität ebenso wie von den Wahrnehmungen anderer Menschen unterscheidet. Wie die folgenden Abschnitte zeigen, ist Feedback ein Instrument, um die Sichtweise des Gegenübers zu begreifen und sich gemeinsam den tatsächlichen Verhältnissen anzunähern.

Feedback heißt, sich der Wirklichkeit anzunähern

Wenn es heißt, jeder Mensch hat eine andere Wahrnehmung – was ist damit gemeint? Ein kleines Experiment verdeutlicht das sehr schön. Schauen Sie sich Abbildung 2.3 an: Was sehen Sie auf dem linken Feld? Klar, eine Sechs. Eigentlich eine unbestreitbare Wahrheit – sollte man meinen. Doch richten Sie Ihr Augenmerk nun auf das rechte Feld: Hier blickt eine Person von oben, also von der gegenüberliegenden Seite auf das Gebilde, das Sie soeben als eine Sechs identifiziert haben. Was sieht diese Person?

Eine Sechs oder eine Neun? Das ist hier die Frage. Zwei Wahrheiten, die aufeinanderprallen. Das Sechs-Neun-Experiment belegt eindrucksvoll eine Tatsache, die wenig geläufig ist: Jeder Mensch konstruiert seine Wirklichkeit. Die meisten Menschen gehen davon aus, dass das, was sie denken, auch die anderen so sehen – dass es *die* Wahrheit ist. Ein Trugschluss!

Abbildung 2.3: Sechs oder Neun? Je nach Sichtweise wird dieselbe Form anders wahrgenommen.

Was ist nun die Funktion von Feedback? Angenommen, der eine spricht von einer Sechs, der andere, der die Sache aus der gegenüberliegenden Perspektive sieht, beharrt auf der Neun. Streiten sich die beiden, kommt heraus, was häufig passiert: viel Ärger, aber keine Klärung.

Beherrschen die beiden jedoch die Feedbackregeln, tasten sie sich an eine Lösung heran. Das geschieht, indem sie sich über die Frage austauschen: »Welche Wirklichkeit siehst du, welche sehe ich?« So gelingt es, eine dritte Perspektive einzunehmen, die es ihnen erlaubt, zu verstehen, was der jeweils andere sieht. Damit ist zwar noch nicht geklärt, ob es sich nun im konkreten Fall um eine Sechs oder um eine Neun handelt, doch es besteht zumindest ein gegenseitiges Verständnis, von dem aus sich beide gemeinsam der Wirklichkeit annähern.

Jeder Mensch hat seine Landkarte

Nun geht es in der Realität nicht nur um eine simple Form, die sich mal als Sechs, mal als Neun interpretieren lässt. Tatsächlich haben wir es mit Unmengen an Informationen zu tun, die eine Situation ausmachen, und von denen ein Mensch nur einen begrenzten Anteil verarbeiten kann. Um lebensfähig zu sein, filtern wir nach Lebenserfahrung und Prägung. Es entsteht eine Beurteilung der Situation, aus der wir gern eine einzig mögliche Lösung ableiten. Dabei übersehen wir, dass diese Lagebeurteilung mitnichten die Realität darstellt. Vielmehr haben wir uns eine Art Landkarte geschaffen, die – wie jede Landkarte – die Wirklichkeit nur unzulänglich abbildet.

Um sich in der Welt zurechtzufinden, bildet ein Mensch innere Landkarten, deren Ausgestaltung von seinen Einstellungen, Überzeugungen und Werten abhängt. Diese Landkarten reduzieren die komplexe Realität und sind deshalb gut dazu geeignet, Orientierung zu geben. Nur: Eine innere Landkarte ist eben doch nur ein subjektiver Ausschnitt der Realität, nicht jedoch die Realität selbst. Macht man sich klar, dass jeder Mensch die Realität unterschiedlich wahrnimmt, jeder etwas anderes bedeutsam findet, so gelangt man zu einer wichtigen Erkenntnis: Jeder von uns hält seine eigene Landkarte in der Hand.

Verwechseln Sie nicht Landschaft und Landkarte! Die Landschaft ist die wirkliche Welt – alles, was ein Mensch mit seinen Sinnen wahrnehmen kann. Hingegen stellt die Landkarte nur einen subjektiven Ausschnitt der wirklichen Welt dar. Die Gefahr ist groß, die Landkarte für die allgemeingültige Realität zu halten, die auch von anderen Menschen so gesehen wird.

Die Landkarten vergleichen

Jeder handelt gemäß seiner eigenen inneren Landkarte – genau das macht die Dinge oft kompliziert und undurchsichtig. Stellen Sie sich vor: Sie kommen ins Büro, die Kollegen grüßen Sie freundlich, wie gewohnt. Doch ihr Vorgesetzter und eine Kollegin verhalten sich auffallend distanziert. Könnte das an dem Bericht liegen, den Sie gestern nicht mehr fertigstellen konnten, oder an der Zusatzaufgabe, die Sie kurzfristig der Kollegin übertragen haben? Oder interpretieren Sie die Situation falsch?

Im Alltag kommt es häufig vor, dass wir Signale empfangen, deren Bedeutung wir nicht eindeutig einschätzen können. Sie spüren vielleicht, dass »etwas nicht stimmt«, können jedoch nur vermuten, was genau hinter dem Verhalten anderer steckt – oft, weil Ihnen deren Perspektive oder Denkweise unbekannt ist. Das erschwert es, geeignete Maßnahmen zu ergreifen, um die Lage zu schärfen oder zu verbessern.

Doch ein Mangel an klaren Informationen ist kein Grund, ziellos und unsicher zu handeln. Auch wenn die objektive Wahrheit nicht vollständig erkennbar ist, können Sie sich eine Annäherung an die Realität verschaffen, die Ihnen als solide Grundlage für Entscheidungen dient. Der Begriff der »Realitätsnähe««, wie ihn der Philosoph Rupert Lay geprägt hat, beschreibt, dass unsere Gedanken und Handlungen mit der Realität übereinstimmen.

Ein bewährter Ansatz, um dies zu erreichen, ist der Abgleich unterschiedlicher Perspektiven – also der »Vergleich von Landkarten«.

Feedback dient dazu, die Landkarten zu vergleichen und aufeinander abzustimmen. Indem Sie Ihre Landkarte mit denen anderer Menschen abgleichen, nähern Sie sich der Wirklichkeit an. So können Sie die erforderliche Realitätsdichte erreichen. Im Landkartenvergleich liegt die zentrale Bedeutung von Feedback. Dieser Abgleich ist Voraussetzung, die Realität des anderen zu verstehen.

Die Bedeutung der Feedbackschleife

Feedback hat also die Funktion, einander die persönlichen Landkarten zu zeigen und sich so der Wirklichkeit anzunähern. Interessanterweise ist hierbei negatives Feedback wirkungsvoller und damit nützlicher als positives:

- ✔ Positives Feedback fühlt sich richtig gut an. Es gibt Ihnen das Gefühl, gesehen und anerkannt zu werden, und stärkt Ihr Selbstvertrauen. Doch ganz ehrlich: Es bringt Sie selten dazu, Dinge anders zu sehen oder sich weiterzuentwickeln.
- ✔ Negatives Feedback hingegen kann richtig unangenehm sein. Es ist unbequem, manchmal sogar verletzend, und fordert Sie heraus, Ihre Sichtweise zu hinterfragen. Aber genau darin liegt sein Wert: Es hilft Ihnen, sich an die Realität anzupassen und persönlich zu wachsen. Und am Ende ist es oft genau das, was Sie wirklich weiterbringt.

Um sich der Realität einigermaßen anzunähern, reicht eine einzelne Rückmeldung in aller Regel nicht aus. »Ich weiß nicht, was ich gesagt habe, bevor ich die Antwort meines Gegenübers gehört habe«, konstatierte einmal der Philosoph Paul Watzlawick. Entscheidend sind deshalb *Feedbackschleifen*, also das Feedback auf das Feedback. Um unterschiedliche Wahrnehmungen deutlich zu machen, gibt es im Grunde nur eine Möglichkeit: Initiieren Sie einen Feedbackprozess, der klärt, wie etwas gemeint war und ob es so gemeint war.

Das mag nun dramatisch klingen, auf den ersten Blick auch ein wenig realitätsfremd. Und es stimmt ja auch: Mit 35 bis 40 Prozent gemeinsamem Verständnis kommt ein Mensch gut durchs Alltagsleben, da braucht es keine großen Feedbackschleifen. Anders stellt sich die Situation jedoch dar, wenn Sie einen Konflikt lösen oder mit Ihrem Gegenüber ein Ziel vereinbaren wollen.

Um sich im Alltag zu verständigen, genügen 35 bis 40 Prozent an gemeinsamem Verständnis. Wenn Sie jedoch einen Konflikt beilegen oder ein gemeinsames Ziel erreichen wollen, benötigen Sie einen höheren Verständnisgrad.

Einen höheren Verständnisgrad erzeugen heißt: Menschen dazu führen, ihre Wirklichkeiten abzustimmen. Hierzu bedarf es zusätzlicher Feedbackschleifen. Nur so lässt sich aufdecken, dass der eine die Situation als »Sechs«, der andere als »Neun« interpretiert – und nur so lässt sich am Ende ein Konsens finden, ob es sich im konkreten Fall um eine Sechs oder um eine Neun handelt.

Der Chef entscheidet, welche Landkarte gilt

Das klingt doch gut: Man gibt sich Feedback, nähert sich der Realität an, schafft gemeinsames Verständnis – und damit die Grundlage, gemeinsam Ziele zu erreichen. Diesen Erkenntnisprozess legt das Kommunikationsmodell nahe, das, bezogen auf die Realität, jedoch einen Haken hat: Es geht von gleichberechtigten Personen aus.

Dummerweise steht diesem Idealfall sehr oft eine Außenregelung im Weg – der Arbeitsvertrag, den Sie unterschrieben haben. Darin haben Sie sich Ihrem Vorgesetzten untergeordnet, mit einer klaren Konsequenz: Im Zweifel gilt die Landkarte des Chefs. Auch wenn Sie die Cheflandkarte für falsch halten, bleibt Ihnen nichts anderes übrig, als sie zu akzeptieren.

Das ungleiche Verhältnis zwischen Ihnen und Ihrem Chef muss kein Hindernis sein, einen Feedbackprozess zu initiieren und unterschiedliche Sichtweisen zu klären. Anschließend kann der Vorgesetzte jedoch seine Sichtweise zur gültigen Wahrheit erklären, nach dem Motto: »Ich verstehe jetzt, wie Sie das sehen. Aber ich bin der Meinung, wir machen es so, wie ich es sehe.«

Der Vorgesetzte sieht eine Neun und entscheidet, gemäß der Neun zu handeln – auch wenn Sie nach wie vor überzeugt sind, dass es sich um eine Sechs handelt. Mit dieser Vorgehensweise müssen Sie sich abfinden, weil Sie einen Arbeitsvertrag unterschrieben haben, der Sie Ihrem Vorgesetzten unterordnet.

»Schön, jetzt haben wir uns verglichen«, mögen Sie nun denken. »Aber was bringt das? Mein Chef macht dann doch, was er für richtig hält!« Stimmt, er definiert, welche Wahrheit gilt. Verständlich, wenn Sie enttäuscht sind. Aber ich finde, es gibt Enttäuschungen erster Ordnung und Enttäuschungen zweiter Ordnung. Im ersten Fall knallt Ihnen der Chef etwas um die Ohren und sagt einfach nur: »So ist es, so wird es gemacht.« Im zweiten Fall erläutert er, wie er die Dinge sieht und gibt Ihnen die Möglichkeit, Ihre Sichtweise darzulegen. Wenn er am Ende doch seiner Sichtweise folgt, mag das zwar wehtun, wirkt aber bei Weitem nicht so demotivierend wie im ersten Fall. Immerhin konnten Sie die Landkarte Ihres Chefs einsehen, und er hat auch Ihre Sicht der Dinge verstanden. Hinzu kommt: Indem der Vorgesetzte entscheidet, nach welcher Landkarte verfahren wird, trägt er auch die Verantwortung. Sollte die Landkarte falsch sein, muss er seinen Kopf dafür hinhalten.

Feedback ist anstrengend, aber es lohnt sich

Viele Missverständnisse könnten vermieden werden, wenn wir offener über das sprechen würden, was wir wahrnehmen – also, wenn wir uns häufiger trauen würden, Feedback zu geben und aktiv einzuholen. Aber mal ehrlich: Wenn Feedback doch so wertvoll und hilfreich ist, warum kommt es dann so selten dazu? Was hält uns eigentlich davon ab?

Es lohnt sich, einen Moment innezuhalten und sich zu fragen, welche Gründe uns oft zurückhalten. Warum zögern wir, jemandem ehrliches Feedback zu geben? Warum vermeiden wir es, selbst danach zu fragen? Schauen Sie sich einmal genauer an, was Menschen davon abhält, Klartext zu reden oder bewusst Rückmeldungen einzuholen.

- ✔ **Feedback ist anstrengend und kostet Zeit.** Wenn Sie jemandem konstruktives Feedback geben möchten, kommen Sie nicht darum herum, sich die Zeit zu nehmen, Ihre Rückmeldung klar und verständlich zu formulieren. Ebenso wichtig ist es, diese mit Fingerspitzengefühl zu übermitteln. Nur so kann Ihr Feedback tatsächlich etwas bewirken und zu einer positiven Veränderung führen.

- ✔ **Harmoniebedürfnis und Konfliktscheu.** Man weiß nie, wie der andere reagiert. Wer Feedback gibt, läuft Gefahr, einen Konflikt austragen zu müssen. Also lässt man es lieber und redet sich stattdessen ein: »So wichtig ist es letzten Endes ja auch nicht!« Es ist eben bequemer, über eine Situation zu lästern, als sie durch ein konstruktives Feedback zu ändern.

- ✔ **Feedback heißt Farbe bekennen.** Wer Feedback gibt, muss sich festlegen, sowohl für die Gegenwart (»So sehe ich dich«) als auch für die Zukunft. Es kann jedoch sein, dass er falsch liegt – dass sich die eigene Landkarte als falsch erweist. Viele Menschen ziehen es vor, in einer unverbindlichen Unangreifbarkeit zu verbleiben.

Feedback bedeutet Machtverlust. Wissen ist Macht. Feedback zwingt jedoch dazu, das eigene Wissen offenzulegen, um ein gemeinsames Verständnis zu schaffen. Da kann es eine Option sein, um der Macht willen auf Feedback zu verzichten – wohl wissend, dass ein Mangel an Feedback die Mitarbeiter verunsichert und desorientiert. Doch auch das kann gewollt sein: Wer andere regelmäßig in Unsicherheit versetzt, tut dies oft mit

Absicht. Keine klare Rückmeldung zu geben, kann eine bewusste Strategie sein, um Kontrolle zu behalten, denn Unsicherheit macht Menschen manipulierbarer und leichter beeinflussbar.

Wenn Sie sich die Gründe gegen Feedback bewusst machen, mag es zunächst verlockend wirken, einfach darauf zu verzichten. Es scheint bequemer, das Thema vorerst beiseitezuschieben. Doch Vorsicht: Auf lange Sicht hat fehlendes Feedback seinen Preis. Für Mitarbeitende mag es anfangs angenehm erscheinen, nie kritisiert zu werden. Doch mit der Zeit führt der Mangel an Rückmeldung zu Unsicherheit und dem Gefühl, im Unklaren zu sein. Ohne Orientierung beginnen Loyalität und Engagement zu schwinden.

Ja, Feedback kann anstrengend sein. Aber als Führungskraft sollten Sie sich bewusst machen: Je weniger Rückmeldung Sie geben, desto größer wird das Risiko, dass Ihre Mitarbeitenden den Fokus verlieren. Stellen Sie sich das wie beim Autofahren vor: Selbst auf einer geraden Straße sind immer wieder kleine Lenkbewegungen nötig, um auf Kurs zu bleiben.

Doch Feedback ist nicht nur entscheidend, um Ziele im Unternehmen oder in der Abteilung zu erreichen. Es bietet auch eine wertvolle Gelegenheit zur Selbstreflexion und Weiterentwicklung. Wer jedoch Konflikten ausweicht und den Vergleich mit anderen Perspektiven scheut, bleibt in seiner eigenen Sichtweise gefangen. Damit nimmt man sich selbst die Chance, seinen Horizont zu erweitern und persönlich zu wachsen.

Die Grundhaltung: Was gutes Feedback ausmacht

Gutes Feedback erfordert eine Grundhaltung, die bei allen in diesem Buch vorgestellten Regeln unterstellt wird. Sie lässt sich in drei grundlegenden Prinzipien zusammenfassen:

- ✔ respektvoller Umgang mit dem Gegenüber,
- ✔ Akzeptanz, dass es unterschiedliche Wahrheiten gibt, und
- ✔ die Haltung, Feedback als eine Einladung zum Dialog zu verstehen.

Respektvoller Umgang

Natürlich gibt es ihn, den Chef, der mit undurchdringlicher Miene regiert und jedes klare Feedback vermeidet. Dahinter kann, wie gesagt, eine bewusste Strategie stehen: die Mitarbeiter verunsichern, um sie gefügig zu machen. Wer andere Menschen im Unklaren lässt, spielt seine Macht aus.

Gutes Feedback verlangt die genau gegenteilige Grundhaltung: den respektvollen Umgang mit dem Gegenüber. Das mag zunächst selbstverständlich klingen, doch genau hier verbirgt sich eine der größten Schwierigkeiten im Führungsalltag: Unterläuft einem Mitarbeiter ein Fehler, kann das eine Menge Ärger auslösen. Allzu leicht treten dann die hehren

Vorsätze eines respektvollen Umgangs in den Hintergrund: »Wie kann nur dieser durchgeknallte Idiot …«, kocht es in Ihnen. Es fehlt dann nicht mehr viel, dass Sie ihm Ihre Meinung geigen, womöglich in Gegenwart seiner Kollegen.

Um Entgleisungen in solchen Situationen zu vermeiden und den respektvollen Umgang mit dem Gegenüber zu wahren, sollten Sie nicht sofort reagieren, sondern erst einmal innehalten und sich zunächst fragen: Wie groß ist mein Ärger? Bin ich in der Stimmung, den anderen zu vernichten? Oder geht es mir darum, einen Weg zu finden, dass der andere sein Verhalten künftig ändert? Diese Überlegungen führen zu einer der wichtigsten Regeln für gutes Feedback.

Eine Rückmeldung sollte zeitnah, aber nicht unmittelbar erfolgen. Klären Sie in einem ersten Schritt Ihre emotionale Grundhaltung. Prüfen Sie die Situation erst noch, lassen Sie Ihren spontanen Ärger abkühlen. Schnelllebigkeit und Informationsflut führen leicht zu Fehlschlüssen und zu Reaktionen, die im Nachhinein ungerechtfertigt erscheinen.

Sicher: Ein Feedback ist immer mit Gefühlen verbunden, doch sollte es *kontrolliert emotional* ablaufen. Prüfen Sie deshalb Ihre Gefühlslage, bevor Sie überhaupt mit der Vorbereitung auf das Feedback beginnen. Bewährt haben sich hier drei Kontrollfragen:

- ✔ Bin ich ärgerlich?
- ✔ Will ich strafen oder Verhalten verbessern helfen?
- ✔ Kann ich das Thema laufen lassen?

Wenn die Situation danach ist, werden Sie die erste Frage zunächst mit »Ja« beantworten. Warum sollte man nicht wütend sein dürfen, wenn ein Mitarbeiter ein wichtiges Projekt in den Sand gesetzt hat? Die Verärgerung sollte jedoch nicht dazu führen, dass Sie nun auch ein verärgertes Feedback geben. Damit verletzen Sie das Prinzip einer respektvollen Grundhaltung, die zu einem konstruktiven Feedback gehört. Das Feedback dient eben gerade nicht dazu, Ihren Ärger abzureagieren; Ziel ist es vielmehr, bei dem betreffenden Mitarbeiter ein Einsehen und eine Verhaltensänderung zu erreichen.

Die zweite Kontrollfrage zielt noch einmal in dieselbe Richtung: Geht es um Sie, um Ihre persönlichen Bedürfnisse, um das Abreagieren Ihrer Anspannung – oder suchen Sie das Feedback, um das Arbeitsverhalten Ihres Gegenübers zu verbessern? Auch die dritte Frage hilft, Ihre Intention zu klären. Möglicherweise ist das Thema bei näherem Hinsehen gar nicht so wichtig, die Verärgerung nicht wirklich berechtigt. Die beste Lösung scheint zu sein, auf ein Feedback zu verzichten und die Sache erst einmal laufen zu lassen.

Bleibt festzuhalten: Solange der Fokus auf Ihren persönlichen Bedürfnissen liegt, solange Sie wütend sind, den anderen abstrafen oder sich an ihm abreagieren wollen, sollte das Feedbackgespräch nicht stattfinden. Das Risiko ist einfach zu groß, dass es dann zu einem unkontrollierten Schlagabtausch mit unabsehbaren Folgen für die künftige Zusammenarbeit kommt.

Feedback braucht einen kühlen Kopf

Ein wütendes Feedback verstößt häufig nicht nur gegen das Prinzip eines respektvollen Umgangs mit Ihrem Gegenüber. Auch psychologisch-physiologische Gründe sprechen dafür, etwas Zeit verstreichen zu lassen und mit einigermaßen kühlem Kopf ins Gespräch zu gehen.

Ärger und Wut lösen bedeutsame Stressreaktionen aus. Dazu gehört, dass das Blut aus dem Großhirnbereich abgesaugt wird und sich in den Muskeln sammelt. Darunter leidet die Fähigkeit, vernünftig zu denken – die Wahrnehmung verengt sich auf einen schmalen Tunnelblick. Im schlimmsten Fall löst Ihre Wut eine Reaktion auf Stammhirnebene aus. Das Stammhirn – entwicklungsgeschichtlich vor dem Großhirn präsent – kennt nur drei Reaktionen:

- ✔ Flucht,
- ✔ Kampf,
- ✔ Erstarrung.

Alle drei Reaktionen waren einst wichtig, als noch der Säbelzahntiger im Gebüsch lauerte. Im Berufsalltag des 21. Jahrhunderts sind sie fehl am Platz. Vermeiden Sie deshalb Stresssituationen, bei denen Sie Gefahr laufen, dass das Stammhirn die Steuerung übernimmt und Sie nicht mehr im Besitz Ihrer Vernunft sind. Führen Sie ein Feedbackgespräch erst, wenn Sie den Eindruck haben, dass Sie innerlich wieder »heruntergefahren« sind. Zehn Minuten reichen da sicherlich nicht, besser Sie schlafen eine Nacht darüber.

Akzeptanz unterschiedlicher Wahrnehmungen

Menschen nehmen die Wirklichkeit unterschiedlich wahr, jeder hat seine Landkarte. Hieraus folgt das zweite grundlegende Feedbackprinzip: Akzeptieren Sie, dass Ihr Gegenüber die Dinge anders sieht – dass er seine eigene Wahrnehmung und Sichtweise hat.

Beim Feedback darf es nicht um Schuldklärung gehen, sondern vor allem darum, unterschiedliche Sichtweisen transparent zu machen. Sie legen dar, wie *Sie* die Dinge sehen – und Ihr Gegenüber erhält die Gelegenheit, seine Wahrnehmung darzustellen.

»Moment mal«, höre ich einige Vorgesetzte aufbegehren, »soll das heißen, ich darf nicht sagen, was ich richtig oder falsch finde, und daraus auch Vorgaben ableiten?« Die Antwort darauf ist klar: Selbstverständlich können Sie das. Wenn Sie nicht alles dem Laisser-faire überlassen wollen, *müssen* Sie sogar Entscheidungen treffen und Vorgaben machen. Nur: Die Tatsache, dass Sie als Führungskraft Vorgaben machen, gibt Auskunft darüber, was Sie als falsch oder richtig ansehen – macht aber keine Aussage darüber, was wahr oder nicht wahr ist.

Das gilt auch für das Feedbackgespräch. Als Führungskraft müssen Sie entscheiden, wie es weitergehen soll. Bis zu diesem Punkt haben aber Feedbackgeber und Feedbacknehmer eine Menge über ihre jeweiligen Sichtweisen erfahren. Dieser Austausch schafft Verständnis – und führt manchmal sogar zu ganz neuen Lösungen, die am Ende des Gesprächs einvernehmlich getroffen werden.

Einladung zum Dialog

Konstruktives Feedback ist immer auch eine Einladung zum Dialog – und damit weit mehr als ein allgemeines Lob oder ein allgemeiner Tadel. Auch Lob und Tadel sind geeignet, Mitarbeiter zu motivieren und Leistungen zu steigern. Doch es gibt wesentliche Unterschiede:

- ✔ Mit einem allgemeinen Lob oder einer allgemeinen Kritik beurteilen Sie ziemlich pauschal eine Leistung – entweder positiv (»Sie sind ein guter Mitarbeiter!«) oder negativ (»Sie sind ein nur oberflächlich denkender und arbeitender Mitarbeiter!«). Bei einem allgemeinen Lob oder einer allgemeinen Kritik fokussieren Sie sich auf die Person, nicht jedoch auf deren Verhalten.
- ✔ Im Falle eines konstruktiven Feedbacks geben Sie positive oder negative Rückmeldung zu Verhaltensweisen oder Arbeitsergebnissen. Die Betonung liegt hier nicht auf der Einschätzung der Person, sondern auf dem Verhalten dieser Person.

Zwischen Lob und Tadel

Folgende Beispiele illustrieren den Unterschied zwischen allgemeinem Lob oder Tadel und konstruktivem Feedback.

Im ersten Fall gibt der Vorgesetzte Rückmeldung zu einem gelungenen Projekt:

Lob des Vorgesetzten: »Sie haben das Projekt gut umgesetzt. Wirklich tolle Arbeit!«

Konstruktives positives Feedback: »Beim Projekt X haben Sie es geschafft, die Kosten im vereinbarten Rahmen zu halten und gleichzeitig die geforderte Qualität zu liefern. Besonders beeindruckt hat mich, dass Sie trotz der schwierigen Rahmenbedingungen die vereinbarten Ziele eingehalten haben.«

Im zweiten Szenario ist der Vorgesetzte mit dem Projektverlauf nicht zufrieden. Seine Rückmeldung könnte so formuliert sein:

Tadel des Vorgesetzten: »In Ihrer Rolle als Projektleiter haben Sie komplett versagt!«

Konstruktives negatives Feedback: »Ich möchte Ihnen ein paar konkrete Beispiele nennen, die mir aufgefallen sind. Bei den Projektsitzungen gab es weder eine vorherige Agenda noch eine klare Struktur während der Diskussionen, was zu einem Durcheinander der Themen führte. Es wurden keine Absprachen für das weitere Vorgehen getroffen, und es fehlte ein Ergebnisprotokoll in jeglicher Form. Diese Beobachtungen lassen mich vermuten, dass auch andere zentrale Aspekte des Projektmanagements nicht ausreichend umgesetzt wurden.«

Worin liegt der entscheidende Unterschied? Das konstruktive Feedback lädt zum Dialog ein. Der Vorgesetzte nennt konkrete Beobachtungen, die der Mitarbeiter als Anknüpfungspunkte nutzen kann, um seine Sicht der Dinge darzustellen. So entsteht die Möglichkeit, sich konkret über die Kritikpunkte auszutauschen und gemeinsam Lösungen zu finden.

Ganz anders Lob und Kritik in einer allgemeinen, personenzentrierten Form. Auf den pauschalen Vorwurf »Als Projektleiter sind Sie vollkommen unfähig!« kann der Getadelte kaum eingehen. Es bleibt ihm nichts übrig, als das Urteil demütig oder zähneknirschend hinzunehmen. Je nach Selbstbewusstsein des Mitarbeiters brechen Sie damit einen destruktiven Streit vom Zaun oder erreichen, dass er sich zurückzieht. Eine Fortsetzung der Kommunikation, ein Abgleich der Landkarten und eine gemeinsame Lösungssuche finden nicht statt. Eine verschenkte Chance!

Anders als pauschale Kritik kann ein allgemeines Lob zwischen Tür und Angel nicht schaden. Doch auch hier wird die Chance verschenkt, mit dem Mitarbeiter in einen Dialog zu treten, ihn zusätzlich zu motivieren und mit ihm zum Beispiel neue Ideen zu entwickeln. Ein allgemeines Lob bleibt weit hinter den Möglichkeiten zurück, die sich mit einem guten Feedback realisieren lassen.

IN DIESEM KAPITEL

Der Dreiklang für erfolgreiches Feedback

Feedback richtig empfangen

Missbrauch von Feedbackregeln

Stimmigkeitsprüfungen für ein Feedback

Formulierungsübungen für ein konstruktives Feedback

Kapitel 3
Feedback geben und nehmen – die wichtigsten Regeln

Feedback aus der Perspektive des Senders und Empfängers: Worauf ist zu achten, was sind die wichtigsten Regeln? Und wo stoßen diese Regeln an ihre Grenzen? Antwort hierauf gibt dieses Kapitel. Insbesondere erfahren Sie, wie Sie als Feedbackgeber ein konstruktives Feedback vorbereiten und umsetzen – und wie Sie als Feedbacknehmer sich richtig verhalten, zum Beispiel kritische Rückmeldungen entgegennehmen und als Chance nutzen.

Grundregeln für den Feedbackgeber

Ich betrachte zunächst die Perspektive des Feedbackgebers. Sie möchten Ihr Gegenüber für ein Verhalten kritisieren oder auch loben. Wie gehen Sie vor, wie machen Sie es richtig? Und welche Strategien können Ihr Feedbackverhalten verbessern?

Die wichtigste Regel vorab: der Feedbackdreiklang

Wenn Sie nach der wichtigsten Regel für erfolgreiches Feedback fragen, gibt es eine eindeutige Antwort: Probieren Sie den Feedbackdreiklang – er kann Wunder bewirken! Dieser einfache, aber wirkungsvolle Ansatz besteht aus drei Schritten:

- ✔ Beobachtung: »Ich habe gesehen, dass …«
- ✔ Wirkung: »Das hat bei mir … ausgelöst.«
- ✔ Wunsch: »Ich wünsche mir, dass …

Indem Sie diese Reihenfolge einhalten, gestalten Sie Ihr Feedback klar und wertschätzend. Zuerst beschreiben Sie ruhig und sachlich, was Ihnen aufgefallen ist (Schritt 1). Danach teilen Sie offen mit, welche Gefühle oder Gedanken das in Ihnen ausgelöst hat (Schritt 2). Zum Schluss formulieren Sie ehrlich, was Sie sich von Ihrem Gegenüber wünschen (Schritt 3).

Dieser Dreiklang ist nicht nur eine Technik – er ist eine Möglichkeit, echte Verbindung und Verständnis herzustellen. Er zwingt Sie dazu, sich in die Rolle eines neutralen Beobachters zu versetzen und Ihre Worte mit Bedacht zu wählen. So wird Ihr Feedback zu mehr als einer Kritik: Es wird ein Gespräch, das Vertrauen aufbaut und Raum für Veränderung schafft.

Wenn Sie diesen Dreiklang ignorieren, rutschen Sie oft direkt in Forderungen. Stellen Sie sich vor, ein Vorgesetzter sagt einfach: »Ich will, dass Sie Projekte professioneller managen.« Ohne die Erklärung, was ihn zu dieser Forderung bringt, bleibt der Mitarbeiter ratlos und fühlt sich womöglich vor den Kopf gestoßen.

Feedback, das wirkt, braucht mehr: Es braucht Kontext, Empathie und Klarheit. Der Feedback-Dreiklang gibt Ihnen ein starkes Werkzeug an die Hand, das Sie immer wieder einsetzen können – nicht nur in alltäglichen Situationen, sondern auch in heiklen Momenten. Wie ein musikalischer Dreiklang, der harmonische Melodien schafft, hilft Ihnen diese Methode, Ihr Feedback so zu formulieren, dass es nicht nur gehört, sondern auch verstanden und geschätzt wird.

Feedbackvorbereitung: Leitfragen für den Einstieg

1. Bin ich ärgerlich?
   - ✔ Ja: Einmal darüber schlafen! (Erst dann weiter mit Frage 2.)
   - ✔ Nein: Weiter mit Frage 2.
2. Will ich den anderen unterstützen oder bestrafen?
   - ✔ Unterstützen: Weiter mit Frage 3.
   - ✔ Bestrafen: Warum will ich strafen? Gibt es andere Lösungen als das Feedbackgespräch? (Feedback ist kein Bestrafungsverfahren! Führen Sie ein Feedback nur durch, wenn Sie das Motiv »Bestrafung« fallen lassen können.)
3. Ist das Thema wirklich wichtig?
   - ✔ Ja: Weiter mit der Vorbereitung auf das Feedback.
   - ✔ Nein: Überlegen Sie, ob Sie das geplante Feedback nicht fallen lassen.

Das Feedback vorbereiten

Feedback sollte zeitnah, aber nicht spontan erfolgen. So lässt sich ein verärgertes, von Emotionen geleitetes Feedback vermeiden. Prüfen Sie im konkreten Fall anhand der folgenden Leitfragen, ob es ratsam erscheint, das Feedback zumindest noch ein paar Stunden hinauszuschieben.

Es gibt noch einen weiteren Grund, warum Sie sich etwas Zeit lassen sollten: Wenn kritisches Feedback gelingen soll, braucht es eine intensive Vorbereitung. Es hat sich bewährt, sich hierbei am Feedbackdreiklang zu orientieren. Was heißt das konkret?

Fakten sammeln und Beispiele festhalten

Jeder Mensch sieht die Welt durch seine eigene Brille – das gilt auch für Ihr Gegenüber. Während Sie vielleicht eine Sechs erkennen, sieht der andere eine Neun (siehe Kapitel 2). Und das können Sie ihm nicht verübeln, denn jeder nimmt die Dinge aus seiner eigenen Perspektive wahr. Respekt bedeutet, diese Unterschiede anzuerkennen und als Ausgangspunkt zu akzeptieren.

Umso wichtiger ist es, Ihre eigene Sichtweise so klar und nachvollziehbar wie möglich darzulegen. Der Schlüssel dazu liegt in einer guten Vorbereitung: Sammeln Sie Fakten und notieren Sie konkrete Beispiele, die Ihre Wahrnehmung untermauern. Versetzen Sie sich dabei in die Rolle eines neutralen Reporters – präzise, sachlich und ohne Wertung. Halten Sie genau fest, was Sie beobachtet haben, um Ihre Perspektive nachvollziehbar zu machen. So schaffen Sie die Grundlage für ein Feedback, das verstanden und akzeptiert werden kann.

Registrieren Sie nicht nur pauschal, dass Mitarbeiterin X sich bei einem Meeting respektlos, oberflächlich und unprofessionell verhalten hat. Halten Sie vielmehr Details fest, die dieses Verhalten belegen: »Frau X hat während des Meetings am Freitag um 10 Uhr immer wieder auf ihr Smartphone geschaut, zwischendurch in der Zeitung geblättert und einmal beim Klingeln ihres Smartphones den Raum verlassen, um nach zehn Minuten zurückzukehren.«

Beobachtungen bewerten und Ziele definieren

Nachdem Sie Ihre Beobachtungen gesammelt haben, ist es Zeit, diese zu bewerten. Überlegen Sie, welche Gefühle das Verhalten Ihres Gegenübers bei Ihnen auslöst, und halten Sie diese fest. Dabei könnten Ihnen zum Beispiel folgende Gedanken durch den Kopf gehen:

- ✔ »Ich fühle mich nicht wertgeschätzt.«
- ✔ »Ich empfinde dieses Verhalten als respektlos.«
- ✔ »Ich mache mir Sorgen, dass dieses Verhalten andere Mitarbeitende ablenkt und davon abhält, ihre Ziele zu erreichen.«

Im nächsten Schritt geht es darum, das Ziel Ihres Feedbackgesprächs klar zu definieren. Überlegen Sie, welche Veränderung oder Verbesserung Sie anstoßen möchten. Dabei ist es entscheidend, sich auf einen zentralen Punkt zu konzentrieren. Kein Mensch kann mehr als einen großen Kritikpunkt auf einmal verarbeiten – wählen Sie also mit Bedacht.

Vielleicht haben Sie eine ganze Liste von Punkten gesammelt. In diesem Fall sollten Sie versuchen, die einzelnen Aspekte unter einem übergeordneten Thema zusammenzufassen und weniger wichtige Punkte wegzulassen.

Ein Beispiel: Ein Mitarbeiter kommt mehrfach zu spät zu Meetings, vergisst einen Termin und reicht seine Arbeitsergebnisse nicht pünktlich ein. Statt jeden Punkt einzeln zu besprechen, könnten Sie das Thema »Verbindlichkeit« in den Fokus rücken. Dieses übergreifende Thema lässt sich sowohl an der Pünktlichkeit als auch an der termingerechten Abgabe von Aufgaben festmachen – und ermöglicht es Ihnen, das Gespräch klar und zielgerichtet zu führen.

Konzentrieren Sie sich auf *einen* Kritikpunkt. Schreiben Sie hierzu Ihre Beobachtungen auf und identifizieren Sie den Oberbegriff, der den Kern der Kritik trifft (zum Beispiel Pünktlichkeit, Verbindlichkeit, Zuverlässigkeit).

Wenn Sie den Kritikpunkt festgelegt haben, notieren Sie nun noch, welches Ziel oder welche Ziele Sie mit dem Feedbackgespräch erreichen wollen. Folgende Kontrollfragen können dabei helfen:

- ✔ Möchte ich in dem Gespräch die Leistungen des Mitarbeiters bewerten?
- ✔ Möchte ich eine konkrete Verhaltensänderung erreichen?
- ✔ Geht es mir darum, eine Einstellung zu verändern, die sich in Verhaltensänderungen verdeutlichen würde?
- ✔ Habe ich einen Wunsch?
- ✔ Habe ich eine Erwartung?
- ✔ Wie und bis wann soll welche Veränderung erfolgen?

Kritisches Feedback geben

Sie haben alles vorbereitet, den Termin vereinbart – und nun sitzen Sie und die Person, der Sie Feedback geben möchten, sich gegenüber. Wie wird Ihr Gegenüber reagieren? Werden Sie Ihr Ziel erreichen? Vor allem bei kritischem Feedback sollten Sie sich darauf einstellen, dass es irritierte oder sogar ablehnende Reaktionen geben kann. Es ist keine einfache Situation, das steht fest.

Jetzt wird es ernst

Gerade in solchen Momenten können Ihnen ein paar grundlegende Regeln helfen, das Gespräch erfolgreich zu gestalten:

- ✔ Beginnen Sie das Gespräch mit einer positiven Bemerkung.
- ✔ Nutzen Sie den Feedbackdreiklang, um Ihre Botschaft klar und strukturiert zu vermitteln.

- ✔ Vergewissern Sie sich, dass Ihr Gegenüber Sie richtig verstanden hat.
- ✔ Geben Sie auch Feedback zum Feedbackverhalten der anderen Person.
- ✔ Bleiben Sie freundlich und verbindlich im Ton, aber konsequent in der Sache.
- ✔ Lenken Sie das Gespräch auf Lösungen und nächste Schritte.

Indem Sie diese Grundsätze beachten, schaffen Sie eine Atmosphäre, in der auch kritisches Feedback gehört und angenommen werden kann – und erhöhen die Chancen, gemeinsam konstruktive Wege nach vorn zu finden.

Positiv beginnen, dann zur Kritik übergehen

Zuerst das Lob, dann die kritischen Punkte – diese Regel mag bekannt und manchmal vorhersehbar sein. Viele Mitarbeitende ahnen schon: Wenn der Chef das Gespräch mit freundlichen Worten beginnt, kommt später noch etwas Kritisches. Dennoch ist es ratsam, sofern es die Situation erlaubt, mit positiven Aspekten zu starten.

Warum? Was am Ende eines Gesprächs gesagt wird, bleibt besonders stark im Gedächtnis. Würden Sie das Lob ans Ende setzen, könnte die zuvor geäußerte Kritik dadurch verwässert werden. Das Risiko besteht, dass die Wirkung des Feedbacks verloren geht. Deshalb ist es oft klüger, das Gespräch positiv zu beginnen.

Natürlich sollten Sie dabei ehrlich bleiben: Wenn es etwas Positives gibt, sagen Sie es, und zwar klar und überzeugend. Wichtig ist, dass Sie das Lob genauso sorgfältig formulieren wie später die Kritik. Nennen Sie konkrete Beispiele, statt das Positive nur oberflächlich zu erwähnen. Und vermeiden Sie unbedingt, das Lob mit einem »Aber« direkt zu entwerten. Lassen Sie das Positive für sich stehen, machen Sie eine kurze Pause – und lenken Sie dann die Aufmerksamkeit auf die kritischen Punkte.

- ✔ **Falsch**: »Die Ausarbeitung ist insgesamt gut, aber …« Das »Aber« lässt das Lob ins Leere laufen und wirkt abschreckend. Die positiven Worte werden nicht ernst genommen, sondern als Einleitung zur Kritik abgetan.
- ✔ **Richtig**: »An Ihrer Ausarbeitung hat mir die Präambel besonders gut gefallen. Sie bringt die Idee und unsere Philosophie klar auf den Punkt. Die gewählte Gliederung ist stimmig, und der Stil passt perfekt zur Zielgruppe. Insgesamt finde ich das wirklich gelungen.« Kurze Pause. »Allerdings sind mir ein paar Punkte aufgefallen, die ich gern mit Ihnen im Detail besprechen würde.«

So schaffen Sie eine positive Atmosphäre, ohne Ihre Kritik zu verwässern. Das Feedback bleibt konstruktiv und wird von Ihrem Gegenüber mit größerer Wahrscheinlichkeit als hilfreich wahrgenommen.

Dem Feedbackdreiklang folgen

Gliedern Sie das Gespräch gemäß dem Feedbackdreiklang, den Sie zu Beginn dieses Kapitels kennengelernt haben: Wahrnehmung, Wirkung, Wunsch.

Vermitteln Sie zunächst anhand konkreter Beispiele, welches Verhalten Sie beobachtet haben (Wahrnehmung). Beschreiben Sie dann, was dieses Verhalten in Ihnen auslöst (Wirkung) und kommen Sie schließlich zum Ziel des Gesprächs – etwa der Erwartung, dass der andere ein bestimmtes Verhalten ändert (Wunsch).

Prüfen, ob der andere das Gesagte versteht

Der Feedbackprozess lässt sich durch drei zentrale Elemente beschreiben: den Sender, den Empfänger und die Feedbackschleife (siehe Kapitel 2). Doch die entscheidende Frage ist: Kommt Ihre Botschaft wirklich an? Versteht Ihr Gegenüber, was Sie meinen? Und – noch wichtiger – ist er überhaupt bereit, sich darauf einzulassen?

Als Sender tragen Sie die Verantwortung, Ihre Botschaft so klar und verständlich wie möglich zu vermitteln. Worte allein genügen oft nicht – es braucht mehr. Ihre Mimik, Gestik, Ihr Tonfall und Ihre Haltung sind ebenso entscheidend, um Ihre Aussage zu unterstreichen. All das ist eine Einladung, Ihre Perspektive nachzuvollziehen. Doch ob Ihr Gegenüber diese Einladung annimmt, liegt nicht in Ihrer Hand.

Trotzdem dürfen Sie nicht einfach darauf vertrauen, dass alles klar ist. Fragen Sie nach: Hat Ihr Gegenüber wirklich verstanden, was Sie sagen wollten? Konnte er sich in Ihre Sichtweise hineinversetzen? Hat er die Bereitschaft, sich darauf einzulassen? Wenn er keine Einsicht zeigt, liegt es vielleicht daran, dass Ihre Botschaft noch nicht vollständig angekommen ist. Hier können zusätzliche Feedbackschleifen helfen, um das gegenseitige Verständnis Schritt für Schritt zu verbessern.

Doch manchmal ist es auch anders: Ihr Gegenüber versteht Sie sehr wohl, entscheidet sich aber bewusst, nicht darauf einzugehen. Er blockiert den Prozess, verschließt sich vor Ihrer Botschaft. So frustrierend das sein mag – diese Freiheit besitzt jeder Mensch. Und manchmal bleibt nichts anderes, als das zu akzeptieren.

Feedback zum Feedbackverhalten geben

Oft braucht es mehrere Feedbackschleifen, damit das notwendige gemeinsame Verständnis der Situation entsteht. Damit dieser Prozess in Gang kommt, muss der Feedbackgeber auf das Verhalten des Empfängers wiederum eine Rückmeldung geben.

Beobachten Sie, wie der andere auf Ihr Feedback reagiert: Hat er es positiv aufgenommen oder reagiert er abweisend? Geben Sie ihm dann in jedem Fall eine Rückmeldung zu seinem Feedbackverhalten.

Sprechen Sie Ihre Anerkennung aus, wenn der Mitarbeiter das Feedback ernsthaft aufgenommen und konstruktiv reagiert hat. Wenn er abweisend reagiert hat, sollten Sie auch dieses Verhalten nicht einfach übergehen, sondern Ihre Beobachtungen schildern – zum Beispiel, indem Sie sagen: »Immer wenn ich Ihnen negative Rückmeldung gebe, hören Sie mir gar nicht mehr zu, Sie vermeiden den Blickkontakt, Sie unterbrechen mich häufig. Dieses Verhalten macht es mir sehr schwer, Ihnen Rückmeldung zu geben.«

Wann Sie über das Verhalten Ihres Gegenübers bei der Feedbackannahme sprechen, hängt von der Situation ab. Manchmal ist es sinnvoll, nicht sofort zu reagieren, sondern in einem gesonderten Termin darauf zurückzukommen. Meistens ist es aber effektiver, das Feedbackverhalten gleich anzusprechen, etwa in dem Tenor: »Augenblick! Bevor wir weitersprechen, muss ich vorweg noch etwas mit Ihnen klären. Immer wenn ich Ihnen, so wie jetzt, negatives Feedback gebe, ...«

Verbindlich im Ton, aber hart in der Sache bleiben

Stellen Sie sich vor, Sie stehen jemandem gegenüber, beide Hände ausgestreckt, die Handflächen gegeneinander gelegt. Jetzt sollen Sie Ihren Gegenüber wegdrücken. Was passiert? Ganz klar – er drückt sofort zurück.

Genauso läuft es in einem Feedbackgespräch: Druck erzeugt Gegendruck. Wenn Sie Ihren Mitarbeiter mit scharfen Worten konfrontieren, wird er sich mit ebenso harter Abwehr wehren. Und wenn Sie zögerlich sprechen, sich in unsicheren Andeutungen verlieren, aus Angst, etwas Falsches zu sagen oder zu verletzen, wird er vermutlich genauso unsicher reagieren.

Die Art, wie Sie in das Gespräch hineingehen, gibt den Ton vor. Ihre Worte, Ihre Haltung, Ihr Tonfall – all das bestimmt, ob Ihr Gegenüber sich verstanden fühlt oder in die Defensive geht. Wie man in den Wald hineinruft, so schallt es heraus. Und genau darin liegt Ihre Chance: Mit einer klaren, respektvollen Ansprache schaffen Sie den Raum, in dem echte Verständigung möglich wird.

Für kritisches Feedback gilt deshalb die Regel: Bleiben Sie im Ton verbindlich und angemessen, in der Sache ermutigend und fair – aber auch hart und konsequent.

Sich auf Lösungen konzentrieren

Es versteht sich eigentlich von selbst: Wenn Sie negatives Feedback geben, verdient Ihr Mitarbeiter die Möglichkeit, seine Sichtweise darzustellen. Der richtige Moment dafür ist dann gekommen, wenn er Ihnen zugehört und verstanden hat, wie Sie die Situation sehen. Doch seien Sie wachsam: Lassen Sie nicht zu, dass das Gespräch in eine Rechtfertigungsschleife gerät oder sich endlos in einer Analyse der Vergangenheit verliert.

Bleiben Sie nicht bei den Problemen stehen. Lenken Sie das Gespräch auf Lösungen, auf das, was vor Ihnen liegt. Problemfokussierte Diskussionen neigen dazu, in Schuldzuweisungen zu münden, und am Ende fühlt sich niemand gut dabei. Doch wenn Sie den Blick auf Lösungen richten, verändert sich die Dynamik: Die Stimmung wird konstruktiver, Ihr Mitarbeiter wird kreativer, und gemeinsam können Sie neue Ansätze entwickeln.

Solche Gespräche sind keine Suche nach Fehlern, sondern nach Möglichkeiten. Und genau darin liegt die Chance – den Blick nach vorn zu richten und gemeinsam einen Weg zu finden, der wirklich weiterführt.

Kommen Sie möglichst zügig auf den Kern des Themas, Ihren zentralen Kritikpunkt – und leiten Sie das Gespräch in die Lösungssuche über. Konzentrieren Sie sich darauf, gemeinsam eine Lösung zu finden.

Positives Feedback geben

Ein positives Feedback zu geben, ist eine wunderbare Gelegenheit – und dazu noch eine, die Sie entspannt angehen können. Im Gegensatz zu kritischen Rückmeldungen müssen Sie hier nicht mit Abwehr oder Zurückweisung rechnen. Ganz im Gegenteil: Ihr Gegenüber wird sich wahrscheinlich freuen, vielleicht sogar aufblühen.

Die eigentliche Gefahr bei positivem Feedback liegt darin, es gar nicht zu geben. Wenn Sie es nicht aussprechen, verpassen Sie eine große Chance: die Chance, jemanden zu motivieren, zu inspirieren und vielleicht sogar zu einer noch stärkeren Leistung zu ermutigen. Ein Lob oder eine Anerkennung mag auf den ersten Blick klein erscheinen, aber ihre Wirkung kann enorm sein.

Denken Sie daran, wie viel Positives Sie bewirken können, wenn Sie einfach einen Moment innehalten, das Gute wahrnehmen und es aussprechen. Diese kleinen Gesten der Wertschätzung können den Unterschied machen – sie schaffen Vertrauen, stärken Beziehungen und fördern genau das Verhalten, das Sie sich wünschen. Nutzen Sie diese Chance, denn sie ist ein Geschenk – für Ihr Gegenüber und für Sie selbst.

Wenn ein Verhalten belohnt wird, ist die Wahrscheinlichkeit hoch, dass es wiederholt wird. Genau deshalb ist positives Feedback eines der kraftvollsten Werkzeuge, um gute Leistungen zu fördern. Es geht dabei nicht um ein pauschales »Gut gemacht!«, sondern um echte Wertschätzung, die auf konkreten Beobachtungen basiert.

Stellen Sie sich vor, wie viel mehr Motivation und Freude Sie auslösen können, wenn Sie jemandem ganz gezielt sagen, was genau er oder sie gut gemacht hat. Es zeigt nicht nur, dass Sie die Leistung gesehen haben, sondern auch, dass Sie den Aufwand und die Qualität dahinter wirklich schätzen.

Diese Form der Anerkennung ist mehr als nur ein Lob – sie ist eine Botschaft: »Deine Arbeit zählt. Du machst einen Unterschied.« Und genau das schafft nicht nur Stolz, sondern auch den Wunsch, genau so weiterzumachen – oder sogar noch besser zu werden. Nutzen Sie die Gelegenheit, denn mit positivem Feedback können Sie echte Wunder bewirken.

Es lohnt sich, auch positives Feedback gut vorzubereiten und sich eine kluge Vorgehensweise zurechtzulegen. Achten Sie vor allem auf drei Regeln:

- ✔ Sprechen Sie berechtigtes Lob aus.
- ✔ Folgen Sie der Dreiklangregel.
- ✔ Loben Sie nachvollziehbar und ehrlich.

Berechtigtes Lob aussprechen

Im Unterschied zum negativen Feedback fehlt für ein Lob der drängende Anlass. Die Mitarbeiter erbringen gute Leistung, Ziele werden erreicht, die Dinge funktionieren reibungslos – aus Führungssicht besteht kein Handlungsbedarf. So kommt es, dass im beruflichen Alltag positives Feedback, so angebracht es auch wäre, häufig ausbleibt.

Machen Sie es sich deshalb zur Aufgabe, berechtigtes Lob, wann immer sich ein Anlass bietet, auch auszusprechen. Ein Hoch auf das positive Feedback! Sollten Sie zu denjenigen zählen, die das Auslassen von Kritik schon als großes Lob ansehen, sei Ihnen ans Herz gelegt: Experimentieren Sie doch einmal mit positivem Feedback, fangen Sie gleich damit an! Sie werden garantiert einige Überraschungen erleben. Wenn Sie den Erfolg eines Mitarbeiters hervorheben, dessen Leistung detailliert beschreiben, es zudem schaffen, Ihre Freude über diesen Erfolg zum Ausdruck zu bringen, werden Sie sich wundern: Dieser Mensch ist plötzlich gut gestimmt, ja geradezu gerührt durch das, was Sie gesagt haben. Das gilt umso mehr, wenn positives Feedback bislang noch nicht zum Repertoire Ihrer Führungsinstrumente gehörte.

Positives Feedback geben – so entsteht der Treibstoff, den Sie in Situationen benötigen, bei denen es auf überdurchschnittliche Motivation und Leistung ankommt. »Verhalten, das belohnt wird, wird wiederholt«, lautet ein alter Satz aus der Motivationslehre. Genau darum geht es: Ein wenig Beifall des Chefs im richtigen Moment kann Wunder wirken.

Positives Feedback im Projektteam

Positives Feedback hat die Aufgabe, Mitarbeiter zu motivieren und sie in einem bestimmten Verhalten zu bestärken. Wenn Sie ein Projektteam leiten, arbeiten Sie oft auch mit Personen zusammen, die Ihnen disziplinarisch nicht unterstellt sind. Um diese Mitarbeiter für das Projekt zu motivieren, bietet sich ein Kniff an, um die Wirkung von positivem Feedback quasi zu verdoppeln:

- ✔ Erklären Sie den betreffenden Mitarbeitern, dass Sie gute Leistungen nicht nur anerkennen, sondern zusätzlich ihren jeweiligen Vorgesetzten mitteilen.
- ✔ Tun Sie es wie angekündigt.
- ✔ Informieren Sie die Mitarbeiter darüber (zum Beispiel durch eine Kopie der Mail, die Sie an den Vorgesetzten senden).

Die Dreiklangregel verinnerlichen

Wie immer, wenn Sie Feedback geben, sollte die Dreiklangregel Ihr Begleiter sein. Wenn Sie das Verhalten Ihres Gegenübers durch positives Feedback beeinflussen möchten, müssen Sie konkret benennen, was Ihnen so gut gefallen hat. Was haben Sie beobachtet? Nennen Sie Beispiele, damit der andere versteht, was genau Sie meinen. Sprechen Sie an, wie dieses Verhalten auf Sie wirkt – und welche Wünsche Sie für die Zukunft daran knüpfen.

Die Anwendung der Dreiklangregel bei positivem Feedback könnte so aussehen:

1. **Schritt (Wahrnehmung):**

   »Mir ist gestern aufgefallen, wie Sie spontan eingesprungen sind, um die Vorbereitung für die Präsentation im Teammeeting zu übernehmen. Sie haben nicht nur die fehlenden Unterlagen besorgt, sondern auch die Inhalte klar strukturiert und ergänzt.

Besonders beeindruckt hat mich, dass Sie sich extra die Zeit genommen haben, vorab mit Herrn Schmidt Rücksprache zu halten, um sicherzustellen, dass alle Fakten stimmen. Dadurch lief das Meeting nicht nur reibungslos, sondern wir konnten wichtige Entscheidungen treffen.«

2. **Schritt (Wirkung):**

   »Ich war wirklich beeindruckt von Ihrem Engagement und Ihrer Umsicht. Es hat mir gezeigt, wie sehr Ihnen das Gelingen unserer gemeinsamen Arbeit am Herzen liegt. Ich hatte das Gefühl, dass durch Ihren Einsatz nicht nur das Team entlastet wurde, sondern auch ein echtes Gemeinschaftsgefühl entstanden ist. Das finde ich absolut vorbildlich.

3. **Schritt (Wunsch/Erwartung):**

   »Ich würde mich sehr freuen, wenn Sie diese Initiative und Ihren Sinn für das große Ganze auch in anderen Projekten einbringen. Ihr Einsatz macht einen spürbaren Unterschied – nicht nur für die Ergebnisse, sondern auch für die Zusammenarbeit im Team.«

Nachvollziehbar und ehrlich loben

Im Alltag kann es schnell passieren, dass ein Lob einfach nur so dahingesagt wird, ziemlich oberflächlich, womöglich gar halbherzig und desinteressiert – etwa nach dem Motto »Alles gut!« oder »War schon in Ordnung«. Die Forderung, möglichst oft positives Feedback auszusprechen, sollte nicht dazu verleiten, oberflächliches Lob inflationär in die Welt hinauszuposaunen.

Wenn Lob bei jeder Gelegenheit eingesetzt wird, nutzt es sich ab und führt zur Abstumpfung. Wie gesagt: Ein positives Feedback sollte sich auf eine konkrete Leistung beziehen, damit es für den Adressaten nachvollziehbar ist.

Ebenso verpufft die Wirkung eines Lobes, wenn es quasi »technisch« eingesetzt wird – wenn also zum Beispiel ein Vorgesetzter immer nur dann lobt, wenn Mitarbeiter pünktlich ihre Berichte abliefern, bei anderen Gelegenheiten aber niemals ein aufbauendes Wort findet. So eingesetztes Lob wird als nicht stimmig empfunden und verliert deshalb seine Wirkung.

Ebenso sei davor gewarnt, positives Feedback taktisch einzusetzen, um Menschen zu einer bestimmten Verhaltensweise zu veranlassen. Früher oder später durchschauen die betroffenen Mitarbeiter diese Manipulationsversuche.

Natürlich lobt man, um mehr des Gleichen zu erreichen. Manchmal aber auch als spontaner Eindruck aus einem Wohlgefühl heraus. Das sind die wirksamsten Lobsituationen. Aber wenn zum Beispiel Lob inflationär bei jeder Gelegenheit eingesetzt wird, führt es zur Abstumpfung. Das Einleiten einer zentralen negativen Aussage über eine kurze positive dahingehauchte Aussage, die dann mit einem relativierenden »aber« und der eigentlichen negativen Aussage verknüpft wird, macht misstrauisch in Bezug auf alles Gesagte.

Einige lesen wie in diesem Buch, dass sie mit positiven Dingen beginnen sollen. Das ist auch richtig, nur muss es dann auch etwas Positives geben. Benutzt man den positiven Einstieg als rhetorische Figur, wird alles, was danach kommt, nicht mehr als aufrichtig wahrgenommen.

Positives Feedback kann eine enorme Motivationskraft entfalten, einfach deshalb, weil Anerkennung einen der einfachsten und effektivsten Motivatoren darstellt. Nachhaltig ist dieser Effekt jedoch nur dann, wenn die Anerkennung ehrlich gemeint ist.

Feedback unter vier Augen – oder auch öffentlich?

Auf die Frage, ob Feedback unter vier Augen oder eher öffentlich erfolgen soll, gibt es keine eindeutige Antwort.

Je persönlicher das Feedback, desto wichtiger ist es, das Gespräch unter vier Augen in einem geschützten Raum zu führen. Nur so ist es möglich, einen respektvollen Umgang miteinander sicherzustellen und dafür zu sorgen, dass niemand sein Gesicht verliert.

Im Allgemeinen spricht nichts gegen ein öffentlich ausgesprochenes Lob. Wenn Sie im Kreise der Kollegen einen Mitarbeiter für eine gute Leistung loben, können Sie damit kaum einen Schaden anrichten. Im Gegenteil: Das Lob kann die Werte, die Ihnen wichtig sind und die für alle Gruppenmitglieder gelten, sichtbar herausstellen und bekräftigen.

Es gibt allerdings auch Konstellationen, in denen positives öffentliches Feedback problematisch wirken kann:

- ✔ Wenn Sie wiederholt dieselbe Person loben, wird aus ihr irgendwann »Papas Liebling«, was der Zusammenarbeit in der Gruppe nicht zuträglich ist. Ob berechtigt oder nicht: Ihre Mitarbeiter unterstellen Ihnen dann allzu schnell Günstlingswirtschaft.
- ✔ Wenn Sie für eine bestimmte Leistung ein öffentliches Lob aussprechen, sollten Sie überlegen, welchen Mitarbeitern Lob gebührt. Vergessen Sie niemanden, übertreiben Sie es andererseits auch nicht: Wenn Sie zu viele Beteiligte loben, also auch diejenigen, die nur einen kleinen Anteil am Erfolg haben, verliert sich der motivierende Effekt.
- ✔ Problematisch kann es auch sein, in Gegenwart anderer einen Mitarbeiter mit durchschnittlicher Leistung zu loben, um ihn aufzuwerten und vielleicht zu motivieren. Dieser Schuss kann nach hinten losgehen, wenn die wirklichen Leistungsträger selbstverständlich Bestleistungen erbringen und ihrerseits nicht besonders hervorgehoben werden.
- ✔ Vereinzelt gibt es Menschen, die sich durch Lob peinlich berührt fühlen. Auch dann sollten Sie es vermeiden, das positive Feedback in Gegenwart anderer zu geben.

Im Unterschied zum Lob kann öffentliches negatives Feedback den Kritisierten bloßstellen und deshalb massiven Schaden anrichten. Die Regel ist deshalb, bei kritischem Feedback ein vertrauliches Gespräch zu führen. Es gibt jedoch Situationen wie etwa Projektmeetings, Arbeitsgruppentreffen oder – im Medienbereich – Blatt- oder Sendungskritiken, bei denen alle beteiligten Personen zusammenkommen, um sich gegenseitig Feedback zu geben. Dieses Feedback findet naturgemäß öffentlich in der Gruppe statt. Allen Beteiligten sollte klar sein, nach welchen Regeln ein solches Feedbacktreffen abläuft – und Aufgabe des Vorgesetzten ist es, diese Regeln einzufordern und dafür zu sorgen, dass sie eingehalten werden. Aber selbst hier sollte sehr persönliches Feedback nicht in Gegenwart der anderen, sondern im Anschluss an die Sitzung unter vier Augen ausgetauscht werden.

Mag sein, dass Sie als Vorgesetzter manchmal ein Exempel statuieren möchten und einen Mitarbeiter gern öffentlich kritisieren würden. Überlegen Sie aber vorher, ob der Preis einer öffentlichen Demütigung nicht zu groß ist. Selbst wenn alle inhaltlich der Kritik eigentlich beipflichten, kommt es häufig vor, dass sich Mitarbeiter mit dem Kritisierten solidarisieren – einfach um deutlich zu machen: »So geht man nicht mit uns um! Hier müssen wir einen Riegel vorschieben.«

Um eine solche Situation von vornherein zu vermeiden, hat sich bewährt, anstelle eines einmaligen großen Paukenschlags lieber häufig kleine Feedbacks zu geben. Wenn Sie laufend kleine Korrekturen anmahnen, halten Sie Ihre Mitarbeiter auf Kurs, ohne dass es zu demütigenden Situationen kommt. Zudem gewöhnen sich die Mitarbeiter an die häufigen Feedbacksituationen und den damit verbundenen Umgang miteinander.

Das Feedback verbessern

Wie können Sie Ihre Fähigkeiten als Feedbackgeber verbessern? Verinnerlichen Sie das »Mantra« des Feedbackgebers – es hilft Ihnen, das Instrument »Feedback« mit immer mehr Erfolg einzusetzen.

»Mantra« des Feedbackgebers

- ✔ Ich bemühe mich, häufig Feedback zu geben.
- ✔ Positives Feedback möglichst sofort – negatives Feedback zeitnah, abhängig von meiner aktuellen Stimmung.
- ✔ Es geht nicht um die Person. Es geht um das Verhalten der Person.
- ✔ Die Wahrnehmung ist die Realität.

Eine Kernbotschaft, die Ihnen dieses Mantra mit auf den Weg gibt, lautet: Geben Sie so häufig wie möglich Feedback.

Das hört sich einfach an, löst aber ganz unterschiedliche Reaktionen aus. Gewissenhafte Menschen verstehen den Satz womöglich als Aufforderung, auf jede Kleinigkeit zu reagieren. Immer wenn etwas Unangenehmes aufstößt, wollen sie sofort detailliertes Feedback geben. Man kann es auch übertreiben! Um als Feedbackgeber bei kleineren Kritikpunkten nicht gleich als Erbsenzähler oder gar als Demotivator dazustehen, möchte ich die »Seien Sie nicht zu genau«-Haltung vorschlagen.

Die »Seien Sie nicht zu genau«-Haltung baut auf drei Regeln auf.

1. Beim ersten Mal übersehen Sie das Vorkommnis.
2. Beim zweiten Mal sprechen Sie es kurz an, im Sinne eines Zwischen-Tür-und-Angel-Feedbacks (siehe Kapitel 5).
3. Beim dritten Mal, sofern es dazu kommt, führen Sie ein konstruktives Feedbackgespräch (siehe Kapitel 6).

Feedback zu geben ist wie jede andere Fähigkeit – man lernt es, indem man es tut. Hier die wichtigsten Regeln, die Ihnen helfen, dabei sicherer und erfolgreicher zu werden:

- ✔ **Sprechen Sie von sich.** Formulieren Sie Ihre Botschaft in der Ich-Form. Es geht um Ihre Wahrnehmung und Ihre Gefühle, nicht um allgemeine Aussagen wie »man« oder »wir«. Persönlich zu sprechen, macht Ihr Feedback glaubwürdig und authentisch.
- ✔ **Nutzen Sie den Feedback-Dreiklang.** Starten Sie mit einem konkreten Beispiel, schildern Sie, wie es auf Sie wirkt, und formulieren Sie dann klar, was Sie sich wünschen. Dieser Aufbau sorgt dafür, dass Ihr Feedback nachvollziehbar und wertschätzend bleibt.
- ✔ **Fokussieren Sie sich auf Lösungen.** Feedback ist kein Selbstzweck. Es sollte immer darauf abzielen, gemeinsam etwas zu verbessern oder zu verändern. Mit einem lösungsorientierten Ziel schaffen Sie eine positive Perspektive.
- ✔ **Setzen Sie Worte in Taten um.** Vereinbaren Sie konkrete, überprüfbare Schritte, die von beiden Seiten getragen werden. Das gibt dem Feedback Substanz und zeigt, dass Sie es ernst meinen.
- ✔ **Bleiben Sie dran.** Feedback ist selten mit einem Gespräch erledigt. Es ist ein Prozess, der Zeit braucht. Planen Sie mindestens ein weiteres Gespräch ein, um Fortschritte zu reflektieren und die Zusammenarbeit weiter zu stärken.
- ✔ **Zeigen Sie Wertschätzung.** Bedanken Sie sich, wenn Ihr Gegenüber Ihnen eine Rückmeldung auf Ihr Feedback gibt. Es zeigt nicht nur Respekt, sondern fördert auch eine Kultur des offenen Austauschs.

Und am wichtigsten: Bitten Sie selbst um Feedback! Das ist nicht nur ein Zeichen von Stärke und Offenheit, sondern auch eine Möglichkeit, sich selbst besser kennenzulernen. Gleichzeitig senden Sie damit ein klares Signal: Feedback ist wertvoll, und so wird es auch in Ihrem Verantwortungsbereich behandelt. Denken Sie daran, Ihre Reaktion auf Feedback wird zum Vorbild. Wie Sie selbst mit Kritik umgehen, zeigt Ihrem Team, wie wichtig Feedback für Wachstum und Zusammenarbeit ist. Seien Sie ein Vorbild – offen, respektvoll und lernbereit.

Grundregeln für den Feedbacknehmer

Wechseln Sie die Perspektive – vom Sender zum Empfänger: Worauf kommt es an, wenn Sie Feedback entgegennehmen? Im Vorteil sind Sie, wenn es Ihnen gelingt, eine positive Grundhaltung zu entwickeln, sprich: Feedback als Chance zu begreifen. Und auch wenn es schwerfällt, die wichtigste Regel lautet: Zuhören, zuhören, zuhören.

Eine Frage der Haltung: Feedback als Chance

Feedback ist eigentlich ein Geschenk. Es klingt etwas pathetisch, wenn in vielen Veröffentlichungen über Feedback der Empfänger aufgefordert wird, sich zu bedanken. Und in der Tat ist es im beruflichen Alltag ungeübte Praxis. Dennoch ist es ratsam, sich zu bedanken, weil Sie etwas gesagt und aufgezeigt bekommen, was Sie selbstständig nicht beobachtet haben. Es bereichert die eigene Wahrnehmung. Es ist nicht entscheidend, ob Sie den Inhalten zustimmen, vielmehr erfahren Sie, wie andere Menschen Sie wahrnehmen. Oder um unser Bild des Landkartenvergleichs aus dem ersten Kapitel noch einmal zu bemühen: Sie lernen die Landkarte Ihres Gegenübers kennen und erleben so vielleicht völlig ungewohnte Sichtweisen.

Hinzu kommen zwei psychologische Effekte, die das Bedanken auslöst:

- ✔ Der Feedbackgeber fühlt sich ernst genommen. Der damit gezollte Respekt kann die Grundlage sein, um sich aus vielleicht konträren Positionen aufeinander zu entwickeln.
- ✔ Als Empfänger eines vielleicht für Sie schwer verständlichen und nicht zutreffenden Feedbacks können Sie sich souverän aus der emotionalen Klemme ziehen, indem Sie sich erst einmal bedanken und vielleicht noch hinzufügen: »Darüber muss ich noch einmal nachdenken!« Auf diese Weise signalisieren Sie, dass Sie zugehört haben, auch wenn Sie zurzeit nicht zustimmen. Als Feedbackempfänger wertschätzen Sie die Äußerung Ihres Gegenübers – und zeigen gleichzeitig Souveränität, da Sie nicht sofort versuchen, der Sichtweise des Feedbackgebers entgegenzutreten.

In der Regel reagieren Menschen bei negativem Feedback mit Rechtfertigungen. Das ist normal: Wir nehmen Kritik schnell als Bedrohung wahr, die sofort archaische Schutzmechanismen wachruft. Gleichwohl können wir als Menschen diesem Reflex widerstehen und uns bewusst vornehmen, dem anderen zuzuhören. Dabei hilft es, sich die beschriebenen Vorteile eines Feedbacks vor Augen zu führen – und das Feedback vor allem als eine Chance zu begreifen, die Sichtweise des Gegenübers kennenzulernen.

Wenn Sie sich angegriffen fühlen, werden Sie unter Stress geraten. Unter Stress beschleunigt sich der Atem und viele andere unbewusst im Körper ablaufende Prozesse machen sich bemerkbar. Diese Prozesse führen zu einer Einengung der Wahrnehmung. Sie haben mehrere Möglichkeiten, dem zu entgehen:

- ✔ Der körperliche Einstieg: Atmen Sie doppelt so lange aus wie ein. Mehrere Male. Dadurch beruhigt sich das autonome Nervensystem.

- Der kognitive Einstieg: Anstatt sich zu rechtfertigen, verfolgen Sie die Spur, die der Feedbackgeber vorgibt: Fragen Sie nach. Versuchen Sie, herauszufinden, was er beobachtet hat und dabei empfindet, auch wenn es Ihnen noch so widersinnig erscheint. Sie können auch das Gehörte zwischendurch zusammenfassen, um sicherzugehen, dass Sie richtig verstanden haben.
- Die Notbremse: Wenn Sie bemerken, dass es Ihnen einfach zu viel wird, unterbrechen Sie die Situation. Beispielformulierung: »Das ist jetzt starker Tobak für mich. Ich brauche eine Pause, um das, was ich gehört habe, sacken zu lassen. Können wir das Gespräch ein paar Minuten unterbrechen?«

Feedback richtig entgegennehmen

Nicht nur der Feedbackgeber, auch der Empfänger hat Interesse an einem gelungenen Feedback. Letztlich dient Feedback der gegenseitigen Abstimmung und gibt dem Feedbackempfänger die notwendige Orientierung, damit er seine Aufgaben effektiv erledigen kann.

Schon deshalb stellt sich die Frage, was Sie – nunmehr in der Rolle des Empfängers – zu einem gelungenen Feedback beitragen können. Kurz zusammengefasst kommt es auf zwei Regeln an:

- Hören Sie dem Feedbackgeber aktiv zu.
- Lenken Sie das Gespräch auf eine Lösung hin.

Dem Feedbackgeber aktiv zuhören

Auch wenn der Drang, sich zu rechtfertigen, Sie zu überwältigen droht – beherrschen Sie sich. Die erste und wichtigste Regel für den Feedbackempfänger lautet: Zuhören, zuhören, zuhören. Aktives Zuhören ist anstrengend. Es verlangt mehr, als nur brav dazusitzen und nebenbei aufs Smartphone zu schielen. Wer aktiv zuhört, bekundet echtes Interesse an dem, was der andere sagt. Das verlangt Konzentration und die Bereitschaft, sich auf den anderen einzulassen.

Für den Feedbackgeber ist es entscheidend, dass er sein Anliegen erfolgreich vermittelt. Ihm ist es deshalb enorm wichtig, dass Sie ihm zuhören. Tun Sie ihm deshalb den Gefallen und signalisieren Sie ihm: »Ich höre dir zu!« Sie werden feststellen, dass sich dadurch die Atmosphäre löst. Sie fühlen sich ernst genommen und damit angenommen.

Signalisieren Sie dem Feedbackgeber, dass Sie ihm zuhören. Hierbei helfen Blickkontakt, eine zugewandte Körperhaltung, gelegentliches Nicken, immer wieder ein unterstützendes »Ja« oder »Ich verstehe«. Senden Sie diese Signale aber nur, wenn Sie wirklich die Absicht haben, zuzuhören und den anderen zu verstehen.

Zum aktiven Zuhören gehört es auch, in eigenen Worten zusammenzufassen, was Sie verstanden haben. Eventuell müssen Sie auch nachfragen, wenn Sie etwas nicht verstanden haben.

Die Methode des »aktiven Zuhörens«

Aktives Zuhören ist der Schlüssel zu echten Gesprächen, die Missverständnisse vermeiden und Vertrauen schaffen. Diese kraftvolle Methode wurde von Carl Rogers, einem der Pioniere der Gesprächstherapie, geprägt. Sein Ansatz zeigt, wie viel wir erreichen können, wenn wir uns darauf konzentrieren, wirklich zuzuhören, statt sofort zu reagieren oder zu bewerten.

Was macht aktives Zuhören so besonders? Es erlaubt Ihnen, nicht nur die Worte Ihres Gegenübers zu hören, sondern wirklich zu verstehen, was gemeint ist. Es stärkt Verbindungen, löst Konflikte und hilft dabei, gemeinsam Lösungen zu finden. Und das Beste: Jeder kann es lernen.

Die vier Stufen des aktiven Zuhörens sind dabei Ihre Werkzeuge:

1. **Wahrnehmung:** Wir nehmen selektiv wahr, um die Flut an Informationen zu filtern. Das ist keine Schwäche, sondern eine Stärke – so können wir uns auf das Wesentliche konzentrieren.
2. **Verstehen:** Hier beginnt das echte Zuhören. Es geht darum, nicht nur zu hören, sondern das Gehörte zu begreifen. Wo Missverständnisse drohen, liegt die Lösung oft in klaren Fragen und ehrlichem Nachfragen.
3. **Bewerten:** Natürlich neigen wir dazu, Gehörtes zu beurteilen. Doch innezuhalten und gezielt nachzufragen, bevor wir uns ein Urteil bilden, kann die Sicht auf eine Situation völlig verändern.
4. **Reaktion:** Ihr Gegenüber muss spüren, dass Sie wirklich zuhören. Ein Nicken, ein Lächeln, direkter Blickkontakt oder kurze Bestätigungen wie »Ich verstehe« – all das signalisiert Aufmerksamkeit und Interesse.

Aktives Zuhören ist mehr als eine Technik – es ist ein Geschenk.

Erliegen Sie nicht der Versuchung, den Feedbackgeber zu unterbrechen und sich zu rechtfertigen. Fragen Sie nur nach, wenn Sie etwas nicht verstanden haben – und hören Sie ihn ansonsten bis zum Ende an.

Zuhören heißt nicht zustimmen! Sie erhalten später die Gelegenheit, Ihre Position darzustellen. Im ersten Teil des Gesprächs geht es jedoch darum, dem Feedbackgeber zuzuhören und ihn ausreden zu lassen.

Zuhören ist die grundlegende Voraussetzung, um verschiedene Perspektiven wahrzunehmen und ein gemeinsames Verständnis zu entwickeln. Doch wenn der Austausch von Fakten nicht zu einer einheitlichen Sichtweise führt, ist es nicht hilfreich, die Wahrnehmung des anderen infrage zu stellen oder ihn davon überzeugen zu wollen, dass Ihre Sichtweise die einzig richtige ist. Am Ende entscheidet der Vorgesetzte – und gibt vor, dass seine Wahrheit gilt. Das müssen Sie wohl oder übel akzeptieren.

Aus Ihrer Sicht, der des Feedbacknehmers, ist in diesem Fall entscheidend, dass Sie die Wahrnehmung Ihres Gegenübers wirklich verstanden haben. Erscheint Ihnen dessen Einlassung als allzu starker Tobak, sollten Sie das Erfahrene erst einmal sacken lassen. Bedingen Sie sich Zeit aus, vereinbaren Sie einen weiteren Termin.

Das Gespräch auf eine Lösung hinlenken

Wenn Sie die Kritik Ihres Feedbackgebers nachvollziehen können, können Sie Ihre Position kurz darstellen, sollten sich aber nicht mehr lange mit der Analyse der Probleme befassen. Deuten Sie stattdessen an, dass Sie an einer Lösung interessiert sind. Darauf dürfte Ihr Gegenüber gern eingehen.

Nun haben Sie es geschafft, der weitere Verlauf des Gesprächs dürfte sich für beide Seiten konstruktiv und produktiv gestalten: Gemeinsam mit dem Feedbackgeber suchen Sie nach einem Weg, um die Ursachen des kritischen Feedbacks zu bereinigen und Ideen zu entwickeln, wie die Dinge künftig besser laufen können. Im Idealfall haben Sie selbst schon einen Lösungsvorschlag, den Sie nun einbringen können.

Noch besser mit Feedback umgehen

Wie können Sie ein noch besserer Feedbacknehmer werden? Verinnerlichen Sie das »Mantra« des Feedbacknehmers – es hilft Ihnen dabei, Feedback künftig immer professioneller entgegenzunehmen.

Mantra des Feedbacknehmers

- ✔ Ich freue mich über Feedback.
- ✔ Ich bin gespannt auf die Wahrnehmung meines Gegenübers.
- ✔ Ich kann niemandem seine Wahrnehmungen ausreden. Interessant ist es, zu verstehen, wie mein Gegenüber zu seiner Wahrnehmung gekommen ist.
- ✔ Ich würdige und drücke auch aus, dass ich es wertschätze, dass sich jemand die Mühe macht, mir Rückmeldung zu geben. Auch wenn ich nicht zustimme.
- ✔ Ich möchte lieber negatives Feedback als gar kein Feedback.
- ✔ Ich bekomme negatives Feedback, weil es jemanden gibt, der sich für mich interessiert.

Der wichtigste Hinweis, um den Umgang mit Feedback zu verbessern, lautet: Trainieren Sie aktives Zuhören. Folgende Regeln können dabei helfen:

- ✔ Hören Sie zu, auch wenn Ihr Gegenüber offensichtlich eine vollkommen andere Perspektive hat.
- ✔ Hören Sie aufmerksam zu.

- ✔ Nehmen Sie sich Zeit, um die Wahrnehmungen Ihres Gegenübers zu verstehen.
- ✔ Wenn Sie emotional aufgewühlt sind, fassen Sie das Gehörte zusammen.
- ✔ Rechtfertigen Sie sich nicht.
- ✔ Nehmen Sie erst Stellung, wenn klar ist, dass Sie die Perspektive Ihres Gegenübers verstanden haben.

Wo Sie in Sachen »Annehmen von Feedback« stehen, können Sie anhand der Checkliste in Tabelle 3.1 prüfen. Ziel Ihres Trainings zur Feedbackannahme sollte es sein, fünfmal »Ja« anzukreuzen.

Fragen	Ja	Nein
Sind Sie bereit, offen zuzuhören?	☐	☐
Sind Sie in der Lage nachzufragen, ohne sich zu rechtfertigen?	☐	☐
Können Sie es akzeptieren, eventuell etwas falsch gemacht zu haben?	☐	☐
Haben Sie eine Strategie, um sich selbst zu beruhigen und fair zu bleiben, wenn Sie sich zu Unrecht angegriffen fühlen?	☐	☐
Haben Sie eine Vorstellung davon, wie Sie in Zukunft mit den kritisierten Verhaltensweisen umgehen wollen?	☐	☐

Tabelle 3.1: Checkliste Feedbackannahme

Wann Feedbackregeln sinnlos sind

In Ich-Form sprechen, konkrete Beispiele anführen, nicht sofort, aber doch zeitnah reagieren, das Gespräch auf eine Lösung hinlenken – Sie kennen nun eine ganze Reihe nützlicher Feedbackregeln. Diese Regeln sind bewährt, sinnvoll und zielführend. Und doch gibt es Situationen, in denen sie kontraproduktiv oder gar nicht anwendbar sind. Das ist der Fall, wenn sie als »Moralkeule« missbraucht werden oder wenn in einer Ausnahmesituation verbale Botschaften versagen.

Wenn Mitarbeiter die Moralkeule schwingen

Manchmal können Regeln hinderlich sein – dann, wenn sie Spontaneität erdrücken und Kreativität ersticken. Das kann dann der Fall sein, wenn sich Mitglieder einer Gruppe ständig auf das Regelwerk beziehen, etwa in dem Tenor »So darfst du das nicht sagen! Du musst Ich-Botschaften senden!« oder »Es gibt doch Feedbackregeln! Diese Feedbackregeln müssen eingehalten werden!«. Immer wenn Regeln hervorgezogen werden, um spontane Prozesse abzublocken, erlahmt der innovative Drive, der für Veränderungen und neue Lösungen erforderlich ist.

Regeln können als »Oberhandtechnik« missbraucht werden. Sprich: Mitarbeiter nutzen sie, um die Oberhand zu behalten. Wenn etwa ein Mitarbeiter anmerkt: »Augenblick, das war aber jetzt nicht nach den Regeln des Feedbacks!«, sollten die Alarmglocken läuten.

Anstatt dem Feedbackgeber zuzuhören und sich ehrlich für dessen Anliegen zu interessieren, schiebt dieser Mitarbeiter die Regeln vor, um sich mit ihrer Hilfe ins Recht zu setzen.

Besonders psychologisch vorgebildete Menschen neigen dazu, die Feedbackregeln so als Moralkeule einzusetzen. In Psychologenkreisen ist das Phänomen wohlbekannt. Die Gefahr besteht aber auch in Unternehmen, die sich um den Aufbau einer Feedbackkultur bemühen. Die Mitarbeiter erhalten Trainings und lernen die Feedbackregeln kennen. Die Regeln werden als Flyer verbreitet oder hängen auf Plakaten im Unternehmen aus. Das ist auch richtig so, denn es geht ja darum, dass die Regeln »gelebt« werden. Nur: Es gibt immer wieder auch übereifrige Mitarbeiter, die bei jeder Gelegenheit die Regeln heranziehen und zitieren. Doch Regeln, die so missbraucht und überstrapaziert werden, wirken schnell kontraproduktiv.

Was können Sie tun? Wann ist es richtig, die Regeln einzuhalten, wann sollten Sie stattdessen der emotionalen Spontaneität mehr Raum geben?

Das Einhalten der Regeln ist immer dann sinnvoll, wenn die Emotionen bereits hochschlagen. Herrscht dagegen ein formeller Umgang vor, droht die Form den Inhalt zu erdrücken, dann sollten Sie auch einmal Fünfe gerade sein lassen.

Es ist durchaus möglich, dass sich die Situation im Verlauf eines Feedbackprozesses ändert. Angenommen, Sie haben es mit konfliktscheuen Menschen zu tun oder mit einer Gruppe, die gewohnt ist, sich nur sachlich und ohne sichtbare emotionale Beteiligung auseinanderzusetzen. Dann erscheint es angebracht, zunächst weniger auf die Regeln zu achten, als die Spontaneität zu fördern. Kommt der Prozess in Gang und ist die Situation erst einmal angeheizt, können Sie auf das Einhalten von Feedbackregeln umschwenken.

Stoppen statt regeln

Gelegentlich passiert es, dass eine Situation komplett aus dem Ruder läuft. Ein Mitarbeiter fängt an, herumzubrüllen. Er trommelt mit den Fäusten gegen die Tür oder wird gar handgreiflich. Klar ist: Jetzt können Sie nicht mit den Feedbackregeln kommen – etwa der Regel, »zeitnah, aber nicht unmittelbar reagieren«. Sie müssen sofort eingreifen.

Wenn ein Mensch aggressiv wird und ausrastet, ist er für gesprochenes Feedback nicht mehr erreichbar. Dann helfen nur nonverbale Botschaften, die ihm ein klares »Stopp« signalisieren. Wie Sie die Lage in solchen Fällen in den Griff bekommen, erfahren Sie in Kapitel 9.

Stimmigkeit nach innen und außen herstellen

Die beschriebenen Feedbackregeln stellen ein bewährtes Instrumentarium dar, das jedoch eines voraussetzt: Das Feedback sollte ehrlich gemeint sein. Entspricht es nicht auch Ihrer persönlichen Überzeugung, folgt es zwar formal den Feedbackregeln, wird aber nicht seine optimale Wirkung entfalten.

Damit gelangen wir zu einer letzten, sehr grundsätzlichen Regel für erfolgreiches Feedback: Achten Sie darauf, dass eine Rückmeldung nicht nur der äußeren Situation angemessen ist, sondern gleichzeitig auch Ihrer inneren Überzeugung folgt.

Vier-Felder-Modell für stimmiges Feedback

Stimmigkeit mit sich selbst und gleichzeitig mit der Situation – wie lässt sich diese Forderung erfüllen? Der Psychologe Professor Friedemann Schulz von Thun hat hierzu ein praxistaugliches Modell erstellt, das vier grundsätzliche Möglichkeiten unterscheidet (siehe Tabelle 3.2):

- ✔ Fall 1: Das Feedback ist in Übereinstimmung mit mir selbst und entspricht der Situation (stimmig).
- ✔ Fall 2: Das Feedback ist in Übereinstimmung mit mir, entspricht aber nicht der Situation (daneben).
- ✔ Fall 3: Das Feedback ist mit mir selbst *nicht* in Übereinstimmung, entspricht aber der Situation (angepasst).
- ✔ Fall 4: Das Feedback ist weder mit mir selbst in Übereinstimmung noch entspricht es der Situation (verquer).

		außen	
		übereinstimmend	**nicht übereinstimmend**
innen	**übereinstimmend**	stimmig	daneben
	nicht übereinstimmend	angepasst	verquer

Tabelle 3.2: Stimmig Feedback geben: das Vier-Felder-Schema nach Professor Friedemann Schulz von Thun

Stimmigkeit bedeutet demnach Übereinstimmung in zwei Richtungen: Nach innen muss ich zu dem stehen können, was ich sage, und das ohne Angst, mich zu verleugnen. Und nach außen muss das Gesagte zum Umfeld passen. Mit Umfeld sind die funktionalen, hierarchischen, historisch gewachsenen Zusammenhänge gemeint, in denen ich mich als Feedbackgeber befinde.

Der Stimmigkeits-Check

Um Stimmigkeit herzustellen, muss der Blick einerseits nach innen gerichtet werden: Welche Gedanken und Gefühle kommen auf, welche »inneren Stimmen« melden sich zu Wort (siehe hierzu Kapitel 15)? Andererseits gilt es, das Augenmerk nach außen zu richten und herauszufinden, welche Feedbackform umfeld- oder situationsgerecht ist (siehe Kapitel 4).

Ob beide Seiten zusammenpassen, das Feedback also stimmig ist, lässt sich auf einfache Weise anhand des Vier-Felder-Schemas überprüfen. Ist das Feedback wirklich stimmig, trifft also Fall 1 zu? Oder ist es daneben, angepasst oder gar verquer?

- ✔ Wenn Sie zum Beispiel auf einer Betriebsfeier Ihrem angetrunkenen Vorgesetzten endlich einmal die Meinung geigen, mag das Ihrer inneren Stimmung entsprechen, ist der Situation aber nicht angemessen. Es ist daneben.
- ✔ Wenn Sie bei den Witzen Ihres angetrunkenen Chefs wie alle anderen mitlachen, innerlich davon aber eher angewidert sind, ist das der Situation angemessen – gleichwohl aber kein stimmiges, sondern ein angepasstes Verhalten.
- ✔ Wenn Sie bei der Betriebsfeier angetrunken sind und Ihren Chef durch eine unachtsame verbale Entgleisung verletzen, entspricht das vermutlich nicht Ihrer inneren Haltung und ist auch nicht der Situation angemessen. Das Verhalten wäre verquer.

Natürlich können Sie nicht bei jedem Feedback den Vierfeldertest vorschalten. Gleichwohl hilft er, in unsicheren oder schwierigeren Situationen ein stimmiges und damit effektives Feedback sicherzustellen.

Feedbackregeln im Online-Setting anwenden

Stellen Sie sich vor, Sie stehen in einem Raum, Auge in Auge mit der Person, der Sie Feedback geben möchten. Sie können ihre Mimik, ihre Gestik sehen, und Sie spüren förmlich die Energie, die zwischen Ihnen fließt. Das ist die Kraft eines persönlichen Gesprächs. Doch nun stellen Sie sich vor, Sie sitzen vor Ihrem Bildschirm, tausende Kilometer entfernt. Kein direkter Blickkontakt, keine subtile Körpersprache – nur Worte und vielleicht ein Bild, das gelegentlich ins Stocken gerät. Aber hier ist der Punkt: Der Kern des Feedbacks, der Kern dessen, was Sie sagen möchten, bleibt derselbe, egal ob Sie physisch im Raum sind oder online verbunden.

Im Feedbackdreiklang – Wahrnehmung, Wirkung, Wunsch – steckt eine immense Kraft. Wenn Sie sich dieser Struktur bewusst sind und sie beherrschen, ist es egal, wo und wie Sie Ihr Feedback geben. Die Prinzipien, die Sie verfolgen, sind universell.

In der Präsenz haben Sie den Vorteil der unmittelbaren Rückmeldung. Sie können auf den Ausdruck des Gegenübers eingehen, das Gesagte im Raum wirken lassen. Hier entsteht ein Moment, in dem Ihre Worte direkt auf fruchtbaren Boden fallen – oder auf Widerstand stoßen. Aber gerade dieser Widerstand kann eine Chance sein. Sie können ihn aufgreifen, um ein tieferes Verständnis zu entwickeln und Missverständnisse sofort aus dem Weg zu räumen.

Online hingegen sind Sie dazu herausgefordert, noch präziser zu sein. Sie haben nicht das gleiche Maß an nonverbalen Signalen, auf das Sie sich verlassen können. Ihre Worte müssen also klarer, Ihr Tonfall noch bewusster gewählt sein.

Aber hier liegt auch eine Möglichkeit: Bereiten Sie Ihr Feedback schriftlich nach und stellen Sie auf diese Weise sicher, dass jede Nuance verstanden wird.

Ob also im persönlichen Gespräch oder online – wenn Sie den Feedbackdreiklang beherrschen, sind Sie bestens gerüstet. Sie haben die Macht, mit Ihren Worten zu inspirieren, zu korrigieren und zu motivieren. Nutzen Sie diese Kraft weise und bewusst. Erlauben Sie sich, in jedem Feedback-Gespräch – ob im Raum oder über den Bildschirm – Ihr Bestes zu geben. Das Ergebnis? Eine Kommunikation, die weit über das bloße Austauschen von Worten hinausgeht. Es geht darum, echte Verbindungen zu schaffen und die Basis für eine erfolgreiche Zusammenarbeit zu legen.

Feedback trainieren: Übung macht den Meister

Zwischen Wahrnehmung, Wirkung und Wunsch differenzieren – das klingt eigentlich ganz einfach. Doch den meisten Menschen fällt es zunächst schwer, die drei Komponenten des Feedbackdreiklangs im Alltag tatsächlich sauber auseinanderzuhalten. Die folgenden Beispiele und Übungen können helfen, ein wirkungsvolles und stimmiges Feedbackverhalten zu trainieren.

Beispiel 1

Was hat der Feedbackgeber wahrgenommen?

»Sie verhalten sich in unseren Freitagsmeetings vollkommen unangemessen!«

Was löst das Wahrgenommene in ihm aus?

»Das hat bei mir Ärger ausgelöst, weil ich es als respektlos empfinde«.

Was erwartet er in der Zukunft?

»In Zukunft wünsche ich mir ein konzentriertes Mitarbeiten von Anfang an. Haben Sie mich verstanden?«

Analyse:

- ✔ Die Wahrnehmung enthält keine Ich-Aussage. Damit fordert der Feedbackgeber die Gegenreaktion, weil seine Aussage als allgemeingültige, von allen geteilte Wahrheit daherkommt. Es fehlt eine Einladung zum »Landkartenvergleich«, stattdessen weckt der Feedbackgeber den Eindruck, dass er die Landschaft anstelle der Karte besitzt.
- ✔ Es fehlt eine konkrete Beschreibung des Verhaltens. Ohne eine Konkretisierung hört der Feedbacknehmer über sich eine generelle Aussage, gegen die er innerlich vollkommen zu Recht aufbegehrt. Kein Feedbackgeber sollte sich dazu aufschwingen, quasi als Hobbypsychologe ein allgemeingültiges Urteil abzugeben.

- ✔ Wer als Vorgesetzter Feedback gibt, kann natürlich auf seine disziplinarischen Befugnisse zurückgreifen und den Fall mit einem knappen »Haben Sie mich verstanden?« abschließen. Der eigentliche Sinn von Feedback wird damit jedoch verfehlt. Um den »richtigen« Feedbackweg zu beschreiten, sollte stattdessen die Einladung zur Entgegnung erfolgen.

Um einem Missverständnis vorzubeugen: Wenn der Mitarbeiter uneinsichtig ist, können und müssen Sie sich als Vorgesetzter per Anordnung durchsetzen. Das sollte jedoch erst geschehen, nachdem beide Seiten ihre Sichtweisen ausgetauscht haben.

Beispiel 2

Was hat der Feedbackgeber wahrgenommen?

»In der von mir geleiteten Sitzung am Freitag um 9 Uhr haben Sie mit Ihrem Smartphone Mails gelesen und beantwortet, dann mit Ihrem Nachbarn hinter vorgehaltener Hand gesprochen. Außerdem hatten Sie nichts Besseres zu tun, als sich mit Angela über den Etat Ihrer Abteilung so lautstark zu streiten, dass ich Sie zurückpfeifen musste.«

Analyse:

- ✔ Die Ich-Aussage erleichtert das Zuhören. Auch die konkrete Verhaltensbeschreibung ist gelungen.
- ✔ Einer frühzeitigen Bewertung (»hatten Sie nichts Besseres zu tun …«) löst jedoch unnötig Aggressivität aus und lädt zum Widerspruch ein. Die Gefahr ist groß, dass das Gespräch vom eigentlichen Kern des Feedbacks abgelenkt wird und sich allein um die Frage rankt: »Hatte er etwas Besseres zu tun oder nicht«?

Was löst das Wahrgenommene im Feedbackgeber aus?

»Ich empfinde das als respektlos und es ärgert mich.«

Was erwartet der Feedbackgeber in der Zukunft? »Ich möchte in Zukunft einen respektvollen Umgang aller mit allen. Dazu gehört: keine Nebengespräche, keine Handynutzung. Können wir uns darauf einigen?«

Beispiel 3

Was hat der Feedbackgeber wahrgenommen?

»In der von mir geleiteten Sitzung am Freitag um 9 Uhr haben Sie mit Ihrem Smartphone Mails gelesen und beantwortet, dann mit Ihrem Nachbarn hinter vorgehaltener Hand gesprochen. Außerdem haben Sie mit Angela über den Etat Ihrer Abteilung lautstark gestritten, sodass ich Sie zurückpfeifen musste.«

Was löst das Wahrgenommene im Feedbackgeber aus?

»Ihre aufbrausende Art und dann auch noch das unkonzentrierte Arbeitsverhalten bringen mich zur Weißglut.«

Was erwartet der Feedbackgeber in der Zukunft?

»Ich erwarte in Zukunft ein konzentriertes Mitarbeiten. Allein aus Respekt den Kollegen gegenüber, wenn Sie den für mich schon nicht aufzubringen in der Lage sind.«

Analyse:

- ✔ Die Wahrnehmung wird in der Ich-Aussage quasi im Reportermodus dargestellt. Damit schafft sich der Feedbackgeber die bestmögliche Ausgangsposition, um sich mit seinem Anliegen Gehör zu verschaffen.
- ✔ Dann jedoch gehen die Pferde mit ihm durch: Er verliert sein Ziel aus den Augen und verlässt die Situation. Es kommt zu einer Generalabrechnung, die eine weitere konstruktive Lösung unmöglich machen wird.
- ✔ Auch beim Wunschteil des Feedbacks lässt er sich zu einer sarkastischen Bemerkung hinreißen. Das Feedback entgleitet – es verkommt zu einem Anlass, um sich abzureagieren.

Übung: Feedback formulieren

Jetzt sind Sie an der Reihe. Überlegen Sie, was Sie einem Kollegen oder Mitarbeiter schon immer einmal rückmelden wollten. Spielen Sie den Fall nach dem Schema des Feedbackdreiklangs durch und nehmen Sie dann eine Stimmigkeitsprüfung vor.

Was habe ich beobachtet? Formulieren Sie Ihr Feedback am besten in wörtlicher Rede. Und achten Sie auf den Reporterstil: Ich-Aussagen, keine Wertungen.

____

____

____

Was beobachten Sie an sich, wenn Sie diese Zeilen niederschreiben? Wenn es sich um negative Inhalte handelt, werden Sie wahrscheinlich eine kleine Hemmung bemerken. Oft verbergen wir unsere eigentliche Absicht in Nebenbemerkungen, Ironie oder hinter Sarkasmus. Feedback wird aber nur dann konstruktiv, wenn es gelingt, sich nicht hinter Andeutungen zu verstecken.

Rekapitulieren Sie noch einmal die Gefühle, die Sie beim Notieren der Situation bemerkt haben. Sie weisen Ihnen den Weg, um auf die zweite Frage antworten zu können: Was löst das Wahrgenommene in mir aus?

Schreiben Sie auf, welche Gefühle das Beobachtete bei Ihnen auslöst, wie es auf Sie wirkt:

____

____

____

Was erwarte ich in der Zukunft? Beschreiben Sie das Ziel Ihres Feedbacks. Ziele sind die angestrebten Zustände in der Zukunft – in diesem Fall Ihr Wunsch an den Kollegen oder den Mitarbeiter.

Ich wünsche mir:

____

____

____

Nehmen Sie abschließend eine Stimmigkeitsprüfung vor. Lesen Sie hierzu noch einmal, was Sie bei Wahrnehmung, Wirkung und Wunsch notiert haben – und überlegen Sie, ob die Aussagen zu Ihnen wie zur Situation passen. Ordnen Sie das Ergebnis einer der folgenden Möglichkeiten zu:

1. Verquer?

   ____

2. Angepasst?

   ____

3. Daneben?

   ____

4. Stimmig?

   ____

Teil II

Feedback »von oben nach unten«: Chef beurteilt Mitarbeiter

IN DIESEM TEIL ...

Der zweite Teil beleuchtet die Situation, in der Sie als Vorgesetzter Ihren Mitarbeitern Rückmeldung geben möchten. Für den Führungsalltag hat ein systematisches Feedback eine enorme Bedeutung: Es gibt Ihren Mitarbeitern Orientierung, motiviert sie – und trägt so entscheidend dazu bei, die Abteilungs- oder Teamziele zu erreichen. Hier erfahren Sie, wie Sie es richtig machen.

IN DIESEM KAPITEL

Fünf Eskalationsstufen des Feedbacks

Situatives Feedback als Führungsinstrument

Kapitel 4
Situatives Feedbackmodell: Auf die Dosis kommt es an

Vielen Führungskräften fällt es schwer, ihren Mitarbeitern systematisch Feedback zu geben. In einer Befragung von über 1.000 Führungskräften wurden auch deren Mitarbeiter befragt: »Sucht Ihr Vorgesetzter aktiv nach der Gelegenheit, Ihnen Feedback zu geben?« Nur 16 Prozent der Befragten antworteten mit »Ja«. In einer weiteren Studie wurden über 1.000 Mitarbeiter gefragt, ob sie regelmäßig Feedback in Bezug auf ihre Leistungen bekommen. 46 Prozent antworteten mit »Nein«. Offensichtlich wird das Potenzial von Feedback im Führungsalltag bei Weitem nicht ausgeschöpft. Dabei ist die Beziehung zwischen Feedback und Motivation in Studien klar belegt: Wer häufig Feedback erhält, ist motiviert und gibt meistens sein Bestes – im Gegensatz zu Mitarbeitern, die nur wenig Feedback bekommen.

In diesem Kapitel lernen Sie ein Modell kennen, das Ihnen hilft, das Thema »Feedback geben« systematisch anzupacken und die damit verbundenen Chancen künftig besser zu nutzen. Wenn ich mich hierbei auf kritisches Feedback konzentriere und an den negativen Auswirkungen entlang gedacht wird: Vergessen Sie darüber nicht, gerade auch bei positiven Ereignissen Ihren Gefühlen und Einschätzungen freien Lauf zu lassen.

Die Eskalationstreppe des Feedbacks

Feedback sollte mit Fingerspitzengefühl und in einer Weise gegeben werden, die die Beziehung stärkt und die Emotionen aller Beteiligten berücksichtigt. Es wäre unklug, bei einem ersten Fehler sofort ein Kritikgespräch anzusetzen. Oft genügt ein wohlwollendes Kurzfeedback, das in einer beiläufigen, aber respektvollen Weise kommuniziert wird.

Das Ziel ist, keine unnötigen Konflikte zu erzeugen und das Vertrauensverhältnis zu wahren. Statt mit »Kanonen auf Spatzen zu schießen«, ist es klüger, Ihr Feedback in der passenden Dosierung und mit dem richtigen Maß an Empathie zu vermitteln.

Hinter dem *situativen Feedbackmodell* steht folgender Grundgedanke: Wählen Sie jeweils die richtige Feedbackintensität. Das Modell unterscheidet je nach Situation fünf Feedbackstufen (siehe Abbildung 4.1): Kurzfeedback, konstruktives Feedback, Metafeedback, Kritikgespräch und No-Go-Gespräch.

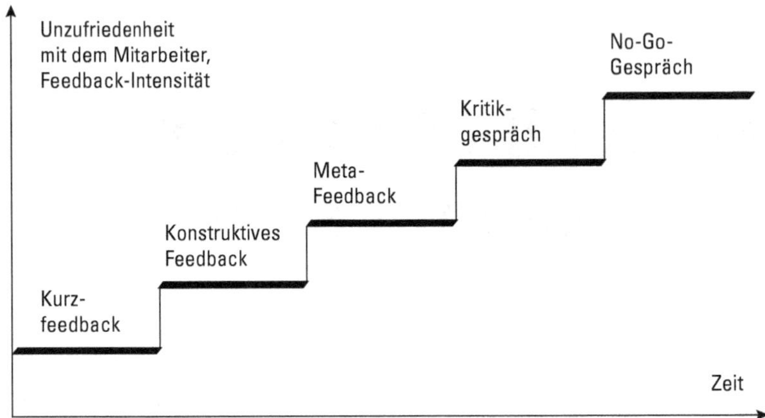

Abbildung 4.1: Die Rückmeldung richtig dosieren: fünf Eskalationsstufen des Feedbacks

Im Normalfall beginnen Sie auf der ersten Stufe. Es stört Sie bei einem Mitarbeiter eine eher kleine Auffälligkeit, die Sie gern gerade rücken möchten. In diesem Fall wählen Sie eine kleine »Feedbackdosis«, indem Sie zwischen Tür und Angel ein Kurzfeedback (Stufe 1) geben. Erst wenn das nicht fruchtet, steigern Sie die Feedbackintensität, indem Sie mit dem Mitarbeiter einen Termin für ein konstruktives Feedback (Stufe 2) vereinbaren. Bleibt auch dann der Erfolg aus, erweitern Sie das Feedback.

So ergibt sich eine Eskalationstreppe des Feedbacks (siehe Abbildung 4.1). Die horizontale Achse gibt den Zeitablauf an, die vertikale Achse beschreibt den Grad der Unzufriedenheit mit dem Mitarbeiter und die damit einhergehende Feedbackintensität: Je unzufriedener Sie über das Verhalten des Mitarbeiters sind, desto intensiver fällt das Feedback aus – und desto weiter rechts auf der Zeitachse bewegen Sie sich mittlerweile. Was besagen die fünf Stufen?

✔ **Stufe 1: Kurzfeedback**

Kurzfeedback ist die leichteste und schnellste Art, jemandem Feedback zu geben. Stellen Sie sich vor, Sie treffen den Mitarbeiter im Flur und sagen spontan: »Super Job, das war wirklich klasse!« oder »Danke für den Einsatz, das hat heute super geklappt!« Manchmal reicht auch ein kurzer Hinweis wie: »Das Meeting war nicht ganz rund – versuchen Sie mal, es anders zu strukturieren.« Kurzfeedback ist direkt, ehrlich und unkompliziert – und genau das macht es so effektiv. Wenn Ihr Mitarbeiter positiv reagiert und den Hinweis aufnimmt, ist die Sache erledigt. Ein kleiner Aufwand, der oft Großes bewirken kann. Mehr dazu in Kapitel 5.

✔ **Stufe 2: Konstruktives Feedback**

Manchmal genügt Kurzfeedback nicht. Wenn sich ein Problem wiederholt, ist es Zeit für ein persönliches Gespräch – ohne Eile, aber mit Struktur. Setzen Sie sich mit dem Mitarbeiter in Ruhe zusammen und besprechen Sie konkret, was geändert werden muss. Dabei geht es nicht nur um Kritik, sondern auch um Lösungen: »Wie können wir das in Zukunft besser machen?« Gemeinsam vereinbaren Sie Schritte, die zu einer Verbesserung führen. Dieses Gespräch zeigt nicht nur, dass Sie Kritik äußern, sondern auch, dass Sie den Mitarbeiter unterstützen wollen. Mehr dazu in Kapitel 6.

✔ **Stufe 3: Metafeedback**

Stellen Sie sich vor, die Kritik verhallt immer wieder ohne Ergebnis. Hier kommt das Metafeedback ins Spiel – eine Ebene höher, weg vom Einzelproblem hin zum großen Ganzen. Jetzt geht es darum, grundlegende Muster anzusprechen: »Wir hatten schon öfter über diese Dinge gesprochen. Können wir darüber reden, warum die Umsetzung nicht klappt?« Es ist eine ehrliche, oft emotionale Reflexion darüber, wie Sie miteinander arbeiten und ob Sie sich aufeinander verlassen können. Ziel ist es, gemeinsam Vertrauen wiederherzustellen. Details finden Sie in Kapitel 7.

✔ **Stufe 4: Kritikgespräch**

Das Kritikgespräch ist der Moment, in dem es ernst wird. Jetzt geht es nicht mehr um ein »Vielleicht« oder »Mal sehen«, sondern um klare Ansagen. Ohne Umschweife sprechen Sie die Probleme an: »Dieses Verhalten ist nicht akzeptabel und muss sich ändern.« Gleichzeitig bleibt der Ton respektvoll – denn auch hier geht es nicht darum, jemanden niederzumachen, sondern um eine letzte Chance. Dieses Gespräch markiert den Übergang von Feedback zu möglichen Konsequenzen wie einer Abmahnung. Mehr dazu in Kapitel 8.

✔ **Stufe 5: No-Go-Gespräch**

Wenn alle anderen Wege ausgeschöpft sind und das Verhalten die Zusammenarbeit oder den Arbeitsfrieden gefährdet, ist ein No-Go-Gespräch unvermeidlich. Hier gibt es keine Diskussionen mehr – es geht darum, klare Grenzen zu setzen: »So können wir nicht weitermachen.« Solche Gespräche sind selten angenehm, aber manchmal notwendig, um den Schaden für das Team oder das Unternehmen zu begrenzen. Wie Sie solche Gespräche führen, erfahren Sie in Kapitel 9.

Wie Sie sich in den fünf Feedbacksituationen richtig verhalten und was dabei zu beachten ist, erfahren Sie in den Kapiteln 5 bis 9.

Feedback als Führungsinstrument

Natürlich gibt es gravierende Vorfälle, bei denen Sie nicht mit einem vergleichsweise harmlosen Kurzfeedback beginnen können, sondern sofort ein ernsthaftes Gespräch unter vier Augen führen müssen. Ob Sie bei Stufe eins einsteigen oder gleich eine höhere Eskalationsstufe wählen, hängt von der Tragweite der Vorkommnisse ab. Die Situation kann es erfordern, sofort auf einer höheren Stufe einzusteigen.

Das Feedbackmodell schreibt keine starre Reihenfolge vor, sondern soll vor allem eines verdeutlichen: Art und Intensität des Feedbacks sollten sich an der jeweiligen Situation orientieren.

Das Modell hilft, die jeweils richtige »Feedbackdosis« zu wählen und gegebenenfalls gezielt zu steigern. So lässt sich Feedback als differenziertes Führungsinstrument ausgestalten, anstatt bei jedem Vorkommnis gleich mit der großen Feedbackkeule zuzuschlagen.

Metafeedback braucht Vorlauf

Wenn die Situation eine höhere Eskalationsstufe erfordert, gilt es, eines zu beachten: Steigen Sie möglichst nicht gleich mit einem Metafeedback ein. Bevor Sie dieses Geschütz auffahren, sollte sich das kritisierte Verhalten bereits nachweisbar manifestiert haben. Wenn Sie plötzlich – wie Kai aus der Kiste – mit einem schweren Vorwurf auf den Mitarbeiter zugehen, wird das nicht nur bei ihm zu Unverständnis führen, sondern auch Protest oder Unmut bei seinen Kollegen auslösen. Das Metafeedback sollte daher nur zum Einsatz kommen, wenn vorher konstruktives Feedback gegeben wurde.

Ein Metafeedback braucht einen Vorlauf. Im Idealfall sollten Sie vorher vier bis sechs konstruktive Feedbackgespräche geführt haben, damit das Metafeedback für den Mitarbeiter und sein Umfeld nicht überraschend kommt und Widerstände provoziert.

Noch ein Argument spricht dafür, dem Metafeedback eine Reihe konstruktiver Feedbackgespräche vorauszuschicken. Menschen lernen nicht linear, sondern müssen Gelerntes immer wieder auffrischen. Es gibt keine kontinuierliche Lernkurve, bei der Zeit und Lernzuwachs proportional zueinander ansteigen, vielmehr ist immer wieder mit Rückfällen in alte Zustände zu rechnen.

Mit anderen Worten: Eine Verhaltensänderung setzt Lernen voraus, und Lernen ist mit Rückfällen verbunden. Indem Sie mit einem Mitarbeiter mehrere Feedbackgespräche führen, geben Sie ihm die Chance, aus einem Rückfall zu lernen und sein Verhalten zu ändern. Wichtig dabei ist, mit dem Mitarbeiter überprüfbare Vereinbarungen zu treffen, also möglichst Ziele nach dem SMART-Prinzip zu formulieren: spezifisch, messbar, akzeptiert, realistisch, terminiert. Sehen Sie sich an, wie der Einsatz des »Führungsinstruments Feedback« in der Praxis aussehen kann. Beim folgenden Fall war eine Eskalation über mehrere Feedbackstufen unvermeidlich.

Vom Kurzfeedback zum Metafeedback: Beispiel einer Eskalation

Petra Mell arbeitet als Redakteurin und Journalistin in einer Rundfunkanstalt. Ihre Kollegen mögen sie. Die Sendungen, die sie produziert, sind jedoch von sehr unterschiedlicher Qualität. Aus Sicht des Ressortleiters liefert sie ihre Beiträge nicht in der notwendigen Länge und zudem immer wieder zu spät. Der Beitrag muss nachbearbeitet werden, was nicht nur Ressourcen kostet, sondern die Redaktionsabläufe insgesamt behindert. Den verantwortlichen Redakteur bringt diese Situation kurz vor Beginn der Magazinsendung regelmäßig in Bedrängnis.

Der Ressortleiter weist Petra Mell einige Male »zwischen Tür und Angel« auf die Folgen ihres Verhaltens hin – und bittet, ihre Beiträge künftig vereinbarungsgemäß abzuliefern. Die Angesprochene scheint die Kritik jedoch zu überhören. Daraufhin bittet sie der Ressortleiter, zugleich ihr Vorgesetzter, zu einem ausführlichen Gespräch.

Der Fall erreicht die zweite Eskalationsstufe. Da die kurzen Bitten zwischen Tür und Angel (»Könnten Sie das ändern?«) wirkungslos bleiben, folgt nun das auf eine konkrete Verhaltensänderung ausgerichtete konstruktive Feedback (»Wie können Sie das verbessern?«).

Im Wochenabstand finden fünf weitere Feedbackgespräche statt. Alle nehmen einen ähnlichen Verlauf und enden mit der Auffrischung der getroffenen Vereinbarung. Am Fehlverhalten der Redakteurin ändert sich jedoch wenig. Nach wie vor kommen ihre Beiträge im allerletzten Moment und müssen noch auf die richtige Länge gebracht werden.

Sechs Wochen später. Der Ressortleiter sieht den Zeitpunkt für gekommen, mit Petra Mell ein grundsätzliches Gespräch zu führen. Nicht das Fehlverhalten bei einzelnen Sendungen ist jetzt das Thema, sondern die Tatsache, dass sie mehrfach verbindlich zugesagt hat, ihr Verhalten zu ändern, dieses Versprechen jedoch nicht einhält. Damit liegt ein sehr viel schwerwiegenderes Thema auf dem Tisch: die fehlende Verbindlichkeit.

Der Fall erreicht die dritte Eskalationsstufe, das Metafeedback. Nicht mehr ein konkretes Fehlverhalten ist das Thema, sondern Kritik auf einer übergeordneten Ebene. Als Vorgesetzter stellen Sie den Gesamtzusammenhang dar, etwa in dem Tenor: »Das Unternehmen hat seinen Kunden eine Leistung verbindlich zugesagt, dementsprechend habe ich dem Unternehmen eine Zulieferung aus meinem Bereich zugesagt. Deshalb bin ich darauf angewiesen, dass auch meine Mitarbeiter ihre Zusagen einhalten.«

Im weiteren Verlauf lenkt der Vorgesetzte das Gespräch auf eine mögliche Lösung. Dabei achtet er darauf, dass die Verantwortung für den Lösungsansatz bei der Mitarbeiterin liegt. Hierzu bezieht er die Mitarbeiterin in die Lösung mit ein, indem er sie über Fragen zum Ziel führt, etwa in der Art: »Wie konkret wollen Sie das Problem lösen? Bis wann? Wie kontrollieren wir die Umsetzung?«

Wie bei den konstruktiven Feedbackgesprächen steht auch am Ende des Metafeedbacks eine klare Vereinbarung. Im Fall von Petra Mell hält sich der Vorgesetzte an die SMART-Regel, indem er folgende Vereinbarung trifft:

- ✔ **Spezifisch (S):** Die für die nächsten Sendungen zugesagten Beiträge sind nicht länger als sieben Minuten und nicht kürzer als drei Minuten – und liegen spätestens einen Tag vor Sendung fertig geschnitten vor; die neuen Formatierungsregeln (Anteil Originalton, Interview und so weiter) sind eingehalten.

- ✔ **Messbar (M):** Die Vereinbarung ist anhand der genannten Kriterien messbar.
- ✔ **Akzeptiert (A):** Die Vereinbarung ist allgemein akzeptiert, da sie den Standard für alle beschreibt.
- ✔ **Realistisch (R):** Die Vereinbarung ist realistisch, da sie mit der Kompetenz eines Redakteurs im vorgegebenen Zeitrahmen umsetzbar ist.
- ✔ **Terminiert (T):** Die Vereinbarung gilt für alle folgenden Sendungen, eine Zwischenbilanz erfolgt in zwei Wochen.

Auch wenn der Ressortleiter keine Konsequenzen angedroht ist, dämmert Petra Mell der Ernst der Lage. Auf ein Kritikgespräch möchte sie es nicht ankommen lassen …

Fallstricke: Risiken eines eskalierenden Feedbackprozesses

Hartnäckige Fälle wie der von Petra Mell bergen für den Vorgesetzten manche Risiken. Achten Sie vor allem auf folgende Fallstricke:

- ✔ Lautstarke Verärgerung: Es ist ja nachvollziehbar, dass Sie wirklich sauer sind. Wenn Sie sich abmühen und der Mitarbeiter ändert auch nach dem fünften Gespräch sein Verhalten nicht, kann einem schon der Kragen platzen. Beherrschen Sie sich, auch wenn es noch so schwerfällt. Wenn Sie laut werden, führt mit hoher Wahrscheinlichkeit die Gruppendynamik zu einer Spaltung im Team. Da die Kollegin Petra Mell beliebt ist, wird sich ein Teil der Gruppe hinter sie stellen und Ihnen vorwerfen, dass Sie Ihre Machtposition missbrauchen. Für die Leistungsfähigkeit Ihrer Abteilung kann diese Entwicklung fatale Folgen haben.
- ✔ Moralisieren: »Wissen Sie eigentlich, wie enttäuscht ich von Ihrem Verhalten bin?« Moralisieren kann im Einzelfall funktionieren. Ist die Beziehung zu dem Mitarbeiter sehr kollegial, kann es tatsächlich ein Hebel sein, um ihn zu einer Verhaltensänderung zu bewegen. In den meisten Fällen untergräbt es jedoch Ihre Autorität, da Sie eine persönliche Flanke öffnen. Möglicherweise denkt der Mitarbeiter jetzt: »Ach herrje! Jetzt ist er enttäuscht! Das tut mir aber leid!« – wobei es ihm nicht im geringsten leidtut.
- ✔ Leere Drohungen: Mit jedem fehlgeschlagenen Versuch, einen Mitarbeiter konstruktiv zu verändern, steigt die emotionale Spannung. Damit wird auch die Versuchung immer größer, mit Konsequenzen zu drohen, sollte der Mitarbeiter sein Verhalten weiterhin beibehalten. Das Problem ist nur: Solche Drohungen sind schnell ausgesprochen, müssen dann aber auch umgesetzt werden.

  Drohen Sie nichts an, von dem Sie nicht sicher sind, dass Sie es auch einhalten können. Andernfalls verlieren Sie nicht nur Ihre Autorität, sondern »neutralisieren« auch alle vorangegangenen Gespräche. In den zurückliegenden Wochen haben Sie den Ball ziemlich weit vorangetrieben, doch nach einer leeren Drohung kann der Mitarbeiter aufatmen: »Das war wohl nur so ’ne Idee, mein Chef wollte es mal versuchen!«

Typisches Beispiel ist die vorschnelle Drohung mit einer Entlassung. Im Eifer des Gefechts übersieht der Vorgesetzte, dass der Mitarbeiter 55 Jahre alt und gar nicht mehr kündbar ist. Oder er ahnt nicht, dass der Geschäftsführer der Familie des Mitarbeiters freundschaftlich verbunden ist und seine schützenden Hände über den Mitarbeiter hält.

Endpunkt der Eskalationstreppe: die Kündigung

Fehlt jegliches Einsehen des Mitarbeiters in die vorgetragenen Kritikpunkte, mündet die Eskalationstreppe in der Kündigung. Das Stufenmodell hilft, einen systematischen Abmahnungs- und Kündigungsprozess voranzutreiben – was in einigen Unternehmen versäumt wird.

Typisch ist die folgende Konstellation: Da hat es der Vorgesetzte über Jahre hinweg versäumt, mit dem Mitarbeiter Klartext zu reden. Eines Tages platzt ihm der Kragen, womöglich weil ihm andere Mitarbeiter Beine machen – etwa in dem Tenor »Wir schieben hier Überstunden und der macht da einen lockeren Lenz!«. Wie auch immer: Der Druck steigt, der Vorgesetzte läuft zur Personalabteilung und fordert: Dieser Mitarbeiter muss weg. Das Problem ist nur, dass eine Kündigung für Außenstehende nicht nachvollziehbar ist. Käme es zu einem Arbeitsprozess, erhielte der Richter eine blitzsaubere Personalakte vorgelegt, die einen plötzlichen Rauswurf nicht rechtfertigt.

Wer einen Mitarbeiter kündigen will, hat schlechte Karten, wenn er im Vorfeld keine Feedbackgespräche geführt und dokumentiert hat. An dieser Stelle bewährt sich ein Vorgehen nach dem Modell der Eskalationstreppe: Wenn Sie als Vorgesetzter die einzelnen Stufen systematisch »abarbeiten« und die Gespräche, angefangen beim konstruktiven Feedback, protokollieren, lässt sich die Vorgeschichte nachvollziehbar darlegen.

Das deutsche Arbeitsrecht bietet Arbeitnehmern einen sehr umfassenden Schutz, sodass ungerechtfertigte Kündigungen zum Glück selten sind. Andererseits gibt es auch viele Fälle, bei denen nicht nur Vorgesetzte, sondern auch Kollegen sich gern von einem Mitarbeiter trennen würden, dann aber feststellen müssen: »Das passiert bei uns sowieso nicht.«

Meine Erfahrungen decken sich mit dieser Einschätzung. Gleichzeitig stelle ich aber fest, dass in diesen Unternehmen ein systematisches und dokumentiertes Feedback, speziell in den Stufen Metafeedback und Kritikgespräch, nicht stattfindet. Das hat zur Folge, dass Konsequenzen ausbleiben, selbst wenn die Unzufriedenheit über einen Mitarbeiter sehr groß ist. Wie sollte auch? Der Personalabteilung sind die Hände gebunden, wenn der entsprechende Kollege immer seine Beförderungen, Gehaltsanpassungen bekommen hat und sich in seiner Personalakte keinerlei negative Einträge finden. Kein Arbeitsgericht der Welt kann und wird auf dieser Grundlage einer verhältnisbedingten Kündigung zustimmen.

Feedback und Kündigung

Grundsätzlich werden drei Kündigungsgründe unterschieden, bei denen das Thema Feedback eine sehr unterschiedliche Bedeutung hat:

- ✔ **Betriebsbedingte Kündigungen** werden ausgesprochen, wenn Arbeitsstellen nicht mehr ausgelastet werden können. In diesen Fällen erhalten die Mitarbeiter ein Feedback in der Regel in Form einer Beurteilung. Verantwortungsbewusste Firmen sorgen sich um die Übergangsphasen ihrer Mitarbeiter – und selbstverständlich werden bei Bedarf auch Rückmeldungen zur Zusammenarbeit gegeben.
- ✔ **Verhaltensbedingte Kündigungen** werden ausgesprochen, wenn Mitarbeiter »goldene Löffel geklaut haben«. Zur Kündigung führt nicht das aktuelle Arbeitsverhalten des Mitarbeiters, sondern das konkrete Vergehen. Somit erübrigt sich eine Rückmeldung zum Arbeitsverhalten insgesamt. Ein Feedback für diesen Mitarbeiter stellt eine reine Serviceleistung dar.
- ✔ **Verhältnisbedingte Kündigungen** beziehen sich auf die Leistungen und das Verhalten eines Mitarbeiters. Eine solche Kündigung ist möglich, wenn eine Reihe von Feedbackgesprächen, gut dokumentierten Kritikgesprächen und eventuell anschließenden Coachingmaßnahmen zu keinem befriedigenden Ergebnis führen. Das dann erforderliche Trennungsgespräch unterscheidet sich grundlegend von den vorausgegangenen Feedbackgesprächen: Nach einer kurzen Eröffnung steuert es direkt auf das Ziel hin – die Auflösung des Arbeitsvertrags. Ein Feedback ist nicht mehr notwendig, da bereits sehr viele Gespräche vorausgegangen sind.

Feedback »von oben nach unten«: Chef beurteilt Mitarbeiter – online

Stellen Sie sich vor, Sie sind in der Rolle eines Vorgesetzten, der Feedback geben muss – nicht irgendein Feedback, sondern kritisches Feedback, das vielleicht unangenehme Wahrheiten ans Licht bringt. In einem Präsenzmeeting hätten Sie die Chance, die Reaktionen des Gegenübers direkt zu sehen, sofort darauf einzugehen, eine Atmosphäre des Verständnisses zu schaffen und Missverständnisse aus dem Weg zu räumen. Genau aus diesem Grund sollten Sie, wann immer es möglich ist, auf ein persönliches Treffen drängen. Je kritischer das Feedback, desto wichtiger ist es, die feinen Nuancen der nonverbalen Kommunikation wahrzunehmen und die Situation behutsam zu steuern.

Doch leider ist das nicht immer möglich. Manchmal zwingt Sie die Distanz ins Online-Setting, und genau hier kommt Ihre Fähigkeit ins Spiel, Klarheit und Präzision auf ein neues Level zu heben.

Wenn ein Präsenzmeeting nicht möglich ist, sollten Sie die Beispiele, die Ihr Feedback untermauern, so konkret wie möglich gestalten. Machen Sie sich bewusst: Im Online-Gespräch fehlen oft die subtilen Zeichen, die sonst zwischen den Zeilen lesbar wären. Daher ist es umso wichtiger, dass Ihr Feedback klar und unmissverständlich ist.

Und hier kommt ein weiterer entscheidender Punkt: Überlegen Sie, das Feedback schriftlich aufzubereiten. Eine klare, gut strukturierte schriftliche Zusammenfassung kann helfen, Missverständnisse zu vermeiden und sicherzustellen, dass Ihre Botschaft vollständig ankommt. Die schriftliche Form bietet Ihrem Gegenüber zudem die Möglichkeit, das Feedback in Ruhe zu reflektieren und darauf vorbereitet in das Gespräch zu gehen.

Also, wenn Sie das nächste Mal kritisches Feedback geben müssen, denken Sie daran: Präsenz, wo immer möglich, ist der Goldstandard. Wenn es aber online sein muss, dann seien Sie präzise, seien Sie konkret und scheuen Sie sich nicht, Ihre Worte schriftlich zu untermauern, denn Ihr Ziel ist es, nicht nur Feedback zu geben, sondern echte Veränderungen anzustoßen und die Basis für eine bessere Zusammenarbeit zu schaffen.

Es gibt aber noch weitere wichtige Punkte, die Sie als Vorgesetzter im Online-Setting beachten sollten, um Ihr Feedback wirklich effektiv zu machen.

Stellen Sie sich vor, Sie geben Feedback in einer Online-Welt, weit entfernt von der persönlichen Nähe eines Konferenzraums. Hier sind die Regeln anders, aber der Kern bleibt gleich: Es geht darum, eine Botschaft zu vermitteln, die ankommt, die wirkt und die verändert.

Nehmen Sie sich die Zeit, die nötig ist. In einem Online-Meeting kann der Drang bestehen, alles schnell abzuhandeln. Doch gerade hier ist es wichtig, dass Sie sich voll und ganz auf das Gespräch einlassen. Schaffen Sie eine störungsfreie Umgebung. Schalten Sie alle Ablenkungen aus – Ihr Gegenüber sollte spüren, dass Sie ihm Ihre ungeteilte Aufmerksamkeit schenken.

Ihre Stimme ist Ihr wichtigstes Werkzeug. Im Online-Setting trägt Ihr Tonfall die Botschaft. Wählen Sie Ihre Worte mit Bedacht, und setzen Sie Ihre Stimme gezielt ein, um die Ernsthaftigkeit oder Empathie, je nach Situation, zu unterstreichen.

Vergewissern Sie sich, dass Ihr Feedback verstanden wurde. Bitten Sie Ihr Gegenüber, die Kernaussagen in eigenen Worten zu wiederholen. Das gibt Ihnen die Sicherheit, dass Ihre Botschaft klar angekommen ist.

Zeigen Sie Empathie. Auch online ist es entscheidend, dass Ihr Gegenüber sich gehört und verstanden fühlt. Eine warme, offene Haltung baut Vertrauen auf und erleichtert es, schwierige Themen anzusprechen.

Und zuletzt: Planen Sie eine Nachverfolgung ein. Zeigen Sie, dass das Gespräch wichtig war und dass Sie daran interessiert sind, die Dinge voranzubringen. Seien Sie nicht nur ein Feedbackgeber – seien Sie ein Veränderer, ein Wegbereiter für eine bessere Zusammenarbeit. In der digitalen Welt erfordert das besondere Sorgfalt und Aufmerksamkeit. Aber Sie haben die Werkzeuge in der Hand. Nutzen Sie sie.

IN DIESEM KAPITEL

Kurzfeedback gibt Orientierung

Kurzfeedback in den Alltag einbinden

Die fünf gefährlichsten Fallstricke beim Kurzfeedback

Besonderheiten des Feedbacks von Bildschirm zu Bildschirm

Kapitel 5
Zwischen Tür und Angel: das Kurzfeedback

Das Kurzfeedback ist die häufigste Feedbackvariante und spielt eine zentrale Rolle, um Teams effizient zu führen – sei es im Büro oder im virtuellen Raum. In diesem Kapitel erfahren Sie, wie Sie erfolgreich Kurzfeedback geben, Fallstricke vermeiden und wie Sie die Besonderheiten virtueller Feedbacksituationen meistern.

Worum es beim Kurzfeedback geht

Manchmal ist es gar nicht nötig, gleich die große Keule auszupacken. Genauso wie Sie am Lenkrad Ihres Autos kleine Korrekturen vornehmen, damit Sie auf der Spur bleiben, brauchen auch Ihre Mitarbeiter gelegentlich eine sanfte Justierung, um auf Kurs zu bleiben. Kurze, präzise Hinweise reichen oft völlig aus, um wieder die Richtung zu finden – da braucht es keinen formalen Termin oder ein langes Gespräch im stillen Kämmerlein. Besonders in modernen Arbeitsumgebungen wie Großraumbüros kann ein plötzlicher Gesprächswunsch für unnötige Aufmerksamkeit sorgen. Halten Sie es locker und unkompliziert, das wirkt oft Wunder!

Für kleine Korrekturen bietet sich das Kurzfeedback an. Es erlaubt Ihnen, auf einfache und unauffällige Weise einem Mitarbeiter Ihre Erwartungen als Vorgesetzter zu vermitteln. Es geht um kleine Kurskorrekturen.

Auf das Positive achten

Beim Thema Feedback denken viele sofort an Kritik und negative Rückmeldungen. Doch damit wird eine riesige Chance verschenkt! Positive Worte haben oft eine viel stärkere Wirkung – besonders, wenn es um das kurze Feedback »zwischen Tür und Angel« geht. Ein ehrliches »Das haben Sie großartig gemacht!« oder »Klasse, wie Sie das gelöst haben!« kann Wunder bewirken. Solche Momente der Wertschätzung sind nicht nur ein Zeichen von Respekt, sondern schaffen auch die Basis, um später schwierige Themen leichter und konstruktiv anzusprechen, denn wer sich gesehen und geschätzt fühlt, ist auch offener für kritische Rückmeldungen. Ein kleines Experiment: Wie häufig geben Sie bewusst positives Feedback? Lassen Sie eine Woche lang abends den Tag noch einmal Revue passieren und notieren Sie die Antworten auf folgende Fragen:

✔ Was ist heute richtig gut gelaufen?

____

____

____

✔ Wer aus Ihrem Team hatte einen wichtigen Anteil an dem positiven Verlauf?

____

____

____

✔ Wem haben Sie tatsächlich hierfür die Anerkennung ausgesprochen?

____

____

____

Bestimmen Sie aus den Ergebnissen die Tageserfolgsquote, indem Sie die Anzahl der positiven Ereignisse, an denen Teammitglieder wesentlich beteiligt waren, durch die Anzahl der offen ausgesprochenen Anerkennungen dividieren. Die Quote sollte eins betragen!

Im digitalen Raum sollte Lob klar und explizit formuliert werden. Ein »Gute Arbeit!« im Chat kann schnell untergehen oder unpersönlich wirken. Ergänzen Sie es durch konkrete Details: »Die klare Struktur Ihrer Präsentation war beeindruckend!«

Ablauf eines Kurzfeedbacks

Wie jedes gute Feedback hat auch ein Kurzfeedback immer einen konkreten Anlass – etwa eine gute Leistung, eine kluge Idee, aber auch eine missglückte Präsentation oder eine schlecht vorbereitete Projektsitzung.

Als Vorgesetzter sollten Sie solche Gelegenheiten beim Schopfe packen, um dem betreffenden Mitarbeiter zeitnah eine kurze Rückmeldung zu geben. Bei kritischen Rückmeldungen sind dann drei Reaktionen denkbar:

- ✔ Der Mitarbeiter akzeptiert die Kritik. Dann ist das Thema erst einmal erledigt.
- ✔ Der Mitarbeiter bittet Sie um Unterstützung. Als Vorgesetzter sind Sie dann gefordert, ihm diese Hilfe auch zu geben.
- ✔ Der Mitarbeiter fängt an, sich zu rechtfertigen. Gehen Sie dann darauf nicht ein – belassen Sie es bei dem kurzen Feedback. Keine Diskussion, kein Streitgespräch, keine großartigen Erklärungen.

Reaktion des Feedbacknehmers

Wechseln Sie kurz die Perspektive. Nicht Sie geben das Kurzfeedback, sondern Sie empfangen die Rückmeldung. Wie reagieren Sie am besten darauf? Entscheidend ist auch hier, zuzuhören und zu überlegen, ob Sie verstanden haben, was Ihr Vorgesetzter von Ihnen anders haben möchte. Prüfen Sie sich kritisch, inwieweit Sie zu diesem »anders« bereit sind und ob Sie über die entsprechenden Fertigkeiten verfügen.

Wenn Sie zu einer Verhaltensänderung bereit und fähig sind, reicht eine kurze, einfache Bestätigung gegenüber dem Vorgesetzten. Wenn nicht, sollten Sie dies sofort signalisieren. Dann heißt es: diskutieren und den Vorgesetzten um weitere Erläuterung und Unterstützung bitten.

Beispiele für Kurzfeedback

Wie ein Kurzfeedback konkret ablaufen kann, zeigen folgende Beispiele. Dabei ist klar: Ein solches Feedback findet ohne vorherige Terminvereinbarung statt. Ob sich der Vorgesetzte hierfür kurz in einen Raum zurückzieht oder er tatsächlich zwischen Tür und Angel zu seinem Gegenüber spricht, hängt von der konkreten Situation ab:

- ✔ Im Fall eines positiven Feedbacks gibt es selten einen Grund, dass andere das Lob nicht auch hören dürfen.
- ✔ Im Fall eines negativen Feedbacks hängt die Entscheidung von der Tragweite des Feedbackgrundes und der Sensibilität Ihres Gegenübers ab. Im Zweifel empfiehlt es sich, einen Raum oder eine Ecke aufzusuchen, in der man ungestört sprechen kann.

Im digitalen Feedback kann der Tonfall leicht missverstanden werden. Nutzen Sie höfliche Formulierungen und vielleicht Emojis, um Missinterpretationen vorzubeugen.

Beispiel 1: Lob per Videocall

»Die Präsentation heute war exzellent. Ihre Argumente waren klar strukturiert und haben die Zuhörer begeistert. Das war eine tolle Leistung!«

Beispiel 2: Kritik per Chat

»Die Unterlagen für die Projektsitzung waren sehr umfangreich und die Kernpunkte sind dadurch untergegangen. Für das nächste Meeting sollten Sie das kompakter gestalten. Können wir das so angehen?«

Beispiel 3: Feedback nach einer Teamsitzung

Nach einem virtuellen Teammeeting bemerken Sie, dass ein Mitarbeiter während der Diskussion besonders wertvolle Beiträge geliefert hat. Schreiben Sie ihm: »Vielen Dank, dass Sie die Diskussion durch Ihre Fragen so fokussiert geführt haben. Das war sehr hilfreich!«

Nutzen Sie im Chat oder per E-Mail eine klare Struktur wie »Beobachtung – Wirkung – Wunsch«. Beispiel: »Ich habe bemerkt, dass Ihre Abgaben pünktlich und umfassend sind. Das erleichtert mir die Planung enorm. Ich wünsche mir, dass wir diesen Standard beibehalten!«

Beispiel 4: Vorgesetzter bemängelt Präsentation

Vorgesetzter: »Die Präsentation heute Vormittag war sehr umfangreich, sodass ich die wesentlichen Aufgaben für uns nicht verstanden habe. Könnten Sie das beim nächsten Mal deutlicher machen?«

Antwort des Mitarbeiters (Variante 1): »Ja.«

Vorgesetzter: »Danke.« – Ende des Kurzfeedbacks.

Für den Fall, dass der Mitarbeiter sich rechtfertigt, darf sich der Vorgesetzte nicht in eine Diskussion verstricken.

Antwort des Mitarbeiters (Variante 2): »Wenn ich keine pointierten Ausarbeitungen bekomme, dann kann ich auch keine auf den Punkt kommende Präsentation erarbeiten.«

Vorgesetzter: »Ist das so?! Hmh.« – Ende des Kurzfeedbacks.

Eine andere Situation tritt ein, wenn der Mitarbeiter nach der Kurzrückmeldung um Hilfe bittet.

Antwort des Mitarbeiters (Variante 3): »Ja, mir fällt auch auf, dass ich das nicht gut mache. Kann ich dabei unterstützt werden?«

Für den Vorgesetzten ist dieses selbst motivierte Interesse des Mitarbeiters eine Einladung, etwas für dessen Entwicklung zu tun, sei es eine Weiterbildung zu organisieren oder den Mitarbeiter, sofern es die Zeit erlaubt, selbst zu coachen.

Beispiel 5: Abteilungsleiter rügt verpatzte Projektsitzung

Als Abteilungsleiter wohnen Sie einer Projektsitzung bei, zu der Sie Herr Meier, der Leiter des Projekts, eingeladen hat. Wider Erwarten ist die Sitzung schlecht vorbereitet. Anstelle einer Tagesordnung gibt es ein paar grobe Stichpunkte; viele Projektmitarbeiter reden nicht zum Thema, sondern wollen sich durch lange Wortbeiträge profilieren. Am Ende des Meetings gehen Sie zu Herrn Meier und geben ein Kurzfeedback.

Abteilungsleiter: »Herr Meier, haben Sie ein Ohr für ein Feedback zu dieser Sitzung?«

Herr Meier: »Ja, sehr gern!«

Abteilungsleiter: »Ich fand die Sitzung nicht gut vorbereitet, keine Tagesordnung, viel Einzeldarstellungsmöglichkeiten! Das wünsche ich mir anders. Geht das?«

Herr Meier: »Ja, sicher! Aber wir brauchen doch nicht immer eine Tagesordnung, oder?«

Abteilungsleiter: »Hmh! – Ich wünsche es mir anders! Haben Sie eine Idee dazu?«

Das digitale Format bringt spezifische Herausforderungen mit sich. Technische Probleme, fehlende nonverbale Hinweise und zeitversetzte Kommunikation können Missverständnisse fördern. Dennoch bietet das Kurzfeedback von Bildschirm zu Bildschirm viele Chancen:

- ✔ **Synchron:** Nutzen Sie Videocalls für unmittelbares, persönliches Feedback.
- ✔ **Asynchron:** Verwenden Sie Plattformen wie Slack oder Teams, um Feedback schriftlich festzuhalten und nachhaltig zugänglich zu machen.

Stellen Sie sicher, dass Ihre technische Ausstattung einwandfrei funktioniert. Ein abgebrochenes Gespräch kann die Wirkung des Feedbacks drastisch schmälern.

Kurzfeedback im beruflichen Alltag

Es gehört zum normalen sozialen Miteinander, Befindlichkeiten und Beobachtungen auszutauschen – im privaten Umfeld ebenso wie in Arbeitszusammenhängen. Insofern sind kurze Rückmeldungen eigentlich eine Selbstverständlichkeit. Dennoch fällt ein regelmäßiges Kurzfeedback gerade in einer sich schnell bewegenden Arbeitswelt immer wieder schwer. Dies kann an der Persönlichkeit des Feedbackgebers oder an der Persönlichkeit des Feedbacknehmers liegen, aber auch am Zeitdruck, der in vielen Unternehmen herrscht.

Sendestörung: Wenn der Chef dem Feedback im Wege steht

Da gibt es die von sich eingenommene Persönlichkeit: »Wenn ich etwas sage, ist das klar.« Ausgestattet mit einem unerschütterlichen Selbstbewusstsein spricht der Chef seine Beobachtungen und Wünsche aus. Dass der Mitarbeiter nachfragt und einen Punkt klären möchte, liegt außerhalb seines Weltbilds. Mit dieser Haltung gelingt ein Kurzfeedback eher per Zufall, nämlich dann, wenn der Empfänger den Kritikpunkt unmittelbar einsieht und ohne weitere Nachfrage annimmt.

Achten Sie darauf, wie der Mitarbeiter auf Ihr Feedback reagiert. Warten Sie seine Rückmeldung ab, um zu erfahren, ob er den Kritikpunkt einsieht und sein Verhalten ändern möchte. Wenn nicht, kommt es darauf an, die Situation zu klären und ein gemeinsames Verständnis herzustellen.

Auch ein Vorgesetzter, der immer nur kritisiert, stellt sich einem erfolgreichen Kurzfeedback auf Dauer selbst in den Weg. Seine Haltung lässt sich charakterisieren mit dem Slogan »Wenn ich nicht kritisiere, ist das schon Anerkennung genug«. Die Überbetonung negativer

Beobachtungen schafft ein Ungleichgewicht mit der Folge, dass jede Rückmeldung von den Mitarbeitern schon als Tadel wahrgenommen wird, bevor der Vorgesetzte seinen Mund überhaupt öffnet. Mit der Zeit schafft das eine sehr angespannte Stimmung, in der ein unbefangenes Kurzfeedback keine Chance mehr hat.

Ist es erst einmal so weit gekommen, hilft nur eines: Den Mund aufmachen und loben. Wer sich damit schwertut, sollte sich kleine Erinnerungsanker auf den Schreibtisch stellen. Das mag etwas »technisch« anmuten, sollte aber nicht abschrecken: Es geht darum, eine neue Gewohnheit anzutrainieren – so lange, bis es normal geworden ist, auch positives Feedback auszusprechen. Und da helfen solche Kniffe.

Es gibt auch Führungspersönlichkeiten, die sich quasi telepathische Fähigkeiten zuschreiben. Sie gehen davon aus, dass alle Menschen von sich aus bemerken, was sie von ihnen erwarten. Außenstehende könnten einen solchen Chef schlicht als »mundfaul« charakterisieren. Wie auch immer: Die kurzen Feedbacks im Alltag bleiben aus, und mit ihnen die notwendigen kleinen Kurskorrekturen. Sollten Sie sich bei dieser Haltung ertappen, ist die Lösung im Grunde einfach: Reden Sie öfter mit Ihren Mitarbeitern!

Empfangsstörung: Wenn der Mitarbeiter dem Feedback im Weg steht

Auch die Persönlichkeit des Mitarbeiters kann ein regelmäßiges Kurzfeedback behindern. Das ist bei einem Mitarbeiter der Fall, der auf Kritik überempfindlich reagiert. Bevor der Vorgesetzte sich das Getue eines gekränkten Mitarbeiters anhört, verzichtet er lieber auf ein Feedback. Das Problem ist nur: Wenn die ständigen kleinen Korrekturen ausbleiben, driftet das Selbstbild des Mitarbeiters immer mehr von der Sichtweise seines Umfelds ab. Irgendwann ist dann eine große Korrektur erforderlich, die dann umso schmerzhafter ausfällt. Nach Monaten, vielleicht beim nächsten Jahresgespräch, wird die mittlerweile entstandene Kluft deutlich und erfordert umso härtere Maßnahmen.

Deutlich wird: Feedback geben ist allemal besser, als es bleiben zu lassen – auch wenn ein Mitarbeiter die Kritik nicht verträgt und Ihnen seine Reaktionen auf die Nerven gehen. Zwei Überlegungen können helfen:

- ✔ Bei einem Feedback zwischen Tür und Angel kann es leicht vorkommen, dass andere Mitarbeiter zuhören können. Möglicherweise reagiert der Mitarbeiter auf diese »Öffentlichkeit« besonders empfindlich. Wenn dem so ist, lässt sich künftig darauf achten, dass wirklich niemand mithört.
- ✔ Beherzigen Sie das Motto: Jetzt erst recht! Indem Sie häufig positives und negatives Feedback geben, fängt der Mitarbeiter an, sich daran zu gewöhnen. Er empfindet es zunehmend als normal.

Schwer machen es dem Feedbackgeber auch Mitarbeiter, die sich selbst für großartig halten. Das mag noch angehen, solange diese Mitarbeiter wirklich gut sind. Schwierig wird es jedoch, wenn Fremd- und Selbstbild auseinanderklaffen, der Vorgesetzte einen solchen Mitarbeiter ganz und gar nicht als großartig ansieht. Auch hier ist die Verlockung groß, auf ein regelmäßiges Feedback zu verzichten, weil man den Mitarbeiter nicht kränken und einer

Auseinandersetzung aus dem Weg gehen möchte. Damit wird jedoch die dringend erforderliche Selbstbildkorrektur hinausgeschoben – und auch hier ist ein böses Erwachen, etwa beim nächsten Jahresfeedbackgespräch, vorprogrammiert.

Holen Sie Mitarbeiter, die sich für großartig halten, von ihrem hohen Ross. Verfahren Sie nach dem Sprichwort: Steter Tropfen höhlt den Stein. Wenn Sie dem Mitarbeiter übers Jahr häufig zu allen möglichen positiven und negativen Anlässen ein Kurzfeedback geben, wird er mit hoher Wahrscheinlichkeit sein eigenes Idealbild allmählich korrigieren.

Es gibt auch Menschen, denen Lob peinlich ist – auch diese Haltung kann einem unbefangenen Feedback im Weg stehen. Einige dieser Menschen meinen, sie hätten das Lob nicht verdient, andere befürchten den Neid ihres Umfelds, wenn der Vorgesetzte ihre Leistung oder ihr Verhalten besonders herausstellt. So vergeben sie sich selbst das angenehme Gefühl, das eigentlich jedes Lob auslöst. Lassen Sie sich als Vorgesetzter nicht beirren, hier hilft nur eine Medizin: Jetzt erst recht dabeibleiben. Geben Sie diesen Menschen weiterhin positives Feedback. Das Wohlgefühl, das berechtigte und ehrlich gemeinte Anerkennung bei einem Menschen auslöst, kann keinen Schaden hervorrufen.

Besondere Herausforderung: Feedback in kreativen Berufen

Journalisten, Designer, Architekten – bei kreativen Berufen treffen in der Regel drei Problemebenen aufeinander: Erstens sind die Arbeitsergebnisse qualitativ nicht immer eindeutig einzuschätzen (was ist zum Beispiel eine gute Glosse?), zweites sind in die Arbeitsergebnisse sehr viel persönliches Herzblut geflossen – und drittens zählen Kreative zu einer Gruppe, die in besonderem Maße nach anerkennendem Feedback Ausschau hält. Eine negative Rückmeldung wird da sofort auf die eigene Person bezogen.

Lassen Sie sich nicht irritieren oder von Ihrem Feedback abbringen. Achten Sie jedoch ganz besonders auf Ich-Aussagen, um Ihrem Gegenüber zumindest rhetorisch seine Sichtweise der Dinge zu lassen. Und denken Sie an den Feedbackdreiklang: Je konkreter Sie beschreiben, was genau bei Ihnen welche Wirkung auslöst und wie Sie es sich für die Zukunft wünschen, umso eher vermeiden Sie beim anderen das Gefühl, dass er persönlich kritisiert wird. Es ist schließlich allen klar, dass man ein Thema auf unterschiedlichste Art bearbeiten kann.

Im regelmäßigen Feedback, dem häufigen »Vergleich der Landkarten« kann sogar eine wichtige Arbeitsqualität liegen: Beide Seiten lernen, dass man die Dinge unterschiedlich sehen kann, ohne respektlos miteinander umzugehen. Je mehr Feedback zum Standardarbeitsinstrument wird, umso eher gewöhnen sich alle Beteiligten daran.

Zeitdruck verhindert Feedback

Auch ein Kurzfeedback verlangt ein Minimum an Zeit. Nur wenn der Feedbackgeber darauf achtet, wie sein Gegenüber reagiert, nur wenn er auf dessen Bedenken und Fragen eingeht, erreicht das Feedback sein Ziel – nämlich ein gemeinsames Verständnis zu schaffen.

Dieser Prozess erfordert eine gewisse Zeit. Und so kommt es, dass unter Zeitdruck häufig auf Feedback verzichtet wird. Die Folge ist eine paradoxe Situation: Unter Zeitdruck wächst der Stress und damit die Wahrscheinlichkeit, sich misszuverstehen und Fehler zu begehen; eine gute Abstimmung wird deshalb immer wichtiger. Doch für das Feedback, das für das gemeinsame Verständnis erforderlich ist, fehlt die Zeit.

Nicht umsonst haben sich etwa im Militär oder in der Luftfahrt für Abläufe in kritischen Situationen Standards herausgebildet. So wird zum Beispiel im Funkverkehr mit eingeübten Sprechabläufen gearbeitet, um das Risiko von Missverständnissen auszuschließen. Durch Standards festgelegte Abläufe lassen jedoch kaum mehr Spielräume zu für Kreativität, Anpassungen und Weiterentwicklungen. Wer daher außerhalb von sicherheitskritischen Abläufen auf solche Standardisierungen setzt, dürfte sich die dadurch vermiedenen Fehler zu teuer erkaufen.

Als Lösung bleibt damit nur noch ein Weg: Geben Sie Feedback, auch wenn die Zeit dafür fehlt. Wahrscheinlich lässt sich die Paradoxie von Zeitdruck und Feedback im normalen Arbeitsalltag nur darüber lösen, dass man sich ihrer bewusst ist – und das Kurzfeedback gerade dann pflegt, wenn der Zeitdruck besonders groß ist.

Die gefährlichsten Fallstricke beim Kurzfeedback

Eine kurze Rückmeldung zwischen Tür und Angel – das klingt einfach. Und doch werden beim Kurzfeedback immer wieder Fehler gemacht. Beispielsweise spricht der Feedbackgeber nicht in der Ich-Form, sondern von »man« oder »wir« – oder schiebt gar andere vor: »Mein Chef will, dass …«. Machen Sie sich deshalb die grundlegenden Feedbackregeln immer wieder bewusst, verinnerlichen Sie vor allem den Feedbackdreiklang (mehr dazu erfahren Sie in Kapitel 3). Nutzen Sie die Anlässe im beruflichen Alltag, um bewusst Kurzfeedback zu geben. Das Rezept lautet: Üben, üben, üben.

Darüber hinaus gibt es vor allem folgende Fallstricke, die den Erfolg speziell beim Kurzfeedback gefährden können:

- ✔ Das Feedback wird sofort mit einer Wertung verbunden.
- ✔ Das Feedback ist unkonkret.
- ✔ Das Feedback ist vorschnell.
- ✔ Das Feedback ist zu schnell ausgesprochen.
- ✔ Das Feedback ist ironisch formuliert.
- ✔ Positives Feedback wird inflationär eingesetzt.

Das Feedback wird sofort mit einer Wertung verbunden

Wie ich bei Trainings und Seminaren immer wieder feststelle, fällt es vielen Menschen schwer, bei der Schilderung eines kritisierten Vorfalls nicht gleich eine Wertung einfließen zu lassen. Da entfährt es dem Vorgesetzten: »Ihr dämliches Rumgetippe auf dem Smartphone bei unserer Sitzung am Freitag hat mich sehr gestört.«

Stattdessen sollte er sich auf die Dreiklangregel besinnen und zum Beispiel sagen: »Ich habe beobachtet, in unserer Sitzung am Freitag von 9 bis 10 Uhr haben Sie auf Ihrem Smartphone getippt, sich mit dem Nachbarn unterhalten und in der Zeitung geblättert. Das wirkt auf mich absolut respektlos. Und ich wünsche mir in Zukunft ein anderes Verhalten.«

Vermeiden Sie es, das Kurzfeedback mit einer Wertung wie »Ihr dämliches Rumgetippe« zu verbinden. Damit stoßen Sie Ihr Gegenüber vor den Kopf. Halten Sie stattdessen kurz inne – und folgen Sie der Dreiklangregel: Beobachtung schildern, Wirkung beschreiben, Erwartung äußern.

Das Feedback ist unkonkret

Der zweite Fallstrick: Das Kurzfeedback ist zu unkonkret. Der Feedbackgeber bleibt im Allgemeinen, etwa in dem Tenor: »Ihre Unprofessionalität geht mir fürchterlich auf den Geist! Ich wünsche mir das anders.« Wie würden Sie als Mitarbeiter auf einen solchen Vorwurf reagieren?

Mit pauschaler Kritik kann der Feedbackempfänger wenig anfangen. Er möchte wissen: Worauf bezieht sich der Vorgesetzte? Was genau war unprofessionell? Um die Kritik zu verstehen und sein Verhalten zu ändern, benötigt der Mitarbeiter Details.

Benennen Sie also konkret, worauf Sie das Kurzfeedback beziehen. Anstatt von »Unprofessionalität« zu sprechen, konfrontieren Sie ihn mit Details: Sitzung am Freitag, auf dem Smartphone herumgetippt, mit dem Sitznachbarn geredet, in der Zeitung geblättert.

Das Feedback ist vorschnell

Ein Kurzfeedback hat den großen Vorzug, dass es schnell und unkompliziert ist. Darin liegt auch eine Verlockung – nämlich ein kritisches Thema mal eben so zwischen Tür und Angel zu erledigen. Kritik ist unangenehm, auch für den, der kritisiert. Es ist nachvollziehbar, wenn er das Thema möglichst ohne größere Auseinandersetzung vom Tisch haben möchte. Möglichst kurz und schmerzlos. So sieht er das Kurzfeedback als Möglichkeit, sich um die Mühen eines konstruktiven Feedbacks zu drücken. Ein zunächst bequemer Weg, der jedoch große Risiken birgt, wie die folgende Konstellation zeigt.

Stellen Sie sich vor, Sie leiten eine Verkaufsabteilung. Ein Mitarbeiter (»Mitarbeiter A«) kommt auf Sie zu und beschwert sich darüber, dass sein Kollege (»Mitarbeiter B«) sich gegenüber Kunden ausgesprochen unfreundlich benimmt. Sie haben selbst keine Möglichkeit, die vorgebrachten Vorwürfe zu überprüfen. Was machen Sie?

Klar ist: Als verantwortlicher Vorgesetzter müssen Sie handeln und dem Mitarbeiter B ein Feedback geben. Es liegt nahe, die Sache durch ein Kurzfeedback zu bereinigen. Mehr oder weniger unbewusst steht dahinter der Gedanke: »Wenn ich so wenig Material für eine Kritik habe, mache ich es eben kurz.« Das klingt verführerisch, wäre aber vorschnell.

Mit einem vorschnellen Feedback, das sich allein auf die Informationen eines Dritten stützt, begeben Sie sich auf gefährliches Glatteis. Bei zugetragenen Informationen können Sie leicht Opfer von Ränkespielen werden.

Virtuelle Teams erfordern oft schnelle Rückmeldungen, um Missverständnisse zu vermeiden und die Motivation hochzuhalten. Hierfür können Tools wie Videokonferenzen, Chats oder Projektmanagementplattformen eingesetzt werden. Wichtig bleibt dabei, dass die Botschaft prägnant und respektvoll übermittelt wird.

In hybriden Teams kann eine Kombination aus synchronen (zum Beispiel Videocalls) und asynchronen (zum Beispiel Chatnachrichten) Feedbackformaten hilfreich sein, um die verschiedenen Arbeitsweisen der Teammitglieder zu berücksichtigen.

Halten Sie sich lieber an den Grundsatz, nur Informationen zu verwenden, die Sie selbst beobachtet haben. Auf jeden Fall sollten Sie kritisch nachfragen, warum sich der Mitarbeiter an Sie wendet, anstatt seinen Kollegen direkt anzusprechen. Häufig lautet dann die Antwort: »Das habe ich versucht«, »Der hört eh nicht auf mich« oder »Ich habe Angst vor seinen unfreundlichen Ausfällen«.

Wie können Sie vorgehen? Anstatt dem Mitarbeiter B vorschnell Feedback zu geben, sollten Sie zuerst zwei Fragen beantworten:

- ✔ Traue ich Mitarbeiter B das Fehlverhalten zu?
- ✔ Ist Mitarbeiter A vertrauenswürdig und glaubwürdig?

Wenn Sie beide Fragen mit »Ja« beantworten, können Sie zügig handeln. Vereinbaren Sie mit dem kritisierten Mitarbeiter einen Termin für ein konstruktives Feedbackgespräch (zum Ablauf siehe Kapitel 6). Ein Kurzfeedback wäre hier nicht mehr angemessen, denn gravierendes Fehlverhalten gegenüber den Kunden ist kein Thema, das sich en passant behandeln lässt.

Führen Sie das Gespräch auf der Basis der Informationen, die Sie erhalten haben. Es ist dann unerheblich, wo diese herkommen – Mitarbeiter A braucht nicht erwähnt zu werden, auch wenn B danach fragt (was er unter Garantie tun wird). Als Vorgesetzter benötigen Sie keine Unterstützung durch eine andere Person, sondern können souverän aus Ihrer Führungsrolle heraus agieren.

Wenn Sie eine der beiden Fragen mit »Nein« beantworten, sollten Sie sehr viel zurückhaltender agieren, um zukünftige Verwerfungen zu vermeiden. Ein voreiliges Kurzfeedback kann beim kritisierten Mitarbeiter schnell auf völliges Unverständnis stoßen. Was Sie an dieser Stelle benötigen, ist vor allem eines: mehr Information.

Sind Sie sich trotz verschiedener Recherchen unsicher, ob die Vorwürfe stimmen, sollten Sie das konstruktive Feedbackgespräch dennoch führen, aber vorsichtig formulieren, etwa wie folgt: »Es wurde mir zugetragen, dass Sie sehr unfreundlich mit dem Kunden XY umgegangen sind. Ich kann das nicht beurteilen, da ich nicht dabei war. Wenn es aber so gewesen sein sollte, wie es mir zugetragen wurde, dann ist das im höchsten Maße unprofessionell und dürfte sich nicht wiederholen. Sind wir uns darüber einig?«

Das Feedback ist zu schnell ausgesprochen

Die Schnelligkeit, mit der Kurzfeedback gegeben werden kann, birgt natürlich auch eine Gefahr. Bei negativem Inhalt kann es leicht passieren, dass der Feedbackgeber das beobachtete Verhalten nicht präzise beschreibt, sondern sich zu schnell dahingesagten, womöglich ironischen oder doppeldeutigen Aussagen verleiten lässt. Völlig verunglückt ist zum Beispiel das Feedback eines Vorgesetzten, der dem Mitarbeiter an den Kopf wirft: »Sie haben das Meeting wieder einmal mit der Ihnen eigenen Präzision gegen die Wand fahren lassen!« Das mag halb scherzend gemeint sein, doch dieser pauschal dahingesprochene Satz – noch dazu ohne Ich-Aussage! – wirkt kränkend und dürfte den Mitarbeiter demotivieren.

Was wäre die Alternative? Wenn der Vorgesetzte stattdessen dem Feedbackdreiklang folgt, könnte er wie folgt vorgehen:

- ✔ Wahrnehmung: »Ich habe heute in der Sitzung wahrgenommen, dass Sie sich nicht an die von Ihnen versandte Tagesordnung gehalten haben. So bestand auch keine Möglichkeit, Herrn Meier und Frau Schulz bei ihren ausufernden Kommentaren abzubremsen.«
- ✔ Wirkung: »Zwischendurch war ich versucht, Ihnen in die Parade zu fahren, weil mich das unzufrieden gemacht hat.«
- ✔ Wunsch: »Ich wünsche mir das anders! Ist das vorstellbar?«

Schnelles und häufiges Feedback ist begrüßenswert, doch besteht die Gefahr, dass der Feedbackgeber sich zu unkontrollierten Äußerungen hinreißen lässt. Da Sie als Vorgesetzter natürlich nicht jede Äußerung bewusst steuern können, kommt es darauf an, dass der Feedbackdreiklang in Fleisch und Blut übergegangen ist – und damit eine Art Haltegurt darstellt.

Das Feedback ist ironisch formuliert

Normalerweise ist ein positives, auch schnell dahingesagtes Feedback problemlos. Dass hier etwas schiefläuft und das Feedback demotivierend wirkt, ist sehr unwahrscheinlich. Mit einer Ausnahme allerdings: Das Lob ist nicht wirklich ehrlich gemeint und eher ironisch formuliert.

Angenommen, Sie sind über einen Mitarbeiter insgesamt eher enttäuscht und schätzen seine Leistungen im Allgemeinen nicht allzu hoch ein. Nun vollbringt er wider Erwarten doch eine Glanztat, und Sie reagieren etwa in dem Tenor: »Herr Meier, für Ihre Verhältnisse haben Sie die Krisensituation sehr gut bewältigt.« Mit dieser Formulierung haben Sie die Chance vertan, den Mitarbeiter zu motivieren und die Beziehung zu ihm zu verbessern.

Theoretisch könnte man aus diesem kleinen Beispiel ableiten, wie wichtig eine Klärung der Zielsetzung sowie der Beziehung zum jeweiligen Mitarbeiter und Kollegen ist. So weit wollen wir hier nicht gehen – denn die Theorie ist weiß, die Praxis eben grau. An dieser Stelle sei noch einmal betont: Bemühen Sie sich um den Feedbackdreiklang. Wenn Sie die Situation auf der Ebene des beobachteten Verhaltens beschreiben, kann Ihnen dieser Fehler nicht unterlaufen. Dann nämlich wird die Szene in etwa so ablaufen:

- ✔ Wahrnehmung: »Gestern habe ich beobachtet, wie Sie die Krise in der Projektgruppe durch nüchterne Zusammenfassungen und klare Zielorientierung gemeistert haben.«
- ✔ Wirkung: »Hut ab! Ich war begeistert.«
- ✔ Wunsch: »So wünsche ich mir das!«

Positives Feedback wird inflationär eingesetzt

Keine Frage, dieses Buch möchte Sie vor allem auch von einem überzeugen: Positives Feedback zu geben ist wichtig und motivierend! Wenn Sie nun zur Tat schreiten und loben, was das Zeug hält, ist das grundsätzlich die richtige Entscheidung. Nur: Eine Gefahr liegt auch darin, es zu übertreiben und inflationär einzusetzen. Auch sollte Lob nicht einseitig erfolgen, also ohne auch immer wieder negatives Feedback zu geben.

Die Mischung macht es: Lobenswertes gilt es ebenso anzusprechen wie Themen, die nicht zufriedenstellend gelaufen sind. So bleiben Sie persönlich authentisch und vermeiden es, dass das Feedback insgesamt aus dem Gleichgewicht gerät und an Glaubwürdigkeit verliert.

Die Wirksamkeit erhöhen – häufig Feedback geben

Ein schnelles positives oder negatives Feedback sollte es möglichst oft geben. Je häufiger in einem Unternehmen Feedback gegeben wird, desto wirkungsvoller wird das Feedback und desto positiver sind die Effekte auf die Unternehmenskultur (mehr hierzu in Kapitel 11 beim Thema Feedbackkultur). Feedback sollte daher zur Gewohnheit werden, alle sollten es als normalen Umgang miteinander erleben. Dafür sprechen vor allem zwei Gründe:

- ✔ Wird Feedback häufig gegeben, steigt die Wahrscheinlichkeit, dass auch viel Positives zurückgemeldet wird. Damit entsteht ein ausgeglichenes Verhältnis von positiven und negativen Rückmeldungen.
- ✔ Wird Feedback als etwas Normales empfunden, sinken Abwehr und Widerstände bei negativem Feedback. Es wird nicht gleich als Katastrophe empfunden, wenn einmal etwas schiefgelaufen ist.

Psychologische Untersuchungen belegen die Bedeutung von häufigem positivem Feedback. Demnach braucht es für eine negative Rückmeldung fünf positive Rückmeldungen, damit eine ausbalancierte Wahrnehmung entsteht. Wird immer nur Negatives geäußert und das Positive fällt unter den Tisch, leidet am Ende das Arbeitsklima – und die Bereitschaft, sich um Verbesserungen zu bemühen, schwindet. Umgekehrt steigt bei den Mitarbeitern die Bereitschaft, bei Kritik zuzuhören und notwendige Kurskorrekturen vorzunehmen, wenn im Unternehmen wahrgenommen und rückgemeldet wird, dass sie einen guten Job machen.

Wie sehr sich Mitarbeiter häufiges Feedback wünschen, und das nicht nur von ihrem Vorgesetzten, belegt eine Studie:

- ✔ 83 Prozent der Teilnehmer wünschen sich mehr Feedback als nur von ihren Vorgesetzten.
- ✔ 73 Prozent der Teilnehmer wünschen sich ein zeitnahes Feedback.
- ✔ 89 Prozent der Teilnehmer bevorzugen positives Feedback.

Wie die Studie weiter zeigt, sind Mitarbeiter, die auch von ihren Kollegen Rückmeldungen bekommen, deutlich zufriedener mit ihrem Job. 72 Prozent der Befragten begrüßen sogar das Feedback, das Kunden in Onlineportalen abgeben, das sogenannte »Crowdsourced Feedback«. Als Fazit lässt sich festhalten: Der Wunsch und das Bedürfnis nach Rückmeldung ist stark ausgeprägt. Es besteht ein starker Wunsch nach Wahrnehmung und einem Feedback, das Orientierung und Einordnung ermöglicht.

Kurzfeedback trainieren: Zuhören und Mut zum Konflikt

Wie können Sie besser werden beim Kurzfeedback? Wie entgehen Sie den beschriebenen Fallstricken? Wie gelingt es Ihnen, häufiger ein schnelles Feedback zu geben? Erfahrungsgemäß lohnt es sich hierzu, dem eigenen »Feedbacktyp« auf die Spur zu kommen und dabei vor allem auf zwei Aspekte zu achten: Können Sie zuhören? Haben Sie den Mut, einen Konflikt einzugehen? Die folgenden Kontrollfragen helfen, diese Fähigkeiten einzuschätzen und zu trainieren.

Zuhören lernen

Ein zentraler Hinderungsgrund für erfolgreiches Feedback ist die Neigung, dem Gegenüber nicht wirklich zuzuhören. Prüfen Sie Ihr Verhalten anhand folgender Fragen:

- ✔ Fallen Sie anderen Menschen schnell ins Wort?
- ✔ Neigen Sie zu schnellen Wertungen?
- ✔ Machen Sie schnell Lösungsvorschläge?

Wenn Sie zu einem »Ja« neigen, machen Sie folgende Übung:

Suchen Sie sich einen Mitarbeiter, dem Sie aus welchen Gründen auch immer besonders schnell ins Wort fallen. Wählen Sie mindestens drei Situationen aus, bei denen Sie sich vornehmen, dieses angelernte Verhalten aktiv zu durchbrechen. Einige einfache Tricks helfen dabei:

- ✔ Fassen Sie das Gehörte erst einmal zusammen, bevor Sie reagieren.
- ✔ Stellen Sie einige Fragen zu dem Gehörten, anstatt gleich zu urteilen.
- ✔ Fragen Sie nach einer Lösung, anstatt gleich die eigene Lösung zu liefern, etwa indem Sie sagen: »Ich habe Sie jetzt verstanden. Wie wollen Sie dieses Problem lösen?«

Damit geben Sie die Verantwortung dahin, wo sie in der Regel hingehört, nämlich zum Mitarbeiter, der sich als erwachsener Mensch eigenverantwortlich um das Problem kümmern kann und soll. Wenn Sie dieses Verfahren in drei Situationen ausprobiert haben, ziehen Sie Bilanz: Was hat sich gegenüber Ihrem früheren Verhalten geändert? Was macht den Unterschied aus?

Mut zum Konflikt

Feedback geben heißt häufig auch, mit dem Gegenüber einen Konflikt einzugehen, denn die Wahrscheinlichkeit ist groß, dass er die Dinge ein Stück weit anders sieht und daher unterschiedliche Sichtweisen aufeinanderprallen. Haben Sie den Mut, solche Konflikte einzugehen? Für eine Einschätzung helfen folgende Kontrollfragen:

- ✔ Können Sie Spannungen im Team durch unzufriedene Mitarbeiter aushalten?
- ✔ Warten Sie häufiger mit Ihren Einschätzungen, bis sich die Wogen geglättet haben?
- ✔ Neigen Sie zur Konfliktmeidung?

Wenn Sie Konflikte meiden, werden Sie gute Gründe dafür haben – und im Verlauf Ihres Lebens dürfte dieses Verhalten auch sehr nützlich gewesen sein. Ziel ist es daher auch nicht, dieses Vermeidungsverhalten nun komplett abzutrainieren. Vielmehr lautet die Empfehlung, das Verhaltensspektrum auszuweiten.

Letztlich geht es darum, der Neigung, ein Feedback hinauszuschieben, bewusst zu widerstehen. Wenn Sie möchten, können Sie das neue Verhalten gleich bei nächster Gelegenheit üben:

- ✔ Suchen Sie sich eine Situation aus, in der Sie einen Konflikt wahrnehmen, eine konfliktbeladene Entwicklung befürchten oder schlicht unzufrieden sind mit dem Verhalten eines Mitarbeiters.
- ✔ Bereiten Sie das Feedback nach der Regel des Dreiklangs vor: Was haben Sie beobachtet? Wie wirkt es auf Sie? Was wünschen Sie sich?

✔ Prüfen Sie, ob Sie das Feedbackziel ausreichend konkretisiert haben und ob es stimmig ist, ein Kurzfeedback zu geben. (Möglicherweise ist auch eine andere Feedbackvariante, zum Beispiel ein konstruktives Feedback, der Situation angemessen – mehr hierzu in Kapitel 6.)

✔ Gehen Sie auf den Mitarbeiter zu!

Wenn Sie dieses Muster einige Male wiederholen, werden Sie Erfolge erleben und mit der Zeit eine »neue Sprache« erlernen. Denken Sie daran, dass Lernen nicht geradlinig verläuft. Bleiben Sie dran!

Besser loben

Können Sie sich für andere freuen? Können Sie loben? Oder sehen Sie eher auf die Dinge, die nicht funktionieren? Nicht alle Menschen haben es gelernt, Positives und Negatives gleichermaßen wahrzunehmen. Oder sie haben es zwar gelernt, sind aber nicht in der Lage, neben negativem Feedback auch Lob und Anerkennung auszusprechen. Trifft bei Ihnen eine der beiden Varianten zu? Dann können Sie mithilfe der folgenden Übung erlernen, wie Sie künftig auch Lob und Anerkennung in Ihr Feedbackrepertoire aufnehmen.

Führen Sie eine Woche lang eine Plus-Minus-Liste der Dinge, die gut gelaufen sind, und der Dinge, die nicht gut gelaufen sind. Nehmen Sie sich dann die Liste vor und trainieren Sie anhand der einzelnen Vorkommnisse positives Feedback in drei Stufen:

✔ Stufe 1: Formulieren Sie in wörtlicher Rede eine anerkennende Äußerung gegenüber Ihrem Mitarbeiter. Schreiben Sie dieses positive Kurzfeedback auf.

✔ Stufe 2: Setzen Sie sich vor einen Spiegel und sprechen Sie den aufgeschriebenen Text mehrmals – so lange, bis Sie den Eindruck haben: Das passt für mich!

✔ Stufe 3: Bitten Sie Ihren Lebenspartner, sich zur Verfügung zu stellen – und proben Sie die vorbereitete Anerkennung. Lassen Sie sich hierauf Rückmeldung geben. (Vielleicht hat diese Übung ungeahnte Auswirkungen auf Ihre private Beziehung.)

Nun heißt es nur noch: Umsetzen! Sprechen Sie den Mitarbeiter an und äußern Sie das Lob. Wenn andere Mitarbeiter zuhören, kommen Sie jetzt natürlich in Zugzwang – denn sollte das Lob eine Eintagsfliege bleiben, stoßen Sie die anderen guten Leistungsbringer vor den Kopf. Ein wenig Zwang kann aber ein guter Motivator sein, um das neue Verhalten häufiger zu zeigen, vielleicht sogar zur Haltung werden zu lassen.

Wenn Sie Ihren Mitarbeitern oder Kollegen Feedback geben, haben Sie die einmalige Gelegenheit, ihre Arbeit in die richtige Richtung zu lenken. Aber das erfordert Fokus – und Präzision. Sie müssen Ihre Botschaft so klar wie möglich übermitteln. Zeit ist ein kostbares Gut, und Ihr Team verdient es, genau zu wissen, woran es ist, ohne Ablenkungen oder Umwege.

Seien Sie direkt, aber bleiben Sie menschlich. Im digitalen Raum, wo wir oft nur noch durch Bildschirme miteinander kommunizieren, ist es leicht, den menschlichen Aspekt zu vergessen. Lassen Sie Empathie zu einem Teil Ihrer Botschaft werden. Eine gute Führungskraft bringt ihr Team voran, indem sie den Moment nutzt, klar und ehrlich zu sein, aber auch unterstützend.

Timing ist alles. Geben Sie das Feedback dann, wenn es zählt, und nicht, wenn es Ihnen zufällig in den Sinn kommt. Wenn Sie das Gefühl haben, dass der Moment nicht passt, verschieben Sie es – aber verlieren Sie es nicht aus den Augen.

Das ultimative Ziel jedes Feedbacks sollte sein, das Beste aus den Menschen herauszuholen, mit denen Sie arbeiten. Sie sollen sich inspiriert fühlen, mehr zu erreichen – für sich selbst und für das Team.

Setzen Sie Kurzfeedback effektiv ein – persönlich und virtuell. Kurzfeedback ist ein unverzichtbares Werkzeug für eine effektive Führung – egal ob vor Ort oder remote. Nutzen Sie klare und wertschätzende Kommunikation, um Ihre Botschaft zu vermitteln und die Motivation zu stärken. Indem Sie positives und negatives Feedback regelmäßig geben, schaffen Sie eine Kultur des Vertrauens und der Offenheit – die Basis für jedes erfolgreiche Team.

Virtuelle Teams erfordern oft schnelle Rückmeldungen, um Missverständnisse zu vermeiden und die Motivation hochzuhalten. Hierfür können Tools wie Videokonferenzen, Chats oder Projektmanagementplattformen eingesetzt werden. Wichtig bleibt dabei, dass die Botschaft prägnant und respektvoll übermittelt wird.

In hybriden Teams kann eine Kombination aus synchronen (zum Beispiel Videocalls) und asynchronen (zum Beispiel Chatnachrichten) Feedbackformaten hilfreich sein, um die verschiedenen Arbeitsweisen der Teammitglieder zu berücksichtigen.

IN DIESEM KAPITEL

Konstruktives Feedback beginnt mit Lob und Anerkennung

Der Aufbau eines konstruktiven Feedbackgesprächs

Als Feedbackempfänger eine Lösungsidee einbringen

Konstruktives Feedback von Bildschirm zu Bildschirm

Kapitel 6
Bei Fehlern und Auffälligkeiten: Konstruktives Feedback

Bleiben kurze Rückmeldungen zwischen Tür und Angel erfolglos, muss der Feedbackgeber schwereres Geschütz auffahren. Nun lädt er zum konstruktiven Feedback, einem Gespräch unter vier Augen. Ziel ist es, den Mitarbeiter zu einem veränderten Verhalten zu bewegen. Worauf Sie beim konstruktiven Feedback achten sollten, erfahren Sie in diesem Kapitel.

Die Kunst des konstruktiven Feedbacks

Wie Sie starten, so liegen Sie im Rennen. Bereiten Sie deshalb das Feedbackgespräch gut vor – und vermeiden Sie es, das Treffen in einer emotional erregten Atmosphäre zu führen. Lassen Sie etwas Zeit verstreichen und legen Sie für das Gespräch einen Ort fest, an dem Sie sich mit dem Mitarbeiter ungestört unterhalten können.

Vereinbaren Sie mit dem Mitarbeiter einen Termin für das Feedbackgespräch und nennen Sie ihm den Grund des Treffens. Doch Vorsicht: Bei der Terminabsprache sollte das Feedbackgespräch nicht vorweggenommen werden.

Das konstruktive Feedback vorbereiten

Nehmen Sie sich Zeit, das Verhalten des Mitarbeiters zu beobachten – denn um das Gespräch führen zu können, benötigen Sie konkrete Beispiele. Folgende Schritte haben sich bewährt, um das konstruktive Feedback vorzubereiten:

- ✔ Legen Sie eine Stoffsammlung an.
- ✔ Fassen Sie die Kritikpunkte unter einem Hauptaspekt zusammen.
- ✔ Halten Sie auch positive Aspekte fest.

Beginnen Sie mit einer Stoffsammlung. Wenn etwa ein Mitarbeiter bei den Wochenbesprechungen offensichtlich nicht bei der Sache ist, kommt es auf die bezeichnenden Details an – dass er während des Meetings in der Zeitung blättert oder mit seinem Smartphone spielt. Beim ersten Mal hatten Sie es durchgehen lassen, beim zweiten Mal ein Kurzfeedback gegeben, jetzt nehmen Sie dieses Verhalten in Ihre Stoffsammlung für das konstruktive Feedback mit auf.

Möglicherweise beobachten Sie den Mitarbeiter über einige Wochen hinweg und es kommt eine richtig große Sammlung an Kritikpunkten zusammen. Auf Ihrer Agenda steht ein ganzer Katalog an Aspekten, die Sie gern ansprechen möchten. In diesem Fall sollten Sie sich beschränken: Niemand verkraftet mehr als einen, maximal zwei Kritikpunkte. Eine bewährte Möglichkeit besteht darin, die Aspekte zu priorisieren und unter einem Oberbegriff zusammenzufassen.

Frau Müller kam im zurückliegenden Quartal häufig zu spät, machte Flüchtigkeitsfehler und hielt sich nicht an Abgabetermine. Diese Aspekte lassen sich unter der Überschrift »Unzuverlässigkeit im letzten Quartal« zusammenfassen. Aus mehreren Kritikpunkten entsteht so ein einziger Hauptkritikpunkt, der durch die Einzelaspekte beispielhaft belegt wird.

Ein konstruktives Feedback sollte positive Aspekte enthalten. Der Empfänger ist für die Kritik viel eher aufgeschlossen, wenn Sie zunächst seine guten Leistungen anerkennen. Das Lob darf allerdings nicht wie eine Pflichtübung klingen; auch sollte es ehrlich gemeint sein. Auch hier gilt: Glaubwürdigkeit entsteht durch Fakten. Tragen Sie konkrete Beispiele zusammen, an denen Sie aufzeigen können, was Ihnen gefallen hat. Indem Sie Ihre Beobachtungen detailliert darstellen, gewinnt das positive Feedback an Glaubwürdigkeit und damit auch an Gewicht.

Achten Sie darauf, die positive Botschaft an den Anfang zu stellen – nicht nur um ein aufgeschlossenes Gesprächsklima zu schaffen: Stünde das Positive am Ende des Gesprächs, würde das die zuvor genannte Kritik relativieren. »Ist ja doch alles nicht so schlimm«, wäre die Botschaft, die der Mitarbeiter erhält. Genau dieser Eindruck soll jedoch vermieden werden. Das heißt natürlich nicht, dass das Gespräch nicht positiv abschließen darf. Ganz im Gegenteil: Wenn es erfolgreich verläuft, steht am Ende ein gemeinsames Verständnis der Situation und eine Vereinbarung, wie man weiter vorgeht.

Zur Vorbereitung auf das konstruktive Feedback möchte ich Sie noch mit einer kleinen Übung zu einem Perspektivwechsel einladen. Wie haben Sie es erlebt, als Sie das letzte Mal eine negative Rückmeldung bekamen?

Ich habe folgendes Feedback erhalten:

___

___

___

Welche Gefühle habe ich bei mir beobachtet? Wut, Zorn, Ärger, Angst, Freude, Trauer, eine Mischung dieser Grundgefühle?

___

___

___

Welche Gedanken gingen mir durch den Kopf?

___

___

___

Welche körperlichen Reaktionen (etwa Magendrücken, Schwindel, Blut steigt in den Kopf) habe ich bemerkt?

___

___

___

Wie habe ich mich konkret in der Situation verhalten?

___

___

___

Was würde ich heute wieder so machen, was würde ich anders machen?

___

___

___

Was empfand ich als hilfreich im Kommunikationsverhalten des Feedbackgebers?

___

___

___

Was hat mich am Kommunikationsverhalten des Feedbackgebers gestört?

___

___

___

Meine persönlichen Konsequenzen aus eigenen Erfahrungen, als mir Feedback gegeben wurde:

___

___

___

Die Übung gibt Ihnen in Bezug auf Ihre Gesprächshaltung ein inneres Bild. Für die konkrete Vorbereitung auf das konstruktive Feedbackgespräch können Sie folgenden kleinen Leitfaden nutzen.

Konstruktives Feedback: Leitfragen für die Gesprächsvorbereitung

- ✔ Beschreiben Sie detailliert und ohne Wertung das Verhalten, das Sie als besonders gut beziehungsweise für verbesserungswürdig einschätzen. Führen Sie Fakten und Beispiele an. (Wer? Was? Wann? Wie? …)
- ✔ Überlegen Sie, warum Sie das Thema ansprechen. Welche Auswirkung haben die Fakten auf Sie selbst, das Team, das Unternehmen?
- ✔ Welches Ziel hat das Feedbackgespräch? (Kurzfristig, langfristig.)
- ✔ Sind das Ziel und die Art und Weise, wie Sie das Gespräch führen wollen, für Sie stimmig? (Machen Sie hierzu die in Kapitel 3 beschriebene Stimmigkeitsprüfung.)
- ✔ Welche Ergebnisse sollen am Ende des Feedbackprozesses stehen?
- ✔ Wann sollen die Ergebnisse überprüft werden?

Das Feedbackgespräch führen

Das konstruktive Feedbackgespräch lässt sich in sieben Abschnitte gliedern:

- ✔ Gesprächseinstieg,
- ✔ positive Verhaltensbeispiele darstellen,
- ✔ Wahrnehmung des Mitarbeiters erfragen,

- ✔ negative Verhaltensbeispiele darstellen,
- ✔ Wahrnehmung des Mitarbeiters erfragen,
- ✔ Erwartungen für die zukünftige Zusammenarbeit an Beispielen konkretisieren,
- ✔ neuen Termin vereinbaren.

Zum Einstieg skizzieren Sie kurz den Ablauf des Gesprächs. Vergewissern Sie sich dann, ob Ihr Gegenüber konzentriert ist und Ihnen zuhört. Nun steigen Sie in das eigentliche Feedbackgespräch ein.

Sofern vorhanden, stellen Sie zunächst anhand einiger Beispiele heraus, was Ihnen am Verhalten des Mitarbeiters gefallen hat. Folgen Sie auch hier dem Muster des Feedbackdreiklangs:

- ✔ Ich habe beobachtet …
- ✔ Das wirkt auf mich …
- ✔ Ich wünsche/erwarte/hoffe …

Denken Sie daran, in der Ich-Form zu sprechen. Diese Regel gilt immer, gleichgültig ob Sie negatives oder positives Feedback geben. Wenn Sie Ihre positiven Beobachtungen geschildert haben, halten Sie kurz inne: Wie reagiert Ihr Gegenüber auf das positive Feedback? Versuchen Sie herauszubekommen, wie er das Lob wahrnimmt.

Nun folgt das eigentliche Thema – die Kritik, die Sie dem Mitarbeiter vermitteln möchten. Achten Sie darauf, den negativen Teil des Feedbacks sauber vom positiven zu trennen: Verknüpfen Sie die positiven und die negativen Inhalte nicht mit »aber«, denn damit relativieren Sie das Positive. Verbinden Sie stattdessen mit »und« oder machen Sie eine Pause.

Variante 1 (falsch): »Ich habe Ihren sehr detaillierten Projektbericht zeitgerecht erhalten. Das hat meinen sehr positiven Eindruck von Ihrem Arbeitsverhalten bestätigt. Aber was ich verbesserungsfähig finde …«

Variante 2 (richtig): »Ich habe Ihren sehr detaillierten Projektbericht zeitgerecht erhalten. Das hat meinen sehr positiven Eindruck von Ihrem Arbeitsverhalten bestätigt.« Kurze Pause. »Verbesserungswürdig finde ich …«

Führen Sie Ihre Kritikpunkte nach dem Muster des Feedbackdreiklangs aus. Die Dreiklangregel zwingt Sie, zunächst ohne Wertung in die Details zu gehen. Dies ist bei negativem Feedback besonders wichtig: Während pauschale und oberflächliche Rückmeldungen bei positivem Feedback nur dessen Wirkung beeinträchtigen, können sie bei negativem Feedback ernsthaften Schaden anrichten.

Pauschale Kritik anstelle konkreter Beispiele provoziert Gegenwehr und verbaut die Chance, sich konstruktiv über einzelne Verhaltensweisen oder Fehler auszutauschen. Legen Sie daher bei negativem Feedback besonderes Augenmerk darauf, dem Feedbackdreiklang »Wahrnehmung, Wirkung, Wunsch« (siehe Kapitel 3) zu folgen.

Nachdem Sie Ihre Sicht der Dinge dargestellt haben, erhält der Mitarbeiter die Gelegenheit, seinen Standpunkt darzustellen. Für den Fortgang des Gesprächs ist jetzt entscheidend: Erkennt er Ihre Kritik an oder nimmt er die Lage völlig anders wahr?

Im ersten Fall können Sie das Gespräch zügig auf eine Lösung lenken. Konkretisieren Sie gemeinsam mit dem Mitarbeiter, welche Erwartungen Sie an die künftige Zusammenarbeit stellen. Sollten die Wahrnehmungen jedoch unvereinbar bleiben, gerät das Gespräch in eine kritische Phase. Bewährt haben sich dann zwei Grundsätze:

- ✔ Vermeiden Sie eine Auseinandersetzung darüber, wer mit seiner Wahrnehmung recht hat. Weder Sie noch Ihr Gegenüber müssen sich für ihre Sicht der Dinge rechtfertigen.
- ✔ Bewahren Sie eine konstruktive Gesprächsgrundhaltung. Suchen Sie den Austausch mit Ihrem Gegenüber und lenken Sie das Gespräch auf eine Lösung hin.

Eine Grundhaltung nach dem Motto »Ich weiß alles besser!« ist jetzt wenig hilfreich. Zwar dürfen Sie keinen Zweifel daran lassen, dass Sie als Vorgesetzter auf Ihrer Wahrnehmung und Ihrem Standpunkt bestehen, vermitteln Sie aber, dass Sie bereit sind, unter dieser Prämisse gemeinsam nach einer Lösung zu suchen – etwa in der Art: »Ich möchte mit Ihnen jetzt erarbeiten, was Sie tun können, um meinen Erwartungen entsprechen zu können.« Oder Sie stellen Fragen, die das Gespräch in Richtung einer Lösung lenken: »Wie wollen Sie das hinbekommen, meinen Erwartungen zu entsprechen?«

Genau darin liegt die hohe Kunst des konstruktiven Feedbacks: Es gelingt Ihnen, sich mit Ihrem Gegenüber so auszutauschen, dass eine gemeinsam getragene Lösung gefunden wird.

Ein wesentliches Ziel des Gesprächs ist es, für die gemeinsam gefundene Lösung einen konkreten Aktionsplan zu erarbeiten.

Die Lösung umsetzen: Einen Aktionsplan aufstellen

Ein erfolgreiches Feedbackgespräch führt zu einer gemeinsam getragenen Lösung. Um die Umsetzung dieser Lösung sicherzustellen, sollten Sie mit Ihrem Mitarbeiter einen Aktionsplan aufstellen. Nutzen Sie hierzu folgende Kontrollfragen, die Sie dem Mitarbeiter stellen:

- ✔ Welche Schritte sollen in welcher Zeit bearbeitet werden?
- ✔ Was könnte dazwischenkommen? Und wie wollen Sie damit umgehen?
- ✔ Welche Art der Unterstützung benötigen Sie?
- ✔ Wie hoch schätzen Sie Ihre Erfolgswahrscheinlichkeit ein (in Prozent)?

Der Aktionsplan legt fest, bis wann die einzelnen Lösungsschritte umgesetzt sein müssen. Damit ermöglicht er auch eine effektive Erfolgskontrolle. Legen Sie am Ende des Gesprächs gleich einen Folgetermin fest, an dem Sie mit dem Mitarbeiter diese Kontrolle durchführen und die Fortschritte besprechen. Wenn alles gut läuft, bietet das Treffen dann auch die Möglichkeit, den Erfolg zu würdigen – im Sinne eines positiven konstruktiven Feedbacks.

Verdeutlichen Sie, dass der Mitarbeiter nun für die Lösung und ihre Umsetzung verantwortlich ist. Wenn er es möchte, können Sie ihm Unterstützung anbieten – Sie sollten Ihr Wissen und Können aber nicht aufzwingen, denn es gilt die Erfahrung: Wenn ein Mensch seine eigenen Lösungen erarbeitet und umsetzt, fließt Herzblut in die Sache. So entsteht Eigenmotivation. Tabelle 6.1 fasst die sieben Phasen des konstruktiven Feedbackgesprächs noch einmal zusammen.

Phase		Aufgabe des Feedbackgebers
1	Gesprächseinstieg	Skizzieren Sie kurz den Ablauf des Gesprächs.
2	Positives Feedback	Stellen Sie dar, was Ihnen am Verhalten des Mitarbeiters gefallen hat (positive Verhaltensbeispiele).
3	Stellungnahme des Mitarbeiters	Erfragen Sie die Wahrnehmung des Mitarbeiters.
4	Negatives Feedback	Stellen Sie Ihre Kritikpunkte dar (negative Verhaltensbeispiele). Folgen Sie dabei dem Feedbackdreiklang (siehe Kapitel 3).
5	Stellungnahme des Mitarbeiters	Erfragen Sie die Wahrnehmung des Mitarbeiters.
6	Lösung und Aktionsplan	Konkretisieren Sie Ihre Erwartungen für die zukünftige Zusammenarbeit und stellen Sie gemeinsam mit dem Mitarbeiter einen Aktionsplan auf.
7	Neuer Termin	Vereinbaren Sie einen Folgetermin, um die Umsetzung des Aktionsplans zu kontrollieren.

Tabelle 6.1: Die sieben Phasen des konstruktiven Feedbackgesprächs

So funktioniert konstruktives Feedback

Herr Meier ist seit fünf Jahren Projektleiter in einem Meinungsforschungsinstitut. An seiner Kompetenz bestehen keine Zweifel. Zuverlässigkeit und Kreativität zeichnen ihn aus. Bislang hat er nahezu jedes Projekt präzise umgesetzt und zum vereinbarten Zeitpunkt abgeschlossen. Doch beim aktuellen Projekt hinken die zugesicherten Ergebnisse hinter den vereinbarten Terminen her. Dadurch kommt es zu Verzögerungen in anderen Projekten. Als Abteilungsleiter müssen Sie Herrn Meier Feedback geben, damit das Projekt noch rechtzeitig abgeschlossen wird. Zugleich schätzen Sie es hoch ein, wie umsichtig und verständnisvoll er auf die Anfragen von Projektmitarbeitern reagiert. Wie würden Sie vorgehen?

Die einschlägigen Feedbackregeln sind Ihnen präsent: konkrete Beispiele, ernsthaft, zugewandt, zeitnah, Ich-Aussagen. Klar ist auch, dass es Positives zu sagen gibt. Die positiven Aspekte erscheinen Ihnen keineswegs als so nebensächlich, dass man sie als bloßen »Zuckerguss« abtun könnte. Das Feedbackgespräch würde also positives und negatives Feedback enthalten …

Abteilungsleiter: »Herr Meier, haben Sie einen Moment Zeit für mich, jetzt oder heute im Laufe des Tages? Ich möchte Ihnen gern ein Feedback zu Ihrem laufenden Projekt geben.«

Herr Meier stimmt zu und der Abteilungsleiter zieht sich mit ihm in einen Raum zurück, in dem beide ungestört reden können.

Abteilungsleiter: »Vielen Dank für Ihre Zeit. Ich würde Ihnen gern eine Rückmeldung zu Ihrem Projekt geben: Ich habe ein paar sehr positive Beobachtungen und eine negative, besorgniserregende. Lassen Sie mich mit der positiven Beobachtung beginnen: Ich habe mitbekommen, dass Frau Kahl Sie um Hilfe bei der Analyse eines Tests gebeten hat. Sie haben ihr geduldig die Einzelheiten des Tests erläutert. Ich war am Nebentisch und sehr beeindruckt, wie kenntnisreich, ruhig und nachvollziehbar Sie das Anliegen beantwortet haben. Ich dachte bei mir: Toll, wie Herr Meier das macht! Wieder einmal wurde mir klar, warum Sie eine so gute Stimmung in Ihrem Team haben.«

Herr Meier: »Danke, das freut mich, dass Sie das wahrnehmen!«

Nun kommt der Abteilungsleiter zur zweiten Phase des Feedbacks, wobei er es vermeidet, mit einem »Aber« überzuleiten. Er macht stattdessen eine kurze Pause und fährt fort.

Abteilungsleiter: »Wir hatten als Abgabetermin für die Zielgruppenanalyse den 1. Mai vereinbart, heute ist der 5. Mai. Die Zulieferung für das Teilprojekt sollte am 30. April sein. Gestern wurde das Ergebnis mit vielen Flüchtigkeitsfehlern genehmigt. Ich habe es hier noch einmal mitgebracht. Das löst bei mir Irritation aus. Zumal Sie mich nicht auf die Verspätung vorbereitet haben. Das verunsichert mich, weil ich es so von Ihnen nicht kenne – und weil ich befürchte, dass wir zum 30. Mai insgesamt nicht fertig werden. Ich wünsche mir, dass Sie zu Ihrer bewährten Zuverlässigkeit zurückfinden. Wie können Sie das hinbekommen?«

Das Feedbackgespräch verbessern

Ziehen Sie im Anschluss an ein Feedbackgespräch ein persönliches Resümee. Wie ist es gelaufen? Was lässt sich das nächste Mal besser machen? Die Checkliste in Tabelle 6.2 kann Ihnen helfen, die wesentlichen Aspekte zu beleuchten.

Prüfpunkte	Was war hilfreich?	Was kann verbessert werden?
Vorbereitung des Gesprächs		
Konstruktive Vermittlung der positiven und negativen Aspekte		
Festlegung des weiteren Vorgehens		
Verbindliche Gesprächsführung (hart in der Sache, fair gegenüber der Person)		

Prüfpunkte	Was war hilfreich?	Was kann verbessert werden?
Lösungsorientierte Gesprächsführung (kein Anprangern)		
Gesprächsführung darauf ausgerichtet, das Verhalten zu optimieren (nicht die Person)		
Zielsetzung erreicht	☐ ja ☐ nein	

Tabelle 6.2: Resümee eines Feedbackgesprächs

Und wenn es doch einmal schiefgeht ...

Wie genau ein Gespräch abläuft, lässt sich nicht vorhersehen. Selbst ein bestens vorbereitetes konstruktives Feedback kann vollkommen aus dem Ruder laufen. Manchmal wird der kritisierte Mitarbeiter richtig wütend, manchmal beherrscht er sich zwar, zieht sich aber gekränkt zurück. Die Gefahr ist groß, dass eine solche Situation der Beziehung zwischen Mitarbeiter und Vorgesetztem bleibenden Schaden zufügt und einen langfristigen Vertrauensverlust hinterlässt.

Werfen wir einen Blick auf verschiedene kritische Situationen:

✔ Sie haben das Gefühl, dass Ihr Mitarbeiter mit dem Feedback überhaupt nicht einverstanden ist und still in sich hineinbrütet. Nun hilft ein Ebenenwechsel. Verlassen Sie die Sachebene und greifen Sie Ihre Beobachtung auf: »Herr Krill, ich habe das Gefühl, dass Sie mit dem, was ich sage, überhaupt nicht übereinstimmen. Können Sie mir sagen, was Ihnen gerade durch den Kopf geht?«

✔ Sie haben den Eindruck, Ihr Mitarbeiter ist nicht bereit, sich auf das Gesagte einzulassen. Nun hilft es nicht, den eigenen Standpunkt noch einmal mit zusätzlichem Nachdruck und weiteren Argumenten zu wiederholen. Vielmehr ist ein Perspektivwechsel angebracht. Stellen Sie hierzu Fragen, um herauszufinden, wie Ihr Gegenüber die Situation wahrnimmt – etwa so: »Herr Krill, ich habe den Eindruck, dass Sie das Gefühl haben, die Situation sehr gut im Griff zu haben. Können Sie mir einmal erläutern, was für Sie ›sehr gut‹ heißt?«

✔ Der Mitarbeiter reagiert auf Ihr Feedback verärgert und wird ausfällig. Prüfen Sie dann, inwieweit Sie weiter zuhören möchten. In keinem Arbeitsvertrag steht, dass ein Vorgesetzter sich ungebührliches Verhalten gefallen lassen muss. Andererseits wäre es überzogen, bei einer kleinen Irritation gleich die Keule zu schwingen und die hierarchische Position ins Spiel zu bringen. Die meisten Menschen beruhigen sich, wenn man ihnen ein wenig Zeit gibt, ihre Gefühle zu zeigen. Sinnvoll kann es sein, das Gespräch zu unterbrechen und nach einer Viertelstunde fortzusetzen.

✔ Der Mitarbeiter fühlt sich unverstanden. In diesem Fall hilft es, wenn Sie dem Mitarbeiter nicht nur gut zuhören, sondern das Verstandene in Ihren eigenen Worten wiederholen. Etwa so: »Herr Krill, ich möchte gern sichergehen, dass ich Sie richtig verstanden habe. Ihr Gefühl ist, dass ich mich zu sehr in dieses Projekt eingemischt habe – und dass Sie an dieser Stelle sehr viel mehr Einsatz gezeigt haben, als bei mir angekommen ist.« So lässt sich ein übereinstimmendes Verständnis zwischen Ihnen und Ihrem Mitarbeiter herstellen.

- ✔ Der Mitarbeiter wirkt sichtlich betroffen. Dann kann es hilfreich sein, einfach nur Verständnis dafür zu zeigen, dass ein negatives Feedback nicht leicht zu verdauen ist. Etwa in dem Tenor: »Ich kann mir vorstellen, Herr Krill, dass es nicht einfach ist, von Ihrem neuen Chef eine negative Rückmeldung zu bekommen. Zumal ich weiß, dass Ihr alter Chef Sie immer sehr gelobt hat.«
- ✔ Was können Sie tun, wenn im Feedbackgespräch partout kein gemeinsames Verständnis zustande kommen will – wenn also beide Seiten auf ihrer Sicht der Dinge bestehen? Bewährt hat sich hier ein Verfahren, das ich gern »gemeinsame Detektivarbeit« nenne. Das Prinzip ist einfach: Beide einigen sich darauf, eine bestimmte Zeit den Kritikpunkt detektivisch genau zu verfolgen, um dann anhand der gesammelten Fakten ein weiteres Feedbackgespräch zu führen. Meist ergibt sich dann eine Lösung.
- ✔ Wenn trotz aller Bemühungen kein gemeinsames Verständnis zustande kommt, bleibt am Ende nur noch eine Möglichkeit: Als Vorgesetzter entscheiden Sie qua hierarchischer Befugnis.

Aufforderung zur Detektivarbeit

Sie haben einen Mitarbeiter zu einem konstruktiven Feedback geladen, weil Sie mit seinem Verhalten in den Teamleiterbesprechungen nicht einverstanden sind. Er kann Ihre Kritik nicht verstehen. Um den Konflikt aufzulösen, schlagen Sie eine gemeinsame Detektivarbeit vor:

- ✔ »Es sieht so aus, als ob wir hier eine Sache wirklich vollkommen unterschiedlich sehen. Nach meiner Auffassung sind Ihre Beiträge bei unseren Meetings zu wenig positiv, häufig sogar destruktiv – während Sie den Eindruck haben, sehr viel Positives und Konstruktives beizusteuern. Daher habe ich folgende Idee: Was halten Sie davon, wenn wir uns in zwei Wochen noch einmal treffen – und wir beide bis dahin bei den Meetings auf die Qualität Ihrer Beiträge achten? Bei unserem nächsten Gespräch haben wir dadurch eine gute Grundlage, um zu beurteilen, welche Sichtweise zutrifft.
- ✔ Insbesondere würde ich Sie bitten, darauf zu achten, ob Ihre Beiträge anderen helfen oder von ihnen aufgegriffen und weiterentwickelt werden. Prüfen Sie auch, ob die Art und Weise, wie Sie Ihre Gedanken vortragen, bei den Kollegen positiv aufgenommen wird.
- ✔ Noch ein Vorschlag: Ich werde Ihnen direkt im Anschluss an die Sitzungen mein Feedback zu Ihrem Verhalten geben. Wenn dabei schon deutlich wird, dass ich mich geirrt habe, brauchen wir uns in einem Monat nicht mehr zu treffen!«

- ✔ Beschreiben Sie in so einem Fall zunächst noch einmal die Situation in ihrer Unterschiedlichkeit: »Ich sehe, Sie haben hier eine ganz andere Sichtweise ...« Oder: »Wir haben die Situation jetzt aus verschiedenen Blickwinkeln analysiert und ich habe den Eindruck, dass wir nicht zueinanderkommen ...« Machen Sie deutlich, wie sehr Sie sich um eine gemeinsame Lösung bemüht haben, verdeutlichen Sie Ihre eigene Position noch einmal – und stellen Sie dann klar, dass Sie nunmehr in Ihrer Funktion als Vorgesetzter eine Entscheidung treffen, somit also Ihre Sichtweise der Dinge gilt.

Kurz-Check konstruktives Feedback: die Kernpunkte für den Feedbackgeber

Fassen wir die wesentlichen Aspekte des konstruktiven Feedbacks anhand eines kurzen Fragenkatalogs zusammen. Alle Fragen sollten Sie im konkreten Fall mit »Ja« beantworten können. Andernfalls lohnt es sich, den Schritt noch einmal zu wiederholen.

Prüffragen zur Vorbereitung des Gesprächs

- ✔ Haben Sie die Ziele des Feedbackgesprächs geklärt?
- ✔ Haben Sie konkrete Beispiele?
- ✔ Können Sie die Beispiele ohne Wertung wiedergeben, allein durch Verhaltensbeschreibungen?
- ✔ Haben Sie für jedes Beispiel geklärt, welche emotionalen Reaktionen und Bewertungen das Verhalten bei Ihnen auslöst?
- ✔ Haben Sie seit dem letzten Kurzfeedback zum gleichen Thema ausreichend lange gewartet?
- ✔ Haben Sie den Feedbackdreiklang verinnerlicht und ihn mindestens einmal im stillen Kämmerlein ausprobiert?
- ✔ Reagieren Sie zeitnah auf das kritisierte Verhalten?
- ✔ Haben Sie eigene Beobachtungen oder Beobachtungen Dritter, um Rückmeldung zu geben?
- ✔ Haben Sie sich ein Bild von der erwarteten Reaktion des Mitarbeiters gemacht?
- ✔ Haben Sie sich eine Verhaltensstrategie zurechtgelegt, wenn die erwarteten Reaktionen eintreffen?
- ✔ Haben Sie für sich eine Stimmigkeitsprüfung gemacht? (Mehr hierzu in Kapitel 3.)

Prüffragen zur Durchführung des Gesprächs

- ✔ Haben Sie positive Themen mit derselben Ernsthaftigkeit in der Vergangenheit rückgemeldet?
- ✔ Haben Sie einen Termin vereinbart?
- ✔ Werden Sie ungestört reden können?
- ✔ Werden Sie mit den positiven Rückmeldungen (wenn vorhanden) beginnen?
- ✔ Werden Sie Ihrem Gegenüber ausreichend Gelegenheit geben, dass er auch zu den positiven Themen Stellung nehmen und seine Einschätzung geben kann?
- ✔ Können Sie den positiven Teil des Feedbacks vom dann folgenden negativen Part trennen, ohne das Wort »aber« zu verwenden?
- ✔ Können Sie, nachdem Sie Ihr Feedback gegeben haben, aufmerksam zuhören?
- ✔ Können Sie für die weitere Zusammenarbeit smarte Ziele (siehe Kapitel 7) formulieren und mit Ihrem Mitarbeiter abstimmen?
- ✔ Haben Sie sich einen Folgetermin vorgemerkt, den Sie mit dem Mitarbeiter vereinbaren?

Als Feedbacknehmer richtig reagieren

Perspektivwechsel. Nicht Sie laden zum Feedbackgespräch, sondern Ihr Vorgesetzter möchte mit Ihnen sprechen. Plötzlich wird Ihnen klar: Sie stehen unter Beobachtung. Ihr Vorgesetzter hat offenbar notiert, was ihm in den letzten drei Wochen nicht gefallen hat. Wie sollen Sie darauf reagieren? Wie bereiten Sie den Termin bei Ihrem Chef vor? Welche Gesprächsstrategie können Sie verfolgen?

Verständlich, wenn Ihnen die Situation erst einmal missfällt. Wer möchte sich schon gern auf Schritt und Tritt kontrollieren lassen? Andererseits können Sie die Situation auch so interpretieren, dass Sie Ihrem Chef wichtig sind. Er kümmert sich um Sie. Wäre es besser, er würde Ihre Fehler ignorieren und Sie ins Leere laufen lassen? Kritisches Feedback mag unangenehm sein, es ist aber auch ein Zeichen von Interesse. Wie Sie mit der Ankündigung des Feedbackgesprächs umgehen, ist also vor allem eine Frage der Einstellung. Sie können vermuten, dass Ihr Chef Sie kontrollieren und unter Druck setzen will – oder ihm zugutehalten, dass er Ihnen helfen und Ihre berufliche Entwicklung fördern möchte.

Wenn Sie das Feedback nicht ernst nehmen und Ihr Vorgesetzter dauerhaft mit Ihren Leistungen unzufrieden ist, steht es schlecht um Ihre weitere Karriere. Nehmen Sie den Feedbacktermin deshalb ernst – und bereiten Sie sich darauf vor.

Bei negativem Feedback konstruktiv bleiben

Wenn Sie ein Feedback nicht zwischen Tür und Angel entgegennehmen müssen, haben Sie Zeit, sich darauf vorzubereiten. Diese Möglichkeit sollten Sie nutzen, um Ihre Perspektive klar vermitteln zu können. Dabei bemerken Sie dann entweder selbst, dass etwas grundsätzlich anders gelaufen ist, als Sie es sich vorgestellt hatten – oder Sie sind zumindest in der Lage, Ihre Position gut zu vertreten.

Zur Vorbereitung gehört es, Klarheit über die Beziehung zum Gegenüber zu haben: Könnte es sein, dass die Beziehung zum Feedbackgeber Ihre Fähigkeit, sich mit dem Thema auseinanderzusetzen, entscheidend negativ beeinflussen könnte? Geht es Ihrem Gegenüber mit hoher Wahrscheinlichkeit um die Sache? Strebt er eine sachlich optimale Lösung an?

Im Gespräch liegt die größte Herausforderung darin, am Anfang darauf zu achten, das Visier nicht herunterfallen zu lassen: Versuchen Sie emotional offen zu bleiben! Andernfalls ist es fast unmöglich, ein produktives Gespräch zu führen. Wenn Sie befürchten, sich nicht »offen« halten zu können, planen Sie Beruhigungstechniken ein:

- ✔ Die sicherste Methode ist es, doppelt so lange auszuatmen wie einzuatmen. Dadurch beruhigt sich das autonome Nervensystem.
- ✔ Eventuell helfen kurze Unterbrechungen, wenn sie denn gesprächsverträglich eingebaut werden können.
- ✔ Hilfreich sind Nachfragen, sofern es echte Verständnisfragen und nicht etwa Suggestivfragen oder Fragen sind, in denen ein Statement versteckt ist. Beispiel für eine Suggestivfrage: »Sie sind auch der Meinung, dass ich das nicht anders hätte machen können?« Ein Beispiel für eine Frage, in der eine Rechtfertigung versteckt ist: »Die Akzeptanz unterdurchschnittlicher Zulieferung entspricht also Ihrem Verständnis von Kooperation mit anderen Abteilungen?«

Wenn Sie es geschafft haben, sich während der Darstellung des Feedbackgebers nicht zu rechtfertigen, ist der Zeitpunkt gekommen, nunmehr Ihre – gut recherchierte – Perspektive darzustellen. Denken Sie daran, dass es nicht darauf ankommt, sich auf Teufel komm raus durchzusetzen; vielmehr ist es die Aufgabe, die Perspektiven zu vergleichen, um daraus zu lernen.

Idealerweise erarbeiten Sie gemeinsam das weitere Vorgehen. Wenn möglich und sinnvoll, überlegen Sie, wie der Feedbackgeber Sie bei der Umsetzung unterstützen kann. Und vergessen Sie nicht, sich zu bedanken: eine Lernchance mehr!

Eine Lösungsidee vorbereiten

»Mir sind ein paar Sachen aufgefallen. Wir hatten darüber schon einmal zwischen Tür und Angel gesprochen. Jetzt würde ich gern noch etwas detaillierter mit Ihnen darüber sprechen.« So oder so ähnlich wird Ihr Chef sich an Sie wenden, wenn er mit Ihnen den

Termin für ein Feedbackgespräch vereinbaren möchte. In der Regel wissen Sie dann recht genau, worum es geht. Wenn nicht, fragen Sie nach, damit Sie sich auf das Gespräch einstellen können.

Lassen Sie sich nicht dazu verleiten, zur Vorbereitung auf das Gespräch nun eine großartige Rechtfertigung aufzubauen. Das wäre zwar verständlich, schließlich wollen Sie etwaige Vorwürfe irgendwie entkräften. Doch sollten Sie bedenken, dass Ihre Sicht der Dinge nicht entscheidend ist (es sei denn, es gibt wirklich überzeugende Argumente, die Ihr Chef nicht kennt).

Vergeuden Sie also nicht Ihre Zeit, indem Sie an den Argumenten für eine Rechtfertigung feilen. Es genügt, Ihren Standpunkt kurz und klar zu schildern. Überlegen Sie stattdessen, wie sich die Angelegenheit aus der Perspektive Ihres Vorgesetzten darstellt. Worum geht es ihm? Offensichtlich hat er Erwartungen, die Sie nicht erfüllen. Die Ergebnisse, die Sie ihm liefern, stimmen aus seiner Sicht nicht. Und das möchte er ändern.

Ihr Vorgesetzter ist weniger an Rechtfertigungen interessiert als daran, dass in Zukunft die Ergebnisse stimmen. Ihm geht es um die Lösung des Problems. Er wird Sie vermutlich fragen: »Wie wollen Sie das lösen? Haben Sie eine Lösungsidee?« Überlegen Sie deshalb, welchen Lösungsvorschlag Sie machen können. Darin liegt der entscheidende Punkt für die Vorbereitung auf das Feedbackgespräch.

Augenhöhe mit dem Vorgesetzten suchen

Zugegeben, die Versuchung ist groß. Sie sitzen im Feedbackgespräch, der Vorgesetzte listet Ihre Verfehlungen auf. Ihr Herz fängt zu klopfen an – Sie fühlen sich ungerecht behandelt. Zahlreiche Argumente schießen Ihnen in den Kopf, warum das, was der Chef Ihnen vorhält, einfach nicht klappen konnte. Wie sollen Sie pünktlich liefern, wenn die Abläufe bei den zuarbeitenden Abteilungen im Argen liegen?

Lassen Sie den Vorgesetzten ausreden, hören Sie ihm bis zum Ende zu. Bedanken Sie sich anschließend dafür, dass er Klarheit hergestellt hat. Erst jetzt legen Sie – möglichst kurz und sachlich – Ihren Standpunkt dar.

Im Anschluss an Ihre Stellungnahme dürfte der Vorgesetzte das Gespräch auf eine Lösung des Problems hinlenken – etwa in dem Tenor: »Wie wollen Sie erreichen, dass die Ergebnisse künftig pünktlich vorliegen? Haben Sie eine Lösungsidee?« Oder: »Sie sagen, Sie können keine befriedigenden Ergebnisse liefern, weil die Zulieferung nicht funktioniert. Wie wollen Sie mit dieser Situation umgehen, damit das Projekt keinen Schaden nimmt? Wo brauchen Sie meine Unterstützung?«

Nun zahlt es sich aus, wenn Sie sich auf diese Fragen vorbereitet haben. Dann können Sie zum Beispiel darlegen, dass Sie eine bestimmte Änderung an den Abläufen für notwendig halten. Vielleicht hat Ihr Vorgesetzter den einen oder anderen Aspekt übersehen, der in seinem Verantwortungsbereich liegt und nun im Feedbackgespräch geklärt werden kann. Es ist ja durchaus möglich, dass Sie über einen Wissensvorsprung verfügen – schließlich kann Ihr Chef kaum über alle Details Ihres Arbeitsbereichs informiert sein.

Solange Sie sich rechtfertigen, bleiben Sie in der Kindrolle verhaftet, nach dem Motto: »Papa schimpft mit mir«. Wenn Sie dagegen deutlich machen, dass Sie das Problem verstehen und zugleich mit einer Lösungsidee aufwarten können, stehen die Chancen gut, dass Sie ein Gespräch auf Augenhöhe herstellen.

Konstruktives Feedback heißt im Kern: partnerschaftlicher Austausch, um eine gemeinsam getragene Lösung zu finden. Andererseits birgt das Feedbackgespräch von Chef zu Mitarbeiter immer auch eine gewisse Paradoxie in sich. Während der Suche nach einer Lösung begegnen sich beide tatsächlich auf Augenhöhe, danach schlägt jedoch wieder das Gesetz der Organisation zu: Was nun gemacht wird, entscheidet der Vorgesetzte durch seine disziplinarische Macht. Keine Spur mehr von Augenhöhe.

Konstruktives Feedback für Fortgeschrittene

In der Physik versteht man unter Resonanz das Mitschwingen eines schwingungsfähigen Körpers. Dieses Bild entleihen wir uns, um im Folgenden ein konstruktiven Feedbackgespräch zu beschreiben und noch besser steuern zu können. Der Grundgedanke: Resonanz ist vorhanden, wenn Sender und Empfänger sich im Zustand des Mitschwingens befinden.

Im Zustand der Resonanz wirkt das Gespräch auf Sender und Empfänger dicht, weil beide hoch aufmerksam sind und die Inhalte gemeinsam bearbeiten. Die »Gesprächstemperatur« ist hoch. Einiges spricht für die Hypothese, dass ein Gespräch nur dann wirksam ist, wenn die Temperatur hoch bleibt, in dem Gespräch also eine durchgehende Resonanz erzeugt wird. Das gilt für positive und negative Inhalte gleichermaßen.

Wird das Mitschwingen auf Empfänger- oder Senderseite unterbrochen, kühlt die Gesprächstemperatur ab. Das Gespräch findet statt, bewirkt aber nichts. Das ist dann vergleichbar mit einem Radiosender, der zwar sendet, dessen Empfänger sich jedoch nicht auf die Sendefrequenz eingestellt hat. Oder der Radiohörer ist durchaus empfangsbereit, doch der Sender hat die Frequenz verändert.

Die Gesprächstemperatur hoch halten

Als Feedbackgeber liegt es in Ihrem Interesse, den Zustand der Resonanz zu wahren, also dafür zu sorgen, dass die Gesprächstemperatur hoch bleibt. Doch wie merken Sie, wenn das Gespräch »abkühlt«? Und wie können Sie gegebenenfalls gegensteuern?

Um während des Gesprächs Temperaturhöhe zu gewinnen und zu halten, kommt es darauf an, *drei Beobachtungsebenen* im Blick zu behalten:

- ✔ Inhaltliche Ebene: Sind wir am Thema?
- ✔ Selbstbeobachtung: Wie geht es mir im Gespräch?
- ✔ Beobachtung des Gesprächspartners: Was passiert bei meinem Gegenüber?

Die *inhaltliche Ebene* lässt sich einfach im Auge behalten, schließlich hatten Sie ja einen Großteil der Gesprächsvorbereitung den inhaltlichen Aspekten des Feedbacks gewidmet. Wesentlich schwieriger sind die beiden anderen Beobachtungsebenen zu verfolgen. Während es auf der ersten Ebene um Inhaltliches geht, verläuft die Kommunikation *auf den beiden anderen Ebenen* weitestgehend nonverbal. Berühmt ist in diesem Zusammenhang das »Eisbergmodell«: Die Spitze des Eisbergs entspricht der Sachebene mit den damit verbundenen Inhalten, während unter der Wasseroberfläche all jene Beziehungsaspekte liegen, die sich im Feedbackgespräch nonverbal ausdrücken.

Entscheidend ist nicht die Spitze des Eisbergs. Er wird nicht über die Spitze gelenkt, sondern durch die Masse unter der Wasseroberfläche. Übertragen auf die menschliche Kommunikation: Beziehung sticht Sache! Die nonverbalen Signale vermitteln, dass etwas auf einer nicht sprachlichen Ebene blitzschnell in uns abläuft.

Abbildung 6.1: Das Eisbergmodell

Nonverbale Ausdrucksformen wahrnehmen

Neben der Sachebene ist die Selbstbeobachtung der zweite wichtige Aspekt, den Sie während des Feedbackgesprächs im Blick behalten sollten. Hier geht es um die Frage, welche Veränderungen Sie an sich selbst beobachten: Sind Sie gelangweilt? Sind Sie verärgert? Sind Sie auf einmal müde? Sind Sie abgelenkt? Würden Sie das Gespräch am liebsten schnell beenden? Ganz ähnlich verhält es sich mit der dritten Beobachtungsebene, bei der es darum geht, die nonverbalen Äußerungen Ihres Gesprächspartners wahrzunehmen. Die Kernfrage lautet hier: Was passiert bei meinem Gegenüber, was verändert sich bei ihm?

Nonverbale Äußerungen sind zwar nicht eindeutig, gleichwohl haben wir ein intuitives Verständnis, wenn wir es denn in unserer Wahrnehmung zulassen. Die folgende Liste nonverbaler Äußerungen ist als Anregung gedacht, um die eigenen Sinnesempfindungen weiterzuentwickeln. Achten Sie auf die folgenden Ausdrucksformen:

- ✔ Veränderungen in der Körperhaltung,
- ✔ auffällige Bewegungen,
- ✔ Gestik,
- ✔ Mimik,
- ✔ Tonfall,
- ✔ Stimmführung,
- ✔ Pantomimik,
- ✔ Gestaltverfestigungen,
- ✔ Atmung,
- ✔ Herzschlag,
- ✔ Durchblutung (Hautveränderungen),
- ✔ Schweiß,
- ✔ Zittern von Stimme und Händen.

Je besser das Sensorium für solche Ausdrucksformen entwickelt ist, desto besser können Sie ein Gespräch auf dem gewünschten Intensitätsniveau halten – oder zumindest feststellen, wenn das Gespräch wirkungslos zu werden droht.

Versuchen Sie in einem Gespräch, an dem Sie nicht beteiligt sind, die oben beschriebenen Reaktionen zu beobachten. Fragen Sie sich, was diese Beobachtungen in Ihnen auslösen. Keine Sorge, Sie sollen nicht zum Psychotherapeuten ausgebildet werden. Aber wenn Sie im Gespräch diese unpassenden Reaktionen beobachten, läuft etwas aus dem Ruder. Der erste Schritt liegt darin, das wahrzunehmen – der zweite Schritt dann darin, damit im Gespräch umzugehen.

Das Gespräch steuern

Festzuhalten bleibt: Es greift zu kurz, allein auf die Sachebene des Gesprächs zu achten. Um ein Gespräch im Zustand der Resonanz zu halten, kommt es auf die beiden nonverbalen Ebenen an. Um im Bild zu bleiben: Sie verlieren das Gespräch, wenn Sie an der Spitze des Eisbergs operieren. Es ist notwendig, an den tieferen Ebenen anzusetzen. Was heißt das konkret? Wie steuern Sie ein Gespräch, um die für die Resonanz erforderliche Temperatur zu halten? Hierzu vier Beispiele:

Beispiel 1

Nach einem anfänglich ruhigen Gespräch bemerken Sie plötzlich, wie Ihr Gesprächspartner unruhig wird (Beobachtungsebene 3). Sie beobachten sich und stellen eine zunehmend angespannte Körperhaltung fest (Beobachtungsebene 2). Das Thema wird zum Schein weiterbearbeitet (Beobachtungsebene 1), aber Sie haben den Eindruck, die Temperatur des Gesprächs sinkt, das heißt, die Resonanz ist verlorengegangen. An dieser Stelle können Sie versuchen, die Resonanz wiederherzustellen, indem Sie Ihr Gegenüber einladen, das Augenmerk einmal auf den Gesprächsverlauf zu richten.

Vorgesetzter: »Herr Mey, ich weiß nicht, ob es Ihnen geht wie mir. Aber ich habe den Eindruck, aus irgendeinem Grund, den ich nicht kenne, sind wir nicht mehr voll und ganz im Gespräch. Sie schauen aus dem Fenster, nicken nur noch ab und ich bemerke keine Auseinandersetzung mit meinen Rückmeldungen.«

Herr Mey: »Gut, dass Sie es ansprechen. Aber als Sie vorhin sagten, ich sei nicht in der Lage, diese Aufgabe zu lösen, hat mich das irritiert. Das hörte sich für mich so an, als würden Sie mich generell für unfähig halten.«

Vorgesetzter: »Dann habe ich mich missverständlich ausgedrückt: Für mich haben Sie diese Situation nicht im Griff gehabt. Das Feedbackgespräch hier soll eher dazu dienen, dass wir schauen, was Sie machen können und wie ich Sie in Zukunft unterstützen kann, damit Sie dieses Projekt generell bewältigen können.«

Herr Mey: »Das klingt für mich anders. Es würde mich freuen, wenn wir da dann weitermachen könnten.«

Nach diesem Dialog ist die Resonanz wiederhergestellt und es kann gemeinsam auf der inhaltlichen Ebene weitergehen.

Beispiel 2

Wieder beginnt das Gespräch ruhig, bis Sie merken, dass die Temperatur sinkt und die Resonanz verlorengeht. Dieses Mal jedoch bestreitet der Mitarbeiter eine Ablenkung.

Vorgesetzter: »Herr Mey, ich weiß nicht, ob es Ihnen genauso geht, aber ich habe den Eindruck, Sie sind – aus einem Grund, den ich nicht kenne – nicht mehr voll und ganz im Gespräch.«

Herr Mey: »Nein, wieso?«

Vorgesetzter: »Ich habe festgestellt, dass ich auf einmal sehr viel angestrengter mit Ihnen rede. Das kenne ich aus unseren Gesprächen sonst gar nicht. Beschäftigt Sie etwas, was wir klären sollten? Sie schauen aus dem Fenster, nicken nur noch ab, aber ich bemerke keine Auseinandersetzung mit meinen Rückmeldungen.«

Herr Mey: »Nein keineswegs. Falls ich unkonzentriert wirke, bitte ich das zu entschuldigen. Ich bin ganz Ohr!«

Vorgesetzter: »Dann lassen Sie uns noch einmal zusammenfassen, wo wir das Gespräch quasi unterbrochen hatten und dann fortsetzen.«

Beispiel 3

Auch in diesem Beispiel trifft sich der Vorgesetzte mit seinem Mitarbeiter, Herrn Mey, um ihm ein konstruktives Feedback zu geben. Schnell merkt er, dass die Resonanz fehlt.

Vorgesetzter: »Herr Mey, ich weiß nicht, ob es Ihnen geht wie mir. Aber ich habe den Eindruck, aus irgendeinem Grund, den ich nicht kenne, sind wir nicht mehr voll und ganz im Gespräch. Sie schauen aus dem Fenster, nicken nur noch ab und ich bemerke keine Auseinandersetzung mit meinen Rückmeldungen.«

Herr Mey, erregt: »Also das verstehe ich jetzt nicht. Warum können wir nicht ein einziges Mal reden, ohne dass Sie auf die Beziehungsebene gehen?«

Vorgesetzter: »Ich möchte gern auf der Sachebene bleiben, aber wie soll ich mir Ihr Verhalten in den letzten fünf Minuten erklären? Auch jetzt erscheinen Sie mir sehr verärgert und genervt.«

Herr Mey: »Ich höre schon zu. Sie sind schließlich mein Chef.«

Vorgesetzter: »Ich schlage vor, wir unterbrechen das Gespräch eine halbe Stunde und schauen, ob es dann um mein Feedback gehen kann oder ob wir ein ganz anderes Thema besprechen müssen.«

Das Beispiel verdeutlicht, dass es im Hintergrund auch ganz andere Konflikte geben kann, die in der Regel zumindest geklärt, im Idealfall gemeinsam bewältigt sein müssen, bevor ein Gespräch mit hoher Resonanz überhaupt möglich ist.

Beispiel 4

Anderes Szenario. In diesem Beispiel bemerkt der Feedbacknehmer den Resonanzverlust. In seiner Rolle als Mitarbeiter hat er weniger Steuerungsmöglichkeiten – und braucht erhebliches sprachliches Fingerspitzengefühl, seinen Vorgesetzten auf einen Rückgang der »Gesprächstemperatur« aufmerksam zu machen. Folgender Dialog könnte dazu führen, die Resonanz wiederherzustellen.

Mitarbeiter: »Herr Schulz, nehmen Sie es mir nicht übel, aber ich habe den Eindruck, Sie wollen das Gespräch schnell hinter sich bringen. Für mich ist es aber sehr wichtig, da ich mich verbessern und nicht zuletzt Ihren Erwartungen gerecht werden möchte. Wollen wir lieber einen neuen Termin anberaumen?«

Vorgesetzter: »Sorry, mir ist es auch wichtig, Ihnen Hinweise mit auf den Weg zu geben. Aber Sie haben recht, ich war soeben mit meinem Kopf schon im nächsten Gespräch. Lassen Sie uns gemeinsam zusammenfassen ...«

Konstruktives Feedback von Bildschirm zu Bildschirm

Wenn es um Feedback geht – sei es von Angesicht zu Angesicht oder von Computer zu Computer – hat sich an den grundlegenden Prinzipien nichts verändert. Ganz gleich, ob Sie vor Ihrem Team stehen oder auf den Bildschirm schauen: Das, was zählt, ist, dass Feedback klar, ehrlich und zielgerichtet ist.

Gleichwohl gibt es bei der Anwendung von Feedback über Distanz ein paar Dinge, die Sie unbedingt beachten sollten, um Missverständnisse zu vermeiden und die Kommunikation so effektiv wie möglich zu gestalten.

1. **Die richtige Plattform wählen:** Nutzen Sie für Ihr Feedback Tools, die Video und Audio unterstützen, wie Zoom oder Teams. Diese helfen Ihnen, nonverbale Signale wie Mimik und Gestik zu verwenden, die in einem rein schriftlichen Feedback oft verlorengehen.

2. **Timing ist alles:** Geben Sie Ihr Feedback zeitnah. Je näher die Rückmeldung am eigentlichen Ereignis liegt, desto relevanter und umsetzbarer ist sie. Warten Sie nicht wochenlang, bis das Problem vergessen ist.

3. **Emotionen kontrollieren:** Gerade im digitalen Raum kann es schwierig sein, den richtigen Ton zu treffen. Vermeiden Sie harsche Formulierungen und geben Sie Ihr Feedback in einer ruhigen, konstruktiven Weise.

4. **Technische Restriktionen, die bei Feedback über Distanz beachtet werden müssen:** Auch wenn das Prinzip von Feedback unverändert bleibt, gibt es bei der digitalen Kommunikation ein paar technische Herausforderungen, die Sie im Auge behalten sollten. Wenn Sie diese rechtzeitig berücksichtigen, steht einer klaren und effektiven Kommunikation nichts im Weg.

   - **Stabile Internetverbindung**: Nichts stört ein Feedback-Gespräch mehr als eine ruckelnde Verbindung oder plötzlich abreißende Audio- und Videoverbindungen. Sorgen Sie dafür, dass sowohl Sie als auch Ihr Gegenüber eine stabile Internetverbindung haben. Testen Sie Ihr Setup vorher, um technische Störungen zu vermeiden.

   - **Hochwertige Audio- und Videogeräte**: Die Qualität Ihres Feedbacks kann nur so gut sein wie die Technik, die Sie verwenden. Investieren Sie in ein gutes Mikrofon und eine Kamera mit hoher Auflösung. So stellen Sie sicher, dass Ihre Stimme und Ihr Gesicht klar und deutlich ankommen – das ist besonders wichtig, wenn es um nonverbale Signale geht, wie Mimik und Gestik.

   - **Kompatibilität der Software**: Achten Sie darauf, dass die von Ihnen verwendete Feedback-Plattform für beide Seiten problemlos funktioniert. Tools wie Zoom oder Microsoft Teams sind weit verbreitet, aber stellen Sie sicher, dass auch Ihr

Gegenüber sie ohne Schwierigkeiten nutzen kann. Nicht jedes Unternehmen oder Team verwendet dieselben Programme, und es könnte zusätzliche Zeit für Installationen und Updates benötigen.

- **Sicherheitsaspekte**: Besonders bei Feedback-Gesprächen, die sensible Informationen enthalten, müssen Sie sicherstellen, dass die gewählte Plattform den aktuellen Sicherheitsstandards entspricht. Achten Sie auf Ende-zu-Ende-Verschlüsselung, um vertrauliche Inhalte zu schützen. Plattformen wie Zoom bieten Sicherheitsfunktionen, die aktiviert werden sollten, um den Datenschutz zu gewährleisten.
- **Zeitliche Abstimmung über verschiedene Zeitzonen**: Wenn Sie Feedback an Teammitglieder in verschiedenen Zeitzonen geben, planen Sie die Besprechung so, dass alle Beteiligten zu einer angemessenen Tageszeit teilnehmen können. Nutzen Sie Tools wie Google Kalender oder Calendly, um Missverständnisse bei der Terminplanung zu vermeiden und alle auf dem gleichen Stand zu halten.

Indem Sie diese technischen Aspekte beachten, können Sie sicherstellen, dass Ihr Feedbackgespräch nicht nur inhaltlich, sondern auch technisch ein voller Erfolg wird.

IN DIESEM KAPITEL

Ablauf eines klassischen Metafeedbacks

Metafeedback für Fortgeschrittene

Als Empfänger von Metafeedback reagieren

Besonderheiten unter Home-Office-Bedingungen

Kapitel 7
Wenn sich nichts ändert: Metafeedback

Angenommen, ein Mitarbeiter hat schon mehrfach zugesagt, dass er sein Verhalten ändert, aber es bleibt dennoch alles beim Alten. Klar ist, dass nun Handlungsbedarf besteht. Schließlich kann der Vorgesetzte nicht Feedbackgespräche führen, und wenn der Erfolg ausbleibt, zur Tagesordnung übergehen, nach dem Motto: »War nur so eine Idee!« Also lädt er zu einem weiteren Gespräch, dem *Metafeedback*. »Meta« heißt, dass eine neue Gesprächsebene entsteht. Nicht mehr eine einzelne Verfehlung ist jetzt das Thema, sondern die Tatsache, dass alle vorausgehenden Gespräche nicht gefruchtet haben. Nun geht es aus Sicht des Vorgesetzten um die übergeordnete Frage: »Kann ich überhaupt Vertrauen in die Zusagen dieses Mitarbeiters haben?« Viel steht auf dem Spiel. Führt das Gespräch nicht zum Erfolg, droht ein massiver Vertrauensverlust.

In diesem Kapitel erfahren Sie, wie Sie als Vorgesetzter ein solches Metafeedback vorbereiten und durchführen (klassisches Metafeedback und Metafeedback für Fortgeschrittene) – und wie Sie als Betroffener mit einem Metafeedback am besten umgehen.

Ein klassisches Metafeedback durchführen

Frau Müller scheint notorisch unzuverlässig zu sein. Im zurückliegenden Jahr führte ihr Vorgesetzter vier konstruktive Feedbackgespräche. Nach dem ersten Gespräch gab es Anlass zur Hoffnung, doch dann brach die alte Unzuverlässigkeit wieder durch. Die ständigen fruchtlosen Ermahnungen verärgern den Vorgesetzten: Nach jedem Feedback sichert die Mitarbeiterin Besserung zu, die sie nicht einhält.

Als wieder einmal wegen Frau Müllers Unzuverlässigkeit ein Termin platzt, beschließt der Vorgesetzte, ein Metafeedbackgespräch zu führen. Zunächst fragt er sich, ob er im Augenblick nicht so verärgert ist, dass er in der derzeitigen Situation lieber auf ein Feedbackgespräch verzichten sollte. Nein, stellt er fest, er fühlt sich enttäuscht, aber nicht wütend. Es geht ihm darum, dass die Mitarbeiterin ihr Verhalten endlich grundsätzlich verändert und man sich künftig auf sie verlassen kann. Also vereinbart er gleich für den Nachmittag einen Termin, um das Gespräch ungestört unter vier Augen führen zu können.

»Frau Müller, ich möchte Ihnen eine Rückmeldung geben, die mir sehr wichtig ist. Gut, dass es heute gleich geklappt hat.« Mit diesen Worten leitet der Vorgesetzte das Metafeedback ein, und fährt fort: »Wir haben am 3. März, am 24. März, am 3. Mai und am 7. Juli miteinander gesprochen, weil Sie fest zugesagte Termine nicht eingehalten haben. Sie hatten mir immer wieder zugesichert, sich zuverlässiger zu verhalten und mich zumindest vorab zu informieren, wenn Sie einen Termin verschieben müssen. Nach dem ersten Gespräch hat es funktioniert, drei Wochen später sind Sie aber wieder in das alte Unzuverlässigkeitsmuster zurückgefallen.

Heute nun hat sich für mich der Fokus verschoben: Es geht nicht mehr um die einzelnen Ereignisse. Für mich geht es darum, dass Sie gemachte Zusagen nicht einhalten, obwohl Sie mir das zugesichert haben. Das erschüttert mein Vertrauen in Ihre grundsätzliche Glaubwürdigkeit …«

Das Beispiel verdeutlicht zwei zentrale Aspekte des Metafeedbacks:

- ✔ Der Vorgesetzte verfolgt das Ziel, dass die Mitarbeiterin ihr Fehlverhalten abstellt.
- ✔ Der Vorgesetzte macht deutlich, wie sehr die vermeintlich kleinen Verfehlungen sein Vertrauen in die Mitarbeiterin unterhöhlen: »Das erschüttert mein Vertrauen in Ihre grundsätzliche Glaubwürdigkeit …«

Vorbereitung des klassischen Metafeedbacks

Damit das Metafeedback gelingt, bedarf es – ähnlich wie beim konstruktiven Feedback (siehe dazu Kapitel 6) – einer sorgfältigen Vorbereitung. Achten Sie im Vorfeld des Metafeedbacks auf die im Folgenden beschriebenen Aspekte.

Klärung der Grundmotivation

Stellen Sie sich zunächst zwei Fragen, noch bevor Sie in die eigentliche Vorbereitung des Metafeedbacks einsteigen:

- ✔ Bin ich äußerlich wütend?
- ✔ Will ich strafen?

Keine der beiden Fragen sollten Sie mit »Ja« beantworten. Wenn doch, hilft es, sich noch einmal vor Augen zu führen, dass Feedback kein Disziplinarinstrument ist. Wenn Sie über Ihren Unmut nicht hinwegkommen, ist es angebracht, gemeinsam mit der Personalabteilung oder der juristischen Abteilung disziplinarische Schritte zu überlegen. Im Fall des Feedbacks geht es jedoch um konstruktive Wege, die mit dem Anspruch verbunden sind, das Verhalten des Mitarbeiters zu verbessern. Prüfen Sie, ob darin Ihre Motivation für das Feedback liegt.

Fragen zur Vorbereitung

Geht es Ihnen nicht um eine Abstrafung, sondern um eine konstruktive Auseinandersetzung mit dem Mitarbeiter, können Sie das Metafeedback anhand folgender Fragen vorbereiten:

- ✔ **Welches Ziel habe ich?** Notieren Sie konkret, was am Ende des Gesprächs erreicht sein soll. Nützlich kann hier die *SMART-Formel* sein: S steht für spezifisch, M für messbar, A für abgestimmt, R für realistisch und T für terminiert.
- ✔ **Wie sieht das Idealprofil eines Mitarbeiters in dieser Position aus?** Für das Metafeedback sollten Sie wissen, welche Anforderungen die Position stellt. Listen Sie hierfür die fachlich-inhaltlichen Kriterien auf, aber auch alle überfachlichen Kriterien, die Ihnen wichtig sind – wie etwa Verbindlichkeit. Hinterlegen Sie diese Kriterien mit Verhaltensbeschreibungen, um unterschiedliche Interpretationen zu vermeiden.

Methodenkompetenz					
Anforderungen	**Einschätzung**				
	derzeitiger Stellenwert (bitte ankreuzen, wenn wichtig)	1	2	3	4
Fähigkeit zur Konzeption, Entwicklung und Steuerung von Veränderungsprozessen Verhaltensbeispiele zur Erläuterung: ✔ denkt regelmäßig über Veränderungsmöglichkeiten der eigenen Organisationseinheit nach ✔ entwickelt tragfähige Vorschläge zur Verbesserung der Arbeitsabläufe ✔ kennt die Regeln des Projektmanagements ✔ besitzt die emotionale Intelligenz, um mit Widerstand in der Arbeitsgruppe umzugehen ✔ motiviert die Mitarbeiter zum »Mitdenken«					

Tabelle 7.1: Beispiel für ein Anforderungsprofil

- ✔ **Welche Beispiele führe ich an?** Überlegen Sie, welche Vorkommnisse und Gespräche (exakt mit Termin) Sie herausgreifen, um den Mitarbeiter mit dem kritisierten Verhaltensmuster zu konfrontieren.

✔ **Ist das Feedback für Sie stimmig?** Prüfen Sie, ob das geplante Metafeedback nicht nur der äußeren Situation angemessen ist, sondern auch Ihrer inneren Überzeugung folgt (siehe Stimmigkeits-Check in Kapitel 3).

✔ **Stimmen Ort und Zeit?** Das Feedback sollte unter vier Augen, unbeobachtet und ohne Zeitdruck stattfinden.

Ablauf des klassischen Metafeedbacks

Auch beim Metafeedback hat es sich bewährt, positiv einzusteigen, etwa in der Art »Was ich nach wie vor sehr schätze an Ihnen …«. Ohne das Positive durch ein relativierendes »Aber« zu entwerten, leiten Sie dann zum negativen Teil über: »Es gibt einen Punkt, der beschäftigt mich sehr …«

Es folgt der Hauptteil des Gesprächs, der in etwa folgenden Schritten abläuft:

1. **Darstellung der Historie:** Anhand konkreter Beispiele legen Sie dar, dass die vorausgegangenen Feedbackgespräche zu keiner Verhaltensänderung geführt haben. Die Beispiele, die Sie während des Jahres gesammelt haben, müssen so schlüssig sein, dass sich Rechtfertigungen erübrigen. Sie benötigen mindestens drei oder vier Beispiele, ansonsten sollten Sie das Gespräch nicht führen.

2. **Konsequenz:** Sie legen dar, welche Konsequenz Sie aus dieser Nichtentwicklung ziehen. Die jeweilige Konsequenz hängt ab von der Ausgangssituation. Allen denkbaren Situationen gemeinsam ist jedoch der eintretende Vertrauensverlust in die Zuverlässigkeit des Mitarbeiters: Der Vorgesetzte kann sich grundsätzlich nicht auf Zusagen verlassen. Das führt dazu, dass bis auf Weiteres eine sehr enge Führung praktiziert wird.

3. **Stellungnahme des Mitarbeiters:** Hören Sie dem Mitarbeiter zu, vermeiden Sie aber eine Auseinandersetzung darüber, wer recht hat.

4. **Frage an den Mitarbeiter:** Nun fragen Sie den Mitarbeiter: »Was wollen Sie tun, um mein Vertrauen wiederherzustellen?« Eventuell ist es sinnvoll, das Gespräch hier zu unterbrechen und am nächsten Tag fortzusetzen. So wird sich der Mitarbeiter der Tragweite des Metafeedbacks bewusst und kann sich überlegen, was er konkret zur Lösung der Situation beitragen kann.

5. **Weiteres Vorgehen:** Wie Sie weiter verfahren, hängt von der Reaktion des Mitarbeiters ab.

   Fall 1: Der Mitarbeiter entwickelt Vorschläge. Gemeinsam mit dem Mitarbeiter greifen Sie die Vorschläge auf und erstellen einen schriftlichen Aktionsplan, der es erlaubt, die zugesagten Veränderungen zu verfolgen.

   Fall 2: Der Mitarbeiter entwickelt keine Vorschläge. Als Vorgesetzter legen Sie Zielvorgaben fest – schriftlich, verbunden mit festen Terminen, um die Umsetzung überwachen zu können.

Vermeiden Sie es, dem Mitarbeiter mit dem Verlust des Arbeitsplatzes zu drohen. Der Ernst der Lage wird bereits durch das Gespräch offensichtlich. Dem Mitarbeiter ist klar, dass eine erneute Enttäuschung zu einer Trennung, Versetzung oder Rückstufung führen wird. In jedem Fall sollten die Ergebnisse eines Metafeedbacks protokolliert und der Personalakte beigefügt werden.

Das Metafeedback für Fortgeschrittene

Das Metafeedback für Fortgeschrittene nähert sich schon deutlich einem Kritikgespräch (siehe Kapitel 8) an. Um den motivierenden Zug des Gesprächs dennoch zu wahren, bietet sich ein etwas anderes Vorgehen als beim klassischen Feedback an. Im Mittelpunkt steht hier die Entwicklung eines idealen Soll-Profils.

Nach einer kurzen Einleitung, in der Sie den Gesprächsverlauf benennen, besprechen Sie, wie Sie sich den idealen Mitarbeiter in der betreffenden Funktion vorstellen. Gemeinsam mit dem Mitarbeiter entwickeln Sie das Soll-Profil. Natürlich lenken Sie als Vorgesetzter das Gespräch auf Anforderungen, die Ihnen besonders wichtig sind. Dazu gehören auf jeden Fall auch die Verhaltensweisen, zu denen Sie Rückmeldung geben wollen.

Für die Entwicklung des Soll-Profils ist es entscheidend, dass der Mitarbeiter von seiner aktuellen Performance im Ist-Zustand abstrahiert und sich – losgelöst von seiner Person – mit dem idealen Profil der Position auseinandersetzt.

Nun fragen Sie den Mitarbeiter, ob er diesem Idealbild zustimmt – eine psychologisch wichtige Frage. Wurde das Soll-Profil vorher im Dialog erarbeitet, dürfte er die Frage kaum verneinen. Der nächste Schritt liegt dann darin, die Ist-Situation auf das gemeinsam akzeptierte Soll-Profil zu beziehen. Jetzt geht es konkret zur Sache, indem Sie die vorbereiteten positiven und negativen Beispiele anführen. Entlang des Soll-Profils wird bei jedem Kriterium abgeklärt, ob es erreicht worden ist oder nicht. Hier kommt der Feedbackdreiklang in umgekehrter Reihenfolge zum Tragen: Der im Idealprofil formulierte Wunsch steht am Anfang, während Wahrnehmung und Wirkung nachbesprochen werden.

Am Ende des Abgleichs ist klar, welche Differenzen zwischen Soll und Ist bestehen. Da der Mitarbeiter das Soll-Profil akzeptiert hat, können Sie ihn nun fragen: »Wie wollen Sie die Soll-Ist-Differenz schließen? Wie kann ich Sie dabei unterstützen?« Gemeinsam mit Ihrem Mitarbeiter stellen Sie nun einen Aktionsplan auf.

Ablauf eines Metafeedbacks mit Soll-Ist-Abgleich

Wie steigen Sie in ein solches »Metafeedback für Fortgeschrittene« ein? Wie entwickeln Sie das Soll-Profil? Wie gelangen Sie zur Soll-Ist-Analyse und schließlich zum Aktionsplan? Bewährt hat es sich, das Gespräch in folgende sechs Schritte zu gliedern.

Schritt 1: In das Gespräch einführen

Der Vorgesetzte nennt den Kern des Gesprächs und setzt damit den Rahmen für das Folgende. Dies kann zum Beispiel mit folgenden Worten geschehen: »Schön, dass es geklappt hat mit unserem Termin. Mir ist das Gespräch sehr wichtig. Wir haben ja mehrere Male über das Thema X gesprochen. Und ich habe den Eindruck, ich dringe bei Ihnen nicht durch – sodass ich heute in der Situation bin, grundsätzlich an Ihrer Zuverlässigkeit zu zweifeln. Das möchte ich aber nicht. Deswegen wollte ich über meine Erwartungen sprechen, die ich an Sie in Ihrer Funktion stelle. Sind Sie damit einverstanden?«

Schritt 2: Den Aufbau des Gesprächs skizzieren

Bevor das eigentliche Gespräch anfängt, skizziert der Vorgesetzte den vorgesehenen Ablauf – etwa wie folgt: »Ich würde das Gespräch gern so aufbauen, dass wir erst einmal gemeinsam zusammentragen, wie das Idealprofil eines Mitarbeiters in Ihrer Funktion aussieht. Sollten wir uns über das Idealprofil nicht einig werden, hätten wir ja vollkommen unterschiedliche Ziele im Kopf und könnten gar nicht zusammenkommen. Aber ich bin da zuversichtlich. Danach möchte ich mit Ihnen anhand konkreter Beispiele die Ist-Situation anschauen. Daraus leiten sich meiner Meinung nach notwendige Veränderungen ab. Aber das werden wir dann in einen Aktionsplan mit konkreten Vereinbarungen überführen. Diese Vereinbarungen werten wir dann zu einem vereinbarten Termin aus. Haben Sie Fragen zum Vorgehen? Sind Sie damit einverstanden?«

Schritt 3: Das Soll-Profil entwickeln

Anhand einer vorbereiteten Kriterienliste legt der Vorgesetzte die wesentlichen fachlichen Anforderungen der Position dar. Er erläutert jedes Kriterium anhand einer konkreten Verhaltensbeschreibung. Wie die Erfahrung zeigt, wird der Mitarbeiter häufig Bemerkungen einwerfen in dem Tenor: »Das mache ich doch so!« Ihre Aufgabe als Vorgesetzter ist es dann, sich nicht in ein Gespräch über die Ist-Situation ziehen zu lassen, sondern zunächst völlig personenunabhängig das Soll-Profil zu entwickeln.

Nachdem Sie Ihre Anforderungen an die Position dargelegt haben, fragen Sie den Mitarbeiter: »Habe ich Kriterien vergessen, die aus Ihrer Sicht wichtig wären?« Nennt er nun weitere Aspekte, denen Sie zustimmen, erarbeiten Sie zusammen mit ihm für diese Kriterien Verhaltensbeschreibungen. Am Ende verfügen Sie über ein Set an Kriterien, die alle durch klar definiertes Verhalten präzisiert und operationalisiert sind.

Schritt 4: Ein gemeinsam getragenes Soll-Profil vereinbaren

Sind die Kriterien alle ausgearbeitet, stellt der Vorgesetzte die Frage, ob der Mitarbeiter das Profil verstanden hat, es voll mitträgt. Ist das nicht der Fall, ist es am Mitarbeiter, seine Bedenken darzulegen und zu erklären, was genau er ablehnt.

Eine Ablehnung des Profils kann das Gespräch abrupt beenden. Sollte der Mitarbeiter tatsächlich die Rahmenbedingungen nicht akzeptieren, ist das ein Trennungsgrund. In diesem Fall ist es ratsam, sich vom Mitarbeiter schriftlich bestätigen zu lassen, dass er das Soll-Profil seiner Position nicht akzeptiert. Als Vorgesetzter müssen Sie sich damit abfinden, dass die Basis für eine Zusammenarbeit nicht mehr gegeben ist. Bis über das weitere Vorgehen entschieden ist, können Sie diesen Mitarbeiter wahrscheinlich nur noch über schriftliche Anweisungen führen.

In der Regel wird der Mitarbeiter jedoch dem Soll-Profil zustimmen. Sollten Sie skeptisch sein, ob es sich nur um Verbalbekundungen handelt, sollten Sie auf die Resonanz im Gespräch achten (siehe Kapitel 6): Wenn es auch nur den Hauch eines Zweifels gibt, dass die Resonanz nachlässt, wechseln Sie die Gesprächsebene und lassen sich von Ihrem Mitarbeiter überzeugen, dass er es ernst meint.

Ziel dieses Schritts ist ein klares Bekenntnis zum gemeinsam erarbeiten Idealprofil. Hierin liegt ein wichtiger Hebel für alles Weitere. Untersuchungen bestätigen, dass Menschen dazu neigen, sich im Einklang mit ihren Zusagen zu verhalten. Besonders stark ist diese Tendenz ausgeprägt, wenn jemand freiwillig und schriftlich eine Zusage gemacht hat.

Schritt 5: Die Ist-Situation analysieren

Nun stellt sich die Frage: Wie setzt der Mitarbeiter die einzelnen Kriterien des Soll-Profils tatsächlich um? Anhand der vorbereiteten Beispiele geht der Vorgesetzte jedes Kriterium durch und bespricht mit dem Mitarbeiter, inwieweit es erfüllt ist. Es handelt sich, wie schon erwähnt, um eine Variation des Feedbackdreiklangs: Der Wunsch ist bereits klar, er ist im Soll-Profil formuliert. Anhand der Beispiele beschreibt der Vorgesetzte seine Wahrnehmung und Wirkung – woraus sich der Verbesserungsbedarf ergibt.

Wichtig ist, dass der Vorgesetzte nicht monologisiert, sondern den Mitarbeiter ausreichend zu Wort kommen lässt. Auch sollten nicht alle denkbaren Anforderungen durchgegangen werden: Es hat sich bewährt, sich auf wesentliche fachliche und überfachliche Anforderungen zu konzentrieren.

Schritt 6: Einen Aktionsplan aufstellen

Der Soll-Ist-Abgleich führt vor Augen, wo die Defizite liegen. Fragen Sie nun Ihren Mitarbeiter: »Wie wollen Sie diese offensichtliche Differenz zwischen Soll und Ist schließen?« Das Metafeedbackgespräch basiert auf der Grundlage, dass zwei erwachsene Menschen um Lösungen ringen. Diese Grundhaltung sollte auch bei der Aufstellung des Aktionsplans gelten. In der Konsequenz heißt das: Nicht Sie geben die Lösungen vor, sondern Sie fragen Ihren Mitarbeiter. Sollte der Mitarbeiter keine Lösungsideen einbringen, bringen Sie am Schluss Ihre eigenen Vorschläge ein.

Die Gesprächsphase endet mit einer schriftlichen Vereinbarung, die genau festhält, welche Ziele mit welcher Qualität erarbeitet werden sollen. Vorgesetzter und Mitarbeiter vereinbaren auch gleich einen Termin, um die Ergebnisse gemeinsam auszuwerten.

Tipps für das Fortgeschrittenen-Metafeedback

So ein bisschen steckt in dem Gespräch der Versuch, einen »I have a dream ...!«-Effekt zu erzielen. Immerhin gilt es, gemeinsam ein Idealbild der Position zu entwerfen, ein im Grunde motivierendes Vorhaben. Das ändert jedoch nichts am ernsten Hintergrund des

Gesprächs und der Tatsache, dass in den späteren Phasen zunehmend kritische Inhalte das Gespräch bestimmen. Gut möglich, dass sich Ihr Gegenüber dann verschließt und anfängt zu schweigen. Wie können Sie reagieren?

Versuchen Sie entgegen Ihrem sonstigen Sprechtempo langsamer zu sprechen und achten Sie darauf, vor allem offene Fragen zu stellen. Machen Sie vermehrt Pausen und warten Sie ab, bis Ihr Gegenüber spricht. Machen Sie deutlich, dass dieses Gespräch durchaus dauern kann – und dass Sie auf Antworten warten werden.

Gelegentlich kommt es auch zu wütenden Reaktionen. Entscheiden Sie, wann Ihnen der Tonfall zu laut wird, und unterbrechen Sie dann: »Ich möchte mich gern über die Inhalte mit Ihnen unterhalten. Aber nicht in diesem Ton. Verlassen Sie bitte mein Büro. Wir sehen uns in einer Stunde und setzen das Gespräch fort.« Geben Sie Ihren Worten Nachdruck, indem Sie aufstehen. Wenn nötig, öffnen Sie die Tür. Hilft auch das nicht, bleibt Ihnen als letztes Mittel, selbst den Raum zu verlassen. Im Normalfall können Sie das Gespräch jedoch in einer ruhigen Bahn halten. Ihre Aufgabe ist es dann, streng bei den Fakten zu bleiben und keine Wertungen einfließen zu lassen.

Wenn beim Aufstellen des Aktionsplans vom Mitarbeiter keine Vorschläge kommen, besteht die Gefahr, in die Rolle eines »Papas« zu geraten, der die Ansagen macht. Je mehr das geschieht, desto stärker wird der Mitarbeiter ein Kindverhalten annehmen – kein erstrebenswerter Zustand. Deshalb kann es sinnvoll sein, dem Mitarbeiter Gelegenheit zum Nachdenken zu geben und das Gespräch zu vertagen. Eine Strategie kann auch darin liegen, zunächst nach kleinen Vereinbarungen zu streben – nach dem Prinzip »erst der kleine Finger, dann die ganze Hand«.

Kurzcheck Metafeedback: die Kernpunkte für den Feedbackgeber

Finden Sie hier die wesentlichen Aspekte des Metafeedbacks anhand eines kleinen Fragenkatalogs zusammengefasst. Alle Fragen sollten Sie im konkreten Fall mit »Ja« beantworten können. Andernfalls lohnt es sich, den Schritt noch einmal zu wiederholen.

Prüffragen zur Vorbereitung des Gesprächs

- ✔ Haben Sie die Ziele des Metafeedbacks geklärt?
- ✔ Haben Sie das Soll-Profil schriftlich vorliegen? (Zur inneren Klärung auch für das klassische Metafeedback sinnvoll und wichtig.)
- ✔ Haben Sie konkrete Beispiele, die Sie mit Termin, Ort und Inhalt konkretisieren können?
- ✔ Können Sie die Beispiele ohne Wertung wiedergeben, allein durch Verhaltensbeschreibungen?

- ✔ Haben Sie für jedes Beispiel geklärt, welche emotionalen Reaktionen und Bewertungen es bei Ihnen auslöst?
- ✔ Haben Sie seit dem letzten konstruktiven Feedback zum gleichen Thema ausreichend lange gewartet?
- ✔ Wenn Sie sich für das Vorgehen Fortgeschrittenen-Metafeedback entscheiden: Können Sie von der Gesprächsführung her im Soll-Profil bleiben und sich nicht irritieren lassen, wenn der Mitarbeiter – wie zu erwarten – verbal in den Ist-Zustand springt?
- ✔ Haben Sie sich ein Bild von der erwarteten Reaktion des Mitarbeiters gemacht?
- ✔ Haben Sie sich eine Verhaltensstrategie zurechtgelegt, wenn die erwarteten Reaktionen eintreffen sollten?
- ✔ Haben Sie für sich eine Stimmigkeitsprüfung gemacht? (Mehr hierzu in Kapitel 3.)

Prüffragen zur Durchführung des Gesprächs

- ✔ Haben Sie einen Termin vereinbart?
- ✔ Werden Sie ungestört reden können?
- ✔ Werden Sie mit den positiven Rückmeldungen (wenn vorhanden) beginnen?
- ✔ Werden Sie Ihrem Gegenüber ausreichend Gelegenheit geben, dass er auch zu den positiven Themen Stellung nehmen und seine Einschätzung geben kann?
- ✔ Können Sie den positiven Teil des Feedbacks vom dann folgenden negativen Part trennen, ohne das Wort »aber« zu verwenden?
- ✔ Können Sie, nachdem Sie Feedback gegeben haben, aufmerksam zuhören?
- ✔ Können Sie für die künftige Zusammenarbeit smarte Ziele formulieren und mit Ihrem Mitarbeiter abstimmen?
- ✔ Haben Sie sich einen Folgetermin vorgemerkt, den Sie mit dem Mitarbeiter vereinbaren?

Metafeedback aus der Perspektive des Empfängers

Es kommt sicherlich selten vor, doch es kann passieren: Ihr Vorgesetzter lädt Sie zu einem Metafeedback. Mag sein, dass Sie die Kritik Ihres Vorgesetzten in den zurückliegenden Wochen oder Monaten nicht ernst genug genommen haben. Vielleicht erschien Ihnen der Hinweis, das Herumspielen auf dem Smartphone während der endlosen und langweiligen Meetings zu unterlassen, eher als Kleinigkeit. Oder Sie haben einige Zusagen nicht eingehalten, weil Sie über beide Ohren mit Arbeit eingedeckt waren und für sich Prioritäten gesetzt haben, die Ihr Vorgesetzter nicht kannte.

Grundregel: Die Kritik akzeptieren

Wie auch immer, nun sind Sie also zum Metafeedback geladen. Wie beim konstruktiven Feedback sollten Sie die Sache aus der Perspektive des Vorgesetzten betrachten. Möglicherweise ergibt sich dann folgendes Bild: Sie hatten triftige Gründe, die Prioritäten anders zu setzen und bestimmte Zusagen nicht einzuhalten. Aus Ihrer Sicht handelte es sich um weniger wichtige Themen, die Sie deshalb hintangestellt hatten. Nur: Sie hatten es versäumt, dies Ihrem Vorgesetzten zu vermitteln. Zwangsläufig musste er zu dem Schluss kommen, dass auf Sie kein Verlass war. Die Folge davon war Enttäuschung; sein Vertrauen in Sie erodierte. Was ist die Konsequenz aus diesen Überlegungen?

Letztlich bleibt Ihnen nur eines: Akzeptieren Sie die Kritik. Wenn Ihr Chef Sie bereits im Kurzfeedback vorgewarnt und später ein konstruktives Feedbackgespräch nachgeschoben hat, empfiehlt sich eine einsichtige Haltung. Signalisieren Sie, dass die Kritik berechtigt ist und Sie verstehen, dass Ihr Verhalten zu einem Vertrauensverlust geführt hat. Geloben Sie Veränderung. Keine Rechtfertigungen mehr, keine langen Reden. Einfach akzeptieren – Haken dran!

Wenn das Feedback zu vage vermittelt wird

Wenn viele Gespräche stattgefunden haben, ist die Wahrscheinlichkeit zwar gering, aber es kommt doch vor: Ein Vorgesetzter, vielleicht konfliktscheu, hat seine Unzufriedenheit nur sehr vage vermittelt. Wenn es nun zum Metafeedback kommt, heißt es für Sie erst einmal, die Nerven behalten.

Zeigen Sie Ihre Frustration nicht, sondern signalisieren Sie durch Blickkontakt und eine grundsätzlich offene Körperhaltung, dass Sie gewillt sind, zuzuhören und zu lernen. Stellen Sie Fragen, um zu verstehen, worum es Ihrem Vorgesetzten geht. Offene Fragen, die mit »W« beginnen, führen zu einem offenen Gespräch. Lassen Sie nicht nach, bis Ihnen die Zusammenhänge und Details klar sind.

Vergessen Sie nicht, sich am Ende des Gesprächs zu bedanken. Auch wenn es Ihnen einige Mühe abverlangt hat, konnten Sie aus den Antworten des Vorgesetzten doch vieles über Ihr Verhalten und Ihre Wirkung lernen, was Sie normalerweise nicht erfahren hätten. Ein Zusatzgewinn, ein Geschenk.

Warum ein Metafeedback besser offline bleibt

Metafeedback ist eine sensible Angelegenheit. Hier geht es nicht nur darum, Fehler anzusprechen, sondern um Vertrauen, Verlässlichkeit und die Frage, wie es weitergeht. Offline hat dieses Gespräch eindeutig die besseren Chancen auf Erfolg. Hier erfahren Sie warum – mit besonderen Tipps, wichtigen Merkpunkten und Fallstricken, die Sie vermeiden sollten!

1. **Über den Bildschirm sehen Sie nicht, was *wirklich* los ist.**

   Wichtiger Merksatz: Körpersprache ist der geheime Übersetzer jeder Emotion.

   - Warum wichtig: Im persönlichen Gespräch sehen Sie, wenn jemand nervös auf dem Stuhl hin- und herrutscht, die Hände versteckt oder ein nervöses Lächeln aufsetzt. Diese Signale fehlen online, und das kann dazu führen, dass Sie das Gespräch falsch einschätzen.
   - Besonderer Tipp: Achten Sie auf offene Gesten und Augenkontakt – offline sagt die Haltung oft mehr als die Worte.
   - Fallstrick: Lassen Sie sich nicht von einer guten »Zoom-Gesichtskontrolle« täuschen. Online kann man ein Pokerface aufsetzen, das persönlich nie halten würde.

2. **Online heißt: Ablenkungen lauern überall.**

   Wichtiger Merksatz: Wenn der Fokus fehlt, bleibt auch die Botschaft auf der Strecke.

   - Warum wichtig: Während eines Online-Gesprächs checken viele ihre Mails, scrollen durch Chats oder lassen sich von anderen Bildschirmen ablenken. Bei einem so wichtigen Gespräch wie Metafeedback braucht es 100 % Konzentration.
   - Besonderer Tipp: Wählen Sie offline einen ruhigen Raum ohne Ablenkung. Sorgen Sie dafür, dass Handys auf »stumm« gestellt sind – auch Ihr eigenes.
   - Fallstrick: In einer Online-Umgebung kann Ihr Mitarbeiter zwar zustimmen, aber heimlich nebenbei etwas völlig anderes machen. Das schwächt die Wirkung Ihres Feedbacks.

3. **Technik kann Ihnen den Tag ruinieren.**

   Wichtiger Merksatz: Eine stabile Verbindung ist keine stabile Beziehung.

   - Warum wichtig: Ein schlechter Ton, ein verlorenes WLAN-Signal oder eine eingefrorene Kamera können das Gespräch unnötig unterbrechen und die ohnehin sensible Stimmung zerstören.
   - Besonderer Tipp: Offline brauchen Sie keine Internetverbindung – nur zwei Stühle und Zeit.
   - Fallstrick: Verlassen Sie sich nicht auf »Es hat bisher immer geklappt«. Ausgerechnet beim Metafeedback geht die Technik garantiert schief.

4. **Zu viele Ohren, zu wenig Sicherheit**

   Wichtiger Merksatz: Vertrauen entsteht hinter geschlossenen Türen – nicht durch geschlossene Browser-Tabs.

- Warum wichtig: Online können Sie nie sicher sein, ob jemand mithört. Das Gefühl, nicht allein zu sein, hemmt die Offenheit.
- Besonderer Tipp: Wählen Sie für Metafeedback einen Ort, an dem niemand ungewollt lauschen kann – und kommunizieren Sie klar, dass das Gespräch absolut vertraulich bleibt.
- Fallstrick: Denken Sie nicht, Ihr Online-Gespräch sei privat, nur weil beide Kopfhörer tragen. Wenn die Kollegin im gleichen Raum sitzt, ist das Gegenteil der Fall.

5. **Emotionen? Fehlanzeige!**

   Wichtiger Merksatz: Emotionen wirken offline dreimal stärker.

   - Warum wichtig: Ob Vertrauen aufgebaut oder wiederhergestellt werden soll – Emotionen spielen eine Hauptrolle. Offline können Sie einen beruhigenden Tonfall oder ein mitfühlendes Nicken direkt wahrnehmen. Online geht das verloren.
   - Besonderer Tipp: Nutzen Sie offline die Möglichkeit, durch Ihre eigene Körpersprache und ruhige Präsenz das Gespräch positiv zu lenken.
   - Fallstrick: Verlassen Sie sich nicht darauf, dass Ihre Botschaft »schon ankommt«. Online klingt sogar ein neutraler Ton oft distanziert oder kalt.

Wenn Sie sicherstellen wollen, dass Ihr Metafeedback wirklich ankommt, gehen Sie raus aus der virtuellen Welt. Persönliche Gespräche bieten die nonverbalen Nuancen, die emotionale Tiefe und die Vertraulichkeit, die für solche Themen unverzichtbar sind.

Letzter Tipp: Planen Sie für das Gespräch genügend Zeit ein und bereiten Sie sich gut vor. Denken Sie daran: Vertrauen lässt sich nur schwer wiederherstellen – aber mit der richtigen Herangehensweise haben Sie eine echte Chance.

IN DIESEM KAPITEL

Vorbereitung und Ablauf eines Kritikgesprächs

Wichtiges bei einem Kritikgespräch

Fragetechniken für die Gesprächsführung

Kapitel 8

Die letzte Chance: Das Kritikgespräch

Das Kritikgespräch ist die letzte Intervention, bevor es zu Disziplinarmaßnahmen wie Abmahnung oder Kündigung kommt. Es sollte erst dann geführt werden, wenn alle anderen Feedbackversuche – vom Kurzfeedback über das konstruktive Feedback bis zum Metafeedback – gescheitert sind. Für den Mitarbeiter besteht im Fall eines Kritikgesprächs kaum noch Spielraum: Letztlich bleibt ihm nur die Möglichkeit, die Kritik zu akzeptieren. Oder er schlägt von sich aus vor, das Unternehmen zu verlassen.

Diese Gespräche sollten Sie ausschließlich in Präsenz (siehe Meta-Feedback) durchführen. In einem persönlichen Gespräch haben Sie etwas Einmaliges: die unmittelbare, ungefilterte Reaktion Ihres Gegenübers. Sie sehen es in den Augen, in der Haltung. Das gibt Ihnen die Kontrolle, das Gespräch genau dorthin zu lenken, wo es hingehört. Missverständnisse? Die dürfen nicht passieren. In Präsenz haben Sie die Möglichkeit, sofort nachzufragen und sicherzustellen, dass Ihre Botschaft klar ankommt. Und Ablenkungen? Die gehören der Vergangenheit an. Keine Technologie, die stört. Nur Sie, Ihr Gegenüber und der Fokus auf das, was wirklich zählt. Das ist unbezahlbar.

Ablauf eines Kritikgesprächs

»Entweder sie ändert sich oder sie geht!« Die Geduld des Abteilungsleiters mit Frau Müller neigt sich dem Ende zu. Er möchte nicht länger hinnehmen, dass alle Rückmeldung und Besserungsversuche erfolglos bleiben. Um die Situation ein für alle Mal zu klären, plant er ein Kritikgespräch.

Die Faktenlage seit dem Metafeedback ist gut dokumentiert. Der Abteilungsleiter schließt daraus, dass Frau Müller innerlich auf dem Absprung ist, wohl aber nicht den Mut findet, von sich aus den Trennungsschritt zu vollziehen. Bevor er Frau Müller anspricht, informiert der Abteilungsleiter seinen Chef und holt sich von ihm Rückendeckung für das Kritikgespräch. Auch die Personalabteilung bezieht er ein. Personalleiter und Abteilungsleiter kommen überein, den Betriebsrat noch nicht zu informieren.

Der Abteilungsleiter setzt einen Termin an und sorgt für ein ungestörtes Umfeld, in dem das Kritikgespräch stattfinden kann. Es kommt zum Gespräch. Nach kurzer Einleitung schildert der Abteilungsleiter die Entwicklung der vergangenen Wochen und weist nach, dass die Mitarbeiterin die Vereinbarungen des Metafeedbacks nicht eingehalten hat. Die Mitarbeiterin nimmt Stellung, kann aber die vorgetragenen Fakten nicht widerlegen. Nun kommt der Abteilungsleiter zum Kern des Gesprächs.

Abteilungsleiter: »Frau Müller, ich fasse noch einmal zusammen: Ich bin unzufrieden, weil Sie trotz vieler Bemühungen keine stabilen Veränderungen zeigen. Sie führen dazu Erklärungen heran, die mich nicht überzeugen.«

Müller: …

Abteilungsleiter: »Ich versuche noch einmal auf eine andere Art zu verdeutlichen, warum wir dieses Gespräch führen: Was würden Sie an meiner Stelle machen, wenn Sie einen Mitarbeiter hätten, der trotz intensiver Bemühungen nicht versteht, dass er sich, das Team und das Image des Abteilungsleiters zerstört?«

Müller: …

Abteilungsleiter: »Wir haben nun einen Punkt erreicht, bei dem Sie Ihr Verhalten grundsätzlich ändern, in dem Sinne, wie wir es schon häufig besprochen haben – oder unsere Wege trennen sich. Bei der nächsten Auffälligkeit werde ich in Abstimmung mit meinem Vorgesetzten und der Personalabteilung die Auflösung des Arbeitsvertrags bewirken.«

Müller: …

Abteilungsleiter: »Unser Gespräch wird protokolliert. Ich bitte Sie, den Erhalt des Protokolls zu unterschreiben. Außerdem möchte ich mich gern mit Ihnen in einem Monat wieder treffen, um die Ergebnisse unseres Gesprächs auszuwerten.«

Ein Kritikgespräch vorbereiten

Wie das Beispiel zeigt, hat ein Kritikgespräch in der Regel eine Geschichte: Vorausgegangen sind mehrere Feedbackgespräche, die alle nicht zum Erfolg führten. Ebenso wird aus dem Beispiel klar, dass sich das Kritikgespräch von den vorangegangenen Gesprächen deutlich unterscheidet:

- ✔ Das Kritikgespräch hat, im Unterschied zu den vorhergehenden Eskalationsstufen, nur noch das negative Verhalten im Blick. Der positive Part entfällt.
- ✔ Im Unterschied zum Metafeedback werden die Konsequenzen deutlich formuliert: Die Mitarbeiterin weiß am Ende des Gesprächs ganz genau, was auf sie zukommt, wenn sie das kritisierte Verhalten nicht ändert.

Wenn Sie ein Kritikgespräch führen, sollten Sie diese Unterschiede im Auge behalten.

Sanktionsmöglichkeiten abklären

Beim Kritikgespräch steht viel auf dem Spiel: Entweder der Mitarbeiter ändert sein Verhalten – oder es läuft auf das Ende des Arbeitsverhältnisses hinaus. Dementsprechend sorgfältig sollten Sie das Gespräch vorbereiten. Zeichnen Sie hierzu die Historie anhand der Fakten konkret nach, formulieren Sie das Ziel des Gesprächs – klären Sie aber auch die Sanktionsmöglichkeiten für den Fall, dass der Mitarbeiter das kritisierte Verhalten erneut nicht ablegt.

Bei den möglichen Sanktionen muss zwischen disziplinarischen Sanktionen wie Ermahnung, Abmahnung und Kündigung und nicht disziplinarischen wie dem Entzug von Privilegien, der Übertragung weniger verantwortungsvoller Aufgaben oder einer engen Kontrolle der Arbeitsergebnisse unterschieden werden. Disziplinarische Maßnahmen sollten Sie mit einer im Arbeitsrecht versierten Person planen.

Stimmen Sie die Sanktionen, die Sie im Kritikgespräch androhen wollen, mit dem Vorgesetzten, der Personalabteilung und gegebenenfalls dem Betriebsrat ab. Wenn es hart auf hart kommt, brauchen Sie die Unterstützung Ihres Vorgesetzten – und eine vorherige Abstimmung mit ihm kann vor unliebsamen Überraschungen schützen. Es macht sich zum Beispiel nicht gut, wenn später deutlich wird, dass es sich bei dem Mitarbeiter um einen guten Freund Ihres Vorgesetzten handelt.

Jeder Mitarbeiter hat das Recht, den Betriebsrat einzubeziehen. Besteht zum Betriebsrat ein gutes Vertrauensverhältnis und fühlt sich dieser für die Belegschaft verantwortlich, kann es durchaus sinnvoll sein, den Betriebsrat vorab zu informieren. Teilen Sie ihm mit, dass Sie ein Kritikgespräch führen werden und dass, falls der Mitarbeiter es wünscht, der Betriebsrat mit dazu eingeladen ist.

Hypothesen zum Mitarbeiterverhalten bilden

Versuchen Sie herauszubekommen, warum sich der Mitarbeiter so beharrlich jeder Veränderung verweigert. Was steckt dahinter? Zur Vorbereitung des Kritikgesprächs gehört es, einige Hypothesen über mögliche Ursachen des gleichbleibenden Fehlverhaltens zu entwickeln. Warum verhält sich der Mitarbeiter so? Liegt es vielleicht an privaten Sorgen? Spielt das Arbeitsumfeld eine Rolle? Vielleicht entdecken Sie auch bei sich selbst Verhaltensweisen im Umgang mit dem Mitarbeiter, die nicht gerade optimal waren.

Nun soll dies keine Aufforderung sein, zum Hobbypsychologen zu werden. Ein paar Gedanken im Vorfeld, die das Verhalten des Mitarbeiters erklären, können jedoch für das Gespräch nützlich sein. Wenn Sie mögliche Ursachen bereits analysiert haben, werden Sie davon im Gespräch nicht mehr überrascht und können emotional leichter damit umgehen – etwa dann, wenn es Ihr eigenes Verhalten betrifft. Es fällt dann leichter, einfach zu sagen: »Stimmt, da habe ich einen Fehler gemacht! Trotzdem möchte ich gern auf die Dinge zurückkommen, die der Gegenstand unseres heutigen Gesprächs sind – denn dieser Fehler kann nicht kausal verantwortlich gemacht werden für Ihr Verhalten, das ich hier kritisiere.« Die folgende Checkliste fasst die wichtigsten Punkte zusammen, auf die es bei der Vorbereitung des Kritikgesprächs ankommt.

Wichtig bei der Vorbereitung des Kritikgesprächs

Das Kritikgespräch bietet dem Mitarbeiter eine letzte Chance. Im Kern geht es um die Entscheidung, ob er sein Verhalten ändert oder das Arbeitsverhältnis beendet wird. Dementsprechend sorgfältig sollten Sie das Gespräch vorbereiten. Beachten Sie hierbei folgende Aspekte:

- ✔ die Geschichte anhand von Fakten konkret darstellen,
- ✔ Ziel des Gesprächs deutlich beschreiben,
- ✔ Sanktionsmöglichkeiten herausfinden,
- ✔ Sanktionen mit dem Vorgesetzten, Personalabteilung, Betriebsrat abstimmen,
- ✔ Hypothesen über die Ursachen des gleichbleibenden Fehlverhaltens entwickeln.

Ein Kritikgespräch durchführen

Als Vorgesetzter eröffnen Sie das Kritikgespräch mit einer kurzen Einleitung, in der Sie Sinn und Zweck des Treffens deutlich machen und auch versuchen, dem Mitarbeiter den Ernst der Lage zu vermitteln. Im nächsten Schritt zeichnen Sie die Entwicklung der vergangenen Monate nach. Dies geschieht anhand einer Auswahl konkreter Ereignisse, die zu dem Kritikgespräch geführt haben. Im Anschluss daran erhält der Mitarbeiter Gelegenheit, Stellung zu beziehen.

Hören Sie der Stellungnahme des Mitarbeiters ernsthaft zu, lassen Sie sich aber in keine Diskussionen verwickeln. Wie bei jedem Feedbackgespräch kommt es auch beim Kritikgespräch darauf an, konsequent auf der Verhaltensebene zu bleiben. Interpretationen in Richtung Persönlichkeitseinschätzung sind nicht nur überflüssig, sondern bieten auch unnötige Angriffsflächen.

Droht die Einlassung des Mitarbeiters in eine endlose Diskussion auszuarten oder der Faden verloren zu gehen, können Sie das Gespräch durch eine kurze Zusammenfassung zum Thema zurückführen, etwa in der Art: »Lassen Sie mich zusammenfassen: Trotz der vielen Beispiele stimmen Sie nicht mit meiner Einschätzung überein. Ich möchte es noch einmal anders versuchen ...«

Sollte deutlich werden, dass der Mitarbeiter den Ernst der Lage noch immer verkennt, können Sie zu einer Gesprächstechnik greifen, die sich in der Regel als sehr wirksam erweist: Zwingen Sie den Mitarbeiter zu einem Perspektivwechsel. Dies kann zum Beispiel mit folgenden Worten geschehen:

- ✔ »Versetzen Sie sich in die Lage des Kollegen Schmidt, er ist von Ihren termingenauen Zulieferungen abhängig. Welche Auswirkungen hat das auf ihn?«
- ✔ »Welches Licht wirft es auf den Vorgesetzten, der solche Ungenauigkeiten zulässt?«

- »Auf wen fallen diese Fehler zurück?«
- »Was würden Sie an meiner Stelle machen, wenn Sie einen Mitarbeiter hätten, der trotz intensiver Bemühungen nicht versteht, dass er durch sein Verhalten die Ziele des Teams gefährdet und das Image der Abteilung zerstört?«

Natürlich führt auch diese Gesprächstechnik nicht zwangsläufig zur Einsicht. Sie ist ein Angebot an den Mitarbeiter, die Situation zu verstehen. Bleibt die Einsicht weiter aus, leiten Sie zur nächsten Phase des Gesprächs über, etwa mit folgendem Satz: »Ich habe versucht, Sie zu einem Perspektivwechsel einzuladen, den Sie aber nicht mitgehen. Ich möchte daher in unserem Gespräch gern den aus meiner Sicht nächsten Schritt einleiten …«

Nun sind Sie als Vorgesetzter am Zug. Formulieren Sie Ihre Erwartungen unmissverständlich und vermitteln Sie dem Mitarbeiter klipp und klar, welche Konsequenzen ihn bei Nichteinhalten erwarten. Dabei bietet sich an, auf die Ergebnisse des Metafeedbacks Bezug zu nehmen: »Wir hatten ja meine Erwartungen bereits geklärt, als wir das Soll-Profil Ihrer Position erstellt haben. Ich möchte das hier noch einmal weiter verdichten und auf den Punkt bringen: Meine Erwartungen an Sie sind …« Und ebenso unmissverständlich formulieren Sie die Folgen, sollte der Mitarbeiter die Erwartungen nicht erfüllen: »Falls dies nicht eingehalten wird, führt es zu …«

Die letzte Gesprächsphase mündet in eine schriftliche Vereinbarung. Je nach Einsicht des Mitarbeiters treffen Sie eine schriftliche Zielvereinbarung oder geben dem Mitarbeiter eine schriftliche Zielvorgabe mit auf den Weg.

Als Vorgesetzter erstellen Sie ein Protokoll des Gesprächs und bitten den Mitarbeiter, dieses zusammen mit den Vereinbarungen oder Vorgaben zu unterzeichnen. Verweigert der Mitarbeiter die Unterschrift, bitten Sie ihn, die Weigerung schriftlich zu begründen und dann zu unterschreiben.

Das Gespräch schließt mit der Festlegung eines Folgetermins, bei dem die Einhaltung der besprochenen Ziele kontrolliert wird.

Zusammenfassend lässt sich das Kritikgespräch in folgende Abschnitte gliedern:

- kurze Gesprächseröffnung,
- Geschichte und Fakten aus Sicht der Führungskraft,
- Stellungnahme des Mitarbeiters,
- Versuch, Einsicht zu wecken (sofern der Mitarbeiter nicht einlenkt),
- Zielvorgaben oder Zielvereinbarung (je nach Einsicht) plus Darlegung der Konsequenzen, wenn die Ziele nicht erreicht werden,
- schriftliche Zusammenfassung, mit Unterschrift von Mitarbeiter und Vorgesetztem,
- neuer Termin.

Natürlich kann ein besonders gravierendes Vorkommnis dazu zwingen, auf Anhieb ein Kritikgespräch zu führen. In der Regel sollten dem Gespräch jedoch die anderen Eskalationsstufen vorausgehen – Kurzfeedback, konstruktives Feedback, Metafeedback. Dies empfiehlt sich auch mit Blick auf eine mögliche arbeitsgerichtliche Auseinandersetzung. In diesem Fall ist es wichtig, dass das Gericht die Entwicklung mit allen Hilfsangeboten und Feedbackgesprächen anhand der Gesprächsprotokolle und Vereinbarungen nachvollziehen kann.

Regeln für ein Kritikgespräch

- ✔ Kritisieren Sie nicht vor anderen, vereinbaren Sie ein Gespräch unter vier Augen.
- ✔ Sprechen Sie das Thema direkt und eindeutig an.
- ✔ Hören Sie dem Mitarbeiter zu und versuchen Sie, seine Sichtweise zu verstehen.
- ✔ Pauschalisieren Sie nicht, sondern benennen Sie konkrete verhaltensbezogene Kritikpunkte – denn sonst geht der Kritisierte sofort in den Verteidigungsmodus, anstatt erst einmal genau zuzuhören.
- ✔ Bleiben Sie sachlich und kritisieren Sie nicht die Person, sondern das Verhalten der Person.
- ✔ Unterscheiden Sie zwischen Verantwortung der betreffenden Person und äußeren Umständen – denn dies ist die Grundlage, realistische Veränderungen an der richtigen Stelle vorzunehmen.
- ✔ Weisen Sie auf die Folgen hin, die das Verhalten des Mitarbeiters hat – denn nur wenn diese ihm bewusst sind, wird er auch bereit sein, Ihr Feedback anzunehmen.
- ✔ Achten Sie darauf, dass die Kritik auf die Zukunft gerichtet ist: »Was können wir tun, um Fehler demnächst zu vermeiden?« So braucht der Kritisierte sich nicht zu bemühen, sein Gesicht zu wahren; das Gespräch kann konstruktiv verlaufen.
- ✔ Machen Sie konkrete und realisierbare Änderungsvorschläge – dies ist nicht nur hilfreich, sondern vermittelt trotz Kritik auch eine wertschätzende Haltung.
- ✔ Erarbeiten Sie einen Lösungsweg und einen Maßnahmenplan.
- ✔ Sagen Sie offen, wenn Sie die vereinbarten Maßnahmen kontrollieren wollen.
- ✔ Zeigen Sie Zuversicht, dass die vereinbarten Maßnahmen greifen werden.
- ✔ Bieten Sie Ihre Hilfe bei der Umsetzung der Vereinbarungen an.
- ✔ Halten Sie die Ergebnisse schriftlich fest.

Gesprächsführung im Kritikgespräch

Jedes negative Feedback verlangt eine gewisse Konfliktbereitschaft – schließlich stoßen dabei unterschiedliche Sichtweisen von Feedbackgeber und Feedbacknehmer aufeinander. Das gilt umso mehr für das Kritikgespräch, bei dem die Zukunft des Mitarbeiters auf dem Spiel steht. Hier ist in jedem Fall mit Kontroversen zu rechnen. Deshalb kommt es hier ganz besonders auf eine gute Gesprächsführung an. Was heißt das konkret? Vor allem zwei Gesprächstechniken sollten Sie wirklich beherrschen: Fragen und Zusammenfassen.

Hilfreiche Fragetechniken

»Wer fragt, führt! Wer zu viel fragt, verhört!« Dieser Spruch weist darauf hin, wie entscheidend die richtige Fragetechnik ist, wie leicht dabei aber auch die Balance verloren geht. Richtig und angebracht sind Fragen immer dann, wenn eine Situation schwierig wird und es zu klären gilt, ob man sich richtig verstanden hat oder sich womöglich über unterstellte Vermutungen des anderen aufregt. Die notwendige Klarheit lässt sich nur durch Fragen erreichen – genauer gesagt: durch Verständnisfragen und gezieltes Nachfragen. Nützlich ist es, dabei zwischen offenen und geschlossenen Fragen zu unterscheiden. Weitere Techniken, auf die ich im Folgenden kurz eingehe, sind zirkuläre Fragen, Alternativfragen, Suggestivfragen und rhetorische Fragen.

Offene und geschlossene Fragen

Eine offene Frage beginnt mit einem Fragewort (wer, wie, was, warum ...). Sie lässt sich nicht einfach mit »Ja« oder »Nein« beantworten, sondern fordert dazu auf, mehr über ein Thema zu sagen. Im Kritikgespräch können sich daraus neue Ansatzpunkte ergeben, denn auf offene Fragen wie »Was verstehen Sie unter Verbindlichkeit?« bekommt man meist ein breites Spektrum an Antworten. Der Vorteil der offenen Frage: Der Gefragte fühlt sich durch eine offene Frage fair behandelt. Eine offene Frage lässt Spielraum bei der Antwort, sodass sich der Gesprächspartner weniger bedrängt fühlt.

Eine geschlossene Frage beginnt in der Regel mit einem Verb. Sie eignet sich dazu, rasch und präzise Fakten abzufragen: »Haben Sie das gesagt?« – »Sind Sie der Projektleiter?« Mit einer geschlossenen Frage erreichen Sie, dass der Gesprächspartner entweder mit »Ja« oder »Nein« antwortet. Das kann einen Sachverhalt einfach und schnell auf den Punkt bringen. Geschlossene Fragen helfen, ein Gespräch zu strukturieren und den anderen zu klaren Aussagen zu veranlassen.

Die große Gefahr geschlossener Fragen liegt auf der Hand: Der Gesprächspartner fühlt sich im schmalen Kanal einer geschlossenen Frage unter Druck gesetzt, übertölpelt oder getestet. Bei geschlossenen Fragen ist daher Vorsicht geboten: Ziel ist die Klärung der Situation – und nicht, das Gespräch rhetorisch zu gewinnen. Mit Manipulation erreichen Sie wenig; der Effekt wirkt bestenfalls so lange, wie das Gespräch andauert.

Zirkuläre Fragen

Das zirkuläre Fragen ist eine Technik, die aus der Systemischen Therapie entlehnt wurde. Ihre Besonderheit: Sie zwingt zum Perspektivwechsel und kann daher gerade in einem Kritikgespräch sehr nützlich sein – vor allem wenn es darum geht, beim Mitarbeiter die Einsicht in seine Situation zu wecken (siehe den Abschnitt »Das Kritikgespräch durchführen« weiter vorn in diesem Kapitel).

Im Unterschied zum linear-kausalen Denken, das auf nachvollziehbare Ursache-Wirkungs-Beziehungen ausgerichtet ist, wird beim zirkulären Fragen »über Bande« gefragt – etwa so:

- ✔ »Was glauben Sie, wie sehen Ihre Kollegen Ihr Verhalten?«
- ✔ »Wenn ein Dritter uns hier im Gespräch beobachten würde: Was denken Sie, würde er wahrnehmen?«

Diese Fragehaltung vermeidet eine Täter-Opfer-Situation und nimmt stattdessen die wechselseitige Beziehung zwischen den Gesprächspartnern in den Blick. Sie akzeptiert, dass jede Verhaltensweise in ihrem Zusammenhang einen Sinn ergibt. Das heißt: Für jeden ist das Verhalten, das er zeigt, sinnvoll. Diesen Sinn wechselseitig erfahrbar zu machen, kann die Aufgabe dieser Form der Frageführung sein.

Alternativfragen stellen

Alternativfragen bauen auf dem Entweder-oder-Prinzip auf. Sie geben die Wahl zwischen zwei Antwortmöglichkeiten und können vom Fragesteller deshalb dazu genutzt werden, Alternativen auszusondern. Komplexe Sachverhalte lassen sich so per Ausschlussprinzip eingrenzen, Entscheidungen dadurch schneller treffen.

Alternativfragen verleiten zum taktischen Einsatz. Sie ermöglichen es, bewusst Grenzen zu ziehen oder Alternativen zur Wahl zu stellen, die der Gesprächspartner nicht möchte. So eingesetzt, beschneiden Alternativfragen die Entscheidungsfreiheit des Kritikempfängers. In dieser manipulativen Form sind sie daher für ein Feedbackgespräch – und damit auch für das Kritikgespräch – ungeeignet.

Suggestivfragen vermeiden

Suggestivfragen sind per Definition manipulativ. Sie bringen den Gesprächspartner in eine Situation, in der er den Wunsch des Fragestellers erfüllen muss, sofern er sich nicht selbst widersprechen möchte.

»Sie sind doch auch der Meinung, dass mehr Verbindlichkeit in der Aufgabenerfüllung notwendig ist?« Der Gefragte wird zustimmen, doch ist mit diesem »Ja« für das Kritikgespräch nichts gewonnen. Es bleibt ein kurzfristiger Erfolg, der mit einer wirklichen Zustimmung im konkreten Zusammenhang nichts zu tun hat.

Bleibt also die Erkenntnis: Im Kritikgespräch sollten Sie Suggestivfragen vermeiden, auch wenn diese Fragetechnik vordergründig verlockend erscheint.

Aufpassen bei rhetorischen Fragen

Auf rhetorische Fragen erwartet der Fragesteller keine Antwort. Sie sind ein Stilmittel, das den Gefragten in eine passive Rolle drängt – denn dieser kann dem Frager letztlich nur recht geben. Je nach Einsatz kann eine rhetorische Frage provozieren, aber auch den Gesprächsprozess unterstützen.

Hier eine rhetorische Frage mit provozierender Wirkung: »Kann es Sie jetzt noch erstaunen, wenn ich an dieser Stelle sagen muss, dass ich nicht den Eindruck habe, dass Sie zuverlässig arbeiten?«

Und eine rhetorische Frage mit harmonisierender Wirkung: »Erstaunt es Sie, dass ich mich bemühe, Ihre Haltung zu verstehen? Mir liegt sehr viel an Ihnen!«

Das Gespräch zusammenfassen

Ein zentrales Instrument für eine erfolgreiche Gesprächsführung ist eine Zusammenfassung im richtigen Augenblick – immer dann, wenn das Gespräch zu entgleiten droht oder wenn die Gesprächstemperatur sinkt, also die Resonanz beim Gesprächspartner nachlässt (siehe hierzu Kapitel 6). Eine Zusammenfassung unterbricht in solchen Situationen die Fehlentwicklung und führt das Gespräch zum Thema zurück. Beispiel: »Lassen Sie mich noch einmal zusammenfassen, um zu prüfen, ob wir das gleiche Verständnis haben ...«

Eine Zusammenfassung kann aber auch ein gemeinsames Arbeitsergebnis herausstellen und entfaltet dadurch eine verbindende Wirkung – etwa wenn Sie sagen: »Lassen Sie uns noch einmal gemeinsam zusammenfassen, damit wir den Punkt finden, an dem unsere Auffassungen auseinanderdriften.«

Spezialfall: der unsympathische Mitarbeiter

Vielleicht ist es gar nicht so unwahrscheinlich, dass Ihnen ein Mitarbeiter, mit dem Sie sich seit Wochen und Monaten herumgeschlagen haben, ziemlich unsympathisch ist. Für ein erfolgreiches Kritikgespräch ist das keine gute Voraussetzung. Wie gehen Sie mit dieser Situation um?

Wenn Sie auf eine Person und ihr Verhalten stark emotional reagieren, hat das aus der Sicht des Psychologen häufig mit dem Phänomen der »Projektion« oder der »Übertragung« zu tun:

- ✔ Im Fall einer Projektion sehen Sie beim Mitarbeiter eigene Verhaltensweisen, die Sie nicht mögen und nicht wahrhaben wollen.
- ✔ Im Fall einer Übertragung gibt es in Ihrer Geschichte eine Person, die sich so verhalten hat wie der Mitarbeiter – und Ihnen damit schwer zu schaffen gemacht hat.

Im Folgenden beschreibe ich für beide Fälle eine Übung, die für den Alltagsgebrauch hilfreich ist. Dabei gilt es, festzuhalten: »Projektion« und »Übertragung« sind Konstruktionen der Psychologen, die dazu dienen, die Realität besser zu begreifen. Dahinter stehen immer nur Annahmen, die man für sich prüfen kann. Wer tiefer in die Klärung und Selbsterfahrung einsteigen will, braucht psychologische Unterstützung durch einen Psychologen oder Psychotherapeuten.

Projektion verstehen

Wir reagieren besonders sensibel auf andere Menschen, die sich ähnlich wie wir verhalten. Vereinfacht gesagt: Deren Eigenschaften sind auch unsere Eigenschaften. Das Problem ist nun, dass wir diese Eigenschaften an uns selbst nicht mögen. Deshalb neigen wir dazu, diese Schwächen oder Fehler zu verdrängen – und verurteilen sie dann gern bei den anderen Menschen.

Die Fähigkeit, diese Schwächen oder Fehler zu erkennen, bezeichnet man als Projektion. Es ist eine Fähigkeit, die positiv genutzt werden kann, wenn man die eigenen Projektionen kennt. Idealerweise findet dann eine Aussöhnung mit diesen als negativ bezeichneten Zuständen statt. Aussöhnung heißt: sich nicht zu verurteilen, wenn man sich einmal unsicher, schlecht, unfähig oder ohne Kraft fühlt. Umso leichter fällt es dann, sich mit dem entsprechenden Mitarbeiter respektvoll – weil verständnisvoll und trotzdem klar – in der Sache zu begegnen. Wenn Ihnen ein Mitarbeiter grundsätzlich unsympathisch ist, kann die Ursache in einer Projektion liegen. Die folgende Übung hilft Ihnen, diese Hypothese zu überprüfen.

Stellen Sie sich den Mitarbeiter in für Sie schwierigen Situationen vor. Schreiben Sie alle Assoziationen auf, die Ihnen zu diesem Mitarbeiter und seinem Verhalten durch den Kopf gehen. Stellen Sie sich anhand der Notizen die Frage, ob es in Ihrem Leben Momente gab, in denen Sie sich genauso gefühlt haben.

Wenn es diese Momente gab, Sie also im eigenen Erleben Vergleichbares empfunden haben, verändert allein die Erinnerung daran den Umgangsstil mit dem Mitarbeiter. Sie werden verständnisvoller, ohne dass darunter die Sachaussagen und die Klarheit des Feedbacks leiden.

Übertragung überprüfen

Menschen neigen zur Musterbildung. Wenn wir in unserer Lebensgeschichte einmal eine Situation mit einem Menschen emotional besonders negativ erlebt haben, entwickelt sich ein intuitiv funktionierendes Schutzsystem. Wir übertragen die alten Erfahrungen auf Menschen mit ähnlichen Merkmalen, wie denen, die wir so leidvoll kennengelernt haben.

Die Bildung solcher Muster ist durchaus sinnvoll. Allerdings gibt es eine Kehrseite der Medaille: Der Umgang mit anderen Menschen wird dadurch eingeschränkt. Daher lohnt es sich, ähnlich wie bei der Projektionshypothese, einmal mit sich selbst in Klausur zu gehen und nachzuforschen, ob an dieser Hypothese etwas dran ist. Wenn Ihnen ein Mitarbeiter grundsätzlich unsympathisch ist, kann die Ursache in einer Übertragung liegen. Die folgende Übung hilft Ihnen, diese Hypothese zu überprüfen.

Erinnern Sie sich an einen Menschen, der sich genauso wie Ihr Mitarbeiter verhalten hat? Notieren Sie, was Ihnen zu diesem Menschen einfällt. An welche Gefühle erinnern Sie sich im Zusammenhang mit diesem Menschen? Vergleichen Sie Ihre Notizen mit dem Verhalten des Mitarbeiters: Wo verhält er sich ähnlich, wo vollkommen anders?

Ähnlich	Nicht ähnlich
______________	______________
______________	______________
______________	______________

Durch den Vergleich findet eine Unterscheidung zwischen den alten Erlebnissen und den konkreten neuen Erfahrungen mit Ihrem Mitarbeiter statt. Sie können sich im Idealfall aus der Übertragung der gesamten ehemaligen Erfahrung lösen und Ihren Mitarbeiter differenzierter wahrnehmen. Dadurch werden Sie verständnisvoller. An der Klarheit des Feedbacks oder der Sachaussagen verändert sich dadurch nichts.

Kurzcheck Kritikgespräch: die Kernpunkte für den Vorgesetzten

Hier nun die wesentlichen Aspekte des Kritikgesprächs anhand eines kleinen Fragenkatalogs zusammengefasst. Alle Fragen sollten Sie im konkreten Fall mit »Ja« beantworten können. Andernfalls lohnt es sich, den Schritt noch einmal zu wiederholen oder beim nächsten Gespräch besser zu machen.

Fragen zur Vorbereitung des Gesprächs:

- ✔ Haben Sie sich die Fakten (Beispiele, Wirkung auf Sie oder den Arbeitsprozess, Erwartung darüber, wie es im Idealfall sein sollte) aufgeschrieben?
- ✔ Haben Sie sich auf die Person und die zu erwartenden Reaktionen eingestellt?
- ✔ Haben Sie das gesamte System im Blick (Absicherung des Vorgehens mit Ihrem Vorgesetzten, Personalabteilung, Betriebsrat)?
- ✔ Haben Sie eine Hypothese über die Ursachen des Fehlverhaltens?
- ✔ Haben Sie ein smartes Ziel für die nächsten zwei Monate?

Fragen nach der Durchführung des Gesprächs:

- ✔ Haben Sie sich ausreichend Zeit genommen, um nicht unter Druck zu geraten?
- ✔ Fand das Gespräch in einer geschützten Atmosphäre statt?

- ✔ Konnten Sie durch Fragen führen?
- ✔ Ist es Ihnen gelungen, zuzuhören, auch wenn Sie nicht übereinstimmten?
- ✔ Ist es Ihnen gelungen, das Verhalten der Person nach der Regel des Feedbackdreiklangs zu kritisieren?
- ✔ Gibt es einen smarten, überprüfbaren Ablauf für die nächsten zwei Monate?
- ✔ Hat der Mitarbeiter die Konsequenzen bei Nichteinhaltung verstanden?
- ✔ Haben Sie Ihre Hilfe bei der Umsetzung der Vereinbarungen angeboten?
- ✔ Haben Sie die Ergebnisse schriftlich festgehalten und um Unterschrift gebeten?
- ✔ Haben Sie einen neuen Termin mit dem Mitarbeiter vereinbart?

IN DIESEM KAPITEL

No-Go-Gespräch statt Feedback

Alkohol als Ursache von Extremsituationen

Weitere kritische Konstellationen

Kapitel 9
Nichts geht mehr: Wann Feedback sinnlos ist

Nicht immer ist ein Feedback nach den vorgestellten Regeln sinnvoll oder machbar. Um welche Ausnahmensituationen es sich hierbei handelt und wie Sie damit umgehen, erfahren Sie in diesem Kapitel.

Wenn Worte versagen: das No-Go-Gespräch

In manchen Situationen ist es kaum noch sinnvoll möglich, die Feedbackregeln zu beachten – etwa wenn ein Mitarbeiter völlig ausrastet und nicht mehr zu beruhigen ist. In einem solchen Fall kommt es darauf an, mithilfe eines No-Go-Gesprächs ein unmissverständliches Stoppzeichen zu setzen.

Diese Gespräche müssen in Präsenz stattfinden, allein um formaljuristisch klar zu bleiben.

Ein Gespräch am Rande des Abgrunds

Im Großraumbüro einer Onlineredaktion erheben sich in einer Ecke die Stimmen. Der Abteilungsleiter blickt hinüber und sieht, wie Herr Müller aufsteht und auf Herrn Meyer zugeht, ihn am Kragen packt, zu sich heranzieht und anschreit.

Was machen Sie als Abteilungsleiter? Klar dürfte sein: In dieser Situation können Sie nicht erst die Feedbackregeln hervorkramen und einen stimmungsvollen Dreiklang erzeugen. Also stehen Sie auf und machen das einzig Vernünftige: Sie trennen die beiden Streithähne. Wie geht es weiter? Der Abteilungsleiter zitiert Herrn Müller zu einem Gespräch in sein Büro. Da Herr Müller noch immer brüllt und sich offensichtlich nicht beherrschen kann, verschiebt der Abteilungsleiter das Gespräch auf den nächsten Morgen um 9 Uhr und schickt Herrn Müller für den Rest des Tages nach Hause. Am nächsten Morgen um 9 Uhr kommt er ohne lange Vorrede direkt zur Sache.

Abteilungsleiter: »Herr Müller, ich finde Ihr Brüllen und Ihre Tätlichkeiten gegenüber Ihrem Kollegen untragbar. Ich dulde in meiner Abteilung ein solches Verhalten nicht.«

Herr Müller: »Aber der Meyer hat mich provoziert!«

Abteilungsleiter: »Zuallererst: Das ist *Herr* Meyer, und nicht *der* Meyer. Worüber Sie gestritten haben, ist unerheblich. Ihr Verhalten steht im krassen Gegensatz zu den Normen, die für mich in meiner Abteilung wichtig sind. Ich spreche hiermit eine Abmahnung aus. Die Personalabteilung ist informiert. Der Betriebsrat ist ebenfalls informiert.«

Herr Müller: »Ja, aber warum bekomme nun ich eine Abmahnung?«

Abteilungsleiter: »Die Art und Weise geht gar nicht! Ich möchte Sie darauf hinweisen, dass eine Wiederholung des Verhaltens zu einer zweiten Abmahnung und damit zu einer Kündigung führt.«

Das Beispiel von Herrn Müller illustriert die Vorgehensweise, die sich in einem solchen Fall bewährt hat. Sie besteht aus drei Schritten:

- ✔ Schritt 1: Situation unterbrechen.
- ✔ Schritt 2: No-Go-Gespräch führen.
- ✔ Schritt 3: Sanktionen verhängen.

Um keine Missverständnisse aufkommen zu lassen: Konstruktives Feedback oder Metafeedback dürfte zu 99 Prozent der Führungssituationen die Methode der Wahl sein. Es gibt jedoch Ausnahmesituationen, bei denen Worte versagen und nichts anderes übrigbleibt, als die Situation, wenn irgend möglich, sofort zu unterbrechen. Es kann heilsam sein, den Betreffenden nach Hause zu schicken und ihn zu einem Gespräch am nächsten Tag zu laden.

Dieses No-Go-Gespräch ist kein normales Feedback, sondern eine – auch vor Kollegen – wahrnehmbare Sanktion. Ich spreche auch von einem »Abgrundgespräch« – deshalb, weil das Gespräch klären soll, inwieweit der Mitarbeiter bereits über dem Abgrund schwebt.

Bei einem No-Go-Gespräch geht es nicht mehr darum, ob und wie der Mitarbeiter sein Verhalten ändern soll, sondern vordergründig schlicht um die Wahl: Einstellung des untragbaren Verhaltens oder Trennung!

Welche Situationen rechtfertigen derartige Gespräche? Hierzu zählen alle Situationen, in denen ein Mitarbeiter seine Kollegen verbal bedroht oder sogar handgreiflich wird. Ebenso gehören hierzu Situationen, in denen ein Mitarbeiter Sicherheitsstandards nicht einhält und dadurch Kollegen gefährdet.

Perspektivwechsel: Wie reagieren nach einem No-Go-Gespräch?

Es gibt typbedingt Menschen, die in bestimmten Situationen die Kontrolle über sich verlieren – gleichzeitig aber aufgrund ihrer Qualifikationen auch hochgeschätzte Mitarbeiter sein können. Angenommen, Sie zählen zu diesen cholerisch veranlagten Menschen. Wenn Sie in Ihrem beruflichen Umfeld ausrasten, haben Sie ein ernstes Problem. Ihr Vorgesetzter wird mit Ihnen besagtes No-Go-Gespräch führen und Ihnen klar signalisieren: So geht es nicht.

Was können Sie tun? Mit Sicherheit erwartet Ihr Vorgesetzter, dass Sie den Vorfall ernst nehmen und an sich arbeiten – sprich: eine Therapie machen oder sich einen Coach suchen. Gehen Sie deshalb von sich aus auf Ihren Vorgesetzten zu:

- ✔ Räumen Sie ein, dass Sie einen Fehler gemacht haben und daran arbeiten werden.
- ✔ Legen Sie dar, wie Sie das Problem in Zukunft in den Griff bekommen wollen und dass Sie hierfür externe Hilfe in Anspruch nehmen werden.
- ✔ Sprechen Sie vorsichtig an, ob das Unternehmen möglicherweise bereit ist, Ihnen zu helfen und zum Beispiel ein Coaching zu finanzieren.

Aus Sicht des Psychologen lässt sich festhalten: Mit einiger Anstrengung können cholerisch veranlagte Menschen das Problem in den Griff bekommen und lernen, sich in kritischen Situationen zu beherrschen. Zu resignieren und sich als biologisches Opfer zu begreifen, ist sicher nicht angebracht.

Flankierende Maßnahmen beim No-Go-Gespräch

Lassen Sie uns noch etwas in die Tiefe gehen. Ich gehe davon aus, dass Menschen nicht zufällig zu Extremreaktionen neigen. Wenn man die Fälle näher ansieht, kommt man am Thema Alkohol oder Suchtmittel als Mitursache für extremes Verhalten nicht vorbei. Das einfache, oben propagierte »Verändern oder Kündigung« ist in einem solchen Fall zwar richtig, muss und kann aber durch unterstützende Maßnahmen flankiert werden. Dies gilt umso mehr, als jeder Mitarbeiter, dem attestiert wird, dass er alkoholsüchtig ist, gesetzlich als Kranker geschützt ist.

Auf Alkoholmissbrauch im beruflichen Alltag zu reagieren, ist nicht einfach. Aber allein das Fürsorgeprinzip zwingt dazu. Häufig neigen Vorgesetzte dazu, einfach wegzusehen – laufen damit aber Gefahr, zu einer weiteren Verschlechterung der Situation beizutragen. Vor diesem Hintergrund haben sich viele Unternehmen Dienst- oder Betriebsvereinbarungen gegeben, um mit Abhängigen konstruktiv umzugehen und sie zu einer Behandlung zu bewegen. Diese Betriebsvereinbarungen sehen mehrere Gespräche vor, die den Betroffenen vor die Wahl stellen, sich entweder behandeln zu lassen oder gekündigt zu werden. Da der Verlust des Arbeitsplatzes ein starkes Druckmittel ist, bietet sich dieser Hebel an, jemanden zu einer Therapie zu veranlassen, auch wenn er selbst die Notwendigkeit hierfür nicht einsieht.

Vorbereitung auf das No-Go-Gespräch

Häufig steht hinter einem Extremverhalten eine persönliche Krise, wodurch auch immer diese ausgelöst wurde. »Krise« lässt sich als Zustand begreifen, der die Bewältigungsfertigkeiten einer Person massiv überfordert. Hieraus folgt als oberstes Ziel, für diese Person eine Unterstützung zu organisieren.

Was heißt das für Sie als Vorgesetzten? Zunächst kommt es darauf an, für eine Deeskalation der Situation zu sorgen. Hierzu kann es notwendig sein, zwei streitende Parteien räumlich voneinander zu trennen, möglicherweise auch einen sofortigen Ortswechsel für den Betroffenen herzustellen, um so die Stresssituation wieder zu beruhigen. Reicht das nicht aus, schicken Sie den Mitarbeiter notfalls für den Rest des Tages nach Hause. Sollte er alkoholisiert sein, müssen Sie ein Taxi bestellen und ihn nach Hause bringen lassen.

Das eigentliche No-Go-Gespräch führen Sie, sobald der Mitarbeiter wieder ansprechbar ist, etwa am nächsten Tag. Bis dahin gilt es, Vorbereitungen zu treffen und die flankierenden Unterstützungsmaßnahmen zu organisieren – für den Betroffenen, aber auch für Sie selbst.

Stellen Sie auch für sich selbst sicher, dass Sie die notwendige Unterstützung erhalten. Informieren Sie hierzu unverzüglich Ihren Vorgesetzten und gegebenenfalls die Personalabteilung über den Fall – und holen Sie sich Rückendeckung ein für Ihr geplantes Vorgehen.

Einbeziehung der Mitarbeiter

Eine lautstarke Auseinandersetzung, das Ausrasten eines Kollegen, dann das Eingreifen des Chefs, der den Kollegen mit dem Taxi nach Hause schickt: Solche Ereignisse ziehen die gesamte Abteilung mit in den Bann und lösen gruppendynamische Reaktionen aus. Es kann deshalb sinnvoll sein, ein kurzes Zusammentreffen der Mitarbeiter zu organisieren. Eine gemeinsame Aussprache stärkt den Zusammenhalt der Gruppe und macht den Kopf wieder frei zum Weiterarbeiten.

Das kurzfristig anberaumte Treffen können Sie aber auch für die Vorbereitung des anstehenden No-Go-Gesprächs nutzen. Es bietet die Gelegenheit, die unterschiedlichen Beobachtungen der Mitarbeiter zusammenzutragen und Ihr Bild von dem Vorfall zu ergänzen. Die Vervollständigung des Bildes verändert die Gesamtwahrnehmung aller, sodass gemeinsam über das weitere Vorgehen gesprochen werden kann. Als Vorgesetzter schildern Sie Ihre nächsten Schritte, stellen aber auch die Frage: »Wie gehen wir mit dem Kollegen um?«

Gesprächsablauf überlegen

Überlegen Sie nun, wie das Gespräch ablaufen soll. Bei einem No-Go-Gespräch ist es besonders wichtig, den roten Faden nicht zu verlieren. Umso mehr kommt es bei der Vorbereitung auf eine gute Strukturierung an.

Achten Sie auf einen wesentlichen Unterschied zum Kritikgespräch: War dieses noch darauf ausgerichtet, die Defizite bei der Aufgabenerfüllung aufzuzeigen, geht es im No-Go-Gespräch darum, Destruktion zu verhindern, Kollegen zu schützen und der Fürsorge Raum zu geben.

Wenn hinter dem Fehlverhalten des Mitarbeiters eine persönliche Krise steht, ist es – wie gesagt – wenig hilfreich, allein disziplinarischen Druck auszuüben. Das bessere und konstruktivere Vorgehen liegt darin, gleichzeitig auch eine unterstützende Hand zu zeigen. Wobei klar ist: Sie sollen hier nicht selbst die Rolle des Psychotherapeuten übernehmen, sondern den Mitarbeiter bei der Hilfesuche unterstützen. Legen Sie deshalb fest, welche Möglichkeiten der Unterstützung Sie dem Mitarbeiter neben der Androhung disziplinarischer Maßnahmen anbieten wollen.

Versuchen Sie, den Gesprächsverlauf so anzulegen, dass es zu einem Dialog mit dem Mitarbeiter kommt – rechnen Sie aber auch damit, dass sich der Mitarbeiter verweigert. Für diesen Fall ist es wichtig, die Kernbotschaften des Gesprächs so parat zu haben, dass Sie sie klar vermitteln können – notfalls in Form einer Ansage.

Checkliste für das No-Go-Gespräch

Vor einem No-Go-Gespräch drängt die Zeit, da es meist sehr kurzfristig vereinbart wird. Folgende Fragen helfen, das Gespräch vorzubereiten:

- ✔ Was ist das Ziel des Gesprächs? Um das Gespräch respektvoll, aber auch konsequent führen zu können, benötigen Sie eine klare Zielsetzung.
- ✔ Wer muss informiert werden?
- ✔ Welche Konsequenzen ergeben sich für den Mitarbeiter aus seinem Verhalten?
- ✔ Sind Sie informiert über die arbeitsrechtlichen Möglichkeiten, die Ihnen zur Verfügung stehen? Bei disziplinarischen Konsequenzen gelten formale Anforderungen, die Sie kennen müssen. In der Regel unterstützt Sie hier die Personalabteilung.
- ✔ Haben Sie die Rückendeckung Ihrer Organisation (Vorgesetzter, Personalabteilung, Betriebsrat)?
- ✔ Besteht die Notwendigkeit oder erscheint es sinnvoll, die übrigen Mitarbeiter Ihrer Abteilung einzubeziehen und zu einem Treffen zusammenzurufen?
- ✔ Welche Möglichkeiten der Unterstützung können Sie dem Mitarbeiter neben der Androhung disziplinarischer Maßnahmen anbieten?
- ✔ Haben Sie einen roten Faden für die Gesprächsführung ausgearbeitet?

Durchführung des No-Go-Gesprächs

Während des No-Go-Gesprächs kommt es vor allem auf eines an: Verlieren Sie nicht den roten Faden! Entscheidend ist eine direktive Gesprächsführung, bei der Sie einerseits den Kontakt zu Ihrem Gegenüber halten, andererseits auch nicht in eine Streitsituation abgleiten. Das Gespräch lässt sich in fünf Schritte gliedern.

Schritt 1: Einleitung

Stellen Sie den Vorfall sachlich dar. Schildern Sie die Beobachtungen und die Konsequenzen, die Sie daraus gezogen haben. Wenn der Mitarbeiter versucht, sich zu rechtfertigen, unterbrechen Sie ihn – und führen Ihre Darstellung wie geplant zu Ende.

Schritt 2: Stellungnahme des Mitarbeiters

Nun kommt der Mitarbeiter zum Zug. Mit der Frage »Wie sehen Sie die Situation?« geben Sie ihm das Wort. Wenn er sich auf Rechtfertigungen kapriziert, lassen Sie sich nicht aus dem Konzept bringen, sondern bleiben bei Ihrem Gesprächsfahrplan – und gehen zu Schritt 3 über.

Führt der Mitarbeiter dagegen persönliche, nachvollziehbare Erklärungen für sein Verhalten an, besteht die Gelegenheit, in einen Dialog zu kommen und gemeinsam mögliche Hilfen zu besprechen – etwa die Vermittlung an eine Beratungsstelle für soziale oder psychische Probleme oder eine Unterstützung durch den Betriebsarzt.

Schritt 3: Hilfsangebote

Wenn nicht bereits Schritt 2 das Gespräch auf mögliche Hilfen gebracht hat, leiten Sie dieses Thema nun explizit mit Schritt 3 ein – in etwa mit den Worten: »Neben allem Ärger mache ich mir ernsthaft Sorgen um Sie. Was ist los? Kann ich, können wir Sie in irgendeiner Weise unterstützen?« Geht der Mitarbeiter auf das Angebot nicht ein und verweigert er sich weitergehenden Aussagen, überführen Sie das Gespräch in seine letzte Phase.

Schritt 4: Zusammenfassung und Konsequenzen

In Schritt 4 fassen Sie das Gespräch zusammen und nennen die Konsequenzen. Je nach bisherigem Verlauf hat sich der Mitarbeiter einsichtig (Fall 1) oder uneinsichtig (Fall 2) gezeigt.

Fall 1: »Ich fasse noch einmal zusammen: Sie haben mir erklärt, dass Sie sich in einer persönlichen Krise befinden und es daher zu diesem inakzeptablen Verhalten gekommen ist. Wir haben gemeinsam überlegt, wie Sie sich helfen lassen können. Gleichzeitig möchte ich Ihnen gegenüber aber auch zum Ausdruck bringen, dass ich Ihr Verhalten inakzeptabel finde und erwarte, dass sich das nicht wiederholt. Ich werde eine schriftliche Abmahnung aussprechen und Ihnen zukommen lassen, um sicherzugehen, dass meine Position unmissverständlich bei Ihnen angekommen ist. Von diesem Gespräch wird es ein Protokoll geben, das Sie bitte unterschreiben. Die Abmahnung wird Bestandteil der Personalakte.«

Fall 2: »Ich fasse noch einmal zusammen: Sie sind im Gegensatz zu mir der Meinung, dass Ihr Verhalten zwar emotional war, aber durchaus noch im Rahmen des Akzeptablen liegt. Ich sehe das anders: Ich finde das Verhalten inakzeptabel und erwarte, dass es sich nicht wiederholt. Ich werde eine schriftliche Abmahnung aussprechen und Ihnen zukommen lassen, um sicherzugehen, dass meine Position unmissverständlich bei Ihnen angekommen ist. Von diesem Gespräch wird es ein Protokoll geben, das Sie bitte unterschreiben. Die Abmahnung wird Bestandteil der Personalakte.«

Schritt 5: Neuer Termin

Abschließend vereinbaren Sie mit dem Mitarbeiter einen neuen Termin.

Fall 1: »Ich möchte sichergehen, dass die angesprochenen Hilfsmaßnahmen eingeleitet werden und greifen, damit sich die Situation nicht wiederholt. Daher möchte ich einen Termin in zwei Wochen mit Ihnen vereinbaren, um zu schauen, ob Sie die Hilfe organisieren konnten. Falls Sie bis dahin Unterstützung brauchen, sagen Sie Bescheid. Dass sich dieser Ausbruch nicht wiederholen darf, ist – glaube ich – selbstverständlich.«

Fall 2: »Ich möchte sichergehen, dass die Tragweite Ihres Fehlverhaltens bei Ihnen angekommen ist. Deshalb vereinbare ich jetzt mit Ihnen einen Termin in zwei Wochen, um den weiteren Verlauf Ihres Veränderungsprozesses begleiten zu können.«

Kurzcheck No-Go-Gespräch: die Kernpunkte für den Vorgesetzten

Hier eine Zusammenfassung der wesentlichen Aspekte des No-Go-Gesprächs anhand eines kleinen Fragenkatalogs. Alle Fragen sollten Sie im konkreten Fall mit »Ja« beantworten können.

Prüffragen zur Vorbereitung des Gesprächs:

- ✔ Ist es sinnvoll, ein No-Go-Gespräch zu führen, oder handelt es sich um eine Sondersituation?
- ✔ Haben Sie eine klare Haltung für das Gespräch?
- ✔ Haben Sie sich Klarheit darüber verschafft, ob es sich um eine Krise handelt?
- ✔ Muss jemand oder eine Gruppe unterstützt werden? Haben Sie dazu ein Konzept?
- ✔ Wer muss informiert werden?
- ✔ Welche Unterstützung brauchen Sie selbst?
- ✔ Haben Sie sich eine Gesprächsstrategie mit einer klaren Zielsetzung zurechtgelegt?
- ✔ Haben Sie entsprechend dem Prinzip des konstruktiven Drucks sowohl Druckpunkte als auch Unterstützungsmöglichkeiten abgewogen?

Prüffragen zur Durchführung des Gesprächs:

- ✔ Haben Sie sich eine Strategie zurechtgelegt, um bei Anfeindungen die Ruhe zu bewahren?
- ✔ Haben Sie den Spagat zwischen Distanziertheit und Fürsorge für sich befriedigend auflösen können?
- ✔ Gibt es eine beidseitig unterschriebene Gesprächsnotiz?
- ✔ Haben Sie Folgetermine vereinbart?

Wann ein Feedback Zeitverschwendung wäre

Neben dem No-Go-Verhalten gibt es noch einige weniger dramatische Konstellationen, in denen Sie auf Feedbackgespräche verzichten können – sie wären bloße Zeitverschwendung. Getrost verzichten können Sie auf ein Feedbackgespräch etwa in folgenden Fällen:

- ✔ Wenn die Zusammenarbeit absehbar beendet ist, brauchen Sie mit einem Mitarbeiter kein Feedbackgespräch mehr zu führen. Führen wir uns noch einmal vor Augen: Feedback im Arbeitsalltag dient dazu, Leistungen zu steigern, Mitarbeiter zu stärken und die Zusammenarbeit zu verbessern. Bei Kündigungen oder der Auflösung von Arbeitsverträgen entfällt somit der entscheidende Grund für ein Feedback.
- ✔ Kaum sinnvoll dürfte ein Feedbackgespräch sein, wenn ein Mitarbeiter Rückmeldungen seines Chefs partout nicht haben will. Insbesondere wenn die Beziehung über lange Zeit, vielleicht Jahre, belastet wurde, kommt es vor, dass ein Mitarbeiter jedwede Form von Feedback ablehnt. Abgesehen davon, dass dies für alle Beteiligten eine unerträgliche Situation ist, ist es nicht sinnvoll, ein Feedbackgespräch aufzudrängen. Andererseits muss der Vorgesetzte auch diesen Mitarbeiter führen – was auf ziemlich unerquickliche Zielabsprachen zwischen dem Mitarbeiter und seinem Vorgesetzten hinausläuft. Angeraten ist in solchen Situationen natürlich, eine grundlegende Lösung des Konflikts anzustreben.
- ✔ Ein Mitarbeiter übergeht seinen Vorgesetzten und beschwert sich direkt bei dessen Vorgesetzten: Auch in einem solchen Fall ist ein Feedbackgespräch kaum mehr sinnvoll. Indem der Mitarbeiter seinen Chef übergangen und nicht informiert hat, hat er einem konstruktiven Feedback die Basis entzogen. Konstruktives Feedback braucht ein Grundvertrauen, das sich auf gegenseitigen Respekt und persönliche Wertschätzung stützt. Fehlt dieses Grundvertrauen, lässt sich ein Feedbackgespräch nicht mehr erfolgreich führen. Stattdessen steht ein Konflikt im Raum, der vorher gelöst, zumindest geklärt und bewältigt sein muss.

Teil III

Feedback »von unten nach oben«: Mitarbeiter beurteilt Chef

IN DIESEM TEIL …

Hierarchischer Unterschied und gegenseitige Abhängigkeit bestimmen den Feedbackprozess zwischen Vorgesetztem und Mitarbeiter. In den ersten beiden Teilen dieses Buches geht es um das Feedback von einem Vorgesetzten an den Mitarbeiter. Dieser Teil befasst sich mit dem umgekehrten Fall, dem Aufwärtsfeedback: Der Mitarbeiter beurteilt den Chef. Dieses Feedback »von unten nach oben« lässt sich aus zwei Perspektiven beschreiben: Als Mitarbeiter möchten Sie Ihrem Vorgesetzten Rückmeldung geben. Und als Vorgesetzter müssen Sie mit der Situation umgehen, dass Sie von Ihren Mitarbeitern oder einem Ihrer Mitarbeiter kritisiert werden. Für beide Seiten birgt das Aufwärtsfeedback Gefahren. Und für beide Perspektiven müssen unter Home-Office-Bedingungen bei einem Online-Feedback einige Themen beachtet werden. Hier erfahren Sie, wie Sie es richtig machen.

IN DIESEM KAPITEL

Risiken und Gefahren des Aufwärtsfeedbacks

Lob und Kritik am Vorgesetzten

Umgang mit der Kritik des Mitarbeiters

Kapitel 10
Dem Chef Feedback geben

Dem Chef Feedback geben – das kann eine riskante Angelegenheit sein. Was die Sache so schwierig macht, sind Hierarchie und wechselseitige Abhängigkeiten. In diesem Kapitel gehe ich zunächst auf die Risiken und Gefahren des Aufwärtsfeedbacks näher ein und beleuchte die Situation dann aus zwei Perspektiven: Wie stellen Sie es als Mitarbeiter an, Ihren Chef zu loben und zu kritisieren? Worauf müssen Sie dabei achten? Und: Wie gelingt es Ihnen, als Vorgesetzter das Feedback eines Mitarbeiters richtig entgegenzunehmen?

Aufwärtsfeedback – eine schwierige Angelegenheit

Man sollte es sich mit dem Chef nicht verderben. Das ist eigentlich ein Gebot der Vernunft. So gesehen kann ein offenes Feedback schnell gefährlich werden, schließlich zeigt die Erfahrung immer wieder: Vielen Managern fällt es schwer, Kritik anzunehmen. Gleichzeitig ist das Bedürfnis, Feedback zu erhalten, hoch. Oft sind es dominante Persönlichkeiten, die schnell gekränkt reagieren – und zudem verkennen, welches Unheil ihre unwirsche Reaktion auslöst: Der Mitarbeiter hat sich getraut, seinem Chef ein ehrliches Feedback zu geben – und nun fühlt er sich bestraft.

Aufwärtsfeedback ist eine schwierige Angelegenheit, bei der man sich schnell die Finger verbrennen kann. Die Gefahr besteht, den Vorgesetzten zu verärgern und damit die eigene Karriere aufs Spiel zu setzen.

Andererseits geht es nicht nur um Karriere, sondern auch darum, dass Sie einen guten Job machen wollen. Dazu muss das Zusammenspiel zwischen Vorgesetztem und Mitarbeiter reibungslos funktionieren. Und nicht zuletzt möchte man sich morgens im Spiegel ansehen können …

Die Tücken des Aufwärtsfeedbacks

Ganz gleich, ob es sich um den direkten Vorgesetzten handelt oder um die Geschäftsführung: Chefs haben erheblichen Einfluss auf den eigenen Werdegang. Wer seine Karriere nicht gefährden will, stellt sich lieber gut mit ihnen. Da mag im Unternehmen noch so viel von »offener Kommunikation« oder einer »Fehlerkultur« die Rede sein: Entscheidend ist die tatsächliche Kultur im Unternehmen. Ob man den Unternehmensleitsätzen oder Erklärungen der Geschäftsleitung Glauben schenkt, hängt von den konkreten Erfahrungen ab: Wie ist es anderen Mitarbeitern ergangen, die es gewagt hatten, an ihren Chef ein ehrliches Feedback zu richten?

Schöne Worte sind das eine, die tatsächlichen Reaktionen das andere. Es ist nun einmal eine Tatsache: Vorgesetzten fällt es oft schwer, ein Feedback anzunehmen, ohne es sofort zu bewerten und dazu Stellung zu nehmen. Hinzu kommt: Auch Manager streben nach Bestätigung und Anerkennung – und ihre Bereitschaft ist gering, sich und das eigene Handeln infrage stellen zu lassen. Bevor sich deshalb ein Mitarbeiter Ärger einhandelt, verzichtet er lieber auf das Feedback.

Das Fatale aus Sicht des Unternehmens: Wenige schlechte Erfahrungen genügen, um die Feedbackkultur im Unternehmen dauerhaft zu schädigen. Man schweigt lieber, anstatt offen zu reden. Oder schlimmer noch: Das Feedback wird unehrlich. Da niemand bei seinen Vorgesetzten einen schlechten Eindruck hinterlassen möchte, orientiert sich das Feedback an der Überlegung, was dem Chef wohl gefällt. Man versucht, nichts Falsches oder Unpassendes zu sagen. Oder man vermeidet jeden kritischen Ton und beschränkt sich auf Aussagen, von denen man glaubt, dass sie gut ankommen – nicht aus bösem Willen, sondern aufgrund der Überzeugung: Der Chef will doch nur hören, was er hören will.

Die Bedeutung des Aufwärtsfeedbacks

Wenn Aufwärtsfeedback so schwerfällt, zudem viele Risiken und Gefahren birgt, stellt sich die Frage: Wozu das Ganze? Ist es überhaupt notwendig und sinnvoll, sich damit abzugeben? Die Antwort kann lauten: Mehr denn je! Und zwar für beide Seiten, die Mitarbeiter ebenso wie die kritisierten Führungskräfte.

In Zeiten wirtschaftlicher Unsicherheit, Globalisierung der Märkte und wachsenden Wettbewerbs nehmen die Anforderungen an die Führungskräfte zu. Mehr denn je sind sie auf die Leistungen ihrer Mitarbeiter angewiesen – also auch darauf, ihre Mitarbeiter effizient und effektiv zu führen. Und hierzu bedarf es eines offenen Feedbacks in beide Richtungen. Wie drängend das Problem geworden ist, belegt eine Befragung von über 1.000 Mitarbeitern zur Effizienz von Führungskräften. Demnach sagen die befragten Mitarbeiter, ihre Führungskräfte seien im Schnitt zu 60 Prozent ineffektiv. Dasselbe Unternehmen hatte ein Jahr zuvor die Führungskräfte gefragt, für wie effektiv sie sich halten – und 87 Prozent schätzten sich gut bis hervorragend ein.

Dieses Ergebnis deckt sich mit meinen Beobachtungen aus zahlreichen Projekten. Werden die Führungskräfte eines Unternehmens nach ihrem Führungsverhalten gefragt, geben sie sich gute Noten, während sie die Führungsqualität ihrer Vorgesetzten bestenfalls mittelmäßig einschätzen. Da dies alle so machen, ergeben solche Befragungen ein völlig unlogisches Bild, das nur eine Erklärung zulässt: Bei den anderen sieht man die Fehler, bei sich selbst nicht. Offenbar neigt der Mensch dazu, ein Idealbild von sich zu malen, das der Realität nicht standhält.

Ein probates Mittel, diese Diskrepanz zu schließen und eine realistische Sichtweise zu gewinnen, ist das Aufwärtsfeedback: Die moderne Führungskraft lässt sich von ihren Mitarbeitern Rückmeldung geben. Beide Seiten profitieren davon:

- ✔ Der Vorgesetzte wird auf den Boden der Realität geholt. Er kann sein Führungsverhalten besser einschätzen und korrigieren.
- ✔ Der Mitarbeiter, der sich bislang nicht wertgeschätzt, nicht ausreichend unterstützt und gefördert fühlte, darf auf Änderung hoffen.

Gelingt das Aufwärtsfeedback, kann der Mitarbeiter damit rechnen, dass der Vorgesetzte sein Verhalten korrigiert. Er darf auf ein besseres Führungsverhalten hoffen. Es besteht die Aussicht, künftig entspannter und damit auch effektiver arbeiten zu können.

Seit einigen Jahren lässt sich in vielen Unternehmen ein Wandel beobachten. Bei Nachwuchskräften steigt das Bedürfnis, nicht nur einen guten Job zu machen, sondern insbesondere gut zu führen. Es hat sich herumgesprochen, dass Führung wie eine eigenständige Profession zu betrachten ist, die man – wie jeden anderen Beruf auch – mehr oder weniger gut ausüben kann. So kommt es, dass immer mehr Vorgesetzte sich Rückmeldungen zu ihrem Führungsverhalten wünschen. Das Aufwärtsfeedback gewinnt an Bedeutung.

Zu Recht! So konnte in mehreren Untersuchungen des Center of Creative Leadership gezeigt werden, dass das Führungsverhalten sich eindeutig verbesserte, wenn die Vorgesetzten systematisch Feedback durch ihre Mitarbeiter erhielten. Gerade Führungskräfte mit anfänglich sehr negativen Rückmeldungen machten in ihrem Führungsverhalten große Fortschritte.

Es lohnt sich also, das Thema Aufwärtsfeedback trotz aller Risiken ernst zu nehmen. Grundsätzlich lassen sich zwei Varianten unterscheiden:

- ✔ **Zufälliges Aufwärtsfeedback:** Die Rückmeldung ergibt sich aus dem Alltag heraus, also eher zufällig: Der Mitarbeiter lobt seinen Chef spontan, weil etwas besonders gut gelaufen ist – oder er kritisiert ihn, weil ihn etwas besonders stört.
- ✔ **Geplantes Aufwärtsfeedback:** Rückmeldungen der Mitarbeiter sind systematisch geplant, gegebenenfalls sogar als Regelfeedback fest in der Organisation verankert (zum Beispiel Mitarbeiterfeedback im Team, 360-Grad-Feedback).

Im Folgenden geht es um die erste Variante, die Feedbacksituationen, die sich eher zufällig im Alltag ergeben. Die zweite Variante, das Regelfeedback, ist Thema von Kapitel 11.

Perspektive Mitarbeiter: Den Chef loben und kritisieren

Den Chef auch mal loben, warum nicht? Da lässt sich nur wenig falsch machen, ein Lob ist in der Regel gefahrlos möglich. Wichtig ist nur, wie immer beim Feedback, ein konkretes Verhalten anzusprechen, sonst kann das Lob schnell als unangemessene Überhöhung der eigenen Person missverstanden werden: Wenn das Lob sich nicht auf das Verhalten, sondern die Person insgesamt bezieht, schwingen Sie sich zu jemandem auf, der weiß, wie der andere ist. Und wie steht es mit Kritik? Unzufriedenheit über das Führungsverhalten wird deutlich seltener geäußert. Die Sorge, Nachteile zu erleiden, ist einfach zu groß. Sehen Sie sich beide Fälle näher an.

Positives Feedback an den Vorgesetzten

Menschen möchten gern gelobt werden. Auch Vorgesetzte. Was spricht dagegen, seinem Chef auch einmal spontan, quasi zwischen Tür und Angel, eine positive Rückmeldung zu geben? Damit können Sie kaum etwas falsch machen. Der einzige mögliche Fehler dürfte wohl darin liegen, eine solche Gelegenheit verstreichen zu lassen und ein mögliches Lob nicht auszusprechen.

Gelegenheit für positives Feedback ergibt sich auch, wenn Sie mit Ihrem Vorgesetzten – aus welchem Grund auch immer – bei einem Vier-Augen-Gespräch beisammensitzen. Auch dann sollten Sie die Situation nutzen, sofern Sie wirklich etwas Lobenswertes sagen können, denn darauf kommt es an: ein konkretes Verhalten Ihres Vorgesetzten, das Ihnen besonders gut gefallen hat.

Die Wirksamkeit eines positiven Feedbacks an den Vorgesetzten hängt davon ab, inwieweit es Ihnen gelingt, kurz und knapp nicht nur Ihre Interpretation eines bestimmten Verhaltens zu beschreiben, sondern auch das Verhalten selbst, das Ihnen am Vorgesetzten besonders gut gefallen hat.

Wirklich wirkungsvoll wird positives Feedback erst dann, wenn Sie es an konkreten Beispielen festmachen. Es bietet sich ein Vorgehen in drei Schritten an:

- ✔ Schritt 1: Sammeln Sie Beispiele von Verhaltensweisen, die Ihnen an Ihrem Chef besonders gut gefallen haben.
- ✔ Schritt 2: Überlegen Sie, welche Verhaltensweise davon für Sie persönlich besonders bedeutsam ist.
- ✔ Schritt 3: Sprechen Sie bei einem Vier-Augen-Gespräch diese Verhaltensweise an, indem Sie auf die konkreten Beispiele Bezug nehmen.

Das Risiko, das Lob für den Chef könnte als »Einschleimen« fehlinterpretiert werden, müssen Sie erst fürchten, wenn Sie es übertreiben. Es ist klar: Positives Feedback verliert an Glaubwürdigkeit, wenn Sie es inflationär einsetzen und im Laufe Ihrer Zusammenarbeit nicht auch gelegentlich etwas zu kritisieren haben.

Den Chef kritisieren – ja oder nein?

Negatives Feedback an den Chef kann unerwünschte Reaktionen hervorrufen. Bekommt er Ihre Kritik in den falschen Hals, kann das Ihr Verhältnis belasten, womöglich Ihre Karrierechancen beeinträchtigen. Vermeiden Sie deshalb spontane Rückmeldungen, selbst wenn ein kritisches Wort überfällig erscheint. Fragen Sie sich zuerst, ob Ihr Chef eine Rückmeldung überhaupt hören will – und entscheiden Sie dann, ob Sie ihm ein Feedback geben oder doch lieber den Mund halten.

Folgende Fragen helfen Ihnen, die Risiken abzuwägen und diese Entscheidung zu treffen:

- ✔ Welches Verhalten werfe ich meinem Vorgesetzten vor? Zu welchem Verhalten möchte ich ihm Rückmeldung geben?
- ✔ Was nehme ich wahr, wenn ich mich in seine Perspektive versetze?
- ✔ Welche Auswirkungen hat sein Verhalten auf mich?
- ✔ Wie offen ist mein Vorgesetzter gegenüber Feedback?
- ✔ Was ist das Schlimmste, was mir passieren könnte?
- ✔ Welche Auswirkungen hat es auf mich, meine Kollegen, das Team, wenn das Verhalten verändert wird?
- ✔ Kann das von mir erwünschte Verhalten überhaupt eintreten?
- ✔ Wie werden die Konsequenzen sein, wenn das Problem nicht gelöst wird?

Machen Sie eine Kosten-Nutzen-Abwägung, bevor Sie Ihrem Chef ein negatives Feedback geben. Bewerten Sie das Verhältnis zwischen dem Nutzen des Feedbacks und den Problemen, die entstehen könnten.

Negatives Feedback an den Vorgesetzten

Es gibt Situationen, da kommen Sie um ein Feedback an Ihren Vorgesetzten nicht herum. Sie haben den Eindruck, Ihr Vorgesetzter übergeht Sie, schlimmer noch: Im Vergleich zu Ihren Kollegen fühlen Sie sich zurückgewiesen. In dieser Situation sollten Sie nicht so lange warten, bis das Fass überläuft und Sie sich womöglich zu einer Kurzschlussreaktion hinreißen lassen. Wenn es keine Regelkommunikationssituationen wie jährliche Mitarbeitergespräche oder Vorgesetztenbeurteilungen gibt, sollten Sie eine Gelegenheit zum Feedback herbeiführen, sprich: einen Termin mit Ihrem Vorgesetzten vereinbaren.

Terminvereinbarung mit dem Chef

Einen Termin mit dem Chef vereinbaren – das klingt einfach. Doch wie wird der Vorgesetzte darauf reagieren, wird er sich überhaupt darauf einlassen? Wie macht man es richtig? Ein kleiner Exkurs in die Hirnforschung erklärt, warum das Ansinnen, seinen Chef zu einem Gespräch zu bewegen, keineswegs trivial ist. Das Problem liegt darin, dass Menschen auch bei sozialen Interaktionen reflexartig reagieren – und da gibt es nur zwei Richtungen:

- ✔ Alles, was als Belohnung wahrgenommen wird, löst die Schaltkreise aus, die für Belohnungsgefühle zuständig sind – und davon wollen wir mehr.
- ✔ Alles, was als Bedrohung wahrgenommen wird, löst Fluchtreflexe und die damit verbundenen Schaltkreise aus – und sorgt für Vermeidungsverhalten.

Es liegt auf der Hand, dass die Frage nach einem Feedbackgespräch einen solchen Fluchtreflex auslösen kann und der Vorgesetzte spontan abwehrend reagiert.

Die Hirnforschung gibt interessante neue Hinweise, die erklären, warum manches Feedback scheitert: Soziale Erlebnisse und Bedürfnisse wirken im Gehirn ebenso elementar wie Hunger und Durst. Die Ankündigung eines Feedbackgesprächs kann im Gehirn des betroffenen Menschen die gleichen Schaltkreise auslösen, wie ein undefinierbares Geräusch in einer dunklen Nacht: Sie löst Fluchtreflexe aus.

Das Prinzip, Bedrohungen vermeiden und Belohnungen herbeiführen zu wollen, ist ein zentraler Aspekt der Neuroleadership-Forschung und dem daraus hervorgegangenen *SCARF-Modell* (siehe Kasten). Das Modell bietet eine gute Hilfestellung, um den Abwehrreflex zu vermeiden und zu erreichen, dass der Vorgesetzte sich das Feedbackanliegen anhört.

Das SCARF-Modell

Neuroleadership-Modelle führen herkömmliches Führungs- und Managementwissen mit Erkenntnissen der Neurowissenschaften zusammen. Zu nennen ist hier das von einer Neurologengruppe entwickelte SCARF-Modell, das auf experimentellen Forschungsergebnissen aufbaut. Das SCARF-Modell liefert viele praktische Hinweise, um bei einem Menschen den Fluchtreflex zu vermeiden und ihn stattdessen dazu zu veranlassen, sich der Angelegenheit zuzuwenden. Das Modell unterscheidet fünf Bereiche sozialer Erfahrung:

- ✔ **»S« steht für Status.** Es bezeichnet die wahrgenommene Bedeutung, die jemand in einer Gruppe hat. Statusbedrohung löst hirnphysiologisch Schaltkreise aus, die auch bei einer körperlichen Bedrohung aktiviert werden. Klar, dass man so weniger Ideen hat, weniger leistungsbereit ist – und auch nicht zu Veränderungen bereit ist.
- ✔ **»C« steht für Certainty.** Es bezieht sich auf die Wahrnehmung, wie sicher die Zukunft empfunden wird. Rituale und Wiederholungen schaffen Sicherheit mit den dahinter liegenden aktivierten Hirnaktivitätsmustern. Schon kleine Veränderungen, wie sie etwa bei Veränderungsprojekten vorkommen, lösen Unruhe und Vermeidungsmuster im Gehirn aus. Angewendet auf das Feedback hieße dies, zumindest für Sicherheit und Transparenz über das Vorgehen zu sorgen.
- ✔ **»A« steht für Autonomy.** Gemeint ist damit das Empfinden, unabhängig und eigenständig sein zu wollen. Autonomy bezieht sich somit auf die Wahrnehmung, inwieweit »ich die Dinge unter Kontrolle habe«. Werden etwa bei Veränderungsprojekten Entscheidungen von oben nach unten durchregiert, entsteht das Gefühl, die Dinge nicht kontrollieren zu können – was bei den Betroffenen die Fluchtschaltkreise aktiviert.

- ✔ **»R« steht für Relatedness** – und bezeichnet das Sicherheitsgefühl in Bezug auf andere Menschen. Dieses Gefühl lässt sich künstlich befördern, indem man über ein Nasenspray Oxytocin verabreicht. Doch gibt es auch andere Wege: Zum Beispiel können Sie bewusst Situationen herbeiführen, in denen dieses Hormon ausgeschüttet wird – etwa indem Sie Menschen die Hände schütteln oder Smalltalk betreiben. Entscheidend ist, dass ein Gefühl der Vertrautheit entsteht und eine soziale Annäherung stattfindet. Bezogen auf Feedbacksituationen heißt das: Fördern Sie den Austausch, entdecken Sie Gemeinsamkeiten.
- ✔ **»F« steht für Fairness.** Gemeint ist damit das Empfinden, dass fair gespielt wird. Der Feedbacknehmer sollte das Gefühl haben: »Hier wird fair gehandelt, ich werde vom Feedbackgeber fair behandelt.« Gelingt das, so belegen Untersuchungen, werden die Schaltkreise aktiviert, die für die Belohnungsgefühle zuständig sind. Dagegen löst das Gefühl, unfair behandelt zu werden, eine starke Bedrohungsreaktion aus. Gerade in Feedbacksituationen mit harten Botschaften sollten Sie diesen Zusammenhang beachten.

Status, Certainty, Autonomy, Relatedness, Fairness – aus den fünf Einflussfaktoren erschließen sich viele Vorgehensweisen, die bei schwierigen Feedbacksituationen bedacht werden sollten. Dies gilt gerade auch für die Situation, dass Sie dem Vorgesetzten Feedback geben wollen: Da kommt es darauf an, die Fluchtreaktion zu vermeiden und stattdessen den richtigen »Schaltkreis« zu aktivieren – nämlich den »Auf-die-Sache-zugehen-Schaltkreis«. Was heißt das konkret?

Um beim Vorgesetzten das Bedürfnis nach Statusanerkennung nicht infrage zu stellen, bietet es sich an, nachzufragen, ob er ein Feedbackgespräch überhaupt zulässt. Allein die Nachfrage gibt Sicherheit und stärkt das Statusempfinden. Wenn Sie den Termin vereinbaren, sollten Sie bereits sagen, worum es geht. Erklären Sie Ihrem Vorgesetzten, dass Sie Beobachtungen gemacht haben, die Sie ratlos, teilweise etwas hilflos zurückgelassen haben – und dass es Ihr Ziel ist, da mehr Klarheit zu erhalten.

Indem Sie Ihr Vorgehen beschreiben, vermitteln Sie Ihrem Gegenüber Sicherheit. Stellen Sie die Tatsache heraus, dass Sie bestimmte Beobachtungen darlegen und überprüfen wollen – und sprechen Sie dabei in der Ich-Form. So verdeutlichen Sie, dass Ihr Gegenüber eine andere Auffassung haben kann. Und so gelingt es Ihnen, die Autonomie Ihres Vorgesetzten nicht infrage zu stellen.

Auch die vom SCARF-Modell angemahnte Fairness stellen Sie durch dieses Vorgehen sicher. Sie haben ja signalisiert, dass Sie sich nicht grundsätzlich durchsetzen möchten, sondern dass Ihr Anliegen letztlich im Vergleich der »inneren Landkarten« zwischen Ihnen und Ihrem Chef liegt. Der Ton, Ihr Auftreten, die Darstellung, dass es Ihnen um Klärung geht – all das trägt dazu bei, eine innere Aufgeschlossenheit des Vorgesetzten zu erreichen.

Wenn Sie bei Ihrem Vorgesetzten um ein Feedbackgespräch nachfragen, kommt es darauf an, eine spontane Abwehrreaktion zu vermeiden. Bewährt hat es sich, auf konkrete Beobachtungen Bezug zu nehmen und in der Ich-Form zu formulieren:

- ✔ »Mir sind ein paar Dinge aufgefallen, die mir Sorgen machen und die mich nachdenklich stimmen. Das würde ich gern mit Ihnen besprechen.«
- ✔ »Mich beschäftigen einige Beobachtungen, die ich gern mit Ihnen besprechen würde. Mich interessiert da Ihre Einschätzung.«

Feedbackgespräch mit dem Chef

Überlegen Sie nun, wie Sie das Gespräch führen wollen. Natürlich können Sie Ihren Vorgesetzten nicht zwingen, Ihre Sicht der Dinge zu übernehmen. Doch je besser Sie das Gespräch vorbereiten und Ihr Anliegen vortragen, desto größer ist die Wahrscheinlichkeit eines Erfolgs.

Bewährt hat sich auch hier die Dreiklangregel, also das Schema »ich beobachte«, »ich interpretiere«, »ich wünsche«. Dem Dreiklang folgend, könnte Ihre Einlassung dann in etwa so lauten: »Ich habe in der Situation XY (*möglichst detailliert beschreiben*) beobachtet, dass Sie mich nicht angeschaut und sehr schnell den Kollegen Müller mit meinem Arbeitsthema beauftragt haben. Mir fällt es schwer, dies zu interpretieren. Halten Sie mich für nicht kompetent oder aus einem mir nicht bekannten Grund für nicht geeignet? Auf jedem Fall verunsichert mich dieses Verhalten und ich merke, dass ich zunehmend unzufriedener werde. Ich wünsche mir da eine Klärung, damit ich weiter produktiv mit Ihnen und an mir arbeiten kann!«

Strategie in fünf Schritten: Dem Chef Feedback geben

Sie möchten, dass der Vorgesetzte sein Verhalten ändert? Natürlich gibt es da keine Erfolgsgarantie. Wie Ihr Chef am Ende entscheidet, bleibt allein ihm überlassen. Mit der folgenden Fünf-Schritte-Strategie haben Sie jedoch eine gute Erfolgschance.

1. Sammeln Sie Beispiele, die Ihr Anliegen belegen. Lassen Sie die Vorfälle Revue passieren und notieren Sie Einzelheiten. Damit stellen Sie sicher, dass Sie später im Gespräch auch konkrete Details nennen können.
2. Wenn Sie die Beispiele aufgelistet haben, überlegen Sie: Was genau ist das Ziel meines Feedbacks? Ein Mensch, also auch Ihr Vorgesetzter, erträgt maximal einen massiven Kritikpunkt. Entscheiden Sie sich also für das Thema, das Ihnen am wichtigsten ist.
3. Vergewissern Sie sich, dass Ihr Vorgesetzter gewillt ist, ein kritisches Feedback tatsächlich anzuhören und sich genügend Zeit für ein Vier-Augen-Gespräch zu nehmen.
4. Führen Sie das Gespräch nach dem Schema des Feedbackdreiklangs: Wahrnehmung (»Ich habe beobachtet …«), Wirkung (»… das löst bei mir aus …«), Wunsch (»Ich wünschte mir …«) (Wunsch/Erwartung/Beurteilung).
5. Bedanken Sie sich für das Gespräch, unabhängig vom Verlauf. Alles Weitere liegt nicht mehr in Ihrer Hand.

Unabhängig davon, wie das Gespräch am Ende verläuft, ob Sie zufrieden oder unzufrieden herausgehen, sollten Sie sich bei Ihrem Vorgesetzten bedanken. Ob positiv oder negativ – das Gespräch erlaubt es Ihnen, die Situation besser zu verstehen. Ein Dankeschön ist deshalb kein Einschmeicheln, sondern der Dank dafür, dass Sie die Perspektive Ihres Vorgesetzten kennenlernen konnten.

Mitarbeiterfeedback entgegennehmen

Was empfinden Sie, wenn ein Mitarbeiter Sie kritisiert? Wie reagieren Sie? Eines ist klar: Feedback aus der Mitarbeiterschaft ist etwas Besonderes. Es gehört Mut dazu, einem Vorgesetzten eine kritische Rückmeldung zu geben. Ein Mitarbeiter, der sich dazu durchringt, hat ein drängendes Anliegen. Vermutlich gibt es einen ernsten Hintergrund, der möglicherweise die gesamte Abteilung betrifft.

Wenn ein Mitarbeiter den Mut aufbringt, seinem Chef negatives Feedback zu geben, kann das auf ein ernsthaftes Problem hinweisen. Erkennen Sie diesen aus Sicht des Mitarbeiters persönlich riskanten Schritt an – und nehmen Sie Mitarbeiterfeedback deshalb grundsätzlich mit Wohlwollen entgegen.

Die meisten Menschen neigen dazu, ihrem ersten Impuls zu folgen, sprich: Kritik zurückzuweisen und sich zu rechtfertigen. Der Vorgesetzte, der diesem Impuls nachgibt, begeht jedoch einen Fehler: Er zertritt das zarte Pflänzchen einer Feedbackkultur, die ihm langfristig sehr nützlich sein kann. Wenn Mitarbeiter die Kompetenz entwickeln, sich der Autorität ihres Vorgesetzten gegenüber zu behaupten, mag das für diesen unbequem sein.

Einfacher wären Mitarbeiter, die abnicken. Höchstleistungen sind jedoch nur in einem Team mit erstklassigen Mitstreitern erreichbar, drittklassige Abnicker helfen da nicht weiter. Es gilt hier die Weisheit: Erstklassige Führungskräfte suchen sich erstklassige Mitarbeiter, zweitklassige dagegen drittklassige. Ein gutes Team setzt sich aus erstklassigen Mitarbeitern zusammen, die an gegenseitigem Feedback interessiert sind. Kritisches Aufwärtsfeedback gehört hier zum Unternehmensalltag.

Grundhaltung: Feedback willkommen heißen

Die Grundregel für Führungskräfte lautet also: Gewöhnen Sie sich einen wohlwollenden Umgang mit kritischem Feedback Ihrer Mitarbeiter an. Sehen Sie Kritik nicht als Angriff, sondern als Einladung oder Angebot zum Austausch. Sicher, das fällt manchmal schwer. Kritik, zumal wenn sie unberechtigt erscheint, weckt Widerspruch. Dennoch sollte man von einer guten Führungskraft erwarten, dass sie nicht reflexhaft in das Muster »Es ist ein Angriff« verfällt und zurückschlägt. Hilfreich ist dabei die Erkenntnis, dass Zuhören noch lange nicht bedeutet, der Kritik auch zuzustimmen.

Zuhören heißt nicht zustimmen. Sie müssen nicht mit Ihrem Mitarbeiter einer Meinung sein, können ihn aber dennoch in Ruhe anhören, um seinen Standpunkt zu verstehen.

Weil Menschen so sind, wie sie sind, und sich gern rechtfertigen, und weil Sie hier vermutlich keine Ausnahme machen, sollten Sie folgenden Tipp beherzigen: Entschleunigen Sie, wenn ein Mitarbeiter Sie kritisiert. Hierfür hat sich eine einfache Methode bewährt: Fassen Sie das Gehörte noch einmal mit eigenen Worten zusammen.

Das Gehörte mit eigenen Worten zusammenfassen

Wenn ein Mitarbeiter Ihnen ein negatives Feedback anträgt, gibt es eine bewährte Reaktion: Fassen Sie das Gehörte in Ihren Worten noch einmal zusammen. Zum Beispiel kritisiert Ihr Mitarbeiter, Sie würden schlecht kommunizieren, man fühle sich ständig uninformiert.

Selbst wenn Sie diesen Vorwurf völlig inakzeptabel finden, sollten Sie in etwa so reagieren: »Bevor ich darauf antworte, möchte ich sichergehen, ob ich Sie richtig verstanden habe. Also: Sie sind der Meinung, dass ich …«

Dieses Vorgehen hat mehrere positive Effekte:

- ✔ Sie gehen sicher, dass Sie den anderen richtig verstanden haben. Dass es das ist, was der Mitarbeiter meint.
- ✔ Sie rechtfertigen sich nicht, sondern gewinnen Zeit, um zu überlegen, was Sie auf die Kritik des Mitarbeiters antworten wollen.
- ✔ Der Mitarbeiter fühlt sich ernst genommen. Und genau darum geht es ja bei einem konstruktiven Feedbackprozess auch: Dass Sie bereit sind, seine Perspektive zu verstehen. Das heißt nicht, dass Sie diese Sichtweise auch akzeptieren.

Indem Sie entschleunigen und erst einmal das Gehörte zusammenfassen, schaffen Sie eine innerliche Distanz zum Vorwurf des Mitarbeiters und können überlegen, wie Sie reagieren. Grundsätzlich gilt es, zu unterscheiden:

- ✔ Fall 1: Sie geben dem Mitarbeiter recht.
- ✔ Fall 2: Seine Kritik ist aus Ihrer Sicht ungerechtfertigt.

Im ersten Fall fällt Ihnen kein Zacken aus der Krone, wenn Sie einfach zugeben, dass Sie einen Fehler begangen haben und Ihr Verhalten ändern werden. Gemeinsam mit dem Mitarbeiter können Sie klären, wie es weitergeht, und das Gespräch auf eine mögliche Lösung hinlenken, etwa indem Sie sagen: »Ich nehme mir vor, künftig regelmäßig zu informieren. Lassen Sie uns das gemeinsam beobachten.«

Anders im zweiten Fall, wenn Sie mit den Einlassungen Ihres Mitarbeiters nicht einverstanden sind. Signalisieren Sie dann, dass Sie die Kritik verstanden haben, aber reagieren Sie nicht sofort. Ihre Antwort könnte dann lauten: »Vielen Dank, ich muss mir das noch einmal durch den Kopf gehen lassen.« Also sich bedanken und sacken lassen: Sie nehmen sich vor, über die Kritik noch einmal nachzudenken – und geben Ihrem Mitarbeiter erst später eine Rückmeldung, wie Sie künftig damit umgehen werden.

Feedback vom Mitarbeiter einfordern

Im beruflichen Alltag kommt es eher selten vor, dass Führungskräfte um Feedback zu ihrem Führungsverhalten bitten. Obwohl dies durchaus sinnvoll wäre: Warum nach einem chaotisch verlaufenen Meeting nicht auch einmal die Meinung der Teilnehmer einholen, welche Fehler Sie bei der Leitung der Besprechung gemacht haben? Vermutlich würden Sie einige nützliche Hinweise erhalten.

Mut zum Feedback fördern

Als Vorgesetzter haben Sie ein Interesse an Feedback – denn nur so bekommen Sie die notwendigen Rückmeldungen, um Ihre Führungsfertigkeiten zu verbessern. Doch wie können Sie dieses Feedback fördern?

Gleichgültig, ob es gerechtfertigt oder ungerechtfertigt erscheint, ob es gut oder schlecht vorgebracht wird: Reagieren Sie stets positiv auf die Tatsache, dass ein Mitarbeiter Ihnen überhaupt ein Feedback gibt. Dazu gehört die Fertigkeit, professionell mit negativen Botschaften umzugehen.

Noch wichtiger jedoch ist der Ansatz: Go first! Es ist einfach zu optimistisch gedacht, dass Mitarbeiter den Wunsch verspüren, Ihrem Chef Rückmeldung zu geben und von sich aus auf Sie zukommen. Gehen Sie deshalb bewusst auf Mitarbeiter – aber auch auf Kollegen – zu und lassen Sie sich Rückmeldung geben (mehr hierzu in Kapitel 11 beim Thema Feedbackkultur).

Eine gute, in der Praxis viel zu wenig genutzte Gelegenheit, um Feedback einzufordern, sind die Jahresmitarbeitergespräche (siehe Kapitel 13). Versuchen Sie, möglichst konkrete Hinweise zu bekommen. Weder mit pauschalem Lob noch mit pauschaler Kritik ist Ihnen wirklich gedient.

Anstatt ein allgemeines Feedback abzufragen, ist es besser, auf eine konkrete Situation Bezug zu nehmen. Die Chance, ein werthaltiges Feedback zu bekommen, ist dann erheblich größer. Also nicht: »Wie finden Sie mein Führungsverhalten?« – sondern besser: »Können Sie mir eine Rückmeldung geben, wie ich die Teamleiterbesprechungen führe?«

Eines gilt es jedoch zu bedenken: Selbst als Vorgesetzter können Sie ein Feedback vom Mitarbeiter nicht einfach erzwingen, zumindest kein ehrliches Feedback. Angenommen, Sie bitten beim Jahresgespräch einen Mitarbeiter um ein Feedback. Er jedoch druckst herum und verliert sich in Allgemeinplätzen, sodass Sie den Eindruck haben, er weigert sich, ein Feedback zu geben. Zwang kann da nicht weiterhelfen.

Die Bitte um ein Feedback ist eine Einladung, die er nicht annehmen muss. Dennoch dürfte es sich lohnen, die Flinte nicht gleich ins Korn zu werfen und noch etwas hartnäckiger nachzufragen.

- ✔ **Stufe 1: Nennen Sie konkrete Beispiele.** Erinnern Sie an verschiedene Führungssituationen, die Ihnen beiden präsent sind. »Wenn Sie einmal an unsere wöchentliche Sitzung denken – was mache ich in dieser Sitzung als Leiter gut? Was sollte ich verbessern?« Oder Sie erinnern an die Aufgaben, mit denen Sie den Mitarbeiter letztens bei Projekt A betreut haben und fragen nach: »Was habe ich in der Delegation dieser Aufgaben gut gemacht? Was sollte ich aus Ihrer Sicht verbessern?«
- ✔ **Stufe 2: Bitte um eine Einschätzung.** Kommen Sie auf bestimmte Führungsaufgaben, etwa das Delegieren oder das Feedbackgeben, zu sprechen und bitten Sie den Mitarbeiter um eine Einschätzung. Zum Beispiel: »Welche Zahl würden Sie mir zuschreiben, wenn Sie meine Fertigkeiten, mit Feedback umzugehen, auf einer Skala von 1 (positiv) bis 10 (negativ) bewerten sollten?«
- ✔ **Stufe 3: Offenes Wort.** Wenn der Mitarbeiter sich weiterhin um ein offenes Feedback drückt, sprechen Sie seine Weigerung direkt an: »Ich habe den Eindruck, Sie mögen mir keine Rückmeldung geben, da ich von Ihnen nur Allgemeinplätze höre. Gibt es dafür einen Grund, den Sie mir mitteilen mögen?«

Sollten Sie auch hier keine Antwort erhalten, ist das zwar unbefriedigend, zugleich aber auch informativ. Man kann nicht nicht kommunizieren. Auch wenn Sie mit dem Ergebnis unzufrieden sind, bedanken Sie sich bei diesem Mitarbeiter – nicht, um sich bei ihm einzuschmeicheln, sondern für eine Wahrnehmung, die Sie ohne dieses Gespräch nicht gehabt hätten.

Viele Führungskräfte tun sich schwer, von ihren Mitarbeitern ein ehrliches Feedback einzufordern. Vor diesem Hintergrund etablieren sich in den Unternehmen zunehmend auch systematische Wege, um ein »Feedback von unten« zu initiieren. Verschiedene Möglichkeiten solcher Regelfeedbacks sind das Thema von Kapitel 11.

Wenn Mitarbeiter kritisieren: Mit negativem Feedback umgehen

Wenn Sie von Mitarbeitern kritisches Feedback erhalten, ist vor allem eines erforderlich: die Fertigkeit, professionell mit negativen Botschaften umzugehen. Wie bekommen Sie das hin?

Üben Sie in Ruhe ohne Gesprächspartner, wie Sie reagieren werden, wenn Sie kritisiert werden. Da Ihre vordringlichste Aufgabe das Zuhören und Verstehen ist und in dem Gespräch noch keine Handlungen von Ihnen erwartet werden, steht ein Ziel im Vordergrund: den emotionalen Abwehrautomatismus unterbrechen. Vielleicht hilft hier die Beobachtung eines Judokampfes oder eines Aikido- Kampfes. Das wesentliche Element besteht darin, die von außen wirkenden Kräfte anzunehmen und umzulenken.

Das fängt mit dem Zuhören an. Können Sie zuhören? Versuchen Sie folgende Verhaltensregeln einzuhalten:

- ✔ Der Mund ist geschlossen. Das ist wichtig, denn ist der Mund geöffnet, hören Sie nicht zu, weil die Ohren sich automatisch schließen.

✔ Versuchen Sie zu verstehen – und dabei alle Informationsquellen, vor allem auch die nonverbalen, zu nutzen. Das geht nur, wenn Sie Blickkontakt halten. Vermeiden Sie Stirnrunzeln, da es bei dem anderen Fragezeichen auslöst.

✔ Machen Sie sich Notizen, damit Sie entschleunigen. Stellen Sie Fragen, um zu klären, um Bestätigung zu erlangen, um zu sondieren.

✔ Um sicherzugehen, dass Sie verstanden haben, wiederholen Sie das Gehörte in eigenen Worten. Bleiben Sie respektvoll, wenn Sie Teile davon ablehnen.

✔ Bezwingen Sie Ungeduld beim Zuhören. Nutzen Sie die Gesprächspausen des Gegenübers nicht, um Worte vorzuschlagen. Ertragen Sie die Stille. Wenn Sie unter Zeitdruck stehen, also unter erschwerten Bedingungen zuhören, helfen Formulierungen wie: »Ich möchte versuchen, zusammenzufassen, wenn Sie einverstanden sind!«

Achten Sie auf Ihre Mimik und Gestik. Fragen Sie Ihren Lebenspartner oder andere nahestehende Menschen: »Wie drückt es sich aus, wenn ich ungeduldig bin oder den Eindruck vermittle, dass ich nicht zuhöre?« Die meisten Menschen runzeln die Stirn, lassen den Blick schweifen oder klopfen mit den Fingern auf die Tischplatte.

Da Kommunikation zu etwa 80 Prozent über nonverbale Signale läuft, lohnt es sich, diese Signale auszumachen und zu kontrollieren. Es wirkt nun einmal unglaubwürdig, wenn Sie »hü« sagen und Ihre Gesten »hott« ausdrücken.

Wenn Ihnen ein Mitarbeiter im Gespräch kritische Rückmeldung gibt, hat es sich bewährt, Notizen zu machen. Bezugnehmend auf diese Notizen können Sie nachfragen und zum Beispiel um konkrete Beispiele bitten. Auch wenn Sie mit der Kritik nicht übereinstimmen: Bedanken Sie sich für das Feedback.

✔ Suchen Sie sich Menschen, die Ihnen unsympathisch sind, und üben Sie hier das Zuhören.

✔ Beobachten Sie andere Menschen, die aus Ihrer Sicht gut zuhören können. Was machen die anders als Sie?

Online-Feedback von »unten nach oben«

Feedback an den Chef zu geben, kann immer eine Herausforderung sein – online jedoch noch ein bisschen mehr. Doch sehen Sie es als Chance! Online-Feedback ist eine großartige Möglichkeit, positive Veränderungen anzustoßen und die Zusammenarbeit zu verbessern. Mit den richtigen Tipps und etwas Vorbereitung wird Ihr Feedback geschätzt und führt zu echten Fortschritten. Hier erfahren Sie, worauf es ankommt.

✔ **Finden Sie den richtigen Zeitpunkt.**

- Warum das wichtig ist: Im digitalen Alltag ist die Aufmerksamkeit Ihres Vorgesetzten oft stark beansprucht. Ein unvorhergesehenes Feedback kann leicht untergehen.

- Was Sie tun können: Vereinbaren Sie einen klaren Termin im Voraus, um sicherzustellen, dass Ihr Chef ungestört zuhören kann. Das zeigt auch, dass Sie Ihr Feedback ernst nehmen.

✔ **Beginnen Sie mit etwas Positivem.**

- Warum das wichtig ist: Ein Feedbackgespräch, das mit Lob beginnt, schafft eine angenehme und konstruktive Atmosphäre.

- Was Sie tun können: Heben Sie die Stärken Ihres Chefs hervor. Ein Einstieg wie »Ich schätze Ihre Unterstützung bei XYZ sehr« erleichtert den Übergang zu den Themen, die Sie ansprechen möchten.

✔ **Drücken Sie sich klar und präzise aus.**

- Warum das wichtig ist: Ohne nonverbale Hinweise wie Mimik und Gestik kann es leicht zu Missverständnissen kommen.

- Was Sie tun können: Formulieren Sie Ihre Punkte konkret und untermauern Sie sie mit Beispielen. Statt »Das Projekt lief nicht optimal« sagen Sie besser »Ich hatte den Eindruck, dass in Woche drei die Prioritäten unklar waren.«

✔ **Seien Sie lösungsorientiert.**

- Warum das wichtig ist: Niemand möchte nur Probleme hören. Mit Lösungen zeigen Sie Initiative und Professionalität.

- Was Sie tun können: Wenn Sie Herausforderungen ansprechen, bringen Sie konkrete Verbesserungsvorschläge ein. Zum Beispiel: »Ich denke, eine wöchentliche Statusbesprechung könnte uns helfen, Ziele klarer zu definieren.«

✔ **Verwenden Sie »Ich«-Aussagen.**

- Warum das wichtig ist: Persönliche Aussagen wirken weniger vorwurfsvoll und fördern den Dialog.

- Was Sie tun können: Nutzen Sie Formulierungen wie »Ich habe wahrgenommen, dass ...« oder »Ich denke, dass ...«, um Ihren Standpunkt darzulegen. Das schafft Raum für eine offene Diskussion, ohne den anderen in die Defensive zu drängen.

✔ **Stellen Sie Verbindlichkeit her.**

- Warum das wichtig ist: Nach einem digitalen Gespräch könnten wichtige Punkte in der Hektik des Alltags verloren gehen.

- Was Sie tun können: Fassen Sie das Gespräch in einer kurzen E-Mail zusammen. Schreiben Sie zum Beispiel: »Danke für das Gespräch! Hier sind die Hauptpunkte und die nächsten Schritte, die wir besprochen haben.«

Spezielle Tipps für Vorgesetzte im Online-Feedback

Auch als Chef sollten Sie aktiv daran arbeiten, Feedback-Gespräche online effektiv zu gestalten. Hier sind einige Schlüsselpunkte:

- ✔ **Aktiv Zeit einplanen:** Ihre Mitarbeiter schätzen es, wenn Sie sich bewusst Zeit nehmen. Ein klarer Kalendertermin signalisiert Verbindlichkeit und Respekt.
- ✔ **Dialog fördern:** Stellen Sie Fragen wie »Was könnte ich anders machen?« oder »Wie sehen Sie die Situation?«, um einen echten Austausch zu ermöglichen.
- ✔ **Technische Hürden beseitigen:** Sorgen Sie für eine stabile Internetverbindung und eine geeignete Plattform. Ohne technische Probleme bleibt der Fokus beim Wesentlichen.
- ✔ **Feedback als Chance sehen:** Zeigen Sie, dass Sie offen sind, sich selbst zu verbessern. Reflektieren Sie das Feedback und kommunizieren Sie mögliche Änderungen zurück an Ihre Mitarbeiter.

Online-Feedback als Erfolgsstrategie

Ein gelungenes Online-Feedback erfordert von beiden Seiten klare Kommunikation, Respekt und Vorbereitung. Finden Sie den richtigen Ton, planen Sie im Voraus und nutzen Sie die Gelegenheit, die Zusammenarbeit zu stärken. Egal, ob Sie Feedback geben oder empfangen – ein gut geführtes Gespräch ist ein Gewinn für alle!

IN DIESEM KAPITEL

Offenes Mitarbeiterfeedback

Anonymes Mitarbeiterfeedback

Eine Feedbackkultur schaffen

Kapitel 11
Mitarbeiterfeedback systematisch einholen

Was tun, wenn Sie von Ihren Mitarbeitern nur wenig Feedback bekommen? Oder das Gefühl haben, kein ehrliches Feedback zu erhalten? In solchen Fällen führt es kaum weiter, den einen oder anderen Mitarbeiter bei der einen oder anderen Gelegenheit um eine Rückmeldung zu bitten. Stattdessen sollten Sie schwerere Geschütze auffahren, um den Feedbackprozess »von unten nach oben« wieder in Gang zu bringen. Möglicherweise benötigen Sie hierfür auch die Anleitung und Moderation eines externen Profis.

In diesem Kapitel lernen Sie zwei Verfahren kennen, wie Sie das Feedback Ihrer Mitarbeiter systematisch einholen können: Im ersten Fall rufen Sie die Mitarbeiter zu einer Sitzung zusammen und entlocken ihnen das Feedback mittels eines strukturierten Workshops (offenes Mitarbeiterfeedback). Im zweiten Fall initiieren Sie ein sogenanntes Mehrebenenfeedback, das anhand eines Fragebogens durchgeführt und im Idealfall alle zwei Jahre wiederholt wird (anonymes Mitarbeiterfeedback). Sie lernen auch den Idealfall kennen: Wie es gelingt, eine Feedbackkultur zu etablieren, in der gegenseitiges Feedback selbstverständlich ist.

Die offene Variante: Eine Feedbacksitzung einberufen

Die offene Variante verlangt Mut, doch halte ich sie für die bessere und ehrlichere Form: Der Vorgesetzte ruft seine Mitarbeiter zusammen und bringt sie im Zuge eines Workshops dazu, Klartext zu reden. Dies kann er jederzeit tun, im Unterschied zur anonymen, auf einem Fragebogen beruhenden Variante, die wesentlich mehr Aufwand und einen längeren Vorlauf erfordert.

Doch auch eine schnell einberufene Feedbacksitzung ist kein Spaziergang. Häufig wird sie gemieden, weil das Vorgehen ungewohnt ist und die Ergebnisse gefürchtet werden. Sich einem ehrlichen Feedback zu stellen, noch dazu öffentlich in der Gruppe, ist ja kein einfaches Unterfangen. Umso wichtiger ist eine sorgfältige Vorbereitung.

Im Dreiklang: der Ablauf einer Feedbacksitzung

Veranschlagen Sie für den Feedbackworkshop genügend Zeit, er sollte nicht unter Druck und Hektik ablaufen. Meistens ist ein halber Tag angemessen, manchmal auch ein Tag. Das hängt von der Größe der Gruppe und der Dramatik der Situation ab. Je emotional aufgeladener die Situation ist, desto eher sollten Sie zudem überlegen, für die Leitung des Workshops einen unbeteiligten Moderator zu verpflichten.

Kündigen Sie den Workshop einige Tage im Voraus an, damit sich Ihre Mitarbeiter darauf einstellen können, etwa in dem Tenor: »Ich merke, dass irgendetwas hier nicht rund läuft. Ich würde gern einmal von Ihnen eine Rückmeldung bekommen, wie Sie mich in der Führung wahrnehmen.« Benennen Sie auch gleich offen und ungeschminkt die Leitfrage des Workshops: »Was mache ich als Ihr Vorgesetzter gut, was soll ich verändern?«

Bei der Umsetzung kommt es darauf an, die wichtigen Feedbackregeln zu beachten:

- ✔ Folgen Sie dem Feedbackdreiklang mit seinen drei Schritten Wahrnehmung (»Ich habe beobachtet …«), Wirkung (»Das löst bei mir aus …«) und Wunsch (»Ich wünsche mir …«).
- ✔ Achten Sie darauf, dass neben der Kritik auch positive Aspekte genannt werden.

Feedbackdreiklang heißt in diesem Zusammenhang: Sorgen Sie dafür, dass zuerst konkrete Fakten auf den Tisch kommen, als Nächstes über deren Wirkung gesprochen wird – und erst dann über die Erwartungen und Wünsche, an der Situation etwas zu ändern. Wenn Sie den Workshop nach diesen drei Grundschritten strukturieren, erreichen Sie schon eine gewisse Professionalität.

Malen Sie zu Beginn den Feedbackdreiklang auf ein Flipchart auf und erläutern Sie das Prinzip. So können Sie während des Workshops bei Bedarf darauf zurückkommen.

Ein Mitarbeiter wirft Ihnen während des Workshops zum Beispiel vor: »Ich habe das Gefühl, Sie können nicht delegieren.« Oder: »Meiner Ansicht nach laufen unsere Sitzungen schlecht.« Solche pauschale Kritik ist wenig produktiv. Verweisen Sie dann auf den Dreiklang und fordern Sie konkrete Beispiele ein: »Welche Sitzung meinen Sie? Was genau lief da schlecht?« Bestehen Sie darauf, dass keine Allgemeinaussagen gemacht, sondern konkrete Beispiele genannt werden – und das sowohl bei den positiven als auch bei den negativen Aspekten, die Ihre Mitarbeiter vorbringen.

Nachdem Sie das Prinzip des Dreiklangs erklärt haben, gehen Sie mit folgenden Schritten vor:

- ✔ **Beispiele sammeln:** Ihre Aufgabe ist es (sofern Sie für den Workshop nicht einen externen Moderator engagiert haben), konkrete Beispiele über Ihr Verhalten als

Führungskraft einzufordern. Achten Sie darauf, dass auch positive Beispiele genannt werden. Auch, was gut läuft, gehört auf den Tisch – Feedback ist nicht nur negativ.

- ✔ **Kernthemen identifizieren:** Fassen Sie die Beispiele zusammen und einigen Sie sich auf ein oder zwei Aspekte, die den Kern der vorgebrachten Kritik ausmachen.
- ✔ **Den Dreiklang anwenden:** Spielen Sie die ein oder zwei Kernthemen nach dem Dreiklangmuster durch. Lassen Sie die Mitarbeiter darstellen, welches Beispiel besonders für diesen Kritikpunkt steht, wie es auf sie wirkt und welche Veränderung sie sich wünschen.

Nun müssen Sie entscheiden, inwieweit Sie die Kritik für berechtigt halten, und sich gegebenenfalls mit Ihren Mitarbeitern gleich auf einen Lösungsweg einigen. Eines hat der Workshop in jedem Fall gebracht: ein ehrliches Feedback. Nicht nur die wesentlichen Kritikpunkte liegen jetzt offen auf dem Tisch, auch die unterschiedlichen Sichtweisen sind deutlich geworden. Ein Abgleich der Landkarten hat stattgefunden.

Hilfe von außen: die geleitete Feedbacksitzung

In schwierigen Situationen kann es sinnvoll sein, dass ein unbeteiligter Dritter die Feedbacksitzung leitet. Vor allem wenn sich Konflikte absehen lassen, sollten Sie einen externen Moderator in Erwägung ziehen. Als Vorgesetzter können Sie sich so auf die Inhalte konzentrieren und Ihren Mitarbeitern aufmerksam zuhören, anstatt gleichzeitig noch den Workshop leiten zu müssen.

Angebracht ist ein externer Moderator vor allem, wenn die Stimmung aufgeladen ist und Sie befürchten, den Spagat nicht mehr hinzubekommen zwischen einer sachlichen Moderation und der emotionalen Verarbeitung dessen, was Ihnen Ihre Mitarbeiter sagen.

Einem Moderator steht ein breites Repertoire an Methoden und Werkzeugen zur Verfügung, um die Sitzung zu leiten und je nach Situation Ablauf und Vorgehensweise zu variieren. Er kann zum Beispiel den direkten Weg wählen, indem er die Teilnehmer zu offenem Feedback auffordert: Was macht der Vorgesetzte gut, was sollte er verändern? Oder er entscheidet sich für einen behutsameren Weg, um den Vorgesetzten vor allzu direkter Kritik zu schützen – etwa indem er zunächst die gegenseitigen Erwartungen abfragt und die unterschiedlichen Perspektiven miteinander abgleicht. In der Regel wird die Personalabteilung bereit sein, einen externen Feedbackspezialisten für die Moderation des Workshops zu finanzieren. Meist fehlt nur der Mut, eine solche Veranstaltung wirklich in Angriff zu nehmen.

Beispiel einer geleiteten Feedbacksitzung

Eine der interessantesten Feedbacksitzungen, die ich jemals geleitet habe, fand zwischen einer Geschäftsführerin und ihren vier Bereichsleitern statt. Am Ende waren alle Beteiligten erleichtert. Der gegenseitige Austausch hatte das Eis gebrochen.

Die Geschäftsführerin stand vor der Aufgabe, ein Führungsteam aufzubauen, musste aber erkennen, dass sich die beteiligten Bereichsleiter alles andere als grün waren. Eine Zusammenarbeit erschien ihr nahezu unmöglich. So kam sie auf die Idee, eine geleitete Feedbacksitzung zu initiieren. Ein anspruchsvoller Fall: Gefordert war nicht nur ein Aufwärtsfeedback von den Bereichsleitern zur Geschäftsführerin, sondern gleichzeitig ein gegenseitiges Feedback unter allen Beteiligten.

Zunächst erhielt jeder Beteiligte einen Feedbackfragebogen, auf dem er sowohl seine Beobachtungen zum Vorgesetztenverhalten als auch zum Verhalten der anderen Bereichsleiter aufschreiben sollte. Grundlage des Fragebogens waren verschiedene Richtlinien rund um Kooperation und Kommunikation für positive Teamentwicklung. Als externer Berater half ich den Teammitgliedern, den Fragebogen auszufüllen, und stellte sicher, dass die Angaben und Kommentare vollständig waren. Anschließend erstellte ich aus den fünf Einzelberichten eine Gesamtübersicht.

Am Tag des Workshops war den fünf Führungskräften die Aufregung anzusehen. Während ich ihnen die Berichte zum Lesen und Analysieren aushändigte, wirkten sie wie Studenten, die auf ihre Prüfungsergebnisse warteten.

Als Erster sprach, wie wir vorher festgelegt hatten, die Geschäftsführerin. Sie fasste die wichtigsten Botschaften ihres Berichts zusammen und wandte sich an die Mitglieder des Teams, um mit ihnen darüber zu diskutieren. Die Offenheit, mit der sie ihre im Feedbackbericht aufgeführten Unzulänglichkeiten zugab, schuf die Basis für den weiteren Verlauf des Treffens. Nun ging es der Reihe nach weiter, und ein lebhafter Dialog entspann sich. Die Probleme zwischen den Bereichsleitern, die bislang unter der Oberfläche gebrodelt hatten, brachen auf, wurden endlich erkannt und offen besprochen. Jeder setzte sich ein Ziel, um die Situation zu verbessern.

Am Ende der Sitzung war die Erleichterung zu spüren. Das Eis war gebrochen und man sah sich in der Lage, künftig tatsächlich als Führungsteam zusammenzuarbeiten.

Die anonyme Variante: Mehrebenenfeedback per Fragebogen

Widerstände, schlechte Stimmung, zunehmende Konflikte, die Performance lässt nach: Es gibt Situationen, die der Klärung bedürfen. Um nicht weiter im Nebel zu stochern, benötigen Sie als verantwortliche Führungskraft umfassende Informationen. Ein bewährtes Instrument hierfür ist das Mehrebenenfeedback.

Das Mehrebenenfeedback eignet sich nicht nur, um das Aufwärtsfeedback zwischen Mitarbeitern und Vorgesetzten zu initiieren, sondern den Feedbackprozess insgesamt wieder in Gang zu bringen. Häufig wird auch von einem 360-Grad-Feedback gesprochen. Gemeint ist damit eine Rundumbetrachtung: Feedback wird dann nicht nur bei den Mitarbeitern, sondern auch beim Vorgesetzten, den Kollegen und sogar den Kunden eingeholt.

Es leuchtet ein, dass ein solches Mehrebenenfeedback mit ziemlich hohem Aufwand verbunden ist. In einigen Unternehmen ist das Verfahren fest etabliert und wird regelmäßig durchgeführt, meist alle zwei Jahre. Dies ist sicherlich sinnvoll, auch um die Ergebnisse vergleichen und die Fortschritte verfolgen zu können. Meistens kommt das Mehrebenenfeedback jedoch nur bei Bedarf zum Einsatz. Hier bleibt es der Führungskraft überlassen, die Initiative zu ergreifen und das Verfahren bei der Geschäftsleitung oder der Personalabteilung zu beantragen.

Beurteilung aus vier Perspektiven: das 360-Grad-Feedback

Der Zusatz »360 Grad« soll den Rundumcharakter des Verfahrens zum Ausdruck bringen: Eine Führungskraft wird von mehreren Seiten beobachtet und bewertet. Der 360-Grad-Feedbackprozess, in dem die Mitarbeiter, die Kollegen auf der gleichen Ebene, der Vorgesetzte sowie ausgewählte Kunden ein Verhaltens- und Leistungsfeedback geben, wird seit den 1980er-Jahren erfolgreich durchgeführt.

Der Begriff 360-Grad-Feedback leitet sich wohl aus dem »DATA Survey-Feedback« her, einem wissenschaftlichen Verfahren für die Organisationsentwicklung. Im Kern geht es um die anonyme schriftliche Befragung und Rückmeldung von Organisationsmitgliedern mit dem Ziel, Veränderungsprozesse in Gang zu setzen. Dahinter steht der Gedanke, dass ein System sich im Sinne seiner Zielvorgaben nur dann selbst regeln kann, wenn es Informationen über seinen eigenen Zustand und Output erhält.

Das 360-Grad-Feedback ist ein mehrperspektivisches und von mehreren Personen durchgeführtes Feedbackverfahren. Es vermeidet Geheimdossiers: Der beurteilten Person werden die Bewertungen und Einschätzungen mitgeteilt. Zugleich wird sie aufgefordert und eingeladen, mit dem Beurteiler zu sprechen, um die richtigen Schlüsse und Konsequenzen zu ziehen.

Der Rundumcharakter ist nicht zwingend, in der Praxis erfolgt das Feedback häufig nur durch zwei oder drei Gruppen. Daher lassen sich verschiedene Stufen des Mehrebenenfeedbacks unterscheiden: Die einfachste Variante ist das 90-Grad-Feedback, bei dem die Mitarbeiter anhand eines Kriterienkatalogs ihrer Führungskraft Feedback geben – das klassische Aufwärtsfeedback. Die nächste Stufe ist das 180-Grad-Feedback, bei dem zusätzlich der Vorgesetzte der beurteilten Führungskraft Rückmeldung gibt. Die nächste Erweiterung bezieht die Kollegen auf der gleichen Führungsebene mit ein (270-Grad-Feedback). Um ein 360-Grad-Feedback handelt es sich, wenn noch die Beurteilung von Kunden eingeholt wird.

Allen vier Varianten gemeinsam ist ein vorab verbindlich abgestimmtes Anforderungsprofil, das von allen Ebenen in Bezug auf Erreichen oder Nichterreichen in einer mehrstufigen Skala erfasst wird. Ergänzt wird das Feedback dadurch, dass die beurteilte Führungskraft sich auch selbst einschätzt.

Die Beurteilungen beruhen auf einer anonymen schriftlichen Befragung. Zum Einsatz kommen Fragebogen, die für alle Beurteilergruppen dieselben Fragen enthalten. In der Regel müssen die Befragten die Ist-Situation in Bezug auf Verhaltensdaten einschätzen und ankreuzen; zuweilen werden auch Leistungsergebnisse erfasst. Durch den Prozess führt in der Regel ein externer Feedbackspezialist, der auch die Auswertung vornimmt und die Ergebnisse präsentiert.

Am Ende zieht die beurteilte Person Konsequenzen aus dem Feedback, indem sie einen Entwicklungsplan und einen Maßnahmenkatalog aufstellt. Festgelegt werden auch Folgetermine, um die Umsetzung zu kontrollieren und die Maßnahmen gegebenenfalls anzupassen.

Varianten des Mehrebenenfeedbacks

Je nach Ausgestaltung werden in ein Mehrebenenfeedback Mitarbeiter, Vorgesetzte, Kollegen und Kunden einbezogen. Daher gibt es folgende Varianten:

- ✔ 90-Grad-Feedback: Als Führungskraft erhalten Sie von Ihren Mitarbeitern Rückmeldung.
- ✔ 180-Grad-Feedback: Als Führungskraft erhalten Sie von Ihren Mitarbeitern und von Ihrem Chef Rückmeldung.
- ✔ 270-Grad-Feedback: Als Führungskraft erhalten Sie von Ihren Mitarbeitern, Ihrem Chef und Ihren Kollegen Rückmeldung.
- ✔ 360-Grad-Feedback: Als Führungskraft erhalten Sie von Ihren Mitarbeitern, Ihrem Chef, Ihren Kollegen und ausgewählten Kunden Rückmeldung.

In der Praxis dürfte das 270-Grad-Feedback der häufigste Fall sein – also die Beurteilung durch Mitarbeiter, den Vorgesetzten und Kollegen. Die Einbeziehung der vierten Perspektive, der Kunden, ist eher selten.

Ablauf eines Mehrebenenfeedbacks

Einmal angenommen, es findet ein Mehrebenenfeedback statt und Sie sind die beurteilte Führungskraft. Nehmen Sie weiter an, ein externer Berater begleitet und steuert den Prozess. Wie läuft das Verfahren für Sie ab, worauf müssen Sie sich einstellen?

Der erste Schritt ist die Zusammenstellung der Feedbackgeber. Hier haben Sie die Möglichkeit der Mitsprache. Gemeinsam mit dem Berater überlegen Sie, wer den Fragebogen erhalten soll. Klar, alle eigenen Mitarbeiter werden eingeladen, auch der Vorgesetzte ist dabei. Aber bei der Frage, welche Kollegen und gegebenenfalls auch Kunden teilnehmen sollen, können und sollten Sie mitentscheiden. Der Kreis sollte nicht zu groß werden, bei den Kollegen andererseits aber doch mindestens vier oder fünf Personen umfassen, um die Anonymität wahren zu können.

Der Kreis der Befragten steht fest. Nun folgt die Befragung. Der Berater veranlasst, dass die Teilnehmer die Fragebogen erhalten und ausfüllen, was meistens online geschieht. Um die Vertraulichkeit sicherzustellen, werden die Antworten von einer neutralen Stelle nach festen Standards ausgewertet und zu einem Feedbackbericht zusammengefasst.

Nun übernimmt der Berater die Rolle des Feedbackgebers. Gemeinsam mit Ihnen geht er den Feedbackbericht durch und erläutert die Ergebnisse. Das Gespräch dauert etwa anderthalb Stunden. Besonders aufschlussreich ist dabei der Vergleich mit Ihrer Selbsteinschätzung. Die Ergebnisse sind auch grafisch aufbereitet, zum Beispiel ist Ihre eigene Perspektive in roter, die Ihrer Mitarbeiter in grüner Farbe dargestellt. Auf einen Blick erkennen Sie, an welchen Punkten Sie mit der Einschätzung Ihrer Mitarbeiter übereinstimmen, an welchen dagegen Abweichungen bestehen.

Zusammen mit dem Berater überlegen Sie, wie weiter verfahren wird. Leuchten die Ergebnisse ein? Oder besteht Gesprächsbedarf mit den Feedbackgebern? Sie müssen entscheiden, inwieweit Sie die Ergebnisse akzeptieren, bei welchen Aspekten Sie dagegen noch Klärungsbedarf sehen. Da steht zum Beispiel der Vorwurf im Raum, Sie würden die Mitarbeiter nicht ausreichend informieren. Beim besten Willen können Sie nicht verstehen, wie dieser Eindruck entstehen konnte. Der Berater schlägt deshalb vor, diesen Punkt mit den Mitarbeitern zu diskutieren. Eine Idee, die Sie gern aufgreifen.

Also initiieren Sie einen kleinen Workshop mit Ihren Mitarbeitern. Da Sie sich auf den einen Punkt konzentrieren wollen und auch keine größeren Diskussionen erwarten, setzen Sie dafür eine Stunde an – das müsste reichen. Einleitend danken Sie Ihren Mitarbeitern für die Teilnahme und das Ausfüllen der Fragebogen und stellen dann kurz die Ergebnisse vor, etwa in dem Tenor: »Einige Sachen fand ich sehr gut, bei einem Punkt habe ich aber eine vollkommen andere Wahrnehmung. Da würde ich gern noch mehr Informationen haben.« Und dann ganz konkret: »Ich muss gestehen, dass mir nicht bewusst war, dass Sie mehr informiert werden wollen. Ich nehme das sehr ernst ...«

Nach dem Workshop ist Ihnen vieles klarer geworden. In den folgenden Tagen treffen Sie sich mit Ihrem Vorgesetzten, um auch mit ihm einige Punkte des Feedbackberichts zu besprechen. Ebenso suchen Sie zu den anderen Feedbackgebern Kontakt, um ihnen zumindest für das Ausfüllen der Fragebogen zu danken. In einigen Fällen kommt es zu einem kurzen Gespräch zwischen Tür und Angel, mit einem Abteilungsleiterkollegen treffen Sie sich zu einem gemeinsamen Mittagessen.

Aus der anonymen Befragung hat sich so ein offener Klärungsprozess entwickelt, der Ihnen Klarheit gibt und interessante Erkenntnisse liefert. Am Ende stellen Sie fest: Es gibt tatsächlich einige Lücken, an denen Sie arbeiten sollten. Zusammen mit dem Berater entwickeln Sie einen Aktionsplan, den Sie bei nächster Gelegenheit Ihren Mitarbeitern vorstellen. Zugleich verpflichten Sie sich, die Umsetzung der Maßnahmen konsequent nachzuhalten und dieses Thema künftig regelmäßig auf die Tagesordnung der Abteilungsbesprechung zu setzen.

360-Grad-Feedback: Von der Initiative bis zur Umsetzung

Das 360-Grad-Feedback ist ein aufwendiger Prozess, der vom Topmanagement genehmigt wird. Im Einzelnen besteht er aus folgenden Schritten.

1. **Initiative**
   - ein Anstoß von außen
   - Gewinnung von Unterstützern
   - Grundsatzentscheidung des Topmanagements
   - Zustimmung und Einbindung von Betriebsrat und/oder Sprecherausschuss
   - Bestimmung des Prozessverantwortlichen
2. **Planung**
   - Festlegung der Ziele
   - Bildung von Projektgruppen
   - Sammlung, Prüfung, Auswahl, Anpassung, Neugestaltung der Verfahren
   - Festlegung der Dimensionen und Fragen
   - Durchführung und Auswertung von Pilotprojekten
   - Information der Beteiligten über das Vorhaben und deren Motivation
   - Organisation der Vorgehensweise, Druck, Adressen, Verantwortliche
3. **Durchführung**
   - Versand, Verteilung der Datenerhebung, inklusive Nachfassaktion (meist online)
   - Auswertung und Darstellung der Ergebnisse
   - Ergebnisrückmeldung an die Beurteilten
   - Analysen individuell, im Dialog mit einem externen Berater oder moderierten Gruppenworkshops
   - Veröffentlichung des Ergebnisses
4. **Umsetzung**
   - Entscheidung über Maßnahmen (Aktionsplan)
   - Kontrolle und Nachhalten der Maßnahmen

Erfolgsfaktoren des Mehrebenenfeedbacks

Weniger Fehler, mehr Qualität, motiviertere Mitarbeiter, ein besseres Arbeitsklima – für ein institutionalisiertes regelmäßiges Feedback gibt es gute Argumente. Wird ein 360-Grad-Feedback alle zwei Jahre wiederholt, kann es sehr effektiv sein und nachhaltige Veränderungsprozesse auslösen. Einige Untersuchungen haben einen deutlichen Zusammenhang zwischen den 360-Grad-Feedbackdimensionen und Messergebnissen auf einer Gruppenebene nachgewiesen. Zu den Ergebnissen zählen insbesondere größere Kundenloyalität, erhöhte Profitabilität und größere Kundenzufriedenheit.

Und welche Vorteile dürfen Sie als Teilnehmer eines 360-Grad-Feedbacks erwarten? Forschungsarbeiten belegen, dass das 360-Grad-Feedback die Selbstwahrnehmung schärft und dazu motiviert, an den eigenen Fähigkeiten zu feilen. Bemerkenswert ist das Ergebnis, dass Teilnehmer, die am Anfang besonders schlechte Werte hatten, überdurchschnittlich profitierten. Auch wer sich selbst besser einschätzt, als er von seinen Mitarbeitern gesehen wird, zieht persönlich einen besonders hohen Nutzen aus dem Verfahren. Damit diese Erfolge eintreten, kommt es auf eine professionelle Umsetzung an. In der Regel empfiehlt es sich, einen externen Feedbackspezialisten zu engagieren, der den Prozess begleitet und steuert. Wie die Erfahrung zeigt, kommt es für ein gelungenes 360-Grad-Feedback vor allem auf sechs Erfolgsfaktoren an.

Klarheit des Zwecks

Jedem Mitarbeiter muss der Zweck des 360-Grad-Feedbacks klar sein. Der Erfolg steht und fällt mit der positiven Haltung der Teilnehmer. Ist das Image des Verfahrens erst einmal beschädigt, sind zynischen Reaktionen, unangemessenem Feedback oder der Verweigerung Tür und Tor geöffnet. Besonders heikel: Die beurteilten Führungskräfte wie auch die Beurteiler treibt die Sorge, was genau mit den Informationen nach dem Ausfüllen der Fragebogen geschieht.

Es ist wichtig, Ziel und Spielregeln des Prozesses klar zu vermitteln. Deutlich werden sollte zum Beispiel, dass das 360-Grad-Feedback die Entwicklung des beurteilten Mitarbeiters im Blick hat – und nicht dazu dient (wie etwa ein Assessment-Center), die Eignung für bestimmte Aufgaben festzustellen und zu selektieren.

Klare Spielregeln für die Auswahl der Beurteiler

Die Teilnehmer sollten ihre Beurteiler selbst bestimmen können. Dies erhöht die Bereitschaft, bei negativem Feedback die Botschaften anzunehmen. Auch die Anonymität sollte gewahrt bleiben. Untersuchungen belegen, dass Beurteiler ein faireres Feedback abgeben, wenn sie davon ausgehen können, dass ihr Urteil anonym bleibt.

Gute Vorbereitung der Teilnehmer

Sowohl die Beurteiler als auch die einzuschätzende Führungskraft sollten trainiert und auf den Prozess vorbereitet werden. Sie sollten wissen, was genau auf sie zukommt und wie sie den Feedbackprozess erfolgreich durchlaufen.

Professionelle Interpretation der Ergebnisse

Für die Akzeptanz der Rückmeldungen ist es wichtig, dass ein erfahrener Feedbackspezialist die Ergebnisse der Feedbackberichte präsentiert, erklärt und interpretiert. Negatives Feedback führt bei der kritisierten Person nur dann zu echten Verhaltensänderungen, wenn es konstruktiv dargestellt wird. Vor allem deshalb kann es sich lohnen, einen professionellen Feedbackspezialisten in den Prozess einzubeziehen.

Aktionspläne erarbeiten

Die Ergebnisse des Feedbacks führen nur dann zu Verbesserungen, wenn Maßnahmen definiert und umgesetzt werden. Ansonsten bleibt es bei einer Ansammlung von Informationen. Notwendig ist es deshalb, aus dem Feedback konkrete Entwicklungsziele abzuleiten und Aktionspläne zu entwerfen.

Follow-up

Die Aktionspläne müssen nachgehalten werden. Alle zwei bis drei Monate sollten die 360-Grad-Feedbackteilnehmer an ihre Ziele und Aktionspläne erinnert werden. Das kann zum Beispiel im Rahmen eines Teammeetings geschehen, bei dem Bilanz gezogen und der Stand der Umsetzung besprochen wird. Sie können hierfür auch einen Coach verpflichten. Wie auch immer: Untersuchungen zeigen, dass diejenigen Manager, die dem Prozess treu blieben, eine deutliche Verbesserung ihrer Performance erzielten.

Herausforderungen beim Einsatz des Mehrebenenfeedbacks

Zusammenfassend lässt sich festhalten, dass die Herausforderungen beim Einsatz eines 360-Grad-Feedbacks vor allem vier Themenbereiche betreffen:

- ✔ die Informationsflut, die durch ein 360-Grad-Feedback ausgelöst wird,
- ✔ das Akzeptanzlevel der Teilnehmer, das Feedback anzunehmen,
- ✔ die direkten und indirekten Kosten,
- ✔ Ziel und Zweck des 360-Grad-Feedbacks (geht es um Entwicklung oder Beurteilung?).

Umgang mit der Informationsflut

Der Einsatz eines 360-Grad-Feedbacks erfordert von den Beteiligten mehr als bei einer einfachen, »linearen« Rückmeldung durch den Vorgesetzten. Da ist vor allem eine enorme Datenflut, die es zu interpretieren gilt. Die Antworten können inkonsistent sein, nicht weil es Messfehler gab, sondern bedingt durch die unterschiedlichen Sichtweisen und Rollen der Teilnehmer. Neben Mittelwerten, die einen Überblick geben, werden auch die höchsten und die niedrigsten Einschätzungen ausgewiesen, was die Ergebnisse weiter verkompliziert. Möglicherweise kommen noch die Vergleichswerte zu einem vorausgegangenen 360-Grad-Feedback hinzu.

Der Empfänger des Feedbacks muss sämtliche Informationen handhaben, interpretieren und mögliche Lücken identifizieren. Er muss in der Lage sein, bei der Interpretation der Ergebnisse die Perspektiven zu wechseln und widersprüchliche Rückmeldungen zu verarbeiten. Keine leichte Aufgabe! Sie erfordert nicht nur die hierfür notwendigen Fähigkeiten, sondern auch Vertrauen in die Validität des Feedbackverfahrens. Auch deshalb ist es so wichtig, die Auswertung in geschulte Hände zu legen.

Akzeptanz des Feedbacks

Wie bei jedem Feedback steht und fällt der Erfolg mit der Akzeptanz durch den Empfänger. Auch hier kommt das Vertrauen ins Spiel: Es entsteht, wenn das Verfahren klar und transparent geregelt wird. Ist diese Voraussetzung erfüllt, kommt es auf die persönliche Einstellung der Beteiligten an, ob sie sich mit den Feedbackinhalten auseinandersetzen. Hier zeigt die Erfahrung: Hat es mehrere Durchgänge eines 360-Grad-Feedbacks gegeben, steigt die Akzeptanz – einfach deshalb, weil sich dann als zutreffend herausgestellt hat, was zunächst nur angekündigt war.

Ein wichtiger Faktor für die Akzeptanz ist die konsequente Arbeit an einer Feedbackkultur. Wird es in einem Unternehmen als normal empfunden, Feedback zu geben und zu bekommen, wächst die Bereitschaft, sich mit den Feedbacks inhaltlich wirklich auseinanderzusetzen.

Kosten des 360-Grad-Feedbacks

Beim 360-Grad-Feedback entstehen direkt und indirekt Kosten für die Vorbereitung, Einführung und Durchführung. Neben den Kosten für Software, Auswertung der Feedbackberichte und das Training der Rater kommen der Zeitaufwand für die Feedbacks, die Auswertungsgespräche und gegebenenfalls Workshops hinzu. Was leicht übersehen wird: Um Vertrauen aufzubauen, ist eine umfangreiche Informationsarbeit im Unternehmen notwendig – auch das schlägt sich in den Kosten nieder. Nicht zu vernachlässigen ist auch der Aufwand für die Evaluation des Programms, um die Auswirkung des 360-Grad-Feedbacks auf Mitarbeiter und Organisation beschreiben zu können.

Zweck des 360-Grad-Feedbacks

Im Allgemeinen wird von Beratern als Zweck des 360-Grad-Feedbacks die Entwicklung des Mitarbeiters in den Vordergrund gestellt. Davon zu unterscheiden ist die Überlegung, dass das Verfahren auch dazu dienen kann, Leistung zu beurteilen und die Eignung für bestimmte Aufgaben festzustellen.

Der Befürchtung, dass mit solchen Bewertungen und Leistungsbeurteilungen automatisch die Offenheit des Verfahrens und damit das Ziel der persönlichen Entwicklung leiden könnte, ist auf den ersten Blick nicht von der Hand zu weisen. Dennoch braucht es aus meiner Sicht hier kein Entweder-oder: Beide Ziele lassen sich verfolgen, diskutiert werden sollte hier das Sowohl-als-auch.

Im Vordergrund sollten immer der Entwicklungsaspekt und ein daraus abgeleitetes Lernprogramm stehen. Die Integration anderer Managementprozesse, die sich auf eine

Leistungsbeurteilung beziehen, kann jedoch im Rahmen des 360-Grad-Feedbacks eine sinnvolle Ergänzung sein. Dabei gilt es nur, einen großen Fehler von Leistungsbeurteilungssystemen zu vermeiden: Entkoppeln Sie die Gespräche, die der Leistungsbeurteilung dienen, von den Gesprächen, die der Weiterentwicklung dienen. Kein Vorgesetzter kann glaubwürdig die Rolle des Coachs und des Richters übernehmen.

Entwicklung eines Lernrahmens

Beim 360-Grad-Feedback steht die Mitarbeiterentwicklung im Vordergrund. Dazu gehört, für den beurteilten Mitarbeiter einen glaubwürdigen Lernrahmen zu entwerfen, der folgende Bedingungen erfüllen sollte:

- ✔ Die Feedbacks werden nicht als isoliertes Ereignis angesehen, sondern als ein Prozess, der gestaltet und nachverfolgt wird.
- ✔ Die persönliche Entwicklung wird als ein System im Konzert mit den Unternehmenszielen gesehen.
- ✔ Die persönlichen Ziele werden mit den Veränderungsprozessen der Organisation verbunden.
- ✔ Das 360-Grad-Feedback wird nicht als ein »Fertiggericht« angesehen, sondern als ein Werkzeug, quasi als Messer und Gabel, die es ermöglichen, die eigene Entwicklung sinnvoll in das Unternehmen einzubringen.

Ein neuer Ansatz: Crowdsourced Feedback

Im Jahr 2012 erregte Eric Mosley, Chef der Beratungsfirma Globoforce, Aufmerksamkeit mit einer Untersuchung und einem Buch mit dem Titel »The Crowdsourced Performance Review: How to use the power of Social Recognition to Transform Employee Performance«. Dieser Studie zufolge sind 45 Prozent der Leiter von Personalabteilungen – befragt wurden US-amerikanische Firmen – unzufrieden mit den bestehenden 360-Grad-Feedbacks.

Vorgeschlagen wird ein anderer Ansatz, der ähnlich funktioniert wie die Internetplattformen Yelp oder Tripadvisor bei Restaurants oder Hotels: Alle Beteiligten, Mitarbeiter wie Vorgesetzte, geben sich untereinander Feedback, wenn es in Bezug auf die Leistungen am Arbeitsplatz etwas Wesentliches zu berichten gibt. Die Weisheit der vielen soll genutzt werden. Dahinter steht die Überlegung, dass die jeweiligen Mitarbeiter näher am Geschehen sind und dadurch zu gerechten Beurteilungen kommen.

Eric Mosley führt als Vorteil dieses Verfahrens auch die »Multiperspektivität« ins Rennen: Wenn viele Menschen unabhängig voneinander etwas beobachten, ergibt sich ein faires Bild, während die Einschätzung einer einzelnen Person vorurteilsbehaftet ist. Hinzu kommt, dass die Einschätzungen eines solchen Crowdsourced Feedback in Echtzeit erfolgen – und nicht erst ein halbes Jahr später.

Die Verfechter des Verfahrens sehen im Crowdsourced Feedback eine ideale Grundlage, um auch strategische Aufgaben wie Talentmanagement oder Nachfolgeplanung empirisch untermauert ausführen zu können. Eric Mosley stellt vor allem vier Vorteile heraus:

- ✔ Einzel- und Teamleistungen werden über das ganze Jahr wahrgenommen. Die Mitarbeiter entwickeln ein besseres Verständnis, welche Leistungen erwünscht sind – und die Manager haben direkte Einsicht in erbrachte Leistungen.
- ✔ Der Blickwinkel erweitert sich und die Einschätzungen werden valide, weil das Feedback auf breiter Basis aus allen Teilen der Organisation genutzt wird.
- ✔ Die Beteiligten reagieren nur, wenn ihnen wirklich etwas aufgefallen ist. Die Starrheit eines Mehrebenenfeedbacks, das auf der Beantwortung vorgegebener Fragen beruht, wird dadurch vermieden. Ergänzt um die klassischen Leistungseinschätzungen ergibt sich ein rundes Bild des jeweiligen Mitarbeiters.
- ✔ Da die Arbeitsprozesse zunehmend die Teamgrenzen überspringen, besteht die Chance, einen umfassenden Überblick, eine »Leistungslandkarte« der gesamten Organisation, zu erhalten.

Experten schätzen, dass inzwischen ein Drittel bis die Hälfte der amerikanischen Unternehmen Crowdsourced Feedback einsetzen.

Gleichwohl bleiben kritische Stimmen: Eine Einschätzung durch Dritte, die nicht genau wissen, welchen Verantwortungsbereich der beurteilte Mitarbeiter hat, ist wenig zuverlässig. Vielmehr ist zu befürchten, dass im Sinne der sozialen Beliebtheit beurteilt wird. Die Wahrscheinlichkeit ist groß, dass unbeliebte Mitarbeiter in ungerechtfertigtem Maße negative Rückmeldungen erhalten.

Das größte Problem werfen juristische Fragen auf: Eine gute Dokumentation der erbrachten Leistungen ist in den Vereinigten Staaten eine wichtige Hilfe, um sich gegen Klagen zu wehren – etwa gegen den Vorwurf, diskriminierend bezahlt zu werden. So kam es bei einem Crowdsourced Review der Firma Goldmann & Sachs 2010 zu einem Prozess, bei dem eine Mitarbeiterin erfolgreich gegen ein nicht akzeptables Maß an Subjektivität und Voreingenommenheit klagte: Die Männer hätten bei ihren Feedbacks ihre männlichen Kollegen in die obersten Leistungskategorien eingeordnet und dadurch den Frauen den Zugang zu den lukrativen Prämien verstellt.

Die Bedenken gegen das Crowdsourced Feedback lassen sich nicht einfach wegdiskutieren. Andererseits hat auch das 360-Grad-Feedback seine Defizite. Eine Lösung könnte daher der gemeinsame Einsatz beider Verfahren sein, sofern die Spielregeln transparent sind und die Zielsetzung des jeweiligen Einsatzes gut begründet werden kann.

Es geht nicht darum, mit komplexen Feedbackverfahren eine wissenschaftliche Arbeit abzugeben. Ziel ist es vielmehr, die Leistungsfähigkeit der Organisation zu steigern. Wenn der bürokratische Aufwand für Einführung und Pflege den erwarteten Nutzen nicht mehr rechtfertigt, sollte man darauf verzichten.

Auf dem Weg zu einer (neuen) Feedbackkultur

Mit dem offenen und dem anonymen Mitarbeiterfeedback haben Sie zwei Verfahren kennengelernt, um Ihren Mitarbeitern das notwendige Feedback zu entlocken. Besser wäre es natürlich, das Feedback würde von selbst kommen und müsste nicht erst mühsam durch Feedbacksitzungen oder Befragungen eingeholt werden. Der Idealfall wäre also eine Kultur, in der es ganz selbstverständlich ist, dass man einander Feedback gibt.

Eine solche Feedbackkultur würde sich auf jeden Fall lohnen – nicht nur aus der Perspektive der einzelnen Mitarbeiter und Führungskräfte. Auch aus unternehmerischem Blickwinkel bringt sie große Vorteile – und das in dreifacher Hinsicht:

- ✔ Laufendes Feedback stellt sicher, dass die Mitarbeiter nicht von den vorgegebenen Zielen abweichen, und ermöglicht so erst effektives Arbeiten.
- ✔ Laufendes Feedback spielt Fehlentwicklungen zeitnah an die Unternehmensleitung zurück, sodass Kurskorrekturen rechtzeitig vorgenommen werden können.
- ✔ Das Unternehmen erhält von Mitarbeitern »an der Front« laufend Impulse, um veraltete Gewohnheiten ablegen und sich modernisieren zu können.

Grund genug, uns mit der Feedbackkultur noch etwas näher zu befassen. Worin liegt ihre besondere Kraft? Wie lässt sie sich fördern und entwickeln?

Führungskräfte beeinflussen die Kultur – und umgekehrt

Angenommen, Sie sind neu berufen als Abteilungsleiterin oder Abteilungsleiter. Ihnen ist es ein Anliegen, in Ihrer Abteilung einen möglichst offenen Austausch zu schaffen. Engagiert bemühen Sie sich in den ersten Wochen um Rückmeldungen vonseiten Ihrer Mitarbeiter, Sie versuchen wirklich alles. Vergebens! Ihre Mitarbeiter, die untereinander durchaus kommunikativ sind, bleiben Ihnen gegenüber schweigsam.

Offenbar existiert eine geheimnisvolle Kraft, die diese Mitarbeiter davon abhält, Feedback zu geben – eine Kraft, die in der Abteilung, vielleicht sogar in der ganzen Organisation tief verwurzelt scheint. Was hier wirkt, sind ungeschriebene Gesetze, an die sich alle ganz selbstverständlich halten. Eben das, was man »Kultur« nennt.

Im Unternehmen ist häufig von »Führungskultur« die Rede. Gemeint ist damit die Gesamtheit der vorherrschenden Gewohnheiten der in einer Organisation tätigen Führungskräfte. Führungskultur, Organisationskultur und Feedbackkultur stehen in einem engen Verhältnis zueinander und beeinflussen sich gegenseitig. Lange wurde davon ausgegangen, dass der Erfolg des Unternehmens auf den vorherrschenden Führungsstil zurückzuführen ist, was bedeuten würde, dass nur die Führungskräfte entsprechend weitergebildet oder notfalls neue eingestellt werden müssten, um ein schwächelndes Unternehmen wieder auf die Beine zu bringen.

Was ist Kultur?

Der Begriff Kultur stammt aus der Anthropologie und bezeichnet die Gesamtheit der menschlichen Daseinsformen, deren Sitten und Gebräuche – der Gegenbegriff ist die nicht vom Menschen geschaffene Natur. Kultur entsteht in allen menschlichen Gesellschaften – sei es in Staaten, Städten oder Stämmen.

Die Kultur eines Unternehmens beschreibt der Organisationspsychologe Edgar Schein anhand eines Modells mit drei Kulturebenen: Die erste Ebene umfasst die sichtbaren Verhaltensweisen und Organisationsstrukturen, die sogenannten Artefakte. Auf der zweiten darunter liegenden Ebene folgen die öffentlich propagierten Normen und Werte. Die dritte und tiefste Ebene enthält schließlich die impliziten Grundannahmen, Wahrheiten und Glaubenssätze, die von den Mitarbeitern weitgehend unbewusst geteilt werden.

Edgar Schein vergleicht eine Organisationskultur mit den Schichten einer Zwiebel: Die unterste Schicht, der Kern einer Kultur, liegt tief im Inneren. Sie bleibt deshalb weitestgehend unsichtbar und unbewusst – und ist auch nur schwer zu erheben.

Die Grundannahmen, die diesen Kern ausmachen, sind das Ergebnis eines Lernprozesses: Um ihre Probleme zu bewältigen, hat die jeweilige Gruppe bewährte Normen und Regeln aufgestellt, die nun als gültig betrachtet und allen neuen Mitgliedern beigebracht werden. Kurzum: Erfolgreiche Verhaltensweisen werden von nachfolgenden Generationen als Normen übernommen. Kritisches Hinterfragen ist dabei essenziell, um ein organisatorisches Einrosten zu vermeiden.

Nun ist es sicher zutreffend, dass die Führungskräfte die Kultur beeinflussen. Sie setzen einen bestimmten thematischen Fokus, besetzen die Schlüsselpositionen mit ausgewählten Personen, reagieren in einer bestimmten Form auf Fehler und Krisen, belohnen und bestrafen nach ihren Wertvorstellungen und zeigen durch ihr eigenes Verhalten beispielhaft auf, welche Verhaltensweisen gewünscht und welche nicht erwünscht sind. Umgekehrt beeinflussen aber auch die tief verankerten Normen und Gewohnheiten der Unternehmenskultur die Führungskräfte.

Eine gewachsene und etablierte Organisationskultur verteidigt ihre in vielen Jahren gewachsenen Werte. Glaubenssätze und Wertvorstellungen stehen gewünschten Neuerungen entgegen.

An dieser Stelle kommt die Feedbackkultur ins Spiel. Ist sie erst einmal etabliert, kann sie die notwendigen Veränderungen auch gegen die Beharrungstendenzen der Unternehmenskultur in Gang bringen.

Feedbackkultur als Motor der Erneuerung

Unternehmenskultur – so lässt sich definieren – ist die Gesamtheit der vorherrschenden Verhaltensgewohnheiten der Menschen in einer Organisation. Insofern ist Kultur veränderbar, wenn es gelingt, die Verhaltensweisen zu modifizieren. Was sich heute als Kultur manifestiert, sind erlernte Verhaltensweisen, die nach und nach zu nicht mehr hinterfragten Gewohnheiten und Standards geworden sind. Aus der Lernpsychologie wissen wir, dass Verhaltensweisen, die belohnt werden, tief verankert sind und mit großer Wahrscheinlichkeit auch gelebt werden.

Einer Kultur liegt daher etwas zutiefst Konservatives zugrunde. Die Gefahr ist, dass die Organisation erstarrt, sich an neue Entwicklungen nicht anpasst – so lange, bis das Management eingestehen muss, dass eine Fortsetzung des bisherigen Weges nicht länger möglich ist. Meist ist es dann für einen Kurswechsel schon sehr spät, harte Maßnahmen werden erforderlich. Etablierte Organisationen mit einer stark ausgebildeten Kultur verändern sich meist erst, wenn eine existenzbedrohende Krise sie dazu zwingt.

Die Alternative besteht darin, ein veränderndes Element in die Kultur einzubauen –das Feedback als festes Ritual zu etablieren und damit zu einem Teil der Kultur zu machen.

Unter Feedbackkultur verstehen wir die Summe der Verhaltensweisen, die in einem Unternehmen von Führungskräften und Mitarbeitern in jedweder Situation, in der es um Feedback geht, praktiziert wird. Je besser die Feedbackkultur entwickelt wird, desto höher die Wahrscheinlichkeit, dass das Wechselspiel zwischen Führung und Organisation zu einer Selbsterneuerung führt – und die alten Strukturen nicht ständig reproduziert werden.

Wie eine gute Feedbackkultur entsteht

Wenn Sie als frischgebackene Führungskraft feststellen, dass es mit dem offenen Rückmelden in Ihrer Abteilung nicht recht klappen will, hat das vermutlich mit der Kultur zu tun. Vielleicht haben Ihre Mitarbeiter einige Grundannahmen aus dem tiefen Inneren der Unternehmenskultur verinnerlicht, die sich mit offenem Feedback nicht vertragen.

Das heißt aber nicht, dass Sie nun vor dem unbekannten Wesen »Kultur« die Waffen strecken sollten. Ganz im Gegenteil! Bleiben Sie dran, geben Sie Ihren Mitarbeitern beharrlich weiter Rückmeldungen, indem Sie …

- ✔ zeitnah ansprechen, was gut läuft,
- ✔ zeitnah ansprechen, was nicht so gut läuft,

und zwar so, dass alle wissen,

- ✔ wovon sie mehr tun sollen,
- ✔ was sie warum künftig anders machen sollen und
- ✔ wie sie das tun können.

Versuchen Sie es einfach: Geben Sie häufig Feedback, auch überraschend und erfrischend, kritisch und differenziert, immer wertschätzend. Mit der Zeit werden Sie feststellen, dass dieses Vorbild Schule macht. Wenn Sie gutes Feedback wünschen, leben Sie es vor.

Lassen Sie sich nicht beirren, wenn der Prozess Zeit braucht. Im Einzelfall kann es dafür viele Gründe geben. Menschen halten sich zum Beispiel mit kritischen Rückmeldungen zurück, …

- ✔ weil sie jede Äußerung von Kritik unhöflich finden oder nicht wissen, wie sie auf höfliche Weise Kritik äußern können;
- ✔ weil sie Verluste fürchten, etwa Sympathieverlust (»Er mag mich dann nicht mehr.«) oder Statusverlust (»Das schadet meiner Karriere.«);
- ✔ weil sie meinen, dass es ohnehin nichts ändert (»Die da oben machen eh was sie wollen!«);
- ✔ weil sie Feedback als »Problemgespräche« ansehen, denen sie lieber aus dem Weg gehen.

Selbst ein Lob auszusprechen, es angemessen und im richtigen Ton rüberzubringen, braucht einige Übung. Auch wenn es zunächst überrascht: Es gibt vielerlei Gründe, warum Menschen ein Lob schwerfallen kann – zum Beispiel …

- ✔ weil ein Lob sie verlegen macht und sie vermeiden wollen, andere in diese Verlegenheit zu bringen;
- ✔ weil sie befürchten, etwas von sich preiszugeben, das vielleicht einmal gegen sie verwendet werden könnte;
- ✔ weil sie glauben, ihre Meinung sei nicht so wichtig (»Der andere weiß sowieso schon, was ich gerade so toll an ihm finde.«);
- ✔ weil sie befürchten, der andere könnte ihnen unterstellen, das Lob nur aus manipulativen Gründen auszusprechen.

Wenn Sie als Manager der Ansicht sind, dass eine offene Feedbackkultur für Sie selbst, Ihren Verantwortungsbereich und Ihr Unternehmen wichtig ist, sollten Sie sich von diesen Vorbehalten nicht beirren lassen.

Eine Feedbackkultur zu etablieren, kann anstrengend und mühsam sein. Wenn sich die bestehende Unternehmenskultur einem offenen Feedback noch verschließt, bedarf es ständiger Anstrengung, auch über einige Jahre hinweg. Verfahren wie das Mehrebenenfeedback können dabei helfen, den Prozess in Gang zu setzen.

Wenn Sie eine Feedbackkultur einführen möchten, hängt der Erfolg von einer wichtigen Voraussetzung ab: Die Unternehmensleitung muss das Vorhaben unterstützen und selbst in Sachen Feedback vorbildlich handeln. Der Lernprozess kann nur funktionieren, wenn er von den Vorgesetzten uneingeschränkt gewollt und aktiv getragen wird.

Lippenbekenntnisse des Managements allein reichen nicht aus, um eine Feedbackkultur zu etablieren. Vielmehr gilt es, den Prozess in aller Konsequenz mitzutragen: Führungskräfte, die offenes Feedback nicht gewohnt waren, müssen sich ihren Mitarbeitern stellen und ihnen zuhören – selbst dann, wenn sie die Kritik für nebensächlich oder unangebracht halten.

Wenn es schwerfällt, sich der Kritik der Mitarbeiter zu stellen, hilft es, sich immer wieder klarzumachen: Feedback dient dazu, Sichtweisen zu klären. Wenn ein Mitarbeiter Erwartungen an den Vorgesetzten heranträgt, heißt das noch lange nicht, dass der Vorgesetzte diesen Erwartungen entsprechen muss. Mit diesem Grundgedanken im »mentalen Gepäck« ist es deutlich einfacher, die Kritik eines Mitarbeiters anzunehmen und konstruktiv darauf zu reagieren. Wichtig ist es, zwei Schritte zu unterscheiden:

- ✔ Schritt 1: Der Vorgesetzte nimmt das Feedback des Mitarbeiters aufmerksam und ohne Kommentar an. Er stellt gegebenenfalls Verständnisfragen und signalisiert, dass das Feedback angekommen ist. Bewährt hat es sich, hierzu mit eigenen Worten zusammenzufassen, was der Mitarbeiter gesagt hat: »Wenn ich Sie richtig verstehe, sagen Sie, dass …«.
- ✔ Schritt 2: Erst jetzt nimmt der Vorgesetzte zu den Erwartungen des Mitarbeiters Stellung. Dabei gilt: Der Vorgesetzte muss der Sichtweise des Mitarbeiters nicht folgen, ihm dies aber klar sagen und begründen.

Bei einer noch wenig entwickelten Feedbackkultur, aber auch generell in angespannten Situationen ist es wichtig, die beiden Schritte klar voneinander zu trennen: erst das Anliegen des Gegenübers anhören, dann dazu Stellung nehmen. Also erst einmal zu signalisieren: »Ich habe verstanden!« – und nicht gleich zu sagen: »Ich bin einverstanden« oder »Ich bin nicht einverstanden«.

Reagieren Sie nicht überhastet auf die Einlassungen Ihres Gegenübers – sonst besteht die Gefahr, dass Sie den Feedbackprozess abwürgen. Ganz gleich, was Sie sagen: Der andere hat dann das Gefühl, dass Sie sein Feedback nicht ernst nehmen und es ohne wirkliche Prüfung beiseiteschieben. Geben Sie stattdessen zu verstehen, dass Sie ihm wirklich zugehört haben.

Teil IV
Besondere Feedbacksituationen

IN DIESEM TEIL ...

Der Arbeitsalltag wartet immer wieder mit Feedbacksituationen auf, die vom klassischen Feedback zwischen Vorgesetztem und Mitarbeiter abweichen und deshalb besondere Herausforderungen mit sich bringen. Zu diesen besonderen Mitarbeitergesprächs- und Feedbacksituationen zählen unter anderem Entwicklungsgespräche, Rückkehr -und Fehlzeitengespräche, Vertragsauflösungs- oder Kündigungsgespräche und Exit-Interviews. Dieser Teil befasst sich mit einer Auswahl solcher Situationen: Sie reichen vom Feedback unter Kollegen über formalisiertes Feedback bei betrieblichen Zielvereinbarungen bis hin zu besonders heiklen Situationen wie etwa dem Umgang mit aggressiven oder sehr aufdringlichen Menschen.

IN DIESEM KAPITEL

- Die Rolle des Feedbackmotivs
- Kollegenfeedback unter vier Augen
- Öffentliches Feedback im Team

Kapitel 12
Feedback unter Kollegen

»Sprich nicht über deinen Kollegen, sondern mit ihm.« Allzu gern wird dieser Ratschlag im betrieblichen Alltag missachtet. Es ist eben doch einfacher und macht vielleicht auch mehr Spaß, am Mittagstisch oder in der Teeküche über andere zu lästern, als sich direkt mit den Betroffenen auseinanderzusetzen. Die Folgen dieser Haltung können verheerend sein: Misstrauen schleicht sich in die Beziehungen untereinander und vergiftet immer mehr das Arbeitsklima.

Auf den anderen zugehen, ihn kritisieren, ihm ein offenes und ehrliches Feedback geben – das lässt sich leicht fordern, fällt aber oft schwer, wenn es konkret wird. Schnell kommen Zweifel auf: Soll ich dem Kollegen wirklich sagen, was mich an ihm stört? Und wenn ja, wie sage ich es ihm? In diesem Kapitel erfahren Sie, wann ein Kollegenfeedback sinnvoll, ja sogar zwingend ist und wie Sie dabei vorgehen können.

Unter vier Augen: ein Wort von Kollege zu Kollege

Vor allem in einem Punkt unterscheidet sich die Situation vom üblichen Feedback des Vorgesetzten an seinen Mitarbeiter: Es gibt kein hierarchisches Verhältnis. Wenn Sie als Vorgesetzter einem Mitarbeiter Aufgaben übertragen, ist Feedback fester Bestandteil der Führungsaufgabe. Spätestens wenn Sie mit einem Ergebnis nicht zufrieden sind, müssen Sie Rückmeldung geben. Anders im Verhältnis zu den Kollegen: Feedback ist hier eher die Ausnahme.

Gerade deshalb stellt sich die Frage, wie Sie vorgehen, wenn Ihnen das Verhalten eines Kollegen missfällt. Wann genau dürfen Sie Feedback geben, wann müssen Sie es vielleicht sogar? Wann lassen Sie es lieber bleiben?

Feedback geben – ja oder nein? Das Motiv prüfen

Beim Kollegenfeedback lassen sich grundsätzlich zwei Kategorien unterscheiden:

- ✔ **Der Muss-Fall:** Das Verhalten des Kollegen hindert Sie daran, Ihre Aufgaben im Zusammenhang mit Ihrer Arbeit zu erfüllen. Dann müssen Sie Feedback geben.
- ✔ **Der Kann-Fall:** Etwas stört Sie am Verhalten des Kollegen, es hat aber nichts mit dem Arbeitszusammenhang zu tun. Dann können Sie Feedback geben.

Wenn das Verhalten eines Kollegen die Zusammenarbeit beeinträchtigt und damit Ihre Leistung gefährdet, müssen Sie agieren. Zum Beispiel gibt Ihnen der Kollege wichtige Informationen nicht weiter, hält Termine nicht ein oder grenzt Sie aus, indem er nur mit den Teamkollegen zusammenarbeitet. Solches Verhalten behindert Sie bei Ihrer eigenen Leistungserbringung – und damit ist klar: Um ein Feedbackgespräch mit diesem Kollegen kommen Sie nicht herum.

Anders im Kann-Fall: Da können Sie Feedback geben, sollten sich das vorher aber genau überlegen. Je mehr Sie eine bestimmte Verhaltensweise stört, desto eher ist es angebracht, den anderen offen und ehrlich darauf anzusprechen. Wenn Sie zum Beispiel mit einem Kollegen sehr eng zusammenarbeiten und er starken Mundgeruch hat, wäre es falsch, stillschweigend zu leiden. Wie Sie in einer so heiklen Situation am besten vorgehen, erfahren Sie in Kapitel 14.

Loten Sie Ihre Grenze aus: Welches Verhalten stört Sie wirklich, was können Sie tolerieren? Ein Beispiel: Wenn der Herr Kollege schlampig zur Arbeit kommt, mögen Sie das ganz schrecklich finden. Er selbst empfindet das vermutlich ganz anders und lächelt insgeheim über Ihr stets makelloses Outfit. Auch wenn es Ihnen schwerfällt, Ihren Mund zu halten: Finden Sie erst einmal heraus, warum Sie sein Verhalten nicht tolerieren wollen. In vielen Fällen treffen schlicht unterschiedliche Wertvorstellungen aufeinander. Und da ist es meistens besser, diese Tatsache anzuerkennen und den Kollegen so zu akzeptieren, wie er ist.

Überlegen Sie genau, ob Sie ein störendes Verhalten wirklich ansprechen wollen. Dabei hilft es, sich seiner Motivation bewusst zu werden: Warum will ich dem Kollegen Feedback geben? Ist es wirklich dieses Verhalten, das ich kritisiere? Oder geht es mir eher darum, die Gelegenheit zu nutzen, ihm endlich einmal eins auszuwischen?

Behutsam, aber klar: ein ehrliches Wort an den Kollegen

Im Fall eines Muss-Feedbacks liegen die Dinge auf der Hand. Die Kritik bezieht sich auf den Arbeitszusammenhang und am besten gehen Sie nach der Dreiklangregel vor: Anhand konkreter Beispiele weisen Sie den Kollegen auf sein Verhalten hin, erklären ihm, was das für Sie bedeutet – und formulieren klipp und klar, was Sie von ihm erwarten. Schwieriger stellt sich die Situation dar, wenn Sie einem Kollegen ein Kann-Feedback geben wollen.

Je weiter das Thema sich von der Arbeitssituation entfernt, je mehr es also um persönliche Dinge geht, desto behutsamer müssen Sie vorgehen und desto größer ist die Gefahr, dass der andere das Gefühl bekommt, Sie wollten sich in Privates einmischen.

Tasten Sie sich deshalb an das Thema heran, indem Sie erst einmal allgemein fragen: »Interessiert Sie ein Feedback? Mir sind Sachen aufgefallen, die würde ich gern einmal mit Ihnen besprechen.« Wenn der Angesprochene ablehnt, verzichten Sie lieber auf das Feedback.

Die meisten Kollegen werden sich jedoch interessiert zeigen und Zustimmung signalisieren. Nun können Sie fortfahren, am besten wieder nach der Regel des Feedbackdreiklangs: Sie schildern, was Sie beobachtet haben, beschreiben, wie das auf Sie wirkt, und sprechen aus, welches Verhalten Sie sich in Zukunft wünschen.

Wenn der Kollege Feedback gibt: nicht ärgern

Ihr Vorgesetzter kritisiert Sie – okay, das mag unangenehm sein. Aber es hat auch seine Ordnung. Schließlich ist er ja der Chef. Doch wie reagieren, wenn ein Kollege Sie kritisiert, womöglich zu Unrecht? Müssen Sie sich das gefallen lassen? Grundsätzlich lassen sich vier Situationen unterscheiden.

Fall 1: Feedback bezieht sich auf die Arbeit und ist berechtigt

Mindestens zwei Seelen wohnen da in Ihrer Brust. Die eine sagt: »Der Feedbackgeber hat recht«, die andere wehrt sich: »Aber ich kann das nicht zugeben! Dann verliere ich mein Gesicht, weil ich einen Fehler gemacht habe.« Aus der Perspektive des selbstsicheren Menschen, der eine realistische Weltsicht hat, geben Sie den Fehler einfach zu. Die Kritik bezieht sich ja nicht auf Ihre Person, sondern auf Ihr Verhalten.

Ein Fehler wäre es, daraus eine Affäre zu machen, die Sie auf sich als Person beziehen – denn dann wird es schwer, einen Fehler zuzugeben. Sie würden sich damit selbst infrage stellen. Nehmen Sie das kritische Feedback stattdessen als Hinweis auf einen »blinden Fleck«, den Sie Dank der Rückmeldung beseitigen können. So wird aus der Kritik eine Bereicherung.

Wenn man gemütlich im Sessel sitzt, leuchtet eine solche Haltung ein, etwas anderes ist die Umsetzung in der freien Wildbahn des Büroalltags. Um hier die nötige Distanz aufzubringen, ist es sinnvoll, zunächst Zeit zu gewinnen, indem Sie sich beim Feedbackgeber bedanken – etwa mit den Worten: »Vielen Dank für die Rückmeldung. Ich muss mir das noch einmal in Ruhe durch den Kopf gehen lassen!«

Wenn Sie sich später in einer ruhigen Minute zur Erkenntnis durchringen, dass der Kollege recht hat, machen Sie sich noch einmal klar: »Die Kritik bezieht sich nicht auf meine Person und Persönlichkeit, sondern auf mein Verhalten.« Teilen Sie dann dem Feedbackgeber das Ergebnis Ihrer Überlegungen auch mit.

Fall 2: Feedback bezieht sich auf Privates und ist berechtigt

Besonders schwierig wird es, wenn das negative Feedback sich auf Privates bezieht. Hier entscheiden Nuancen: Habe ich den Eindruck, dass es wohlmeinend ist? Berührt es irgendwie auch die Arbeit? Führt der Feedbackgeber konkrete Beispiele an? In welchem Ton agiert er? Schwingt er sich zum allwissenden Hobbypsychologen auf?

Wie auch immer – in jedem Fall dürfte die Reaktion reflexartig in drei Richtungen gehen: Flucht, Kampf oder Erstarrung. Das sind die Muster, die uns Menschen zur Verfügung stehen, wenn wir angegriffen werden. Die nach diesen Mustern ablaufenden Reaktionen treten sofort ein und behindern eine vernünftige Bewertung der Situation. Erst nach einer Weile melden sich innere Stimmen, die zu einer anderen Betrachtungsweise mahnen. Der Ausweg liegt darin, diesen »Spätmeldern« eine Chance zu geben.

Bedanken Sie sich trotz der Betroffenheit beim Feedbackgeber – und fügen Sie hinzu: »Das muss ich einmal auf mich wirken lassen!« Dadurch löst sich der Stresszustand auf, sodass Raum für eine nüchternere Betrachtungsweise entstehen kann: Die »inneren Spätmelder« bekommen die Chance, die Sache zu bewerten und das Heft in die Hand zu nehmen.

Konkret kann das bedeuten, dass Sie gezielt andere Menschen ansprechen und fragen, ob sie Ähnliches beobachtet haben. Je nach Ergebnis erhalten Sie die Sicherheit, dass die Kritik des Mitarbeiters sich zwar auf Privates bezogen hat, nichtsdestotrotz berechtigt war. Damit fällt es dann auch leichter, ihm recht zu geben.

Fall 3: Feedback bezieht sich auf die Arbeit und ist unberechtigt

Einfacher stellt sich die Situation dar, wenn sich das Feedback auf die Arbeit bezieht und aus Ihrer Sicht ganz klar unberechtigt ist. In diesem Fall stellen Sie Ihre Sicht der Dinge dar und erläutern, warum Sie zu einem vollkommen anderen Schluss kommen.

Erinnern wir uns: Der Empfänger entscheidet über die Bedeutung einer Nachricht. Ob ein Feedback berechtigt oder unberechtigt ist, hängt von der Perspektive ab, aus der ein Sachverhalt wahrgenommen wird. Der eigentliche Wert des Feedbacks liegt nicht darin, herauszufinden, was wahr ist, sondern darin, die unterschiedlichen Sichtweisen kennenzulernen und aus diesen Unterschieden zu lernen.

So ist es auch hier: Als Empfänger des Feedbacks entscheiden Sie, dass dieses Feedback aus Ihrer Sicht unberechtigt ist. Achten Sie aber darauf, dass der Feedbackgeber nicht den Eindruck bekommt, Sie wollten ihm das Feedback ausreden. Erreichen können Sie dies, indem Sie in Anlehnung an die Dreiklangregel (siehe Kapitel 3) zunächst Ihre Wahrnehmung an Beispielen darstellen und dann schildern, welche Wirkung das Wahrgenommene auf Sie hat.

Fall 4: Feedback bezieht sich auf Privates und ist unberechtigt

Je privater Rückmeldungen werden, desto schwieriger ist es, darauf zu reagieren. Wenn das Feedback zudem noch eindeutig unberechtigt erscheint, liegt die größte Herausforderung darin, Ruhe zu bewahren. Machen Sie Ihr Gegenüber darauf aufmerksam, dass die von ihm angesprochene Angelegenheit aus Ihrer Sicht nicht hierhergehört. Fragen Sie ihn, warum er das Thema im Berufsalltag vorbringt – und entscheiden Sie dann weiter. Tangiert es am

Rande doch das Berufliche, können Sie dem Kollegen ja Ihr Ohr schenken. Wie gesagt: Zuhören heißt nicht zustimmen.

Praxistipps: Das Kollegenfeedback verbessern

Der Gewinn für eine Organisation ist sehr groß, wenn die Beziehungen auf Kollegenebene funktionieren. Zeit und Ressourcen werden besser genutzt. Da Mitarbeiter auf gleicher Ebene in der Regel in keinem Machtverhältnis untereinander stehen, kommt es auf Instrumente und Wege an, um den anderen freiwillig zum Zuhören und eventuell auch zu Veränderungen zu veranlassen. Was können Sie tun, um das Feedback zu den Kollegen zu verbessern? Wie erreichen Sie, dass man Ihnen zuhört? Ein Schlüsselbegriff, auf den ich im Folgenden näher eingehe, ist hier die Zugänglichkeit.

Zugänglichkeit entwickeln

Damit Menschen sich untereinander austauschen, benötigen sie vor allem eines: Sympathie. Sie entsteht unter anderem durch die Wahrnehmung von Ähnlichkeiten, was wiederum Zugänglichkeit voraussetzt. Zugänglichen Menschen wird mehr anvertraut. Sie sind einfach beliebter. Dadurch kann sich Sympathie überhaupt erst entwickeln.

Zugänglich sein bedeutet, dass andere sich in Ihrer Gegenwart wohlfühlen, ohne dass Sie dabei Ihre Linie verlieren oder das Gefühl haben, sich »einzuschleimen«. Wie kann man eine solche Zugänglichkeit ausdrücken oder aufbauen? Hier einige Hinweise:

- ✔ Zugängliche Menschen haben Interesse an anderen Menschen; sie hören zu, haben Verständnis und können mitleiden.
- ✔ Um zugänglicher zu werden, bedarf es des ersten Schrittes. Gehen Sie auf Menschen zu, reichen Sie von sich aus die Hand.
- ✔ Stellen Sie Fragen, bieten Sie von sich aus Informationen an. Teilen Sie Ihr Wissen – und Sie werden auch vermehrt Informationen zurückbekommen.
- ✔ Vermeiden Sie voreiliges Urteilen, hören Sie stattdessen bewusst zu.
- ✔ Signalisieren Sie Zugänglichkeit auch nonverbal, etwa durch zustimmendes Nicken oder Blickkontakt. (Tipp: Einen guten Blickkontakt erreichen Sie, wenn Sie im Gespräch die Augenfarbe Ihres Gegenübers versuchen herauszufinden.)

Zugängliche Menschen beherrschen den Small Talk – und zwar deshalb, weil sie sich wirklich für den anderen interessieren. Sie fragen nach und stellen fest, dass es immer etwas gibt, was man mit dem anderen teilt. Das schafft Sympathie und schließlich auch das Fundament, auf dem konstruktives Kollegenfeedback stattfinden kann.

Versuchen Sie Rückmeldung aus Ihrem Umfeld darüber zu bekommen, ob Sie irritierende Signale aussenden, zum Beispiel zu schnell sprechen oder nervös auf die Uhr schauen. Prüfen Sie auch einmal, ob Sie »selektiv zugänglich« sind. Finden Sie heraus, welchen Menschen gegenüber Sie sich öffnen, weil Sie sich mit ihnen wohlfühlen – und bei welchen nicht. Ziel sollte es sein, für beide Gruppen zugänglich zu sein.

Online-Feedback zwischen Kollegen – leicht gemacht!

Die Grundregeln des Feedbacks sind selbstverständlich in gleicher Weise wichtig, um konstruktives Feedback zu geben und anzunehmen. Einige der onlinespezifischen Bedingungen sind auch bereits genannt. Die folgenden Faktoren sind für Feedbackgeber und Feedbacknehmer bedeutsam.

Fünf Faktoren für Feedbackgeber:

✔ **Seien Sie klar und präzise.**

Online fehlt oft der Kontext nonverbaler Kommunikation. Vermeiden Sie Missverständnisse, indem Sie klar und konkret formulieren, zum Beispiel: »Ihr Vorschlag hat geholfen, die Deadline zu erreichen – danke dafür!«

✔ **Schaffen Sie die richtige Stimmung.**

Beginnen Sie mit einer positiven Bemerkung, um den Ton zu setzen. Online ist der Ton schwieriger einzuschätzen, daher: Lob vor Kritik hilft. Aber nur, wenn es auch etwas zu loben gibt.

✔ **Teilen Sie Beobachtungen statt Interpretationen.**

Beschränken Sie sich auf das, was Sie beobachtet haben, statt zu interpretieren. Sagen Sie: »Mir ist aufgefallen, dass die Präsentation heute später begann«, statt: »Sie sind immer unpünktlich.«

✔ **Wählen Sie den Feedback-Zeitpunkt strategisch klug.**

Online-Meetings sind nicht ideal für spontanes Feedback. Vereinbaren Sie lieber einen separaten Termin, um Fokus und Verbindlichkeit sicherzustellen.

✔ **Verwenden Sie respektvolle Sprache.**

Kein Sarkasmus oder harte Worte. Seien Sie wertschätzend und freundlich, auch bei Kritik: »Ich habe eine andere Perspektive und möchte das gern mit Ihnen teilen.«

Fünf Faktoren für Feedbacknehmer:

✔ **Hören Sie aktiv zu, statt sich zu verteidigen.**

Lassen Sie den Feedbackgeber ausreden, bevor Sie reagieren. Oft hilft Nachfragen, zum Beispiel: »Können Sie mir ein Beispiel geben?«

✔ **Konzentrieren Sie sich auf die Botschaft, nicht den Ton.**

Wenn die Formulierung unsanft ist, versuchen Sie, sich auf den Kern der Nachricht zu fokussieren. Nehmen Sie das Feedback als Chance.

- **Machen Sie sich Notizen.**

  Halten Sie wichtige Punkte schriftlich fest. Das zeigt, dass Sie das Feedback ernst nehmen, und hilft, später gezielt darauf einzugehen.

- **Regulieren Sie Ihre Emotionen.**

  Wenn das Feedback negative Gefühle auslöst, atmen Sie tief durch und antworten Sie mit Bedacht. Sagen Sie: »Ich denke darüber nach und melde mich später dazu.«

- **Zeigen Sie Dankbarkeit.**

  Bedanken Sie sich für das Feedback, unabhängig davon, ob Sie es umsetzen. »Danke, dass Sie sich die Zeit genommen haben!«, zeigt Wertschätzung.

Bonus-Tipp für beide: Die Technik meistern. Stabile Verbindung und klare Audioqualität sind essenziell für ein produktives Gespräch.

Kurzcheck Kollegenfeedback

Hier eine Zusammenfassung der wesentlichen Aspekte des Kollegenfeedbacks anhand eines kleinen Fragenkatalogs. Er hilft Ihnen, das Feedback mit Kollegen zu verbessern. Alle Fragen sollten Sie im konkreten Fall mit »Ja« beantworten können.

Wenn Sie einem Kollegen ein Feedback geben:

- Haben Sie sich gut vorbereitet, indem Sie Ihr Motiv geklärt haben?
- Kennen Sie Ihr Ziel?
- Kennen Sie die Motive, warum Ihr Kollege sich nach Ihrer Wahrnehmung störend verhält?
- Haben Sie Ihre Emotionen unter Kontrolle?
- Haben Sie für sich eine Stimmigkeitsprüfung gemacht (mehr dazu in Kapitel 3)?
- Können Sie Ihr Feedback nach der Regel des Feedbackdreiklangs formulieren (»Ich habe beobachtet … Auf mich wirkt das … Ich wünsche mir …«)?
- Haben Sie sich darauf eingestellt, dass Sie nachfragen, ob Sie ein offenes Ohr bei Ihrem Kollegen haben?
- Haben Sie sich auf Zuhören eingestellt?
- Haben Sie einen ungestörten Ort für das Gespräch ausgemacht?
- Sind Ihnen die Konzepte der Projektion und der Übertragung geläufig (siehe Kapitel 8)?

Wenn Sie von einem Kollegen Feedback bekommen:

- ✔ Wissen Sie, wie Sie reagieren, wenn Sie kritisiert werden?
- ✔ Haben Sie geeignete Verhaltensweisen verinnerlicht, um den Modus des Zuhörers einnehmen zu können, auch wenn Sie inhaltlich nicht zustimmen?
- ✔ Sind Ihnen die Konzepte der Projektion und der Übertragung geläufig (siehe Kapitel 8)?

In der Gruppe: gegenseitiges Feedback im Team

Normalerweise findet Feedback in einem Vier-Augen-Gespräch statt, ganz gleich, ob zwischen Mitarbeiter und Vorgesetztem oder zwischen Kollegen. Ausnahme von dieser Regel ist das gegenseitige Feedback im Team: Der Vorgesetzte ruft seine Mitarbeiter zu einem Feedbackmeeting zusammen und bringt sie dazu, sich gegenseitige Rückmeldung zu geben.

Natürlich bietet es sich an, den Vorgesetzten auch gleich ins gegenseitige Feedback einzubinden. Das heißt, die Mitarbeiter sprechen sich nicht nur untereinander aus, sondern beurteilen bei dieser Gelegenheit auch ihren Chef. In diesem Fall empfiehlt es sich, das Treffen in Form eines Workshops zu organisieren, der von einem externen Moderator geleitet wird. Der Aspekt des Mitarbeiterfeedbacks an den Vorgesetzten ist in Kapitel 11 beschrieben. Doch wie funktioniert das Kollegenfeedback im Team?

Das Feedbackmeeting vorbereiten

Wenn Sie als Vorgesetzter zum ersten Mal ein Feedbackmeeting ankündigen, dürften Ihre Mitarbeiter zunächst ziemlich verunsichert reagieren. In der Regel sind sie nicht daran gewöhnt, ihre Wahrnehmungen direkt auszutauschen, sondern diskutieren lieber in der Teeküche oder auf den Fluren über die Stärken und Schwächen der Kollegen. Deshalb ist es wichtig, auf Sinn und Zweck der Aktion hinzuweisen und vor allem eines deutlich zu machen: Für ein Team, das über einen längeren Zeitraum zusammenarbeitet, zählt das geordnete Kollegenfeedback zu den besten Strategien, um die Teammitglieder und das Team insgesamt weiterzuentwickeln.

Verhaltensweisen gegenseitig offen und direkt ansprechen, die eigenen Leistungen in der Anwesenheit anderer herausstellen – das erweist sich immer wieder als ein hochwirksames, jedoch auch gruppendynamisch explosives Vorgehen. Seien Sie also vorsichtig! Vermeiden Sie es, eine solche Aussprache spontan zu organisieren.

Ein Kollegenfeedback kann nur produktiv sein, wenn es auf einem grundsätzlichen Vertrauen aufbaut. Und das bedeutet vor allem: Bereiten Sie Ihr Team gut darauf vor. Jeder Teilnehmer sollte verstanden haben, was genau ein konstruktives Feedback ist und wie es funktioniert. Er sollte die Dreiklangregel kennen und wissen: Anstatt Meinungen oder Annahmen zu äußern, kommt es darauf an, Beobachtungen und deren Wirkung zu beschreiben.

Als Vorbereitung auf das Feedbackmeeting hat sich eine schriftliche Befragung bewährt, bei der sich die Teammitglieder gegenseitig einschätzen. Eine solche Befragung setzt allerdings voraus, dass im Team klar definierte Richtlinien existieren, anhand derer die Teilnehmer ihr Verhalten und das ihrer Kollegen beurteilen können. Es darf nicht zu einer Selbsterfahrungsgruppe ausarten. Das oberste Ziel bleibt es, ein effektives und effizientes Zusammenarbeiten zu erreichen.

Fragebogen zur Vorbereitung eines Feedbackmeetings

Eine schriftliche Befragung bietet eine gute Grundlage, um ein Feedbackmeeting vorzubereiten. Der hierfür erforderliche Fragebogen läuft in der Regel darauf hinaus, dass die Teammitglieder acht bis zehn teamrelevante Verhaltensweisen einschätzen müssen. Beispiel: »Das Teammitglied hört anderen respektvoll zu und zeigt Verständnis für das, was andere zu sagen haben.«

Das Vorgehen lässt sich auch vereinfachen, indem man sich auf zwei Fragen beschränkt, die jeder Teilnehmer für jeden seiner Kollegen beantworten muss:

- ✔ Frage 1: »Welche positiven Verhaltensweisen beobachten Sie bei jedem Ihrer Kollegen in Bezug auf seine Leistungen im Team?«
- ✔ Frage 2: »Woran sollte dieser Kollege arbeiten, um seine Effizienz als positiver Leistungsträger im Team zu steigern?«

Geben Sie den Teammitgliedern reichlich Zeit, um die Fragen zu beantworten. Stecken Sie die ausgefüllten Fragebogen in Umschläge und leiten Sie diese an einen neutralen Dritten weiter, der sie auswertet und aus den Informationen für jedes Teammitglied einen Bericht erstellt. Diese Aufgabe sollte ein externer Berater übernehmen oder ein unbeteiligter, allseits akzeptierter Mitarbeiter des Unternehmens.

Das Feedbackmeeting durchführen

Das Team trifft sich zum Feedbackmeeting, der Vorgesetzte führt ins Thema ein. Zunächst vermittelt er Sinn und Zweck des Workshops: »Im Alltag nehmen wir uns nicht die Zeit, uns Rückmeldung zu geben. Diese Veranstaltung ist die Einladung, mit Ruhe einmal gemeinsam und an konkreten Beispielen anzusehen, wie wir als Gruppe zusammenarbeiten, aber auch wie jeder Einzelne mit dem anderen zusammenarbeitet. Es geht nicht um Schuld oder Vorwürfe, sondern darum, unterschiedliche Sichtweisen zu erkennen, zu vergleichen – und so unsere Zusammenarbeit zu verbessern.« Im nächsten Schritt rekapitulieren Sie noch einmal das Prinzip, wie Feedback abläuft. Hierzu erinnern Sie an den Dreiklang und die anderen wesentlichen Regeln des konstruktiven Feedbacks.

Diskussionen und Rückmeldungen initiieren

Nun kommen Sie zum eigentlichen Thema: den Rückmeldungen der Mitarbeiter untereinander. Im Fall einer vorausgegangenen Befragung präsentieren Sie jetzt die Ergebnisse, die sich auf die Zusammenarbeit im Team beziehen. Lassen Sie eine Diskussion zu, sammeln Sie die Antworten – und setzen Sie Prioritäten: »Welche Themen haben eine besondere Bedeutung für die Abteilung? Zu welchen Problemen wollen wir gemeinsam Lösungen entwickeln?«

Gab es im Vorfeld keine Befragung, muss dieser Schritt in der Gruppe nachgeholt werden. Am einfachsten geschieht dies in einer strukturierten Kleingruppenarbeit, deren Ergebnisse anschließend diskutiert und ausgewertet werden. Die Arbeitsfragen für die Kleingruppen lauten:

- ✔ Was machen wir zurzeit gut?
- ✔ Was sollten wir verbessern?
- ✔ Was sollten wir sein lassen?
- ✔ Was sollten wir vermehrt machen?
- ✔ Was sollten wir neu hinzufügen?

Ein etwas anspruchsvolleres Vorgehen, das sich bei größeren Abteilungen anbietet, basiert auf der Fishbowl-Technik (siehe Kasten). Die Teilnehmer bilden einen kleinen Innenkreis (das »Fischglas«) und einen Außenkreis – wobei die Arbeitsfragen, die dabei in die Runde gegeben werden, dieselben sind wie im Falle der strukturierten Kleingruppenarbeit.

Fishbowl-Technik: Diskussionen im Goldfischglas

Hier gibt es keine Heimlichkeiten: Alle lauschen zur gleichen Zeit den Wahrnehmungen der Kollegen, die das Wort haben – ohne dass gleich losdiskutiert werden kann. Darin liegt ein Kerngedanke der Fishbowl-Technik. Das Verfahren legt einen kleinen Innenkreis, das »Goldfischglas« (fishbowl) und einen großen Außenkreis fest. Die Mitglieder des Innenkreises dürfen diskutieren, während die des Außenkreises zuhören und sich nicht einmischen dürfen. Der Moderator notiert die wesentlichen Diskussionsergebnisse des Innenkreises.

Nach einer festgelegten Zeit beenden die Mitglieder des Innenkreises ihre Diskussion und überlassen ihre Plätze den Teilnehmern des Außenkreises, die nun weiterdiskutieren. Je nach Gruppengröße ergeben sich mehrere Durchläufe. Erst nachdem alle Teilnehmer einmal im Fischglas saßen, leitet der Moderator zum nächsten Schritt über – der Diskussion über die gesammelten Ergebnisse.

Ziel ist es, Prioritäten zu setzen: »Welche Ergebnisse der Diskussion müssen wir unbedingt vertiefen?« Die Vorgehenstechnik bleibt dieselbe, doch sollte sich die Zusammensetzung der Gruppe von Innen- und Außenkreis verändern, sofern es die Teilnehmeranzahl hergibt. In dieser Runde werden nun die zentralen Veränderungspunkte herausgearbeitet und mögliche Lösungen ausdiskutiert. Am Ende sollten auch noch einmal die Themen angesprochen werden, die der Priorisierung zum Opfer fielen. So lässt sich ein gewisser Schutz der Minderheitsmeinungen sicherstellen.

Eine weitere Vorgehensweise erfordert ein gewisses gegenseitiges Grundvertrauen in der Abteilung. Die Methode ist noch intensiver als die Fishbowl-Technik und sehr gut geeignet, gegenseitiges Feedback unter den Mitarbeitern in Gang zu bringen. Das Grundprinzip: Jeder führt mit jedem ein Vier-Augen-Gespräch.

Hierbei erhalten die Teilnehmer drei Fragen, die sie sich – bezogen auf die Arbeit – gegenseitig stellen:

- ✔ Was finde ich gut an dir?
- ✔ Was biete ich dir?
- ✔ Was wünsche ich mir in Zukunft von dir?

Da für jedes Gespräch nur zehn Minuten zur Verfügung stehen, handelt es sich bei dieser Methode um eine Art Speed-Dating. Sollten zwei Gesprächspartner mehr Zeit benötigen, sind sie angehalten, das Gespräch außerhalb des offiziellen Workshops fortzusetzen. Das Verfahren ist bei größeren Gruppen sehr zeitaufwendig, aber es lohnt sich eben auch sehr.

Wenn die Gruppe zu groß ist und die Zeit für das Speed-Dating deshalb nicht ausreicht, können Sie auch festlegen, dass die Gespräche in den nächsten drei Monaten stattfinden. Vereinbaren Sie dann während des Meetings, wer sich mit wem an welchem Termin zum Gespräch trifft.

Umgang mit Konflikten

Ein besonderes Problem ergibt sich, wenn in der Abteilung schwerwiegende Konflikte schwelen. Es wäre falsch, diese zu ignorieren.

Um den Erfolg des Meetings nicht zu gefährden, sollte ein schwerwiegender Konflikt möglichst schon vor dem Workshop angegangen werden. In der Regel ist es die Aufgabe des Moderators oder auch Beraters, einen solchen Konflikt rechtzeitig auszumachen. Geschieht dies nicht, droht der Workshop zu einer Theaterveranstaltung zu verkommen.

Sollte sich ein Konflikt erst während des Feedbackmeetings zeigen, lassen sich folgende Konstellationen unterscheiden:

- ✔ Der Konflikt ist seit langer Zeit vorhanden. In diesem Fall sollten Sie den Konflikt quasi in einen Container packen und aus der Veranstaltung herausnehmen. Legen Sie einen separaten Termin fest, an dem Sie den Konflikt wieder auspacken und mit den Beteiligten eine Lösung erarbeiten.
- ✔ Der Konflikt ist während des Meetings entstanden und bezieht sich auf wenige Teilnehmer. Auch hier gilt: aus dem Workshop herausziehen und getrennt bearbeiten.
- ✔ Der Konflikt ist während des Meetings entstanden und erfasst einige Teilnehmer. In diesem Fall sollten Sie versuchen, gemeinsam zu einer Lösung zu kommen. Eine Verschiebung würde bei allen Teilnehmern ein schales, belastendes Gefühl hinterlassen.

IN DIESEM KAPITEL

Mitarbeitergesprächstypen

Gemeinsamkeiten in den Mitarbeitergesprächen

Grundsätzlicher Aufbau der einzelnen Gespräche

Kapitel 13
Mitarbeitergespräche und Feedback

Wenn Sie exzellente Ergebnisse erzielen möchten, dann sollten Sie sich auf das konzentrieren, was wirklich wichtig ist – die Art und Weise, wie Sie mit Ihrem Team kommunizieren und wie Sie es inspirieren. Hier sind die Gespräche, die den Unterschied machen:

- **Regelmäßige Feedback-Gespräche:** Nutzen Sie tägliche oder wöchentliche Gelegenheiten, um Ihrem Team direktes, ehrliches Feedback zu geben und herausragende Arbeit anzuerkennen. Diese Momente sind entscheidend, um Ihre Aufmerksamkeit und Wertschätzung zu zeigen.
- **Mitarbeiterjahresgespräch:** Einmal im Jahr haben Sie die Chance, das große Ganze zu betrachten. Was lief gut, wo gibt es Verbesserungsbedarf? Nutzen Sie diese Gelegenheit, um klare, ambitionierte Ziele zu setzen und sicherzustellen, dass Sie und Ihr Team den nächsten Schritt machen.

  Hierauf gehe ich in Kapitel 14 gesondert ein.
- **Entwicklungsgespräch:** Ihr Team ist Ihr wertvollstes Kapital. Identifizieren und fördern Sie die Stärken Ihrer Mitarbeiter, entwickeln Sie sie weiter – so schaffen Sie nicht nur Erfolg, sondern bauen etwas Bedeutsames auf.
- **Zielvereinbarungsgespräch:** Visionäre setzen keine durchschnittlichen Ziele. Definieren Sie klare, mutige Ziele und arbeiten Sie gemeinsam daran, diese nicht nur zu erreichen, sondern zu übertreffen.
- **Rückkehrgespräch:** Wenn ein Mitarbeiter nach einer Abwesenheit zurückkehrt, zeigen Sie ihm, dass er willkommen ist und dass Sie daran glauben, dass er jetzt noch besser ins Team passt.

- ✔ **Fehlzeitengespräch:** Wenn Ihr Mitarbeiter auffällig hohe Fehlzeiten aufweist. Hinter jeder Auffälligkeit steckt ein Grund, machen Sie sich mutig auf die Suche im Gespräch.
- ✔ **Konfliktgespräch:** Probleme sind oft verkleidete Chancen. Gehen Sie hinein, lösen Sie die Konflikte und schaffen Sie eine Umgebung, in der alle Mitarbeiter ihre Leistung abrufen können.
- ✔ **Onboarding-Gespräch:** Neue Mitarbeiter bringen frische Energie mit. Helfen Sie ihnen, sich schnell einzugewöhnen, und machen Sie klar, was Sie von ihnen erwarten.
- ✔ **Austrittsgespräch:** Auch wenn jemand das Unternehmen verlässt, gibt es immer etwas zu lernen. Hören Sie zu, nehmen Sie Feedback auf und nutzen Sie es, um kontinuierlich besser zu werden.
- ✔ **Kündigungsgespräch:** Es gehört zu den schwierigsten Aufgaben, aber manchmal sind solche Entscheidungen notwendig. Kommunizieren Sie klar und respektvoll und bieten Sie Unterstützung für den nächsten Schritt an.

In jedem Gespräch steckt eine Chance. Eine Chance, etwas zu verbessern, eine Chance, jemanden zu inspirieren oder eine Chance, etwas zu lernen. Sehen Sie diese Gespräche als das, was sie sind – als Möglichkeiten, die Arbeit und das Leben der Menschen um Sie herum zu verbessern.

Und die Besonderheiten im Homeoffice? Natürlich gibt es Herausforderungen, aber diese sind da, um gemeistert zu werden. Seien Sie direkt, klar und stellen Sie sicher, dass Ihre Botschaft ankommt. Großartige Führung endet nicht an der Bürotür – sie wird sogar noch wichtiger, wenn der direkte Kontakt zum Mitarbeiter fehlt.

Das Gemeinsame bei allen Mitarbeitergesprächen

Mitarbeitergespräche sind ein zentrales Instrument der Personalführung. Unabhängig vom spezifischen Anlass oder Typ des Gesprächs gibt es grundlegende Elemente, die für den Erfolg entscheidend sind.

Vorbereitung: der Schlüssel zum Erfolg

Eine gründliche Vorbereitung ist unerlässlich. Setzen Sie sich klare Ziele: Was möchten Sie mit diesem Gespräch erreichen? Handelt es sich um eine Leistungsbewertung, einen Austausch zu Entwicklungsfeldern oder die Klärung von Konflikten? Denken Sie auch an die Perspektive Ihres Mitarbeiters. Welche Erwartungen, Bedenken oder Fragen könnte er mitbringen? Indem Sie sich in seine Lage versetzen, schaffen Sie die Grundlage für ein Gespräch auf Augenhöhe. Bereiten Sie zudem relevante Unterlagen vor, wie Leistungsdaten, Projektberichte oder Feedback von Dritten, um Ihre Aussagen zu stützen und das Gespräch fundiert zu führen.

Vergessen Sie nicht, Ihrem Mitarbeiter ausreichend Zeit zur Vorbereitung zu geben. Kommunizieren Sie den Termin rechtzeitig, erklären Sie den Zweck des Gesprächs und geben Sie ihm die Möglichkeit, eigene Themen einzubringen oder über seine Leistungen und Ziele nachzudenken.

Der richtige Rahmen: Timing und Umgebung

Der Zeitpunkt und der Ort eines Gesprächs haben großen Einfluss auf dessen Verlauf. Wählen Sie einen Moment, der für beide Seiten passend ist, und vermeiden Sie stressige Phasen, wie kurz vor Feierabend oder während hektischer Projekte. Sorgen Sie für eine ungestörte und angenehme Umgebung. Ein ruhiger Raum ohne Ablenkungen schafft die nötige Konzentration und Offenheit, um produktiv miteinander zu sprechen.

Ein entscheidender Faktor: die Atmosphäre

Eine positive Gesprächsatmosphäre kann den Unterschied ausmachen. Starten Sie mit einem freundlichen Einstieg, vielleicht durch ein Lob oder einen kurzen Small Talk. Das lockert die Stimmung und schafft Vertrauen. Achten Sie auf Ihre Körpersprache: Eine offene Haltung signalisiert Interesse und Wertschätzung. Nehmen Sie aber auch die Körpersprache Ihres Gegenübers wahr. Reagieren Sie flexibel auf Signale wie Nervosität oder Zurückhaltung, um das Gespräch einfühlsam zu steuern.

Aktives Zuhören ist essenziell. Geben Sie Ihrem Mitarbeiter den Raum, seine Sichtweise darzustellen, und zeigen Sie durch Gesten oder kurze Bestätigungen, dass Sie aufmerksam dabei sind. Dies stärkt das Gefühl, ernst genommen zu werden, und fördert eine offene Kommunikation.

Kommunikation auf Augenhöhe

Ein respektvoller Umgang ist das Fundament jedes Mitarbeitergesprächs. Vermeiden Sie eine herablassende Haltung und begegnen Sie dem Mitarbeiter mit Wertschätzung. Versuchen Sie, seine Gefühle und Gedanken nachzuvollziehen, und formulieren Sie Ihre eigenen Aussagen klar und verständlich. Missverständnisse können schnell zu Frust führen – eine präzise Kommunikation hilft, dies zu vermeiden.

Nachbereitung: Das Gespräch abschließen

Die Arbeit endet nicht mit dem Gespräch selbst. Halten Sie die wichtigsten Punkte und Vereinbarungen schriftlich fest. Ein kurzes Protokoll sorgt für Klarheit und Verbindlichkeit. Setzen Sie geplante Maßnahmen zeitnah um und verfolgen Sie den Fortschritt regelmäßig. Bitten Sie den Mitarbeiter nach einiger Zeit um Feedback dazu, wie er das Gespräch empfunden hat und ob die besprochenen Maßnahmen für ihn hilfreich sind. Dies gilt natürlich nicht für sensible Gespräche wie Kündigungen, bei denen andere Schwerpunkte gesetzt werden müssen.

Denken Sie daran: Begreifen Sie jedes Mitarbeitergespräch als Chance!

Jedes Mitarbeitergespräch bietet die Möglichkeit, Zusammenarbeit zu fördern, Ziele zu schärfen und das Arbeitsklima zu verbessern. Nutzen Sie diese Gelegenheiten, um Ihren Mitarbeitern Orientierung und Wertschätzung zu geben. Gut vorbereitete Gespräche sind nicht nur effektiver – sie zeigen auch, dass Ihnen Ihre Mitarbeiter am Herzen liegen.

Aufbau der einzelnen Gespräche

Wichtig ist hier die Regelmäßigkeit. Bei regelmäßigen Feedback-Gesprächen ist die Aktualität entscheidend. Feedback sollte frisch und relevant sein, um seine volle Wirkung zu entfalten. Halten Sie das Gespräch informell, aber fokussiert. Dazu bietet sich ein strenges Timeboxing an. Machen Sie sich Notizen zu den wichtigsten Punkten, die Sie ansprechen möchten, aber lassen Sie auch Raum für spontane Themen, die der Mitarbeiter einbringen könnte.

Ablaufplan mit Schwerpunkt auf das Feedback des Mitarbeiters (maximal 30 Minuten)

1. **Einleitung (5 Minuten)**

   Starten Sie das Gespräch mit einer freundlichen Begrüßung und schaffen Sie eine entspannte Atmosphäre. Bedanken Sie sich für die Zeit des Mitarbeiters und geben Sie einen kurzen Überblick über den Zweck des Gesprächs. Ein lockerer Einstieg fördert Offenheit und Vertrauen.

2. **Themenansprache (5 Minuten)**

   Geben Sie dem Mitarbeiter die Möglichkeit, das Gespräch zu eröffnen. Fragen Sie ihn, welche Themen oder Herausforderungen ihm aktuell besonders wichtig sind. Zeigen Sie Interesse an seiner Perspektive und motivieren Sie ihn, die Punkte anzusprechen, die ihm am Herzen liegen.

3. **Feedback einholen (10 Minuten)**

   Der Schwerpunkt liegt darauf, das Feedback des Mitarbeiters zu sammeln. Stellen Sie gezielte Fragen wie:

   - »Wie empfinden Sie Ihre aktuellen Aufgaben und Herausforderungen?«
   - »Welche Unterstützung benötigen Sie, um Ihre Ziele zu erreichen?«
   - »Gibt es etwas, das wir aus Ihrer Sicht verbessern sollten?«

   Hören Sie aktiv zu, machen Sie sich Notizen und geben Sie Raum für ausführliche Antworten. Hier sollten die meisten Zeitressourcen des Gesprächs eingeplant werden.

4. **Eigenes Feedback einbringen (5 Minuten)**

   Nachdem der Mitarbeiter seine Sichtweise dargelegt hat, geben Sie konstruktives Feedback. Heben Sie seine Stärken hervor und besprechen Sie – wenn nötig – Bereiche, in denen Potenzial zur Weiterentwicklung besteht. Halten Sie Ihr Feedback prägnant, um den Fokus weiterhin auf die Einschätzungen des Mitarbeiters zu legen.

5. **Abschluss (5 Minuten)**

   Fassen Sie die wichtigsten Punkte zusammen, die der Mitarbeiter eingebracht hat, und besprechen Sie konkrete Maßnahmen oder nächste Schritte. Stellen Sie sicher, dass der Mitarbeiter mit den geplanten Änderungen einverstanden ist. Vereinbaren Sie einen Termin für ein Folgetreffen, um die Fortschritte zu überprüfen.

Ergebnissicherung: Notieren Sie sich die wichtigsten Erkenntnisse und vereinbarten Schritte sofort nach dem Gespräch. Eine kurze E-Mail an den Mitarbeiter, in der Sie das Besprochene zusammenfassen (oder zusammenfassen lassen), sorgt für Klarheit und Verbindlichkeit.

Das Jahresmitarbeitergespräch: eine Chance für Wachstum und Inspiration

Stellen Sie sich ein Gespräch vor, das die Basis für ein erfolgreiches Jahr legt – für Ihren Mitarbeiter und für Ihr Team. Ein Moment, in dem Sie die Leistungen des vergangenen Jahres würdigen, neue Ziele setzen und Perspektiven für die Zukunft schaffen. Genau das ist das Jahresmitarbeitergespräch: Ein Türöffner für persönliches Wachstum, klarere Kommunikation und eine stärkere Zusammenarbeit.

Warum das Jahresmitarbeitergespräch so wichtig ist

Ein Jahresgespräch ist mehr als nur eine Bilanz. Es zeigt Ihrem Mitarbeiter, dass seine Arbeit gesehen und geschätzt wird. Indem Sie klar und wertschätzend kommunizieren, bauen Sie Vertrauen auf und stärken die Bindung. Gleichzeitig bietet es Ihnen die Gelegenheit, als Führungskraft Feedback zu geben, Entwicklungsbedarfe aufzuzeigen und gemeinsam zu planen, wie der Mitarbeiter über sich hinauswachsen kann.

So gelingt das Jahresmitarbeitergespräch

Ein gut strukturiertes Gespräch gibt nicht nur Sicherheit, sondern auch Raum für Offenheit und Ehrlichkeit. Hier ein möglicher Ablauf, mit dem Sie Ihr Jahresgespräch zum Erfolg machen:

Positiv starten: das Fundament für Offenheit

Beginnen Sie mit einem wertschätzenden Rückblick. Reflektieren Sie konkrete Leistungen des Mitarbeiters, die im letzten Jahr einen Unterschied gemacht haben. Zeigen Sie, dass Sie seine Arbeit wahrgenommen und geschätzt haben.

»Ich möchte dieses Gespräch nutzen, um über Ihre beeindruckende Arbeit im letzten Jahr zu sprechen. Besonders Ihre Initiative in [Projekt X] hat das Team enorm vorangebracht. Ihr Engagement, auch unter schwierigen Bedingungen, war entscheidend dafür, dass wir unsere Ziele erreicht haben.«

Dieser Einstieg schafft eine positive Atmosphäre und motiviert den Mitarbeiter, das Gespräch aktiv mitzugestalten.

Die Leistung des Jahres beleuchten: Fakten statt Floskeln

Geben Sie eine klare, detaillierte Rückmeldung zur Arbeitsleistung. Seien Sie präzise und beziehen Sie sich auf beobachtbares Verhalten, statt vage Einschätzungen abzugeben.

»In [Projekt Y] haben Sie nicht nur einen exzellenten Plan entwickelt, sondern auch dafür gesorgt, dass das Team ihn termingerecht umsetzen konnte. Ihr Organisationstalent und Ihre Fähigkeit, andere zu motivieren, sind hier besonders herausgestochen.«

Eine solche Rückmeldung stärkt das Vertrauen und gibt Orientierung darüber, was besonders geschätzt wird.

Den Mitarbeiter sprechen lassen: Seine Perspektive hören

Nachdem Sie Ihre Rückmeldung gegeben haben, geben Sie dem Mitarbeiter die Bühne. Fragen Sie, wie er das Jahr erlebt hat, und hören Sie aktiv zu.

»Wie haben Sie das vergangene Jahr wahrgenommen? Gibt es etwas, das Sie besonders gefordert oder vielleicht auch frustriert hat?«

Indem Sie Raum für sein Feedback schaffen, zeigen Sie Wertschätzung für seine Sichtweise. Dies fördert eine offene Kommunikation und gibt Ihnen Einblicke in mögliche Herausforderungen oder Bedürfnisse, die Sie vielleicht noch nicht wahrgenommen haben.

Neue Ziele setzen: klar und inspirierend

Gemeinsam Ziele zu definieren, ist der nächste wichtige Schritt. Machen Sie diese spezifisch, messbar und vor allem motivierend.

»Für das kommende Jahr sehe ich Potenzial, dass Sie die Leitung von [Projekt Z] übernehmen. Ihre bisherigen Erfolge in ähnlichen Aufgaben zeigen, dass Sie die nötigen Fähigkeiten dafür haben. Wie würden Sie sich dabei fühlen?«

Solche klaren und ambitionierten Ziele geben dem Mitarbeiter Orientierung und fördern seine Entwicklung.

Perspektiven aufzeigen: Entwicklung als Schlüssel

Das Gespräch ist auch die perfekte Gelegenheit, mögliche Entwicklungsschritte zu planen. Besprechen Sie, welche Weiterbildungen, Projekte oder Verantwortlichkeiten den Mitarbeiter weiterbringen könnten.

»Ich sehe Sie langfristig in einer Führungsposition. Um Sie darauf vorzubereiten, schlage ich vor, dass Sie an einem Führungstraining teilnehmen. Zusätzlich könnten wir Sie stärker in strategische Entscheidungen einbinden, um Ihre Fähigkeiten weiter auszubauen.«

Solche Perspektiven zeigen dem Mitarbeiter, dass Sie an ihn glauben und ihn aktiv fördern wollen.

Zum Abschluss den Plan festhalten

Schließen Sie das Gespräch mit einer klaren Zusammenfassung ab. Halten Sie alle besprochenen Punkte und nächsten Schritte schriftlich fest. Vereinbaren Sie Check-ins, um den Fortschritt zu überwachen und flexibel auf Veränderungen reagieren zu können.

»Vielen Dank für dieses Gespräch. Wir haben einige spannende Ziele definiert, und ich freue mich darauf, gemeinsam mit Ihnen daran zu arbeiten. Ich werde die besprochenen Punkte in einem Protokoll festhalten, damit wir immer darauf zurückgreifen können.«

Das Entwicklungsgespräch: Wie es gelingt

Stellen Sie sich ein Gespräch vor, das Ihrem Mitarbeiter zeigt: »Ich sehe Sie, ich glaube an Sie, und ich möchte Sie wachsen sehen.« Genau das ist die Essenz eines Entwicklungsgesprächs. Es ist ein Moment der Wertschätzung und zugleich eine Einladung, gemeinsam nach vorn zu blicken. Hier geht es darum, Potenziale zu entdecken, neue Möglichkeiten zu schaffen und den Weg für zukünftige Erfolge zu ebnen – nicht nur für den Mitarbeiter, sondern auch für das gesamte Team.

Eine positive Einleitung: Die Basis schaffen

Beginnen Sie das Gespräch, indem Sie den Zweck klar und inspirierend erklären. Sagen Sie dem Mitarbeiter, dass dieses Gespräch nicht nur das »Hier und Jetzt« betrifft, sondern darauf abzielt, seine Zukunft zu gestalten.

»Ich möchte heute mit Ihnen über Ihre Entwicklung sprechen, über Ihre Stärken und darüber, wie wir Ihre Talente noch gezielter einsetzen können. Es geht darum, gemeinsam herauszufinden, wie Sie Ihre Ziele erreichen und gleichzeitig das Team weiter voranbringen können.«

Solch ein Auftakt schafft nicht nur Klarheit, sondern auch eine Atmosphäre des Vertrauens und der Offenheit.

Stärkenanalyse: Talente entdecken und feiern

Im nächsten Schritt liegt der Fokus auf den Stärken des Mitarbeiters. Gehen Sie auf konkrete Situationen ein, in denen er besonders überzeugt hat, und machen Sie klar, warum diese Fähigkeiten wertvoll sind.

»Ich möchte Ihre Fähigkeit hervorheben, in stressigen Situationen ruhig und fokussiert zu bleiben. Das hat sich besonders in [Projekt X] gezeigt, wo Sie mit Ihrem klaren Kopf und Ihrer Struktur das Team durch eine schwierige Phase geführt haben. Diese Stärke ist außergewöhnlich und wertvoll.«

Geben Sie dem Mitarbeiter das Gefühl, dass Sie seine Talente nicht nur wahrnehmen, sondern schätzen. Solche konkreten Beispiele sind entscheidend, um Vertrauen und Motivation zu stärken.

Entwicklungsmöglichkeiten: Neue Türen öffnen

Sprechen Sie über Wege, wie diese Stärken weiter ausgebaut werden können. Ob durch neue Projekte, spezifische Schulungen oder Mentoring – zeigen Sie dem Mitarbeiter, dass Sie an seine Entwicklung glauben und bereit sind, ihn zu unterstützen.

»Ich könnte mir vorstellen, dass eine Weiterbildung im Bereich Projektmanagement Sie noch stärker macht. Damit könnten Sie langfristig größere Teams oder komplexere Projekte leiten. Wie stehen Sie dazu?«

Seien Sie offen für Vorschläge des Mitarbeiters und zeigen Sie, dass Sie flexibel sind, um auf seine Wünsche einzugehen.

Zukunftsvision: Gemeinsam träumen und planen

Fragen Sie den Mitarbeiter nach seinen eigenen Vorstellungen für die Zukunft. Wo sieht er sich in drei oder fünf Jahren? Welche Projekte oder Rollen würden ihn begeistern? Hören Sie genau zu und überlegen Sie gemeinsam, wie diese Vision in den Entwicklungsplan integriert werden kann.

»Sie haben erwähnt, dass Sie sich vorstellen könnten, eine Führungsrolle zu übernehmen. Wie stellen Sie sich diese Position konkret vor? Welche Fähigkeiten möchten Sie dafür weiterentwickeln?«

Dieser Dialog zeigt, dass Sie nicht nur Vorgaben machen, sondern die Wünsche und Ambitionen des Mitarbeiters ernst nehmen.

Abschluss: Einen Plan schmieden

Zum Ende des Gesprächs fassen Sie die besprochenen Punkte zusammen und erstellen einen konkreten Entwicklungsplan. Halten Sie klare Schritte und einen Zeitrahmen fest, aber lassen Sie auch Raum für Flexibilität. Vereinbaren Sie regelmäßige Check-ins, um Fortschritte zu besprechen und den Plan bei Bedarf anzupassen.

»Ich schlage vor, dass wir gemeinsam einen Zeitrahmen von sechs Monaten setzen, in denen Sie die Leitung von [Projekt Y] übernehmen. Zusätzlich könnten wir die Teilnahme an einer Führungskräfteweiterbildung einplanen. Wir treffen uns in drei Monaten, um zu sehen, wie die Umsetzung läuft.«

Auch hier zeigt eine klare Struktur Verbindlichkeit und Engagement.

Warum das Entwicklungsgespräch so viel bewirken kann

Ein Entwicklungsgespräch ist mehr als eine Checkliste. Es ist ein Moment, in dem Sie einem Mitarbeiter zeigen: »Ich sehe Ihr Potenzial, und ich bin bereit, Sie auf Ihrem Weg zu unterstützen.« Indem Sie Stärken herausstellen, neue Möglichkeiten schaffen und Zukunftsperspektiven aufzeigen, motivieren Sie Ihren Mitarbeiter nicht nur, sondern binden ihn auch emotional ans Team. Das Gefühl, gesehen und gefördert zu werden, ist ein kraftvoller Treiber für Engagement und Leistung.

Das Zielvereinbarungsgespräch: Ziele, die verbinden und bewegen

Ziele geben Orientierung. Sie motivieren, bündeln Energien und helfen, Prioritäten klar zu setzen. Im Zielvereinbarungsgespräch wird genau das erreicht: Es verbindet die großen strategischen Ziele des Unternehmens mit den individuellen Aufgaben und Ambitionen des Mitarbeiters. Dieses Gespräch ist ein wesentlicher Bestandteil moderner Unternehmensführung, bei dem die Hierarchieebenen systematisch zusammenarbeiten – von der Unternehmensspitze bis zum einzelnen Mitarbeiter.

Der Ursprung: Management by Objectives und die Top-Down-Struktur

Die Methode der Zielvereinbarung hat ihre Wurzeln im Prinzip des »Management by Objectives« (MbO). In diesem Ansatz werden Unternehmensziele klar definiert und dann über die Hierarchie hinweg auf einzelne Teams und Mitarbeitende heruntergebrochen. Die Idee dahinter ist einfach: Wenn jeder weiß, wie seine Arbeit zum großen Ganzen beiträgt, können Unternehmen ihre Ziele effizient und einheitlich erreichen.

Heute wird dieses Prinzip häufig mit moderneren Methoden wie OKR (Objectives and Key Results) verglichen, die ebenfalls Ziele mit klaren Messpunkten verbinden. Während OKR oft agiler ist und auf flexiblere Anpassung abzielt, behält das Zielvereinbarungsgespräch den Fokus auf Verbindlichkeit und langfristige Planung. Beides sind mächtige Werkzeuge, um Teams in die richtige Richtung zu führen.

Warum Zielvereinbarungsgespräche unverzichtbar sind

Ziele motivieren, schaffen Klarheit und helfen sowohl Ihnen als Führungskraft als auch Ihren Mitarbeitern, sich auf das Wesentliche zu konzentrieren. Ein gut geführtes Zielvereinbarungsgespräch verbindet strategische Unternehmensziele mit den persönlichen Ambitionen des Mitarbeiters. Es zeigt, dass jeder Beitrag wichtig ist – und dass hinter jeder Zahl ein Mensch steht.

Der Ablauf eines Zielvereinbarungsgesprächs

Zielvereinbarungsgespräche sollten einer bestimmten und für alle transparenten Dramaturgie und Struktur folgen. Selbstverständlich kann von dem »Pflichtablauf« bei einer »Kür« abgewichen werden. Das Umsetzen-Können des »Pflichtprogramms« ist jedoch die Voraussetzung für die »Kür«.

Starten Sie das Gespräch, indem Sie den Mitarbeiter ins große Ganze einbinden. Erklären Sie, welche übergeordneten Unternehmensziele verfolgt werden und wie seine individuellen Ziele dazu beitragen können. Das schafft nicht nur Klarheit, sondern auch Sinn.

»Unser Unternehmen fokussiert sich in diesem Jahr auf [Ziel X]. Das bedeutet, dass wir in Ihrem Bereich besonders darauf achten müssen, dass [konkrete Maßnahme oder Ziel]. Ich möchte mit Ihnen gemeinsam überlegen, wie wir diese großen Ziele durch Ihre Arbeit konkret umsetzen können.«

Solch ein Einstieg zeigt dem Mitarbeiter, dass seine Arbeit einen echten Beitrag leistet und nicht isoliert im Raum steht.

Die Diskussion: Ziele definieren, die motivieren

In diesem Schritt geht es darum, konkrete Ziele zu formulieren – am besten nach dem bewährten SMART-Prinzip (spezifisch, messbar, erreichbar, relevant, zeitgebunden). Arbeiten Sie gemeinsam mit dem Mitarbeiter an Zielen, die realistisch sind, ihn aber auch fordern.

»Sie haben im letzten Jahr in [Projekt Y] gezeigt, dass Sie große Verantwortung übernehmen können. Für das kommende Jahr könnte eines Ihrer Ziele sein, die Prozesse im Team so zu optimieren, dass die Durchlaufzeiten um 15 % verkürzt werden. Was halten Sie davon?«

Geben Sie dem Mitarbeiter Raum, seine eigenen Ideen einzubringen. Das erhöht die Motivation und sorgt dafür, dass die Ziele als sinnvoll wahrgenommen werden.

Unterstützung: Ressourcen bereitstellen

Zeigen Sie, dass Sie den Mitarbeiter nicht allein lassen. Klären Sie, welche Unterstützung er benötigt, um seine Ziele zu erreichen. Ob Schulungen, zusätzliche Ressourcen oder regelmäßige Check-ins – machen Sie klar, dass Sie bereit sind zu helfen.

»Damit Sie die Durchlaufzeiten verbessern können, sollten wir überlegen, ob eine Schulung im Bereich Prozessmanagement hilfreich wäre. Oder brauchen Sie vielleicht mehr Unterstützung durch einen Kollegen? Lassen Sie uns gemeinsam sicherstellen, dass Sie die nötigen Mittel haben.«

Fortschritte überprüfen: Regelmäßigkeit ist der Schlüssel

Ein Zielvereinbarungsgespräch ist kein einmaliges Ereignis. Legen Sie fest, wann und wie die Fortschritte überprüft werden. Regelmäßige Check-ins sorgen dafür, dass der Fokus nicht verloren geht und Anpassungen vorgenommen werden können.

»Ich schlage vor, dass wir uns alle drei Monate zusammensetzen, um den Fortschritt Ihrer Ziele zu überprüfen. Falls sich Rahmenbedingungen ändern, können wir die Ziele gemeinsam anpassen.«

Der Abschluss: Engagement und Klarheit

Zum Abschluss des Gesprächs fassen Sie die Ziele zusammen und bestätigen Sie Ihre Unterstützung. Halten Sie die vereinbarten Ziele schriftlich fest und lassen Sie beide Parteien das Dokument unterschreiben.

»Vielen Dank für Ihre Ideen und Ihre Bereitschaft, diese Ziele anzugehen. Ich bin überzeugt, dass wir gemeinsam viel erreichen können. Ich werde das Protokoll an Sie weiterleiten, damit wir alle Punkte im Blick behalten.«

Zielvereinbarungsgespräche in einem größeren Kontext

Zielvereinbarungsgespräche sind ein unverzichtbares Regelkommunikationsinstrument in modernen Organisationen. Sie schaffen Klarheit, fördern die Eigenverantwortung und sorgen dafür, dass alle auf dieselben Ziele hinarbeiten. Die moderne OKR-Methode muss bei der Gesprächsführung ähnliche Schritte beachten. Hier liegt der Fokus aber mehr auf der Organisation der Kollaboration unterschiedlicher Funktionen.

Nutzen Sie diese Gespräche, um nicht nur Zahlen zu definieren, sondern auch die Menschen hinter den Zielen zu motivieren und zu unterstützen, denn letztlich sind es Ihre Mitarbeiter, die die Visionen des Unternehmens in die Realität umsetzen. Führen Sie das Gespräch mit Klarheit, Herz und einer Prise Inspiration – und beobachten Sie, wie es nicht nur Ergebnisse liefert, sondern auch das Team stärkt.

Ein gut geführtes Zielvereinbarungsgespräch bietet die Chance, Verantwortung und Motivation zu stärken. Es zeigt Ihrem Mitarbeiter, dass seine Arbeit ein zentraler Baustein des großen Ganzen ist – und dass Sie bereit sind, ihn auf diesem Weg zu unterstützen.

Das Rückkehrgespräch: Gemeinsam den Weg zurück ins Team gestalten

Stellen Sie sich vor, ein geschätzter Kollege kehrt nach einer längeren Abwesenheit zurück. Dieses Wiedersehen ist nicht nur ein organisatorischer Akt, sondern ein Moment voller Emotionen und Chancen. Ein gut geführtes Rückkehrgespräch kann den Wiedereinstieg erleichtern, Vertrauen stärken und das Fundament für zukünftige Zusammenarbeit festigen.

Warum Rückkehrgespräche so wichtig sind

Rückkehrgespräche dienen dazu, den Mitarbeiter nach einer Abwesenheit – sei es durch Krankheit, Elternzeit oder andere Gründe – wieder ins Team zu integrieren. Sie bieten die Möglichkeit, Veränderungen zu besprechen, Unterstützung anzubieten und gemeinsam den Weg für die kommenden Wochen und Monate zu planen. Zudem zeigen sie dem Mitarbeiter, dass er wertgeschätzt wird und sein Wohlbefinden dem Unternehmen am Herzen liegt.

Ablauf eines einfühlsamen Rückkehrgesprächs

Das Ziel dieser Gespräche diktiert ihren Aufbau und Ablauf. Der Mitarbeiter muss das Gefühl bekommen, dass sein Fehlen aufgefallen ist.

Herzlich willkommen: Die Rückkehr feiern

Beginnen Sie das Gespräch mit einer warmen Begrüßung. Zeigen Sie aufrichtig, dass Sie sich über die Rückkehr freuen, und erkundigen Sie sich einfühlsam nach dem Befinden des Mitarbeiters.

»Willkommen zurück, [Name]! Es ist wirklich schön, Sie wieder bei uns zu haben. Wie geht es Ihnen? Wir haben Sie vermisst und freuen uns auf die gemeinsame Arbeit.«

Eine solche Begrüßung schafft eine positive Atmosphäre und signalisiert Wertschätzung.

Transparenz über Veränderungen: Gemeinsam auf den neuesten Stand kommen

Informieren Sie den Mitarbeiter über relevante Veränderungen, die während seiner Abwesenheit stattgefunden haben. Seien Sie dabei offen und ehrlich, um Vertrauen zu fördern.

»Während Ihrer Abwesenheit hat sich Folgendes geändert: [Änderungen im Team, neue Projekte, Prozessanpassungen]. Ich möchte sicherstellen, dass Sie über alles informiert sind und sich gut vorbereitet fühlen.«

Transparenz hilft dem Mitarbeiter, sich schneller wieder zurechtzufinden und Unsicherheiten abzubauen.

Wiedereingliederung planen: Schritt für Schritt zurück in den Alltag

Besprechen Sie gemeinsam, wie der Wiedereinstieg gestaltet werden kann. Berücksichtigen Sie dabei die individuellen Bedürfnisse und eventuelle Einschränkungen des Mitarbeiters.

»Wie stellen Sie sich Ihren Wiedereinstieg vor? Gibt es bestimmte Aufgaben, mit denen Sie beginnen möchten? Wir können den Umfang Ihrer Tätigkeiten schrittweise erhöhen, um Ihnen den Übergang zu erleichtern.«

Eine flexible Herangehensweise zeigt Verständnis und unterstützt den Mitarbeiter dabei, sich nicht überfordert zu fühlen.

Unterstützung anbieten: Gemeinsam Lösungen finden

Erkundigen Sie sich, ob der Mitarbeiter besondere Unterstützung benötigt, und bieten Sie proaktiv Hilfe an.

»Gibt es etwas, das wir tun können, um Ihnen den Wiedereinstieg zu erleichtern? Zum Beispiel flexible Arbeitszeiten, Homeoffice-Möglichkeiten oder spezielle Ressourcen?«

Solche Angebote zeigen, dass das Wohl des Mitarbeiters im Mittelpunkt steht und das Unternehmen bereit ist, individuelle Lösungen zu finden.

Gemeinsamer Ausblick: Den Weg nach vorn planen

Vereinbaren Sie ein weiteres Gespräch, um den Fortschritt der Wiedereingliederung zu besprechen und bei Bedarf Anpassungen vorzunehmen.

»Lassen Sie uns in vier Wochen erneut zusammensetzen, um zu sehen, wie es Ihnen geht und ob wir den Plan anpassen sollten. Ihr Feedback ist uns dabei sehr wichtig.«

Regelmäßige Check-ins zeigen, dass das Unternehmen kontinuierlich am Wohl des Mitarbeiters interessiert ist und bereit ist, flexibel zu reagieren.

Fallstricke vermeiden: Worauf Sie achten sollten

- ✔ **Zu viel Druck:** Vermeiden Sie es, den Mitarbeiter sofort mit allen Aufgaben zu konfrontieren. Ein schrittweiser Wiedereinstieg ist oft effektiver.
- ✔ **Mangelnde Empathie:** Zeigen Sie echtes Interesse am Wohlbefinden des Mitarbeiters und vermeiden Sie es, die Abwesenheit zu bewerten oder zu hinterfragen.
- ✔ **Fehlende Nachbereitung:** Planen Sie unbedingt Follow-up-Gespräche ein, um den Fortschritt zu besprechen und Unterstützung anzubieten.

Warum ein gutes Rückkehrgespräch den Unterschied macht

Ein einfühlsames und gut strukturiertes Rückkehrgespräch zeigt dem Mitarbeiter, dass er geschätzt wird und sein Wohlbefinden dem Unternehmen wichtig ist. Es erleichtert den Wiedereinstieg, stärkt das Vertrauen und legt den Grundstein für eine erfolgreiche Zusammenarbeit in der Zukunft.

Führen Sie das Gespräch mit Herz, Offenheit und einer klaren Struktur – und Sie werden sehen, wie daraus nicht nur ein reibungsloser Wiedereinstieg, sondern auch eine gestärkte Bindung zum Unternehmen entsteht.

Konfliktgespräch: ein Balanceakt zwischen Klärung, Bewältigung und Lösung

Konflikte gehören zum Arbeitsalltag wie Herausforderungen zum Leben. Sie sind unvermeidbar – und das ist auch gut so. Konflikte sind wertvolle Hinweise darauf, dass etwas in einer Beziehung oder Struktur neu geregelt werden muss. Doch der Umgang mit ihnen erfordert Fingerspitzengefühl, Geduld und eine Haltung, die von Respekt und Lösungsorientierung geprägt ist.

Wenn wir ehrlich sind, lassen sich Konflikte nur in etwa 20 Prozent der Fälle wirklich lösen. Die restlichen 80 Prozent müssen bewältigt werden. Dieser Unterschied ist entscheidend: Eine Lösung gleicht der Heilung einer Grippe – der Konflikt ist abgeschlossen und das Problem behoben. Bewältigung hingegen gleicht eher dem Umgang mit einer chronischen Erkrankung wie Diabetes – wir finden Wege, mit den Bedingungen umzugehen und dennoch produktiv weiterzuarbeiten. Diese Unterscheidung ist nicht nur praktisch, sondern auch befreiend, weil sie die oft unrealistische Erwartung einer vollständigen »Lösung« nimmt.

Die Vielfalt der Konflikte – und ihr gemeinsamer Kern

Es gibt unzählige Arten von Konflikten, und jedes Gespräch ist einzigartig. Ein eigenes Buch könnte gefüllt werden, um die Vielfalt zu beschreiben – von kleinen Missverständnissen im Team bis hin zu tiefgreifenden Auseinandersetzungen zwischen Abteilungen. Doch bei aller Unterschiedlichkeit gibt es einige grundlegende Prinzipien, die für jedes Konfliktgespräch gelten: eine neutrale Haltung, aktives Zuhören und der Wille, eine Brücke zu bauen.

Fritz Simon, ein Verfechter der konstruktivistischen Sichtweise, erinnert uns daran, dass Konflikte nicht »objektiv« existieren. Sie sind immer das Ergebnis unterschiedlicher Wahrnehmungen und Bedeutungen, die wir einer Situation zuschreiben. Genau deshalb ist es entscheidend, die verschiedenen Perspektiven in einem Konfliktgespräch sichtbar zu machen. Konflikte sind nicht das Problem – sie sind ein Symptom, das uns zeigt, dass ein Regelungsbedarf besteht.

Der Ablauf eines Konfliktgesprächs – ein Leitfaden für Klarheit und Zusammenarbeit

Bevor Sie in ein Konfliktgespräch gehen, müssen Sie sich Ihr Ziel klar machen. Ideal ist es, in der Vorbereitung einen Perspektivwechsel vorzunehmen: Was ist das Motiv für die

Position Ihres Gegenübers? Auf alle Fälle ist es sinnvoll, das Gespräch zu strukturieren, um nicht in den vielleicht auftretenden Emotionen mitgerissen zu werden.

Einleitung: Den Raum neutral öffnen

Beginnen Sie das Gespräch mit einer neutralen Haltung. Erläutern Sie das Ziel: nicht den Konflikt »wegzudiskutieren«, sondern Klarheit zu schaffen und Wege zu finden, wie man miteinander arbeiten kann.

»Wir sind heute hier, um über die Herausforderungen in [Thema] zu sprechen. Mir ist wichtig, dass wir uns gegenseitig verstehen und eine Lösung finden, mit der wir alle arbeiten können.«

Eine solche Eröffnung signalisiert Offenheit und stellt klar, dass Sie keine Schuldzuweisungen suchen.

Darstellung der Konflikte: Perspektiven sichtbar machen

»Wie erleben Sie die Situation? Was belastet Sie am meisten?«

Jetzt geht's ans Eingemachte: Lassen Sie alle Beteiligten ihre Sichtweise schildern – ganz offen, ganz ehrlich. Und hier kommt der Clou: Sie bewerten nichts, gar nichts. Sie hören zu, als würden Sie das Drehbuch zu einem Film über diesen Konflikt schreiben. Ihr Ziel? Jede Perspektive verstehen, ohne sie gleich zu korrigieren.

Der entscheidende Moment: Ziele hinter den Worten aufdecken

Haben alle ihren Standpunkt erklärt? Super! Jetzt tauchen Sie noch tiefer ein. Fragen Sie sich: Was treibt diese Person wirklich an? Hinter jedem Problem steckt ein Wunsch oder ein Ziel, das oft im Verborgenen liegt. Fragen Sie ganz behutsam:

- ✔ »Was möchten Sie mit Ihrem Standpunkt erreichen?«
- ✔ »Warum ist dieser Punkt so wichtig für Sie?«
- ✔ »Was würde passieren, wenn dieses Ziel nicht erreicht wird?«

In diesem Schritt fügen Sie die Puzzleteile zusammen. Plötzlich sehen Sie klarer: Hinter all den Meinungsverschiedenheiten verstecken sich oft dieselben Wünsche – wie ein besseres Miteinander oder der Wunsch, gehört zu werden. Und genau hier entsteht die Magie: Sobald diese Ziele auf dem Tisch liegen, kann der Konflikt viel leichter angepackt werden.

Lösungsfindung: Gemeinsam Brücken bauen

»Wie können wir das gemeinsam lösen? Was könnte helfen, damit sich alle besser fühlen?«

Jetzt kommt der Moment, in dem Sie aus dem Krisenmodus in den Gestaltungsmodus wechseln. Es geht um Ideen, Möglichkeiten und erste Schritte – und nicht darum, wer Schuld hat. Ermutigen Sie alle, ihre Vorschläge einzubringen. Seien Sie ein Motivator, ein Brückenbauer, ein Ideen-Sammler.

Sagen Sie Dinge wie:

- ✔ »Lassen Sie uns schauen, was wir jetzt tun können, damit es für alle besser wird.«
- ✔ »Ich bin sicher, dass wir zusammen eine Lösung finden, die für alle tragbar ist.«

Betonen Sie: Es gibt keine perfekte Lösung. Aber jeder kleine Schritt zählt. Gemeinsam entwickeln Sie etwas, das funktioniert. Und hey, das fühlt sich nicht nur besser an, sondern stärkt auch die Zusammenarbeit. Am Ende sollten alle das Gefühl haben, dass sie gehört wurden und gemeinsam an einem Strang ziehen. »Wir schaffen das!«

Vereinbarungen: Klare Schritte definieren

Sobald eine Einigung erzielt wurde, fassen Sie die nächsten Schritte zusammen. Klären Sie, wer für welche Maßnahme verantwortlich ist, und stellen Sie sicher, dass alle Beteiligten den Plan unterstützen.

»Wir haben uns darauf geeinigt, dass [Maßnahme X] umgesetzt wird und dass wir [Maßnahme Y] in den nächsten Wochen testen. Ist das für alle machbar?«

Klarheit und Verbindlichkeit sind in diesem Schritt entscheidend.

Abschluss: Die nächsten Schritte festlegen

Beenden Sie das Gespräch, indem Sie die Vereinbarungen zusammenfassen und ein Follow-up-Gespräch planen, um den Fortschritt zu überprüfen.

»Vielen Dank für Ihre Offenheit heute. Wir treffen uns in vier Wochen, um zu sehen, wie es läuft und ob wir noch etwas anpassen müssen.«

Die Haltung macht den Unterschied

Am Ende steht die Erkenntnis, dass jedes Konfliktgespräch einzigartig ist – doch der Kern bleibt immer gleich: eine Haltung des Respekts vor unterschiedlichen Perspektiven und der Wille, gemeinsam eine Lösung oder Bewältigungsstrategie zu finden. Konflikte sind keine Katastrophen, sondern Chancen, etwas zu klären, was bisher unbewusst geblieben ist.

Mit Geduld, Offenheit und einer klaren Struktur wird aus einem Konfliktgespräch nicht nur ein Mittel zur Deeskalation, sondern eine Brücke zu besserem Verständnis und einer stärkeren Zusammenarbeit. Und manchmal liegt genau darin die wahre Lösung.

Das Onboarding-Gespräch: der erste Schritt zu einem starken Team

Stellen Sie sich vor, es ist der erste Arbeitstag eines neuen Mitarbeiters. Die Türen öffnen sich, und alles ist neu – neue Gesichter, neue Prozesse, eine neue Unternehmenskultur. Genau an diesem Punkt entscheidet sich, ob sich der Mitarbeiter willkommen fühlt, schnell

Fuß fasst und bereit ist, sein Bestes zu geben. Ein gelungenes Onboarding-Gespräch ist der Schlüssel, um diesen Moment zu etwas Besonderem zu machen und den Grundstein für eine langfristige, erfolgreiche Zusammenarbeit zu legen.

Onboarding ist weit mehr als nur eine Begrüßung. Es ist der erste Schritt, um den Mitarbeiter nicht nur in das Team, sondern in die gesamte Organisation zu integrieren. Es vermittelt ihm: »Wir haben uns auf Sie gefreut, und wir wollen, dass Sie hier erfolgreich sind.« Ein systematisches Onboarding hilft dem neuen Mitarbeiter, sich zu orientieren, Verantwortung zu übernehmen und so schnell wie möglich produktiv zu werden.

Die Haltung des Vorgesetzten: Wegbereiter und Begleiter

Als Vorgesetzter spielen Sie eine Schlüsselrolle im Onboarding-Prozess. Ihre Haltung entscheidet maßgeblich darüber, wie sich der Mitarbeiter in den ersten Wochen und Monaten fühlt. Seien Sie nicht nur eine Führungskraft, sondern auch ein Wegbereiter und Begleiter.

- ✔ **Empathie:** Versetzen Sie sich in die Lage des neuen Mitarbeiters. Der erste Arbeitstag ist oft mit Nervosität und Unsicherheiten verbunden. Zeigen Sie Verständnis und nehmen Sie ihm die Angst vor dem Neuen.
- ✔ **Offenheit:** Seien Sie ansprechbar und ermutigen Sie den Mitarbeiter, Fragen zu stellen oder Feedback zu geben. Zeigen Sie, dass kein Anliegen zu klein oder unbedeutend ist.
- ✔ **Geduld:** Der Einarbeitungsprozess braucht Zeit. Unterstützen Sie den Mitarbeiter dabei, Schritt für Schritt anzukommen, und vermeiden Sie, ihn direkt mit zu vielen Informationen oder Aufgaben zu überfordern.
- ✔ **Wertschätzung:** Machen Sie dem Mitarbeiter von Anfang an klar, dass er nicht nur ein weiterer Mitarbeiter ist, sondern ein wertvolles Mitglied des Teams. Geben Sie ihm das Gefühl, dass seine Fähigkeiten und Talente geschätzt werden.

Warum Onboarding entscheidend ist

Ein durchdachtes Onboarding-Programm zeigt dem neuen Mitarbeiter, dass er ein wichtiger Teil des Unternehmens ist. Es gibt ihm Sicherheit in einer neuen Umgebung, erleichtert die Einarbeitung und steigert die Zufriedenheit von Anfang an. Der erste Eindruck zählt – und ein warmherziger Empfang sowie klare Orientierung signalisieren: »Hier bist du richtig.« Gleichzeitig sorgt ein strukturiertes Onboarding dafür, dass der Mitarbeiter schneller seine volle Leistung entfalten kann, was nicht nur ihm, sondern auch dem Unternehmen zugutekommt.

Onboarding sollte jedoch nicht nur ein einzelnes Gespräch sein. Es ist ein kontinuierlicher Prozess, der die gesamte Probezeit umfasst – mit regelmäßigen Check-ins, Feedbackrunden und Unterstützung in jeder Phase. Dieser Ansatz gibt dem Mitarbeiter die Möglichkeit, kontinuierlich zu wachsen und sich als fester Bestandteil des Teams zu fühlen.

Ablauf eines gelungenen Onboarding-Gesprächs

Die Struktur eines Onboarding-Gesprächs richtet sich stark nach dem jeweils gepflegten Onboardingprozess des Unternehmens. Gleichwohl gibt es auch hier eine – plausible – Grundstruktur.

Einleitung: Willkommen heißen und ankommen lassen

Der erste Moment zählt. Begrüßen Sie den neuen Mitarbeiter mit einem herzlichen Lächeln und stellen Sie ihn dem Team vor. Schaffen Sie eine Atmosphäre, in der er sich direkt wohlfühlt.

»Willkommen bei uns, [Name]! Wir freuen uns wirklich, dass Sie jetzt Teil unseres Teams sind. Lassen Sie uns gemeinsam dafür sorgen, dass Sie sich hier schnell einleben und wohlfühlen.«

Ihre Haltung sollte hier freundlich, interessiert und unterstützend sein. Vermeiden Sie Floskeln und drücken Sie Ihre Wertschätzung authentisch aus.

Unternehmenskultur: Das große Ganze erklären

Erklären Sie dem neuen Mitarbeiter, was das Unternehmen ausmacht – die Werte, die Vision und die Prozesse. Zeigen Sie, wie seine Rolle zum Erfolg des Unternehmens beiträgt.

»Unser Unternehmen steht für [Werte X, Y, Z]. Uns ist wichtig, dass wir nicht nur zusammenarbeiten, sondern auch als Team füreinander da sind. Ihre Arbeit in [Abteilung oder Rolle] wird ein wichtiger Teil unseres Erfolgs sein.«

Hier ist Ihre Haltung entscheidend: Sprechen Sie mit Stolz über das Unternehmen, aber bleiben Sie dabei bodenständig und ehrlich. Übertriebene Darstellungen könnten später enttäuschen.

Rollenklärung: Sicherheit durch Klarheit schaffen

Besprechen Sie die Aufgaben und Verantwortlichkeiten des neuen Mitarbeiters detailliert. Unsicherheiten in dieser Phase können später zu Missverständnissen führen, daher ist es wichtig, konkret zu sein.

»In Ihrer Rolle als [Position] werden Sie für [konkrete Aufgaben] verantwortlich sein. Dabei ist es uns wichtig, dass Sie Ihre Perspektive einbringen und kreativ mitgestalten. Wenn Sie Fragen haben, kommen Sie jederzeit auf mich zu.«

Zeigen Sie sich offen und unterstützend. Ihre Klarheit gibt dem Mitarbeiter Sicherheit, Ihre Offenheit ermutigt ihn, von Anfang an aktiv zu werden.

Unterstützung: Gemeinsam den Start erleichtern

Fragen Sie, welche Unterstützung der neue Mitarbeiter in den ersten Wochen benötigt. Seien Sie proaktiv und bieten Sie konkrete Hilfen an, um ihn zu entlasten.

»Wir wissen, dass die ersten Wochen in einem neuen Job eine Menge Neues mit sich bringen. Gibt es etwas, bei dem wir Sie unterstützen können? Haben Sie alle Materialien, die Sie benötigen? Falls nicht, kümmern wir uns sofort darum.«

Ihre Haltung sollte hier lösungsorientiert und zugewandt sein. Zeigen Sie, dass Sie bereit sind, Hindernisse aus dem Weg zu räumen.

Abschluss: Den Prozess nachhaltig gestalten

Ein Onboarding-Gespräch ist der Beginn eines kontinuierlichen Prozesses. Vereinbaren Sie regelmäßige Check-ins, um den Fortschritt des Mitarbeiters zu verfolgen und offene Fragen zu klären.

»Wir werden uns in den nächsten Wochen regelmäßig zusammensetzen, um über Ihren Fortschritt zu sprechen und sicherzustellen, dass Sie sich hier wohlfühlen. Ihr Feedback ist uns dabei sehr wichtig.«

Ihre Haltung sollte hier langfristig ausgerichtet sein. Zeigen Sie, dass das Onboarding nicht mit dem Gespräch endet, sondern dass Sie den Mitarbeiter aktiv begleiten werden.

Onboarding als Prozess, nicht als Einzelgespräch

Onboarding endet nicht mit dem ersten Gespräch. Es ist ein strukturierter Prozess, der sich über die gesamte Probezeit erstreckt. Eine Checkliste, die Aufgaben und Verantwortlichkeiten klar festhält, hilft dem Mitarbeiter, den Überblick zu behalten. Gleichzeitig sorgen regelmäßige Gespräche dafür, dass keine Fragen oder Herausforderungen unbeachtet bleiben.

Wenn Onboarding richtig gemacht wird, fühlt sich der Mitarbeiter willkommen, integriert und motiviert. Erinnern Sie sich daran: Der erste Eindruck ist nicht nur entscheidend – er bleibt. Nutzen Sie das Onboarding, um diesen Eindruck positiv und nachhaltig zu gestalten – mit einer Haltung, die Offenheit, Geduld und echte Wertschätzung vermittelt.

Austrittsgespräch (Exit-Interview)

Hier geht es um ehrliches Feedback und wertvolle Erkenntnisse. Bereiten Sie sich darauf vor, offene Fragen zu klären und konstruktives Feedback zu erhalten, das Ihnen hilft, das Arbeitsumfeld zu verbessern.

Ablaufplan

- ✔ **Einleitung:** Bedanken Sie sich für die Zusammenarbeit und schaffen Sie eine offene Gesprächsatmosphäre. Zeigen Sie Wertschätzung für die geleistete Arbeit.
- ✔ **Gründe für den Austritt:** Fragen Sie nach den Gründen für den Austritt und hören Sie aktiv zu. Versuchen Sie, die Hintergründe zu verstehen, ohne zu urteilen.

- ✔ **Feedback zur Arbeitsumgebung:** Bitten Sie um Feedback zu Arbeitsbedingungen, Führung und Kultur. Seien Sie offen für konstruktive Kritik und sehen Sie sie als Chance zur Verbesserung.

- ✔ **Zukunftspläne:** Fragen Sie den Mitarbeiter nach seinen zukünftigen Plänen und bieten Sie, wenn möglich, Unterstützung an. Zeigen Sie Interesse an seiner beruflichen Weiterentwicklung.

- ✔ **Abschluss:** Fassen Sie die wichtigsten Punkte zusammen und bedanken Sie sich erneut. Geben Sie dem Mitarbeiter das Gefühl, dass seine Meinung zählt und wertvoll ist.

Ergebnissicherung

Dokumentieren Sie die wichtigsten Erkenntnisse aus dem Gespräch und besprechen Sie diese mit relevanten Führungskräften, um mögliche Verbesserungen im Unternehmen zu identifizieren. Nutzen Sie das Feedback, um kontinuierlich an der Unternehmenskultur und den Arbeitsbedingungen zu arbeiten.

Dieser Ansatz gibt Ihnen nicht nur Struktur, sondern hilft Ihnen auch, in jeder Art von Gespräch das Beste zu erreichen – sei es bei der täglichen Feedback-Routine oder bei wichtigen Jahresgesprächen. Klare Ziele, Empathie und ein Fokus auf Entwicklung und Verbesserung machen den Unterschied.

Fehlzeitengespräch: Gemeinsam den Weg zurück finden

Stellen Sie sich vor, ein geschätztes Teammitglied hat in letzter Zeit häufiger gefehlt. Vielleicht gab es gesundheitliche Herausforderungen, persönliche Belastungen oder arbeitsbedingte Gründe. Solche Situationen sind nicht leicht – weder für den betroffenen Mitarbeiter noch für das Team. Doch genau hier liegt Ihre Chance: Mit einem einfühlsamen Fehlzeitengespräch können Sie Brücken bauen, Vertrauen stärken und einen Weg zurück in den Alltag schaffen.

Ein Fehlzeitengespräch ist mehr als nur ein organisatorischer Akt. Es zeigt Ihrem Mitarbeiter, dass Sie seine Situation ernst nehmen und bereit sind, ihn zu unterstützen. Gleichzeitig senden Sie ein klares Signal ans Team: Fehlzeiten sind nicht einfach »Privatsache«, sondern ein Thema, das uns alle betrifft – und das wir gemeinsam bewältigen.

Warum Fehlzeitengespräche so wichtig sind

Häufige oder lange Abwesenheiten können das gesamte Team belasten, Projekte ins Stocken bringen und den Arbeitsfluss stören. Aber hinter jeder Fehlzeit steckt eine Geschichte – und oft auch ein Grund, den es zu verstehen gilt. Ein Gespräch hilft nicht nur, diese Hintergründe zu erkennen, sondern zeigt auch, dass Sie als Führungskraft bereit sind, gemeinsam Lösungen zu finden.

Denken Sie daran: Ein Fehlzeitengespräch ist kein »Verhör«. Es ist Ihre Gelegenheit, Unterstützung anzubieten, echte Veränderung zu bewirken und eine positive Botschaft zu senden. Es geht darum, den Mitarbeiter wieder in den Mittelpunkt zu stellen – als Mensch, nicht nur als Arbeitskraft.

Wie Sie ein Fehlzeitengespräch einfühlsam führen

Fehlzeitengespräche sind heikel. Es fällt schwer, eine neutrale Haltung zu wahren, wenn man innerlich vermutet, dass der Mitarbeiter nicht aufrichtig ist. Umso wichtiger ist hier eine »Halteleine«. Diese »Halteleine« bietet die folgende Gesprächsstruktur.

Eine vertrauensvolle Atmosphäre schaffen

Beginnen Sie das Gespräch ruhig, respektvoll und ohne Vorwürfe. Zeigen Sie, dass Sie hier sind, um zu helfen, nicht um zu kritisieren.

»Schön, dass wir heute die Möglichkeit haben, miteinander zu sprechen. Ich möchte verstehen, wie es Ihnen geht und was wir gemeinsam tun können, um Ihre Situation zu verbessern.«

Eine solche Einleitung baut Spannungen ab und legt den Grundstein für ein offenes, ehrliches Gespräch.

Zuhören und die Hintergründe verstehen

Lassen Sie den Mitarbeiter seine Perspektive schildern, ohne ihn zu bewerten. Hören Sie aktiv zu und zeigen Sie Empathie.

»Möchten Sie mir erzählen, was in letzter Zeit los war? Gibt es etwas, das Ihre Abwesenheiten beeinflusst hat, sei es beruflich oder privat?«

Ihre Aufmerksamkeit signalisiert, dass Sie nicht einfach nur Zahlen im Blick haben, sondern den Menschen dahinter sehen.

Gemeinsam nach Lösungen suchen

Stellen Sie die Frage: »Was können wir tun, damit es besser wird?« Überlegen Sie zusammen, welche Maßnahmen helfen könnten – sei es eine flexible Arbeitszeit, zusätzliche Unterstützung oder der Abbau von Stressfaktoren.

»Vielleicht könnten wir Ihre Arbeitszeiten für eine Weile anpassen, um den Druck zu verringern. Was halten Sie davon? Oder gibt es andere Dinge, die Ihnen helfen könnten?«

Zeigen Sie Offenheit und Lösungsbereitschaft. Oft reichen schon kleine Anpassungen, um große Veränderungen zu bewirken.

Verbindliche Schritte festlegen

Erarbeiten Sie gemeinsam einen Plan, der realistische Schritte enthält. Halten Sie sowohl die Erwartungen des Unternehmens als auch die Bedürfnisse des Mitarbeiters fest.

»Wir haben besprochen, dass wir [konkrete Maßnahme] umsetzen. Lassen Sie uns gemeinsam schauen, wie wir das erfolgreich gestalten können.«

Ein klarer Plan gibt Orientierung und zeigt, dass beide Seiten Verantwortung übernehmen.

Nachverfolgen und unterstützen

Planen Sie ein weiteres Gespräch, um den Fortschritt zu besprechen und gegebenenfalls Anpassungen vorzunehmen. Dies zeigt dem Mitarbeiter, dass Sie langfristig an seiner Seite stehen.

»Wir setzen uns in vier Wochen wieder zusammen, um zu sehen, wie es Ihnen geht und ob die Maßnahmen funktionieren. Mir ist wichtig, dass wir dranbleiben und gemeinsam Lösungen finden.«

Was es zu vermeiden gilt

- ✔ **Vorwürfe und Schuldzuweisungen:** Diese führen oft zu Abwehrreaktionen und verschlechtern das Gesprächsklima.
- ✔ **Ungenügende Vorbereitung:** Wissen Sie genau, wie oft und wann der Mitarbeiter gefehlt hat? Nur so können Sie konstruktiv sprechen.
- ✔ **Ein einmaliges Gespräch ohne Nachverfolgung:** Dies vermittelt den Eindruck, dass das Thema nicht wirklich wichtig ist.

Warum Sie dieses Gespräch nicht scheuen sollten

Ein Fehlzeitengespräch kann der Wendepunkt sein – für den Mitarbeiter, für das Team und für Sie als Führungskraft. Es zeigt Ihrem Mitarbeiter, dass er nicht allein ist und dass Sie bereit sind, gemeinsam nach vorn zu blicken. Gleichzeitig signalisiert es dem Team: Jeder zählt, und wir lassen niemanden zurück.

Mit einem einfühlsamen Gespräch können Sie nicht nur Abwesenheiten reduzieren, sondern auch Vertrauen stärken. Und genau darum geht es: Menschen dabei zu helfen, ihr Potenzial zu entfalten – auch in schwierigen Zeiten. Zeigen Sie, dass Sie zuhören, dass Sie verstehen und dass Sie helfen wollen, denn am Ende sind es Gespräche wie diese, die nicht nur Arbeit, sondern auch Beziehungen verändern.

IN DIESEM KAPITEL

Feedback im Jahresgespräch

Die Tücken der Leistungsbeurteilung

Wahrnehmungsfehler erkennen

Kapitel 14

Verspätetes Feedback: Jahresgespräch und Leistungsbeurteilung

Jahresgespräch und Leistungsbeurteilung – beides sind häufig eingesetzte Instrumente, um Mitarbeitern Feedback zu geben. Doch beide haben einen großen Nachteil: Das Feedback kommt verspätet. Es bezieht sich auf Vorfälle, die Wochen und Monate zurückliegen. Damit verstoßen Jahresgespräch und Leistungsbeurteilung gegen eine der zentralen Feedbackregeln – die Regel, dass eine Rückmeldung stets zeitnah erfolgen sollte.

Noch kritischer ist die Lage bei einer Leistungsbeurteilung, wie sie in vielen Unternehmen mit dem Jahresgespräch durchgeführt wird. Die formalen, rückwärtsgewandten Kriterien einer solchen Beurteilung geben den Mitarbeitern kaum eine Chance, ihre eigene Wahrnehmung einzubringen. Doch genau darauf kommt es beim Feedback an – auf das Kennenlernen der unterschiedlichen Sichtweisen. Zudem wird die Hauptfunktion des Feedbacks, nämlich eine Weiterentwicklung zu erreichen, überlagert von der »Richterfunktion« des Beurteilers. Beide Funktionen erfordern unterschiedliche psychologische Grundhaltungen von Sender wie Empfänger.

Bei der Leistungsbeurteilung kommt hinzu, dass kein gleichberechtigter Wahrnehmungsaustausch stattfindet, sondern das hierarchische Verhältnis dominiert. Viele Berater unterscheiden daher deutlich zwischen Beurteilung und Feedback. Aus meiner Sicht kommt es darauf an, dass alle Regeln eines konstruktiven Feedbacks auch für eine konstruktive Beurteilung gelten – wobei allen Beteiligten klar sein muss, dass es sich um eine Top-down-Kommunikation handelt. Deutlich wird: Jahresgespräch und Leistungsbeurteilung schaffen schwierige Feedbacksituationen, die vor allem für Vorgesetzte eine besondere Herausforderung sind. Wie Sie damit umgehen, erfahren Sie in diesem Kapitel.

Das Jahresgespräch: Feedback in der Rückschau

Jahresgespräche zwischen Vorgesetztem und Mitarbeiter gibt es in unterschiedlichen Varianten:

- ✔ Das Jahresgespräch, das Motivation und Zusammenarbeit in den Mittelpunkt stellt. Arbeitsziele können, müssen aber nicht vereinbart werden.
- ✔ Das Jahresgespräch, das betriebliche Zielvereinbarungen in den Mittelpunkt rückt. Die Ziele sind im Unternehmen top-down abgestimmt und die Vorgesetzten sind verpflichtet, mit jedem Mitarbeiter entsprechende Ziele zu besprechen und zu vereinbaren. Anhand der Zielerreichung erfolgt dann im Folgejahr die Leistungsbeurteilung, eine – wie weiter unten ausgeführt – ziemlich fragwürdige Form des Feedbacks.
- ✔ Eine weitergehende Variante liegt darin, Teile des Gehalts an die Zielerreichung zu knüpfen. Je mehr Geld ins Spiel kommt, desto mehr sind harte, vom Unternehmen festgelegte Beurteilungskriterien erforderlich – und desto weniger kommt der Feedbackaspekt noch zur Geltung, der den Austausch unterschiedlicher Sichtweisen verlangt.

Bezogen auf das Feedback ist allen Varianten eines gemeinsam: Die Rückmeldung bezieht sich auf ein ganzes Jahr, hat daher zwangsläufig einen summarischen Charakter. Es ist ein Feedback in der Rückschau, ohne direkten Bezug auf das Geschehen. Seine Besonderheit liegt darin, dass es die – hoffentlich – zeitnah geäußerten Feedbacks der Einzelsituationen aufgreift und die Essenz dieser unterjährigen Einzelfeedbacks auf den Punkt bringt.

Typen von Jahresgesprächen

Im beruflichen Alltag treten unterschiedliche Mitarbeitergespräche auf. Viele davon werden einfach als Jahresgespräch bezeichnet, ohne weiter zu differenzieren. Sinnvoll ist es jedoch, zwischen vier Typen zu unterscheiden:

- ✔ **Typ 1: Jahresgespräch zwischen Vorgesetztem und Mitarbeiter mit dem Ziel, Motivation und Zusammenarbeit zu fördern.** Am Ende dieses Jahresmitarbeitergesprächs steht zwar meist eine konkrete Vereinbarung für das kommende Jahr, jedoch nicht im Rahmen betrieblicher Zielvereinbarungen.
- ✔ **Typ 2: Jahresgespräch mit zwingend durchzuführenden Zielvereinbarungen.** Das Gespräch hat die gleichen Inhalte wie Typ 1, darüber hinaus müssen Vorgesetzter und Mitarbeiter jedoch betriebliche Ziele für das kommende Jahr in Form einer klassischen Zielvereinbarung festhalten.
- ✔ **Typ 3: Jahresgespräch mit Zielvereinbarungen zu betrieblichen Zielen und persönlichen Verhaltenszielen.** Im Unterschied zu Typ 2 schließt das Gespräch zusätzlich Ziele zu persönlichen Verhaltensänderungen (Verbesserung des Delegationsverhaltens und so weiter) in die Zielvereinbarungen mit ein.

- **Typ 4: Jahresgespräch mit betrieblichen und persönlichen Zielvereinbarungen und persönlichen Zielvereinbarungen, gekoppelt an einen variablen Gehaltsbestandteil.** Im Unterschied zu Typ 3 sind Zielsetzung und Entlohnung miteinander verbunden: Ein Teil des Gehalts hängt vom Erreichen bestimmter Zielkriterien ab.

Ein Jahresgespräch gemäß Typ 1 verstößt zwar gegen die Regel, dass Feedback zeitnah erfolgen sollte, kann aber trotzdem noch für ein konstruktives Feedback genutzt werden, denn im Gespräch zwischen Vorgesetztem und Mitarbeiter bleibt genügend Spielraum, um Sichtweisen abzugleichen und Ziele im Konsens zu vereinbaren. Bei den Typen 2, 3 und 4 überwiegt hingegen der einseitige Beurteilungsaspekt, der ein konstruktives Feedback sehr schwer macht, wenn nicht verhindert (siehe den Abschnitt »Die Leistungsbeurteilung: Dem System ausgeliefert« weiter hinten in diesem Kapitel).

Im Folgenden gehe ich zunächst auf die erste Variante ein: das einfache Jahresgespräch, das Motivation und Zusammenarbeit in den Mittelpunkt stellt. Der zweite Teil des Kapitels befasst sich dann mit der »härteren Variante«, der formalen, an Zielerreichungskriterien gemessenen Mitarbeiterbeurteilung.

Das Problem des verspäteten Feedbacks

Der Inhalt eines Jahresgesprächs lässt sich grob in drei Themen gliedern: Da geht es um das Arbeitsfeld des Mitarbeiters, um das Feedback zur Zusammenarbeit und um die berufliche Weiterentwicklung des Mitarbeiters. Feedback ist also nicht das alleinige, aber doch ein sehr zentrales Thema im Jahresgespräch. Gemeint ist hier durchaus Feedback in der Regel in beide Richtungen: Der Mitarbeiter erhält Feedback, kann im Gegenzug aber auch gebeten werden, einmal zu sagen, wie er eigentlich seinen Chef sieht und welche Erwartungen er an diesen stellt.

In jedem Jahresgespräch stellt sich, wie eingangs erwähnt, ein besonderes Problem: Die Regel, dass Feedback stets zeitnah erfolgen soll, ist ausgehebelt. Es wird summarisch auf ein ganzes Jahr geblickt; das Feedback bezieht sich zwangsläufig auf Situationen, die sich irgendwann in den zurückliegenden zwölf Monaten ereignet haben.

Das birgt zwei Gefahren:

- Der Vorgesetzte kritisiert pauschal, weil er sich an konkrete Einzelheiten nicht mehr erinnert. Er verstößt damit gegen Teil 1 der Dreiklangregel – der Forderung, ein Feedback immer an konkreten Beispielen festzumachen.
- Der Vorgesetzte hat während des Jahres ein »Rabattmarkenheft« gepflegt und versucht nun, die darin notierten 50 Kritikpunkte zurückzumelden. Der Mitarbeiter ist ob der Fülle der Anklagepunkte nicht nur erschlagen, sondern erhebt auch zu Recht den Vorwurf: »Warum haben Sie mir das nicht früher gesagt?«

Um nicht in eine der beiden Fallen zu tappen, müssen Sie sich einerseits auf konkrete Beispiele beziehen können, andererseits sich aber auf möglichst nur ein Thema beschränken. Dieser zentrale Kritikpunkt sollte dem Mitarbeiter bereits vertraut sein und nicht erst als Überraschung zum Jahresgespräch serviert werden.

Die Grundregel für das Feedback im Jahresgespräch lautet: Verdichten Sie das unterjährige Feedback zu einem zentralen Thema! Dies setzt voraus, dass Sie mit dem Mitarbeiter während des ganzen Jahres Feedbackgespräche führen, auf die Sie sich beziehen können.

Das Jahresgespräch darf also keine Ausrede sein, während des Jahres auf Rückmeldung zu verzichten. Im Gegenteil! Der Erfolg des Jahresgesprächs hängt in hohem Maß davon ab, dass Sie als Vorgesetzter auch während des Jahres konstruktives Feedback geben.

So gelingt das Feedback im Jahresgespräch

Auch wenn es unterschiedliche Varianten von Jahresmitarbeitergesprächen gibt, im Kern geht es doch immer um drei Themen: Arbeitsfeld, Feedback zur Zusammenarbeit, Personalentwicklung. Mit Blick auf den Feedbackteil gelten die vertrauten Regeln – gut vorbereiten, Positives nicht vergessen, dem Feedbackdreiklang folgen. Achten Sie dabei vor allem auf folgende vier Regeln.

Regel 1: Während des Jahres am Ball bleiben

Erfolgreiches Feedback im Jahresgespräch erfordert zuallererst eine gründliche Vorbereitung. Dazu gehört, dass Sie treffende Beispiele parat haben, um Kritik, aber auch Lob belegen zu können. Dies wiederum erfordert, auch während des Jahres am Ball zu bleiben und bezeichnende Situationen möglichst schriftlich festzuhalten. Im Laufe eines Jahres geschieht so viel, dass andernfalls viele Ereignisse schlicht vergessen werden. Dies gilt umso mehr, weil Sie vermutlich nicht nur einen Mitarbeiter haben.

Bewährt hat es sich, eine Art Protokoll zu führen: die Highlight-/Lowlight-Liste. Legen Sie für jeden Mitarbeiter eine Liste an, auf der Sie laufend die positiven und negativen Vorkommisse notieren. Achten Sie darauf, dass diese persönliche Gedächtnisstütze vertraulich bleibt und nicht durch einen dummen Zufall einem Mitarbeiter in die Hände gerät.

Liste der Highlights und Lowlights

Die in der HiLo-Liste notierten Beispiele bilden das Herzstück der Beurteilung Ihres Mitarbeiters im Jahresgespräch – sowohl hinsichtlich positiver als auch negativer Rückmeldungen. Die Highlights und Lowlights stellen sicher, dass Sie während des ganzen Jahres Lobenswertes genauso ernst nehmen wie Kritikwürdiges.

Die Liste der Highlights und Lowlights (»HiLo-Liste«) führen Sie für jeden Ihrer Mitarbeiter. Sie lässt sich als einfache Tabelle mit drei Spalten anlegen (siehe Tabelle 13.1).

Datum	Highlights	Lowlights

Tabelle 14.1: Eine Liste der Highlights und Lowlights für jeden Mitarbeiter

Damit sich der Aufwand für die HiLo-Liste in Grenzen hält, genügen zu jedem Ereignis wenige Stichwörter. Außerdem sollten Sie nur Beispiele notieren, die Sie dem Mitarbeiter auch kommuniziert haben. Nur dann kann der Mitarbeiter im Jahresgespräch wissen, wovon Sie sprechen und worauf Sie Bezug nehmen.

Neben der direkten Feedbackhilfe im Jahresgespräch hat die HiLo-Liste weitere Vorteile:

- ✔ Die Liste unterstützt eine professionelle Führung: Sie zwingt dazu, regelmäßig Feedback zu geben und im Jahresgespräch fair zu urteilen.
- ✔ Anhand der Liste können Sie Entwicklungen des Mitarbeiters verfolgen und gegebenenfalls steuernd eingreifen.
- ✔ Die Liste ist eine Art Messinstrument, an dem Sie ablesen können, ob das konstruktive Feedback während des Jahres etwas bringt (zum Beispiel ob ein kritisiertes Verhalten immer seltener auftritt).
- ✔ Die Liste kann als Stoffsammlung dienen, wenn Sie für Ihren Mitarbeiter eine schriftliche Beurteilung verfassen müssen.

Regel 2: Positives benennen

Wie bei jedem konstruktiven Feedbackgespräch gilt auch hier: Vergessen Sie im Jahresfeedback nicht, auch positive Aspekte darzustellen. Was ist gut gelaufen? Was hat Ihnen im zurückliegenden Jahr besonders gut gefallen?

Man kann es nicht deutlich genug sagen: Im Feedbackgespräch besteht die Neigung, sich immer nur auf das Negative zu kaprizieren – sich auf das zu konzentrieren, was schlecht läuft. Auf die motivierende Wirkung eines konkret begründeten Lobs wird viel zu wenig geachtet.

Auch beim positiven Feedback kommt es auf das Detail an – also den konkreten Vorfall, auf den Sie Bezug nehmen. Wenn Sie im Jahresgespräch anhand von zwei oder drei Erlebnissen schildern, was Ihnen wirklich gut gefallen hat, kann die Wirkung immens sein. Oft reagiert der Mitarbeiter geradezu gerührt, weil er spürt, dass Sie sich mit ihm und seiner Arbeit wirklich auseinandergesetzt haben.

Regel 3: Sich auf einen Kritikpunkt konzentrieren

Berichten Sie zunächst das Positive und kommen Sie dann auf das Negative – verbinden Sie beides jedoch nicht mit »aber«. Machen Sie stattdessen eine Pause und beginnen Sie dann in etwa so: »Wie wir besprochen haben, gab es mehrfach in diesem Jahr das Thema …«

Wichtig ist, dass Sie sich auf dieses eine Thema konzentrieren. Mehr wäre zu viel, denn niemand verkraftet in einem Gespräch mehr als einen ernsthaften Kritikpunkt. Begründen Sie diesen Hauptkritikpunkt sorgfältig anhand einiger bezeichnender Beispiele. Nun bewährt es sich, wenn Sie die Highlight-/Lowlight-Liste geführt haben und auf konkrete Vorfälle zurückgreifen können, an die sich auch der Mitarbeiter noch erinnert.

Regel 4: Ein überprüfbares Ziel vereinbaren

Feedback hat in der Regel das Ziel, eine Verhaltensweise des Feedbackempfängers zu verändern. Das gilt auch beim Jahresgespräch, an dessen Ende eine konkrete Vereinbarung stehen sollte. Einigen Sie sich deshalb mit Ihrem Mitarbeiter auf ein überprüfbares Ziel – und legen Sie fest, wann Sie die Zielerreichung überprüfen. Das kann beim nächsten Jahresgespräch sein, aber auch früher. Vielleicht ist es sinnvoll, einen recht zeitnahen Termin zu vereinbaren, um eine Zwischenbilanz zu ziehen. Am Ende des Jahresgesprächs steht also eine konkrete Vereinbarung.

Feedback als Baustein des Jahresgesprächs

In der Regel ist das Feedback eingebettet in andere Teile des Mitarbeitergesprächs, zu denen Elemente gehören wie Einschätzung des Arbeitsumfeldes, persönliche Situation am Arbeitsplatz, Potenzialeinschätzung, Auswertung vereinbarter Ziele oder Vereinbarung neuer Ziele. Das Feedback ist also nur ein Baustein in einem umfangreichen Gespräch. Das folgende Beispiel zeigt, wie sich dieser Gesprächsteil gestalten lässt.

Neue Flughöhe anpeilen

»Wir haben ja im zurückliegenden Jahr häufig Feedbackgespräche geführt«, leitet der Vorgesetzte den Feedbackteil des Jahresgesprächs ein. »Jetzt möchte ich unser Gespräch einmal ganz anders aufziehen. Zunächst stellen Sie sich einmal vor, über Nacht wäre ein Wunder geschehen. Alles ist vollkommen anders geworden, auch am Arbeitsplatz – alles ist plötzlich so, wie Sie es sich immer erwünscht haben. Was wäre dann anders? Im nächsten Schritt wollen wir uns dann gemeinsam überlegen, mit welchen Maßnahmen wir uns diesem Wunderzustand annähern können. Sind Sie damit einverstanden?«

Dieser Einstieg dürfte überraschen, hat er doch auf den ersten Blick wenig mit der vertrauten Vorgehensweise beim Feedback zu tun. Doch genau das ist gewollt.

Es käme nicht gut an, beim Jahresgespräch die bekannten Themen auf die gleiche Weise durchzukauen, wie sie bereits im Jahresverlauf Gegenstand von Feedbackgesprächen waren. Kaum ein Mitarbeiter würde das noch ernst nehmen! Es empfiehlt sich deshalb, das Jahresfeedback von den übrigen Feedbackgesprächen klar abzugrenzen.

Eine neue Gesprächsqualität ist also notwendig. Es geht darum, die unterjährigen Feedbacks aus höherer Warte zu betrachten, quasi eine neue Flughöhe für das Feedbackgespräch zu wählen. Ein Instrument hierfür ist besagte »Wunderfrage«. Ausgehend von einem Wunschbild gilt es, zu überlegen, mit welchen Schritten man sich auf dieses Bild zubewegt – ein sehr motivierendes und stimulierendes Vorgehen.

Begegnung im Wunderland

Angenommen, Sie stellen die Wunderfrage, wie könnte das Gespräch weiter verlaufen? Der Mitarbeiter fängt nun an, seine Idealvorstellungen zu beschreiben. Als Vorgesetzter achten Sie darauf, dass er negative Aussagen vermeidet und greifen gegebenenfalls ein. Der Mitarbeiter sagt zum Beispiel: »Wenn dieses Wunder geschieht, kontrolliert mich mein Chef nicht mehr.« Diese Aussage drehen Sie ins Positive, indem Sie dem Mitarbeiter etwa entgegnen: »Sie wollen damit ausdrücken, dass Sie dann frei arbeiten können!«

Fragen Sie den Mitarbeiter aber auch gleich, wie er sich vorstellt, dass sein Chef dann in diesem »Wunderland« die Ergebnisse kontrolliert. Auf diese Weise helfen Sie, die Unterschiede zum Jetzt-Zustand herauszuarbeiten und das positive Szenario zu entfalten. Gut geeignet sind hierfür zirkuläre Fragen, die den Mitarbeiter zu einem Perspektivwechsel zwingen (siehe Kapitel 8, Abschnitt »Gesprächsführung im Kritikgespräch«) – etwa in der Art: »Nach diesem Wunder, wie werden Sie dann von Ihren Kollegen gesehen? Wie nehme ich Sie wahr?«

Im nächsten Gesprächsabschnitt sind Sie selbst am Zuge. »Vielen Dank! Ich denke, aus Ihrer Beschreibung haben sich einige interessante neue Aspekte ergeben. Lassen Sie mich nun einmal beschreiben, welche Gedanken mir bei der Wunderfrage kommen. Danach können wir dann gemeinsam vergleichen und überlegen, welche Entwicklungsschritte wir vereinbaren sollten.« Nun beschreiben Sie, wie Sie sich in Bezug auf den Mitarbeiter den Idealzustand vorstellen.

Für die Beschreibung des Idealzustands greifen Sie auf die Feedbackanlässe des zurückliegenden Jahres zurück, ohne diese direkt zu nennen. Stattdessen gehen Sie von den Wünschen aus, die Sie im Zusammenhang mit den Feedbacks geäußert haben, und leiten daraus Ihre Idealvorstellungen ab – gemäß der Leitfrage: »Wenn alles gut wäre, wie wäre es dann?«

Nun kommt es zur Begegnung im Wunderland. Ihr Mitarbeiter und Sie haben die Wunderfrage beantwortet und, jeweils aus der eigenen Sicht, den Idealzustand beschrieben. Zusammen mit dem Mitarbeiter vergleichen Sie jetzt die beiden »Wunderbilder« und stellen die Gemeinsamkeiten und Unterschiede fest. Damit ist die Grundlage geschaffen, um im letzten Schritt einen Aktionsplan zu entwickeln.

Entwicklung eines Aktionsplans

Aus der »Begegnung im Wunderland« können zwei Konstellationen hervorgehen: Die Idealvorstellungen von Vorgesetztem und Mitarbeiter liegen nahe beieinander – oder weit voneinander entfernt. Wie lässt sich daraus ein Aktionsplan entwickeln? Sehen Sie sich beide Fälle an.

Fall 1: Idealvorstellungen liegen nahe beieinander

Wenn die Idealvorstellungen weitgehend übereinstimmen, lässt sich das Gespräch zügig auf die Erarbeitung des Aktionsplans hinsteuern. Der Dialog könnte in etwa wie folgt ablaufen:

Vorgesetzter: »Es freut mich, dass unsere Idealvorstellungen gar nicht so weit auseinanderliegen. Nehmen wir jetzt einmal eine Skala von 1 bis 10 an, der Wunderzustand ist die Zehn. Wo stehen wir zurzeit auf dieser Skala, was meinen Sie?«

Mitarbeiter: »Wir stehen auf der Acht!«

Vorgesetzter: »An welchem Punkt auf der Skala wäre denn für Sie der Okay-Zustand erreicht?«

Mitarbeiter: »Auf der Neun!«

Vorgesetzter: »Dann überlegen wir einmal, was zur Neun gehört. Welche Themen aus unserer Wundersituation müssten da auf alle Fälle realisiert sein?«

Mitarbeiter und Vorgesetzter stellen nun die Aspekte zusammen, die diesen Okay-Zustand ausmachen. Dann fragt der Vorgesetzte: »Wenn Sie das einmal auf sich wirken lassen – was wären die nächsten Schritte, damit wir uns gemeinsam in der Zusammenarbeit in Richtung unseres Wunschzustands bewegen?« Aus der Antwort ergibt sich ein konkreter Aktionsplan, der – etwa in einer Form wie Tabelle 14.2 – Maßnahmen, Unterstützungen und Termine festhält.

Was?	Mit welcher Unterstützung?	Bis wann? (Nächster Termin.)

Tabelle 14.2: Beispiel für einen Aktionsplan

Fall 2: Idealvorstellungen liegen weit auseinander

Schwieriger gestaltet sich das Gespräch, wenn die Idealvorstellungen weit auseinanderliegen. In diesem Fall könnte der Dialog so ablaufen:

Vorgesetzter: »Wie ist Ihr Eindruck? Ich habe das Gefühl, dass wir in Bezug auf den Wunderzustand stark auseinandergehen.«

Mitarbeiter: »Ja, das sehe ich auch so!«

Vorgesetzter: »Da ist es ja kein Wunder, dass wir gegenseitig unzufrieden sind! Lassen Sie mich die Gelegenheit nutzen, Ihnen einfach einmal zu beschreiben, was ich als Okay-Zustand ansehen würde.« Der Vorgesetzte beschreibt den Okay-Zustand und fährt fort: »Auf einer Skala von 1 bis 10 wäre der Idealzustand für mich die Zehn, der Okay-Zustand die Acht.« Nun bittet der Vorgesetzte den Mitarbeiter, dieses Bild auf sich wirken zu lassen: »Können Sie sich dem anschließen oder wollen Sie noch einmal darüber nachdenken? Dann setzen wir das Gespräch morgen fort.«

Mitarbeiter: »Nein, ich kann mich dem anschließen.«

Vorgesetzter: »Fein. Dann würde mich mal interessieren, wo stehen Sie in Ihrer eigenen Wahrnehmung auf dieser Skala?«

Mitarbeiter: »Na ja, ich denke, ich bin auf der Sechs!«

Vorgesetzter: »Was wäre aus Ihrer Sicht der nächste Schritt, um auf die Sieben zu kommen?«

Gemeinsam vereinbaren Vorgesetzter und Mitarbeiter nun den nächsten Entwicklungsschritt, indem sie einen Aktionsplan mit Maßnahmen, Unterstützungen und Terminen aufstellen (nach demselben Muster wie bei Fall 1). Sollte es nicht gelingen, einen gemeinsamen Entwicklungsrahmen zu definieren, bleibt letztlich nur die Erkenntnis: Für eine weitere Zusammenarbeit fehlt die Grundlage.

Kurzcheck Feedback im Jahresgespräch: Kernpunkte für den Vorgesetzten

Feedback im Jahresgespräch erfordert eine besondere Qualität, damit es sich von den unterjährig stattfindenden Feedbackgesprächen unterscheidet. Hier finden Sie die wesentlichen Aspekte des Jahresgesprächs anhand eines kleinen Fragenkatalogs zusammengefasst. Alle Fragen sollten Sie im konkreten Fall mit »Ja« beantworten können.

- ✔ Haben Sie die Fakten und Beispiele vorliegen, die Sie bei den Feedbackgesprächen des zurückliegenden Jahres angesprochen haben?
- ✔ Haben Sie die Beispiele und Fakten zu einem Hauptthema zusammengefasst?
- ✔ Kennen Sie die Zielsetzung, die Sie mit dem Hauptthema verfolgen?
- ✔ Ist die Zielsetzung konkret gefasst (nach dem SMART-Prinzip spezifizierbar, messbar, abstimmbar, realisierbar, terminierbar)?
- ✔ Haben Sie einen roten Faden für die Gesprächsführung?
- ✔ Haben Sie eine Vorstellung, wie der Mitarbeiter sich in dem Gespräch verhalten wird?

- ✔ Haben Sie eine Gesprächsstrategie, um mit den voraussichtlichen Reaktionen des Mitarbeiters umzugehen?
- ✔ Haben Sie verinnerlicht, dass es sich um ein Führungsgespräch handelt, also um ein Gespräch, bei dem der Mitarbeiter im Mittelpunkt steht und wie Sie ihn sehen?
- ✔ Ist Ihnen bewusst, wo Sie Schwächen in der Gesprächsführung haben – und haben Sie sich einen Weg überlegt, wie Sie damit umgehen?
- ✔ Denken Sie daran, sich nach dem Gespräch Rückmeldung zu Ihrer Gesprächsführung geben zu lassen?

Leistungsbeurteilung: Dem System ausgeliefert

Eine Leistungsbeurteilung ist eine sehr spezielle Form des Feedbacks. Sie findet einmal im Jahr statt, häufig im Rahmen eines Jahresgesprächs. Anders als beim einfachen Jahresgespräch, bei dem Motivation und Zusammenarbeit im Vordergrund stehen, ist die Leistungsbeurteilung systematisch in ein betriebliches Zielvereinbarungssystem eingebunden. Sprich: Die Leistungen eines Mitarbeiters werden daran gemessen, inwieweit er die definierten Zielerreichungskriterien im zurückliegenden Jahr erfüllt hat. Diese Kriterien sind vorgegeben und die Leistung bemisst sich am Grad der Zielerfüllung. Weder der Mitarbeiter noch der Vorgesetzte können deshalb an den Ergebnissen rütteln.

Die Rückmeldung bezieht sich auf Kriterien, die das Unternehmen vorgibt. Unter dem Gesichtspunkt eines konstruktiven Feedbacks ist ein solches starres und direktives System nur dann produktiv, wenn die Ziele auch gut überprüft werden können.

Bei vielen Unternehmen gibt es diese systematischen Leistungsbeurteilungen. Es lohnt sich daher, sich damit auseinanderzusetzen und die Vor- und Nachteile zu kennen. Im Folgenden gehe ich auf die Wirkung starrer Leistungsbeurteilungen näher ein – und zeige dann auf, wie Sie als Vorgesetzter die negativen Folgen für Ihre Mitarbeiter abfangen können.

Klassischer Ablauf einer Leistungsbeurteilung

Werfen Sie zunächst einen Blick darauf, wie eine Leistungsbeurteilung üblicherweise abläuft. Manche Firmen beurteilen ihre Mitarbeiter im regelmäßigen Turnus von ein bis zwei Jahren. Gebräuchlich sind Beurteilungen zu folgenden Zeitpunkten:

- ✔ Regelmäßige Beurteilungen:
  - vor Festeinstellung,
  - nach zweijähriger Betriebszugehörigkeit,

- bei Auszubildenden: nach jedem abgeschlossenen Ausbildungseinsatz oder Ausbildungsabschnitt sowie nach Abschluss der Lehre,
- weitere Beurteilungen jeweils nach drei bis fünf Betriebsjahren.

✔ Besondere Anlässe:

- bei Versetzung in einen anderen Bereich,
- bei außergewöhnlichen Höherstufungen,
- beim Wechsel des Vorgesetzten,
- auf Wunsch des Mitarbeiters,
- bei einer Potenzialanalyse,
- bei Ausscheiden aus dem Unternehmen (Zeugnis),
- bei einer Klimaanalyse (Vorgesetztenbeurteilung).

Grundsätze einer Leistungsbeurteilung

Eine Leistungsbeurteilung zählt zu den wichtigen Führungsaufgaben des Vorgesetzten. Im Kern geht es darum, mit dem jeweiligen Mitarbeiter über die Einschätzung seiner Leistung zu sprechen und gegebenenfalls Maßnahmen zu vereinbaren, um seine Leistung zu verbessern und ihn beruflich zu fördern. Dabei gelten folgende Grundsätze:

✔ Der Mitarbeiter wird frühzeitig über das Gespräch informiert und erhält eine Checkliste, um sich vorbereiten zu können.

✔ Der Vorgesetzte gibt Rückmeldung über die vom Mitarbeiter erbrachten Leistungen (»Standortbestimmung«).

✔ Der Vorgesetzte informiert den Mitarbeiter über die Möglichkeiten beruflicher Weiterentwicklung. Der Gesetzgeber hat dies als Recht des Mitarbeiters in § 82 Betriebsverfassungsgesetz verankert.

Eine faire Beurteilung ist nur möglich, wenn sie auf konkreten Anforderungen beruht. Hilfsmittel hierfür ist ein Beurteilungsbogen (siehe Tabelle 13.3), anhand dessen der Vorgesetzte zu Beginn und am Ende des Beurteilungszeitraums die Gespräche führt.

Zu Beginn des Beurteilungszeitraums werden die Erwartungen in Bezug auf Ziele, Aufgaben und Verhalten besprochen und im Beurteilungsbogen wie in Tabelle 13.3 dokumentiert. Am Ende des Beurteilungszeitraums wird die erreichte Leistung beurteilt und ebenfalls festgehalten. Die Ergebnisse werden Bestandteil der Personalakte.

Name:	Abteilung:	Zeitraum:				
1. Ziele und Aufgaben im Rahmen der Stellenbeschreibung und damit verbundene Erwartungen (zu Beginn der Beurteilungsperiode festzulegen)	Kommentar zur Zielerreichung und/oder Aufgabenerfüllung, z. B. Beschreibung von positiven und negativen Abweichungen, Einsatz des Mitarbeiters, Einflüsse von außen und so weiter (am Ende der Beurteilungsperiode festzuhalten)	Beurteilung				
		übertrifft bei Weitem die Erwartungen	übertrifft die Erwartungen	erfüllt die Erwartungen voll	erfüllt die Erwartungen teilweise	erfüllt die Erwartungen nicht
1. Arbeitsergebnisse und Arbeitsverhalten Arbeitsgüte, Arbeitsmenge, Sorgfalt, Termintreue, Einhalten von Vereinbarungen, Beachten von Vorschriften, Verhalten in schwierigen Arbeitssituationen, Belastbarkeit, Durchsetzungsverhalten, Übernehmen von Verantwortung und so weiter		☐	☐	☐	☐	☐
2. Planungs- und Organisationsverhalten Organisation der eigenen Arbeit, Planung, Kontrolle, Projektplanung, Projektbetreuung, Anwendung von Arbeits- und Organisationstechniken und so weiter		☐	☐	☐	☐	☐

Name:		Abteilung:	Zeitraum:
3.	Problemlösungs- und Entscheidungsverhalten …		
4.	…		
5.	…		
6.	…		
…	…….		
….	…….		

Tabelle 14.3: Auszug aus einem Beurteilungsbogen

Bestandteile einer Leistungsbeurteilung

Die wesentlichen Gliederungspunkte einer Leistungsbeurteilung sind:

- ✔ Ziele und Aufgaben,
- ✔ Verhaltensmerkmale,
- ✔ Zusammenfassung der Beurteilung,
- ✔ persönliche Entwicklungsziele/Maßnahmen,
- ✔ Stellungnahme des Mitarbeiters.

Zu Beginn der Beurteilungsperiode vereinbart der Vorgesetzte mit dem Mitarbeiter die *Ziele*. Die Empfehlung lautet hier: maximal fünf Ziele. Am Ende der Beurteilungsperiode kommt der Vorgesetzte auf diese Ziele zurück. Dabei kommentiert er nicht nur jedes einzelne Ziel, sondern bewertet auch die Zielerreichung als Ganzes im Sinne einer Gesamteinschätzung.

Die Gesamteinschätzung sollte auch Faktoren wie den Einsatz des Mitarbeiters oder Einflüsse von außen berücksichtigen. Auf diese Weise ist es möglich, eine Leistung auch dann mit »erfüllt die Erwartungen voll« oder »übertrifft die Erwartungen« zu bewerten, wenn das Ziel aus Gründen verfehlt wurde, die der Mitarbeiter nicht zu vertreten hat.

Die Aufgaben richten sich nach der Stellenbeschreibung und den damit verbundenen Erwartungen. Zu Beginn der Beurteilungsperiode vereinbart der Vorgesetzte, welche Aufgabengebiete der Mitarbeiter im folgenden Jahr besonders beachten soll und konkretisiert diesbezüglich seine Erwartungen an den Mitarbeiter. Im Gespräch am Ende der Beurteilungsperiode kommt er darauf zurück und kommentiert, wenn notwendig, die

Aufgabenerfüllung – etwa indem er positive und negative Abweichungen herausstellt oder den Einsatz des Mitarbeiters würdigt. Auch diese Ergebnisse hält er in der Beurteilung fest.

Ein wichtiger Part der Leistungsbeurteilung betrifft die Verhaltensmerkmale. Zu Beginn der Beurteilungsperiode legt der Vorgesetzte dar, welche konkreten Verhaltenserwartungen er an den Mitarbeiter stellt. Hierzu notiert er im Beurteilungsbogen zu jedem Verhaltensbereich eindeutige Verhaltenskriterien, sodass am Ende der Periode eine eindeutige Beurteilung des Verhaltens möglich ist.

Im nächsten Schritt fasst der Vorgesetzte – wieder auf dem Beurteilungsbogen – in Stichworten die Leistungsbeurteilung zusammen und leitet zu den Entwicklungszielen des Mitarbeiters und den daraus resultierenden Maßnahmen über. Das können Verhaltensänderungen und Fortbildungsmaßnahmen sein, aber auch zum Beispiel Einsatzwünsche des Mitarbeiters. Die Ergebnisse hält der Vorgesetzte ebenfalls schriftlich fest. Abschließend erhält der Mitarbeiter die Möglichkeit zu einer Stellungnahme, die ebenfalls auf dem Beurteilungsbogen dokumentiert wird.

Das Original des Beurteilungsbogens geht an den nächsthöheren Vorgesetzten und von dort weiter an das zuständige Personalreferat. Der Vorgesetzte selbst und der Mitarbeiter erhalten je eine Kopie.

Vorteile der systematischen Leistungsbeurteilung

Ich betrachte zunächst die Vorteile einer systematischen Leistungsbeurteilung, bevor ich im nächsten Abschnitt auf ihre Schattenseiten eingehe. Der Hauptvorteil dürfte in der Klarheit und Transparenz des Verfahrens liegen: Die Erwartungen an den Mitarbeiter werden deutlich ausgesprochen und schriftlich dokumentiert – und können nach Ablauf der Periode anhand der festgelegten Ziele und Kriterien überprüft werden. Das schafft eine hohe Transparenz der erbrachten Leistungen.

Ein weiterer Vorteil der systematischen Leistungsbeurteilung: Führungsschwächere Vorgesetzte sind gezwungen, mit allen Mitarbeitern zu sprechen – auch mit denen, die sie weniger im Blick haben. So wird sichergestellt, dass jeder Mitarbeiter zu Wort kommt und einen Selbstbild-Fremdbild-Abgleich erhält.

Sicher: Auch eine systematische Leistungsbeurteilung wird nie ganz objektiv sein können. Kritiker argumentieren, dass die Beurteiler hinter den sachlichen Kriterien und Differenzierungen häufig ihre emotionalen oder geheimen Beweggründe verstecken. Unbestritten ist auch, dass die persönlichen Führungsqualifikationen des Beurteilenden die Qualität der Beurteilung beeinflussen. Und von Objektivität wird niemals die Rede sein. Eine Annäherung an ein objektives Bild ist jedoch möglich durch …

- ✔ Kenntnis um die Gefahr der Wahrnehmungsfehler (siehe den Abschnitt »Der Wahrnehmungsfalle entgehen« weiter hinten in diesem Kapitel),
- ✔ erzwungenen stärkeren Bezug der Beurteilung an Zielvereinbarungen,
- ✔ Begründungszwang und Offenlegung gegenüber den Betroffenen,

- ✔ Einfluss und Kontrolle der Beurteilung durch Kollegen, Vorgesetzte und Arbeitnehmervertreter
- ✔ oder besser: durch ein positives Arbeitsklima, in dem offen und kritisch über Arbeitsergebnisse und deren Einschätzung im Team diskutiert wird.

Schattenseiten einer systematischen Leistungsbeurteilung

Fragt man im Unternehmen nach, ist der Tenor meistens eindeutig: Niemand liebt die jährlich durchgeführten Leistungsbeurteilungen. Die Mitarbeiter mögen sie nicht und selbst die Personalabteilungen sind zunehmend skeptisch. 45 Prozent der Leiter von Personalabteilungen zweifeln daran, dass systematische Beurteilungen die Leistungen der Mitarbeiter wirklich verbessern. Im Jahr vor dieser Umfrage waren es erst 39 Prozent, die diese Form der Leistungsbeurteilung ablehnten.

Der Grund für diese Zweifel ist nachvollziehbar: In Zeiten, in denen sich Arbeitsumfeld und Anforderungen permanent ändern, sind starre Beurteilungssysteme wenig dazu geeignet, die Leistungen eines Mitarbeiters zu messen. Die meisten Leistungsbeurteilungen sehen ein, vielleicht auch zwei Rückmeldungen im Jahr vor – was den raschen Veränderungen der heutigen Arbeitsverhältnisse nicht mehr angemessen ist. Was notwendig ist und sich die Mitarbeiter wünschen, ist ein Echtzeitfeedback anstelle einer formalen Beurteilung nach einem Jahr.

Beurteilungssysteme taugen nicht für flexibles Feedback

Untersuchungen der Firma ETS-Employee Survey Specialist belegen, dass 42 Prozent der Mitarbeiter einen starken Wunsch nach zeitnahen, klaren, ehrlichen Feedbacks durch ihren Vorgesetzten haben.

Um das Beste aus den eigenen Leuten herauszuholen, braucht es zeitnahes und persönliches Feedback. Im Idealfall erhält ein Mitarbeiter laufend Feedback zu seinen Leistungen – und dies aus verschiedenen Perspektiven, sei es vom Vorgesetzten, den Kollegen oder den Kunden.

Eine standardisierte Leistungsbeurteilung kann diese Anforderungen nicht allein erfüllen. Mitarbeiter arbeiten an unterschiedlichen Aufgaben im Laufe eines Jahres – und es liegt auf der Hand, dass ein formalisiertes Beurteilungsverfahren nur einen kleinen Teil ihrer Tätigkeiten erfassen kann. Die Beurteilung orientiert sich pauschal an übergreifenden Zielen und lässt die Qualität der Zwischenschritte außer Acht. Um die Leistung eines Mitarbeiters fair zu beurteilen, ist es jedoch entscheidend, gerade die Zwischenschritte und vor allem auch die Entscheidungen wahrzunehmen, die der Mitarbeiter auf dem Weg zu den Zielen getroffen hat.

Das lässt sich leicht plausibel machen: In einer Welt, in der sich das Umfeld ständig ändert, führen unerwartete Ereignisse schnell dazu, dass die ursprünglich gesetzten Ziele nicht mehr erreichbar oder für das Unternehmen nicht mehr sinnvoll sind. Möglicherweise hat es der Mitarbeiter verstanden, in einer Krise klug zu reagieren und sich auf die neue Lage einzustellen.

Er hat das Beste aus der Situation gemacht, das vorgegebene Jahresziel jedoch nicht erreicht. Das starre Beurteilungssystem gibt ihm das Feedback: Du hast versagt! Unterdessen hält ein Kollege stur an seinem Ziel fest, wohl wissend, dass sein Verhalten unternehmerisch fragwürdig ist. Doch das System belohnt ihn dafür.

In beiden Fällen ist das Feedback verheerend. Im ersten Fall straft die Leistungsbeurteilung den Mitarbeiter ab, obwohl er im Sinne des Unternehmens Hervorragendes geleistet hat. Im zweiten Fall wird der Mitarbeiter belohnt, obwohl er mit seinem Verhalten dem Unternehmen einen Bärendienst erwiesen hat.

Fehlgeleitet durch starre Beurteilungssysteme

Eigentlich müsste ein Vertriebsleiter gelobt werden, wenn er flexibel auf einen neuen Wettbewerber, den Verlust seines besten Außendienstlers oder ein anderes überraschendes Ereignis reagiert. Die starren Beurteilungskriterien des Zielvereinbarungssystems in seinem Unternehmen versagen ihm jedoch dieses positive Feedback. Stattdessen straft ihn das System ab, weil er die vereinbarten Umsatzziele nicht erreicht.

Wie reagiert dieser Vertriebsleiter? Vielleicht führt er eine echte Feedbacksituation herbei, indem er mit seinem Vorgesetzten Kontakt aufnimmt, ihm die Situation erläutert und eine Zielkorrektur einfordert. Häufig sind die Zielvereinbarungssysteme jedoch so starr, dass eine Änderung nur schwer möglich ist. Wahrscheinlicher ist deshalb, dass der Vertriebsleiter versucht, auf fragwürdige Weise zusätzlichen Umsatz zu generieren. Darunter leiden dann die längerfristigen Kundenkontakte, möglicherweise auch die Deckungsbeiträge – das vereinbarte Umsatzziel wird jedoch erreicht.

Leistungsbeurteilungen im Rahmen betrieblicher Jahreszielvereinbarungen mögen sinnvoll sein in einem standardisierten Umfeld, das von Zeitläufen und sich verändernden Zielen wenig beeinflusst wird. Man kann da an eine Behörde denken oder an ein Callcenter, für das sich klare, relativ leicht einschätzbare Leistungskriterien definieren lassen. Je unsicherer die Arbeitsbedingungen jedoch sind, desto notwendiger ist ein flexibles Feedback anstelle eines starren Beurteilungssystems.

Gegenstrategie: Die Bedeutung starrer Zielvereinbarungen relativieren

Gegen ein etabliertes Beurteilungssystem können Sie als Vorgesetzter wenig ausrichten. Wenn sich ein Unternehmen auf ein solches System festgelegt hat, ist es tatsächlich bindend – und kann die Motivation gerade der besten Mitarbeiter ziemlich schnell ramponieren. Was können Sie tun?

Auch wenn Sie mit dem System leben müssen, kann Sie niemand daran hindern, Ihre Bedenken zu formulieren und auch mit Ihren Mitarbeitern zu teilen. Genau darin liegt eine wirksame Gegenstrategie: Relativieren Sie das System. Die Leistungsbeurteilung ist nicht alles.

Machen Sie klar, dass es für die Beurteilung eines Mitarbeiters mehr gibt als die Kennzahlen des Zielvereinbarungssystems. Zeigen Sie auf, dass es viele Fähigkeiten gibt, die darin nicht berücksichtigt werden – wie zum Beispiel Krisen managen, Risiken erkennen oder neue Chancen nutzen.

Bringen Sie diese zusätzlichen Aspekte im Jahresgespräch ins Spiel. Räumen Sie gegebenenfalls ein, dass der Mitarbeiter das Klassenziel im Sinne der Zielvereinbarungen zwar verfehlt hat, stellen Sie aber zugleich heraus, dass er sich in bestimmten kritischen Situationen nach Ihrer Einschätzung genau richtig verhalten hat. Der Mitarbeiter bekommt so den Eindruck, dass sich das verfehlte Ziel zwar nicht wegdiskutieren lässt, aber immerhin sein Vorgesetzter den gesamten Arbeitszusammenhang wahrnimmt und würdigt. Mit Blick auf Motivation und künftige Zusammenarbeit kann das entscheidend sein.

Der Wahrnehmungsfalle entgehen

Bei einem Jahresgespräch stehen Sie in jedem Fall vor der Aufgabe, die Leistung des Mitarbeiters zu beurteilen – sei es im Rahmen einer formellen Leistungsbeurteilung oder eher auf informeller Basis. Auch wenn Sie sich um Objektivität bemühen, lauern hier doch einige Fallen, die Sie kennen sollten.

Es ist nun einmal eine Tatsache: Es gibt Menschen, die einem sympathisch sind, andere sind einem weniger sympathisch. Und je nachdem neigt man dazu, sie in einem anderen Licht zu sehen und anders zu beurteilen. Studien belegen zum Beispiel, dass attraktive Menschen im Schnitt mehr Geld verdienen und Psychologen oder Ärzte sich mehr Zeit für sie nehmen. Um die Leistungen eines Mitarbeiters fair zu beurteilen, ist es deshalb wichtig, die Tücken der menschlichen Wahrnehmung zu kennen.

Vorsicht Falle: die zwölf häufigsten Wahrnehmungsfehler

Machen Sie sich an einem besonders drastischen Beispiel klar, worum es bei dem harmlos klingenden Begriff »Wahrnehmungsfehler« geht. Eine Studie belegt, wie sehr sich Menschen von scheinbar harmlosen Informationen in ihrem Urteil fehlleiten lassen: Lehrer wurden in zwei Gruppen eingeteilt und bekamen identische Schulaufsätze vorgelegt, jedoch mit unterschiedlichen Namen der Kinder. Die erste Lehrergruppe erhielt Aufsätze von Kindern mit allgemein positiv beurteilten Namen (etwa Christoph oder Anne), während die zweite Gruppe die Aufsätze von Kindern korrigierte, die eher ungewöhnliche Vornamen mit negativem Beiklang hatten (etwa Hubert oder Edeltraud). Das Ergebnis war frappierend. Obwohl die Aufsätze identisch waren, rangierten die Arbeiten von Schülern mit »positiven« Vornamen im Durchschnitt um eine ganze Note (!) über denen der Schüler mit »negativen« Vornamen.

Das Beispiel zeigt, welche Streiche Ihnen Ihre Wahrnehmung spielen kann. Die folgende Zusammenstellung gibt einen Überblick über die häufigsten Wahrnehmungsfallen, derer Sie sich bei der Beurteilung eines Mitarbeiters bewusst sein sollten.

- ✔ **Falle 1: Eindrücke werden durch Vorabinformationen gebildet.** Informationen aus dritter Hand spielen eine große Rolle beim ersten Eindruck. Wenn Sie im Vorhinein etwas über die Charaktereigenschaften und Verhaltensweisen einer Person erfahren, kann Sie das in Ihrem Urteil stark beeinflussen – es sei denn, Sie bewerten die Informationsquelle kritisch und erkennen, dass sie unglaubwürdig ist.
- ✔ **Falle 2: Fehleinschätzungen werden kaum revidiert.** Der erste Eindruck, den ein Beurteiler von einer Person hat, wird nur selten revidiert – denn wer gibt schon gern zu, dass er sich in seiner Einschätzung getäuscht hat. Gerade bei jemandem, der sich für einen großen Menschenkenner hält, passt eine solche Korrektur nicht zum Selbstbild.
- ✔ **Falle 3: Informationen werden nur selektiv wahrgenommen.** Wenn Informationen in das bereits vorhandene Bild einer Person passen, nimmt ein Beurteiler sie eher wahr – wodurch sich ein falsches Bild weiter verfestigt.
- ✔ **Falle 4: Informationen werden uminterpretiert.** Wenn ein Sachverhalt nicht völlig eindeutig ist, besteht die Neigung, ihn so zu interpretieren, dass er in das Menschenbild des Beurteilers passt.
- ✔ **Falle 5: Wahrnehmungsabwehr.** Selbst bei eindeutigen Sachverhalten besteht die Gefahr, dass man sie ignoriert oder als unglaubwürdig erklärt.
- ✔ **Falle 6: Die sich selbst erfüllende Prophezeiung.** Wer eine Person beurteilt, muss damit rechnen, dass seine Einschätzung diese Person beeinflusst – und dazu führt, dass sie sich unbewusst dementsprechend verhält.
- ✔ **Falle 7: Sympathie und Ähnlichkeit, Sympathie- und Antipathieeffekte.**
  - Menschen, die uns ähnlich sind, die gleichen Einstellungen haben oder uns an einen sympathischen Menschen erinnern, sind uns sympathischer als andere.
  - Menschen, die wir sympathisch finden oder die gleicher Meinung mit uns sind, schreiben wir ähnliche Eigenschaften zu wie uns selbst.
  - Menschen, die uns an einen sympathischen Menschen erinnern, schreiben wir ähnliche Eigenschaften zu wie diesem Menschen.
- ✔ **Falle 8: Der Überstrahlungseffekt (»Haloeffekt«).** Eine bestimmte positive Eigenschaft überstrahlt alle anderen Eigenschaften. Die Folge davon ist, dass man dazu neigt, die Person aufgrund der einen herausragenden Eigenschaft auch in anderen Bereichen positiver zu beurteilen.
- ✔ **Falle 9: Der Kontrasteffekt.** Ein mittelmäßiger Bewerber, der nach zwei sehr schlechten Bewerbern auftritt, wird geradezu als Offenbarung empfunden. Wären die beiden ersten Bewerber hervorragende Kandidaten, würde er weitaus schlechter dastehen.
- ✔ **Falle 10: Kontrasteffekt und Attraktivität.** Auch bei attraktiven Personen wirkt der Kontrasteffekt, verbunden damit, dass ihnen eher positive Eigenschaften zugeschrieben werden. Die Folge:

- Attraktive Schüler bekommen bessere Noten, hübsche Angeklagte geringere Strafen – und für ihre besser aussehenden Klienten nehmen sich Psychotherapeuten mehr Zeit.
- Attraktive Männer verdienten in den USA Mitte der 1980er-Jahre im Schnitt 1.869 Dollar mehr als ihre nicht so ansehnlichen Geschlechtsgenossen. Bei Frauen lag der Unterschied bei 1.227 Dollar im Jahr.

✔ **Falle 11: Die »unbewusste« Persönlichkeitstheorie.** Eine Persönlichkeitstheorie ordnet und erklärt das Verhalten von Menschen und das Zusammenwirken verschiedener Persönlichkeitsmerkmale. So werden verschiedene Eigenschaften oft untrennbar miteinander verbunden (»Dummheit und Stolz wachsen auf einem Holz«) oder als unvereinbar erklärt (zum Beispiel Kreativität und Ordnungssinn). Oft wird so ungeprüft von einer Verhaltensweise auf eine andere geschlossen – wie etwa von »Ordentlichkeit« auf »Vertrauenswürdigkeit«.

✔ **Falle 12: Kategorisieren und Einfrieren.** Beurteiler neigen dazu, Personen in Kategorien einzuordnen. Daraus haben sich bestimmte Stereotype entwickelt (etwa das Bild des gutmütigen, geselligen und trinkfreudigen Bayern). Noch wichtiger ist die Tatsache, dass wir dazu neigen, diese einmalige Klassifizierung »einzufrieren«. Den meisten Menschen fällt es schwer, ihr Bild, das sie von einer Person haben, zu revidieren.

Als Beurteiler besser werden

Wie Sie anhand der zwölf Fallen erkennen, birgt eine Leistungsbeurteilung eine schier unübersehbare Zahl an Tücken. Es lohnt sich, diese Gefahren im Blick zu haben, um den diversen Wahrnehmungsfallen möglichst aus dem Weg zu gehen.

Eine Hilfe kann es sein, sich klarzumachen, welcher »Beurteilungstyp« Sie sind: Der strenge Beurteiler hängt den Maßstab möglicherweise so hoch, dass er gute Leistung gar nicht würdigt, während der milde Beurteiler zu nachsichtig urteilt. Der Zaghafte meidet den Hinweis auf Widersprüche, während der Taktische negative Urteile scheut, um das Image der Abteilung nicht zu gefährden.

Beurteilungstypen: Erkennen Sie sich wieder?

Der strenge Beurteiler …

✔ legt das eigene Anspruchsniveau als Maßstab fest,

✔ sieht eine gute Leistung als selbstverständlich an.

Der milde Beurteiler …

✔ ist (zu) nachsichtig,

✔ vermeidet kritische/negative Beurteilungen.

Der zaghafte Beurteiler ...

- ✔ legt sich ungern fest,
- ✔ befürchtet Widersprüche.

Der taktische Beurteiler ...

- ✔ kalkuliert Folgebeurteilungen ein, um dort eine positive Entwicklung dokumentieren zu können,
- ✔ beurteilt gegebenenfalls positiver, weil er das Abteilungsimage sonst gefährdet sieht.

Was können Sie noch beachten, um als Beurteiler besser zu werden? Hier einige Hinweise:

- ✔ Halten Sie sich strikt an die Merkmale und ihre Definitionen. Schreiben Sie nur konkrete Tatsachen auf, vermeiden Sie Rückschlüsse auf psychologische Interpretationen.
- ✔ Beobachten Sie genau. Die Regel des Feedbackdreiklangs (siehe Kapitel 3) kommt hier in einer Variation zum Tragen. Die systematische Leistungsbeurteilung verpflichtet Sie zum Beurteilen, doch die Schritte eins (Beobachtung) und zwei (Interpretation) bleiben gleich.
- ✔ Machen Sie sich Notizen. Halten Sie bestimmte Eindrücke oder den Ablauf kritischer Vorfälle schriftlich fest.
- ✔ Befassen Sie sich mit Ihren Wahrnehmungsfehlern. Kennen Sie Ihre bevorzugten Wahrnehmungsfehler? Begeben Sie sich auf die Suche, fragen Sie Ihre engsten Freunde und Kollegen, ob ihnen etwas aufgefallen ist.
- ✔ Machen Sie einmal einen Perspektivwechsel: Lesen Sie sich Ihre Aufzeichnungen aus einem Beurteilungsgespräch vor und hören Sie mit den Ohren Ihres Mitarbeiters zu. Welcher Beurteilungstyp sind Sie?

IN DIESEM KAPITEL

Ein Modell für schwierige Fälle

Das innere Team aktivieren

Heikle Situationen meistern

Kapitel 15
Feedback in besonders heiklen Situationen

Für mich sind Sie ein hirnamputierter Idiot!« Ihr Chef ist wütend, vergreift sich eindeutig im Ton. Wie sollen Sie reagieren? Szenenwechsel. Sie arbeiten mit einem Kollegen in einem kleinen Raum zusammen und leiden ganz schrecklich unter dessen Mundgeruch. Wie sagen Sie es ihm? Szenenwechsel. Im Pausengespräch eines Seminars tritt ein Gesprächspartner nahe an Sie heran, so nahe, dass Sie es als unangenehm empfinden und gar nicht mehr darauf achten können, was er sagt. Psychologen sprechen von »Dichtestress«. Wie halten Sie ihn auf Abstand, ohne ihn zu kränken?

Drei besonders heikle Feedbacksituationen, wie sie so ähnlich immer wieder vorkommen. Doch was sagen Sie? Wie finden Sie den richtigen Ton? Notwendig ist ein Feedback, mit dem beide Seiten zurechtkommen. Ihre Reaktion darf einerseits den anderen nicht verletzen – er sollte nicht gleich zurückschrecken oder sich gar abgelehnt fühlen. Andererseits muss die Antwort im Einklang mit Ihnen selbst stehen. Den unverschämten Ton des Chefs durchgehen zu lassen, den Mundgeruch des Kollegen auszuhalten oder es hinzunehmen, dass der Gesprächspartner Ihnen immer weiter auf die Pelle rückt: Das wäre wohl kaum eine für Sie selbst stimmige Lösung.

Was also tun? Wie Sie in solchen heiklen Situationen richtig reagieren, ist das Thema dieses Kapitels. Dabei greife ich auf das Modell des »inneren Teams« zurück, ein bekanntes Kommunikationsmodell, das der Psychologe Friedemann Schulz von Thun entwickelt hat.

Ratgeber für schwierige Fälle: das innere Team

Das Modell (ursprünglich von Schulz von Thun publiziert) geht davon aus, dass in jedem Menschen verschiedene Persönlichkeitsanteile stecken, die ganz unterschiedliche Bedürfnisse, Motive und Ansichten haben. Jeder Anteil agiert im Innern eines Menschen. Er verfolgt mit seinem Tun zwar letztlich eine gute Absicht, sieht die Welt aber nur aus seiner beschränkten Perspektive.

Die verschiedenen Persönlichkeitsanteile lassen sich als ein inneres Team begreifen. Vergleichbar einem Team in Ihrem Unternehmen, haben auch die einzelnen Mitglieder des inneren Teams unterschiedliche Stärken und benötigen einen guten Teamleiter, der sie koordiniert und zusammenhält.

Die innere Vielfalt managen

Jedes Mitglied eines inneren Teams vertritt sein eigenes Anliegen und will sich damit Gehör verschaffen. Da ist der Ungeduldige, der zum Handeln drängt, der Bedenkenträger, der Zeit einfordert, der Perfektionist, der alle Informationen auf dem Tisch sehen will, der Visionär, der auf das große Ziel hin argumentiert – und der Realist, der auf die Notwendigkeit verweist, erst einmal ausreichend Geld zu verdienen.

Kein Wunder also, dass sich die inneren Wortmelder oft uneinig sind. Wenn Sie zum Beispiel vor einer schwierigen Karriereentscheidung stehen, geht es in Ihrem inneren Team hoch her. Der eine rät, »du musst erfolgreich sein«, der andere, »du brauchst Ruhe«, der dritte wendet ein, dass die Familie nicht zu kurz kommen darf. Die Gruppendynamik, die Ihr inneres Team entfalten kann, steht der eines äußeren Teams, das Sie als Führungskraft zu leiten haben, in nichts nach.

Wie bei einem Team im äußeren Leben kann es gefährlich sein, die Mitglieder eines inneren Teams sich selbst zu überlassen. Wenn in Ihrem Innern die Stimmen durcheinanderreden, bleiben Sie innerlich vollkommen ungeklärt und unsicher. Chaos, innere Zerrissenheit können die Folge sein. Andererseits liegt in dieser inneren Vielfalt auch eine große Chance: Als geschickter innerer Teamleiter können Sie das Wissen der Teammitglieder zusammenführen und so zu einer stimmigen und belastbaren Lösung gelangen.

Den Umgang mit der inneren Vielfalt bezeichnet Schulz von Thun als eine Schlüsselqualifikation. Wer es versteht, die unterschiedlichen Meinungen seines inneren Teams zusammenzuführen, profitiert vom eigenen inneren Reichtum und gelangt so zu besseren Ergebnissen.

Hören Sie auf widerstreitende innere Stimmen – und formen Sie aus ihnen ein Team. Treten Sie in herausfordernden Situationen (zum Beispiel einer besonders heiklen Feedbacksituation) mit einem schlagkräftigen inneren Team an.

Das innere Team als Feedbackratgeber

Wie können Sie Ihr inneres Team aktivieren und als Ratgeber in einer schwierigen Feedbacksituation nutzen? Schulz von Thun erläutert das Vorgehen sehr schön am Beispiel einer Autorin. Sie hat ein erfolgreiches Buch geschrieben und ist Mutter zweier kleiner Kinder. Eines Tages wendet sich ein Kollege, mit dem sie seit Jahren zusammenarbeitet, an sie. Er schreibt gerade ein Buch und bittet sie, das 500-Seiten-Werk zu redigieren. Für die Autorin eine schwierige Feedbacksituation – wie sich schnell herausstellt, sobald sie ihr inneres Team zu Wort kommen lässt.

Aus welchen Mitgliedern setzt sich das innere Team zusammen? Wer meldet sich alles zu Wort?

- ✔ Zunächst reagiert die viel beschäftigte Mutter: »Bei mir ist jede Minute verplant. Wie viele Seiten hat das Buch? O Gott, 500 Seiten! Das packe ich nicht!«
- ✔ Die erfahrene Autorin hingegen fühlt sich geschmeichelt: »Oh, dem Kollegen liegt an meinem Urteil!«
- ✔ Die Sprachbegabte, die gute Schreiberin bringt sich sofort mit ein: »Ja, diese Aufgabe würde mir sogar Spaß machen.«
- ✔ Etwas später meldet sich die loyale Kollegin. Sie hat ernsthafte Bedenken: »Gefährliche Sache!«, warnt sie. »Wenn ich nun das Manuskript schlecht finde, womöglich sogar peinlich – wie sage ich das meinem Kollegen? Ich möchte mit ihm ja noch die nächsten zehn Jahre gut zusammenarbeiten.«
- ✔ Nun reißt die Preis-Leistungs-Bewusste das Wort an sich: »Bei einer so umfangreichen Arbeit muss auch ein Honorar herausspringen. Wenn ich das mache, dann bitte nur gegen Cash!«
- ✔ Sofort protestiert die Freundschaftliche: »Aber doch nicht von einem Kollegen, da kannst du doch nicht die Hand aufhalten. Das tut man doch nicht.«

Und so entbrennt der schönste Streit. Eine figürliche Skizze hilft, Struktur in das Durcheinander bringen: In den überdimensionierten Körper werden die Namen der sechs Teammitglieder eingetragen, dazu jeweils eine Sprechblase mit ihrer Botschaft:

- ✔ Die viel beschäftigte Mutter: »Oh Gott, 500 Seiten!«
- ✔ Die erfahrene Autorin: »Fühle mich geschmeichelt.«
- ✔ Die Sprachbegabte, gute Schreiberin: »Macht mir Spaß!«
- ✔ Die loyale Kollegin: »Und wenn ich es nicht gut finde?!«
- ✔ Die Preis-Leistungs-Bewusste: »Dann aber ein anständiges Honorar!«
- ✔ Die freundschaftliche Kollegin: »Aber doch nicht von einem Kollegen!«

Als Leiterin des inneren Teams hat die Autorin nun die Aufgabe, die unterschiedlichen Meinungen zu sammeln, zu bewerten und – ganz wie bei einem Team im »äußeren« Leben – zu einer Entscheidung zu kommen. Hierzu setzt sie sich mit den einzelnen Stimmen auseinander und versucht herauszubekommen, was genau sie antreibt.

Das innere Team aufstellen und moderieren

Wie stellen Sie Ihr inneres Team auf und wie machen Sie daraus einen Ratgeber in schwierigen Situationen? Im Grunde gleicht das Vorgehen dem klassischen Projektmanagement:

- ✔ Zunächst gilt es, die richtigen Teammitglieder zu bestimmen. Horchen Sie hierzu in sich hinein: Wer hat zu dem Thema etwas zu sagen, wer meldet sich dazu?
- ✔ Hören Sie dann den Wortmeldungen zu, messen Sie ihnen die gebührende Bedeutung zu.
- ✔ Sammeln und ordnen Sie die Argumente. Als Teamleiter müssen Sie die unterschiedlichen Stimmen so ausmoderieren, dass eine Klärung stattfindet.

Einer Lösung, die Sie so gemeinsam mit Ihrem inneren Team erarbeitet haben, können Sie vertrauen. Es handelt sich um eine durchdachte Lösung, bei der Sie mit sich selbst im Reinen sind. Deshalb können Sie ebenso überlegt wie selbstbewusst auftreten.

Eine gute Hilfe kann es sein, das innere Team zu visualisieren. Zeichnen Sie hierzu auf ein großes Plakat eine einfache Figur mit Gesicht, Schultern und einer überdimensionierten Brust. Die Brust muss so groß sein, weil dort – anders als es noch Goethes Faust glaubte – nicht nur zwei Seelen wohnen, sondern ein ganzes Team untergebracht ist.

Hören Sie nun auf Ihre inneren Stimmen und notieren Sie auf dem Plakat, wer im konkreten Fall etwas zu sagen hat. Jede Stimme, die sich zum Thema meldet, bekommt einen Namen und eine Sprechblase, in der ihre Botschaft in Kurzform zusammengefasst ist. So füllt sich der Brustraum mit den Teammitgliedern – vielleicht sind es nur zwei, vielleicht auch fünf oder sechs.

Gut beraten vom inneren Team: Heikle Situationen meistern

Das Modell des inneren Teams eignet sich hervorragend, um in einer heiklen Feedbacksituation nicht übereilt zu handeln. Holen Sie den Rat Ihrer inneren Teammitglieder ein, bevor Sie in einer schwierigen Feedbacksituation reagieren. Wie Sie im konkreten Fall ein schlagkräftiges Team aufstellen und einsetzen, lernen Sie im Folgenden bei einigen besonders heiklen Feedbacksituationen kennen.

Hilfe, mein Kollege riecht

Das Büro ist eng, unangenehme Körpergerüche verbreiten sich im Raum – und sind eindeutig einer Person zuordbar. Aus Angst, den Kollegen zu kränken, sagen Sie lieber nichts. Oder vielleicht doch? Eine heikle Situation.

Bemühen Sie das Modell des inneren Teams, um eine Lösung zu finden. Das Team setzt sich in diesem Fall aus mindestens folgenden Mitgliedern zusammen:

- ✔ Das genervte Ich: »Der Gestank geht mir auf den Geist. Hat der denn keine Freundin, die ihm sagt, dass er aus dem Mund riecht?«
- ✔ Das leidensbereite Ich: »Es gibt Schlimmeres ...«
- ✔ Das Helfer-Ich: »Mein Gott, dem Mann muss ich helfen.«
- ✔ Das mitfühlende Ich: »Wenn ich so riechen würde, und keiner sagt mir etwas ...«
- ✔ Das rationale Ich: »Es muss einen Grund geben für diesen Geruch. Den gilt es herauszufinden.«

Würde das genervte Ich die Oberhand gewinnt, dürften die Folgen für die weitere Zusammenarbeit desaströs aussehen. Würde sich hingegen das leidensbereite Ich durchsetzen, würde gar nichts passieren. Hätte das Helfer-Ich das Sagen, wäre das immerhin ein Schritt, aber ohne Unterstützung durch das mitfühlende Ich und das rationale Ich kann der Hilfeversuch schnell als übergriffig und nicht so ganz nachvollziehbar ankommen. Was aber, wenn sich das rationale Ich einschaltet und dem mitfühlenden Ich und Helfer-Ich mit einigen Zusatzinformationen zur Seite steht, etwa über die Ursachen und Behandlungsmöglichkeiten von Mundgeruch? Nun könnte die Teamdiskussion einer Lösung zusteuern.

Normalerweise wenden sich im Laufe der Zeit immer mehr Mitarbeiter von dem Kollegen ab. Sie haben nicht den Mut, ihn anzusprechen, lieber meiden sie den Kontakt. Nach der inneren Diskussion ist die Hürde nicht mehr so groß. Wie könnten Sie vorgehen? Passen Sie einen ungestörten Moment ab, in dem Sie auf den Kollegen zugehen können. Aktivieren Sie das Helfer-Ich und das mitfühlende Ich – und fragen Sie ihn, ob Sie ihm eine Rückmeldung geben dürfen. Ziemlich sicher wird er mit »Ja« antworten, denn nur wenige Menschen verweigern sich dieser Frage. Sollte er doch ablehnen, können Sie sich immer noch zurückziehen.

Nun gelten die bekannten Kommunikationsregeln. Das rationale Ich übernimmt den ersten Teil des Feedbackdreiklangs und beschreibt die Beobachtungen, gefolgt vom genervten Ich, das die Wirkung schildert (zweiter Teil des Dreiklangs), und wieder dem rationalen Ich, das eine klare Erwartung ausspricht (dritter Teil des Dreiklangs). Der Wortlaut könnte zum Beispiel lauten: »Gerade jetzt nehme ich einen intensiven Mundgeruch wahr. Das habe ich bereits einige Male beobachtet und nichts gesagt. Natürlich stört das und ich glaube, nicht nur mich. Könntest du dich nicht einmal von einem Zahnarzt oder einem Arzt beraten lassen?«

Umgang mit aggressiven Menschen

Die Situation löst Schweißperlen aus. Drei Kollegen streiten. Plötzlich wirft einer der drei wutentbrannt einen Aktenordner auf den Fußboden und brüllt: »Für mich sind Sie ein hirnamputierter Idiot!« Welche inneren Stimmen melden sich?

- ✔ Das ängstliche Ich: »Wenn Aggressionen ins Spiel kommen, flüchte ich lieber.«
- ✔ Das selbstsichere Ich: »Was bildet der sich ein, hier ein solches Klima verbreiten zu dürfen?«
- ✔ Das genervte Ich: »Kann der sich nicht benehmen?«
- ✔ Das aggressive Ich: »Noch ein Wort und ich sch…ß den so zusammen, dass er nicht mehr wagt, so laut zu werden.«

Die Diskussion des inneren Teams offenbart durchaus gefährliche Entwicklungen, die zu einer Eskalation führen können. Da ist der Aggressive, der, wenn er die Oberhand gewinnt, zu einer Eskalation der Situation beiträgt. Aber für sich allein genommen kann er die Situation dauerhaft nicht ändern. Das ängstliche Ich mahnt zur Vorsicht – aber immer gewähren lassen, ist auch keine Lösung. Auch das genervte Ich bringt keine grundsätzliche Veränderung, eher im Gegenteil: Stilles Augenrollen könnte das Klima in der Gruppe womöglich weiter verschlechtern. Das selbstsichere Ich findet zumindest für sich einen befriedigenden Ausgang.

Zu einer stimmigen Haltung könnte das innere Team wohl nur kommen, wenn das aggressive Ich, vielleicht gebremst durch das ängstliche Teammitglied, in den Hintergrund tritt und das selbstsichere Ich zeitlich verzögert agiert.

In einer aggressiven Situation, wenn die Regeln des Anstands und des gegenseitigen Respekts durchbrochen sind, ist ein Feedback nicht mehr sinnvoll. Der Betroffene ist dann aufgrund seines selbst initiierten Stresses nicht mehr vernünftig ansprechbar und wird mit hoher Wahrscheinlichkeit auf »Stammhirnebene« reagieren. Und das Stammhirn kennt nur drei Hauptreaktionsweisen: Flucht, Kampf und Erstarrung.

Der Vorgesetzte muss handeln, wenn das Arbeitsklima nicht vollkommen zerstört werden soll. Hier kommt das »No-Go-Gespräch« zum Einsatz: Es hilft nur eine klare, rügende Ansage des Vorgesetzten, möglichst mit einer offiziellen schriftlichen Abmahnung, um Wiederholungen von vornherein zu unterbinden (siehe auch Kapitel 9).

Umgang mit Menschen, die aggressiv zu werden drohen

Es gibt Menschen, die können durch Stimme, Körperhaltung, häufig auch durch Körpergröße Furcht einflößen. In dieser Gruppe gilt es noch einmal zu unterscheiden zwischen denen, die diese Signale bewusst einsetzen, und jenen, die einfach so wirken.

Wieder werden einige inneren Stimmen aktiv:

- ✔ Das empfindsame Ich: »Ich nehme jede kleinste Regung in meinem Gegenüber auf. Ich bin ein wandelnder Gefühlsseismograf.«
- ✔ Das aggressive Ich: »Ich lass mir das nicht bieten!«

- ✔ Das ängstliche Ich: »Ich habe Angst vor Aggressionen.«
- ✔ Das gut erzogene Ich: »Auch mit diesen Menschen muss man umgehen können und ich lasse mich nicht auf die Kindebene zurücktreiben.«
- ✔ Das selbstsichere Ich: »Was schert es die deutsche Eiche, wenn die Sau sich daran reibt!«
- ✔ Das anpassungsfähige Ich: »Unrat vorbeischwimmen lassen! Er ist ja nicht nur schlecht!«

Auch hier zeigt die Teamdiskussion einige Gefahrenpunkte auf, sollte sich eine Stimme durchsetzen: Wie bei einer tatsächlich ausgelebten Aggression erzeugt Druck Gegendruck und an einer Eskalation kann eigentlich niemand Interesse haben. Daher würde das Durchsetzen des aggressiven Ichs keinen guten Ausgang erwarten lassen. Das ängstliche Vermeiden des ängstlichen Ichs verstärkt nur die ungewünschten Verhaltensweisen. Die sensible Wahrnehmung des gut erzogenen Ichs ist wichtig, verhallt aber, wenn diese Stimme allein bleibt. Das selbstsichere Ich ist auch hier wieder gefordert. Aber es braucht Unterstützung besonders durch das anpassungsfähige Ich, aber auch durch alle anderen Anteile.

Menschen, die zu Aggressionsäußerungen neigen, brauchen klare Signale. Wenn man weiß, dass Worte allein nur ungefähr 25 Prozent der kommunikativen Wirksamkeit ausmachen, der überwiegende Anteil aber über Mimik, Gestik und Stimmmodulation erreicht wird, ist es wenig sinnvoll, jemanden vorsichtig darauf hinzuweisen, dass er die Haltung oder die angemessene Lautstärke aus dem Blick verliert.

Bei aggressivem Verhalten hilft nur ein klares nonverbales Signal in Form einer hochgehobenen Hand und einer klaren Aussage wie »Stopp, nicht in diesem Ton!«, um deutlich zu machen, dass hier eine Grenze überschritten wird, die nicht mehr in den Büroalltag gehört.

Wenn dies nicht zu einer Besinnung beim Gegenüber führt, kann als Spontanfeedback auch geäußert werden: »Ihre Äußerungen machen mir Angst!« Diese Selbstoffenbarung löst bei den meisten Menschen Erschrecken aus, weil sie sich darüber gar nicht bewusst sind. Möglicherweise kommt es so noch zu einer Rückbesinnung. Andernfalls kann nur noch die Unterbrechung der Situation weiterhelfen.

Konkret kann das heißen: Sie verlassen die Situation, indem Sie sich in einen anderen Raum begeben. Selbst wenn es sich um Ihren Vorgesetzten handelt, ist es durchaus angemessen, den Raum mit den Worten zu verlassen: »Es steht nicht in meinem Arbeitsvertrag, mich anschreien zu lassen, über die Inhalte können wir uns sachlich gern austauschen.« Weisen Sie darauf hin, dass Sie selbstverständlich gesprächsbereit sind, aber nicht in diesem Ton.

Feedback bei aufdringlichen Menschen

Manche Menschen wissen nicht, dass sie auch Dichtestress auslösen – darüber, dass sie zu nahe an ihr Gegenüber herankommen. Jeder Mensch hat ein sehr subjektives Empfinden, welche Nähe er als angenehm und welche Abstände er als unangenehm erlebt. Als allgemeine Richtwerte gelten jedoch folgende Distanzzonen:

- ✔ intime Distanz: etwa Armlänge
- ✔ persönliche Distanz: etwa 60 bis 150 Zentimeter
- ✔ gesellschaftliche oder soziale Distanz: 1,50 bis 4 Meter
- ✔ öffentliche Distanz: ab etwa 4 Meter

Angenommen, Sie besuchen eine Messe. Bei einem interessanten Gespräch rückt Ihnen der Gesprächspartner nach Ihrem Empfinden zu dicht auf die Pelle. Ohne es zu ahnen, löst er bei Ihnen Dichtestress aus. Natürlich könnten Sie jetzt die Gesprächssituation verlassen, sie würden damit jedoch einen interessanten Gesprächspartner verlieren. Das Gespräch abzubrechen, wäre damit zwar eine Möglichkeit, aber keine befriedigende Lösung. Stellt sich also die Frage: Wie sprechen Sie Ihren Gesprächspartner darauf an, ohne dass er gleich zurückschreckt und sich abgelehnt fühlt?

Wieder lohnt es sich, die inneren Stimmen zu Wort kommen zu lassen:

- ✔ Das freundliche Ich meldet sich mit der Aussage: »Es ist ja nett gemeint! Ich darf diesem Menschen nicht zu nahetreten.«
- ✔ Das selbstbewusste Ich wirft ein: »Was du nicht willst, das man dir tu, füge auch keinem anderen zu: Der soll auf natürliche Distanz gehen!«
- ✔ Das aggressive Ich: »Wenn der mir noch einmal so nahekommt, dann …!«
- ✔ Das angepasste Ich: »Ich bin ein guter Zuhörer und kann mich anpassen.«

Um zu einer stimmigen Aussage zu kommen, darf auch in diesem Fall nicht ein einzelnes Mitglied des inneren Teams eindeutig die Führung übernehmen. Dichtestress wird bei einer Distanz von weniger als 30 bis 50 Zentimeter ausgelöst. Es geschieht jedoch nichts Offensichtliches, und würde allein das freundliche Ich das Sagen haben, würden Sie sich vollkommen zurückhalten und den Dichtestress still erdulden. Innerlich würden Sie sich jedoch unwohl fühlen, weil andere Anteile Ihrer Person nicht zum Zuge gekommen sind.

Eine stimmige Lösung könnte folgendes Zusammenspiel der inneren Teammitglieder bringen: Das selbstbewusste Ich wird gestärkt. Das aggressive Ich kann ihm dabei helfen, überhaupt in Bewegung zu kommen, das freundliche Ich bändigt wiederum den aggressiven Anteil – und das angepasste Ich verhilft zu einer sozial verträglichen Äußerung. Echte Teamarbeit!

Ein Feedback in dieser Situation könnte dann lauten: »Entschuldigen Sie, dass ich Sie so brüsk unterbreche: Auch wenn es Ihnen etwas überempfindlich vorkommt, ich kann mich nicht auf das, was Sie sagen, konzentrieren, da Sie mir in meinem Empfinden zu nahe rücken.«

Eine völlig andere Situation entsteht, wenn jemand körperlich anzüglich wird. Dann gilt eigentlich nur der Grundsatz »auf einen groben Klotz gehört ein grober Keil«. Aufdringlichkeit ist respektlos und dann helfen in der Regel keine Worte, sondern nur ein klares Verhaltensfeedback. Das heißt, ein deutliches Signal: »Stopp, Ihre Aufdringlichkeit ist grenzüberschreitend und ich verbitte mir jede weitere Berührung.«

Das Feedback in schwierigen Situationen verbessern

Feedback in heiklen Situationen stellt hohe Ansprüche. Die folgenden drei Fragen geben Denkanstöße und können helfen, das Feedback in solchen Situationen besser in den Griff zu bekommen.

- ✔ Wird die Bedeutung des Feedbacks klar kommuniziert?
- ✔ Kommen Ihre »Spätmelder« zu Wort?
- ✔ Nutzen Sie die Erkenntnisse des SCARF-Modells?

Die Bedeutung des Feedbacks kommunizieren

Je klarer die Bedeutung des Feedbacks kommuniziert wird, umso einfacher ist das Feedback. Das gilt allgemein, aber besonders für schwierige Situationen. Was ist damit gemeint?

Grundsätzlich lassen sich drei Stoßrichtungen im Feedback unterscheiden: Wertschätzung, Bewertung und Coaching. Wertschätzung ist im Sinne von Wahrnehmung und Würdigung des Verhaltens der Person zu verstehen, wobei es sich nicht unbedingt nur um positive Dinge handeln muss. Die zweite Stoßrichtung, die Bewertung, soll aufzeigen, wo das Gegenüber wahrgenommen wird, wo es im Leistungsspektrum steht. Das Thema Coaching schließlich eröffnet eine Lernperspektive. In vielen Feedbacks durchmischen sich die drei Stoßrichtungen.

Für das Gespräch bedeutet das: Neben einer guten Vorbereitung mit konkreten Beispielen, der Anwendung des Feedbackdreiklangs und einer Stimmigkeitsprüfung gilt es, die übergeordneten Zielsetzungen – Wertschätzung, Bewertung und Coaching – zu kommunizieren. Zwei mögliche Formulierungen:

- ✔ »Mein Anliegen in diesem Feedback ist es, eine Bewertung abzugeben, damit Sie wissen, wo Sie aus meiner Sicht stehen.«
- ✔ »Mein Anliegen ist es, Ihnen meine Wertschätzung auszudrücken. Es geht mir dann auch darum, zu sehen, wie ich Sie eventuell coachen kann!«

»Spätmelder« zu Wort kommen lassen

Im inneren Team gibt es Frühmelder und Spätmelder. Frühmelder drängen sich vor, sie sind sofort zur Stelle und wollen ihr Urteil zum Geschehen abgeben. Dagegen halten sich Spätmelder zurück und melden sich oft erst nach Stunden oder Tagen zu Wort.

Die Gefahr ist groß, dem Rat der Frühmelder zu folgen und die späten Stimmen gar nicht erst anzuhören. Viele Menschen reagieren schnell – und nach einer Nacht, wenn das Kind in den Brunnen gefallen ist, fallen ihnen neue Aspekte ein.

Neigen Sie eher zu schnellen Reaktionen, hören Sie also gern auf Ihre inneren Frühmelder-Stimmen? Oder sind Sie eher ein Typ, der auch die Spätmelder-Stimmen zu Wort kommen lässt? Im ersten Fall sollten Sie versuchen, bei der nächsten schwierigen Feedbacksituation Ihre Reaktion bewusst hinauszuschieben, etwa mit den Worten: »Das muss ich erst einmal sacken lassen. Lassen Sie uns morgen weitersprechen.« So geben Sie den Spätmeldern Ihres inneren Teams die Chance, sich ebenfalls noch zu Wort zu melden.

Das SCARF-Modell nutzen

Das SCARF-Modell lernen Sie in Kapitel 10 kennen. »SCARF« steht für fünf Einflussfaktoren, die bei schwierigen Feedbacksituationen bedacht werden sollten: Status, Certainty, Autonomy, Relatedness, Fairness. Ziel ist es, Fluchtreaktionen beim Gegenüber zu vermeiden und ihn zum Zuhören und zur Akzeptanz des Feedbacks zu gewinnen.

Um beim Bild des inneren Teams zu bleiben: Wer möchte, dass sein Gegenüber ein kritisches Feedback annimmt, hat es mit drei sehr aktiven »Wächtern« zu tun. Und um an diesen vorbeizukommen, benötigt er – wie Schulz von Thun sagt – jeweils einen »Passierschein«.

Die drei Wächter haben die Aufgabe, Selbstwertgefühl, Selbstbild und Autonomie zu schützen. Den Wächter des Selbstwertgefühls und den Wächter der Autonomie können Sie mithilfe des Feedbackdreiklangs gnädig stimmen: Indem Sie in Ich-Form sprechen, konkrete Beispiele anführen und die Wirkung dieser Beispiele auf sich darstellen, können Sie die Wächter davon überzeugen, dass eine eigene Meinung möglich bleibt, mithin Selbstwertgefühl und Autonomie nicht gefährdet sind und somit Ihr Gegenüber eine andere Meinung vertreten kann. Schwieriger ist es, beim Wächter des Selbstbilds einen Passierschein zu erhalten. Hier hilft es, dem Wächter eine »gemeinsame Überprüfung« über einen Folgezeitraum anzubieten. Lässt er sich darauf ein, ist das schon ein Erfolg.

Teil V
Selbstfeedback

IN DIESEM TEIL …

In den vorangegangenen Teilen dieses Buches haben Sie Regeln und Vorgehensweisen kennengelernt, um professionell Feedback zu geben und zu empfangen. Im Blickfeld stand dabei das geschäftliche Umfeld – die effektive Zusammenarbeit im Team oder das Erreichen der Abteilungs- und Unternehmensziele. Teil V des Buches ändert die Perspektive und richtet den Scheinwerfer nach innen: Es geht um die Möglichkeiten des Selbstfeedbacks und die eigene persönliche Entwicklung.

IN DIESEM KAPITEL

Die Theorie vom blinden Fleck

Analyse der eigenen Persönlichkeit

Bestätigung durch Selbstfeedback

Kapitel 16

Beurteilung in eigener Sache: Sich selbst Feedback geben

Die meisten Menschen empfinden kritisches Feedback eher als unangenehm, ja lästig. Gut – man kann daraus lernen. Es hilft, einen Fehler zu erkennen und künftig zu vermeiden. Es hilft, das Richtige zu tun, und ermöglicht ein effektives Arbeiten im Team. Also akzeptiert man wohl oder übel kritische Rückmeldungen. Aber man hofft eben doch, dass sie möglichst selten vorkommen.

Eine pragmatische Einstellung, die im betrieblichen Alltag absolut in Ordnung ist. Sie blendet jedoch aus, dass es noch eine weitere, tiefergehende Dimension gibt: Feedback als Instrument zur persönlichen Weiterentwicklung – als eine Möglichkeit, sich selbst besser kennenzulernen. Dieses Kapitel zeigt Wege, wie Sie durch Selbstfeedback ein klareres Bild von sich selbst erhalten.

Das Eigenbild korrigieren: Warum Selbstfeedback so wichtig ist

Wer in einer immer komplexeren Welt zurechtkommen möchte, braucht Selbsterkenntnis: Er muss sich selbst und seine Wirkungsmöglichkeiten gut kennen. Dazu gehört, sich auch mit den eigenen »blinden Flecken« auseinanderzusetzen, also Eigenschaften und Verhaltensweisen, die einem selbst nicht bewusst sind. Sich selbst Feedback geben schafft hier mehr Klarheit und eröffnet so neue Möglichkeiten, Orientierung in einem unübersichtlichen Umfeld zu finden und den eigenen Lebensweg zu gestalten.

Selbsterkenntnis und Erfolg hängen eng zusammen. In psychologischen Untersuchungen war das beste Vorhersagekriterium für hohe zukünftige Leistungen die Fähigkeit, sich so sehen zu können, wie man von anderen gesehen wird. Umgekehrt war die Überschätzung der eigenen Fähigkeiten das sicherste Vorhersagekriterium, in der Zukunft schlechte Leistungsbeurteilungen zu erhalten.

Es ist offensichtlich hilfreich, zu wissen, worin man gut, mittelmäßig oder schlecht ist. Bekannte Probleme bereiten weniger Schwierigkeiten als unbekannte – einfach deshalb, weil man bekannte Schwächen umgehen oder ausgleichen kann. Wem es dagegen an Selbsterkenntnis fehlt, stürzt sich leicht in Projekte, denen er nicht gewachsen ist. Die Folge ist dann oft ein besonders arrogantes Auftreten, um die eigene Schwäche zu kaschieren oder schlicht das Scheitern.

Selbst- und Fremdbild: Jeder hat seinen blinden Fleck

Manchmal tragen wir Verhaltensweisen oder Eigenschaften in uns, die wir selbst gar nicht wahrnehmen – aber für andere sind sie glasklar. Und genau hier entsteht eine Kluft zwischen dem, wie wir uns selbst sehen, und dem, wie uns andere wahrnehmen. Wenn diese beiden Welten zu weit auseinanderdriften, wird es schwierig. Gespräche können missverstanden werden, Beziehungen wirken holprig, und wir finden uns immer wieder im Konflikt mit unserem Umfeld. Und das Schlimmste: Unsere Ziele scheinen auf einmal unerreichbar. Doch genau in dieser Kluft liegt auch eine Chance – sich selbst besser kennenzulernen und an diesen blinden Flecken zu wachsen.

Ein Modell der amerikanischen Sozialpsychologen Joseph Luft und Harry Ingham beschreibt den Zusammenhang zwischen Selbst- und Fremdbild. Den Grundgedanken zeigt sehr anschaulich das sogenannte Johari-Fenster (siehe Tabelle 15.1), das aus vier Feldern besteht:

- ✔ **Öffentliche Person:** Das erste Feld (oben links) umfasst den Teil Ihrer Persönlichkeit, der sowohl Ihnen als auch Ihren Mitmenschen bekannt ist. Es ist der öffentliche Bereich, von dem Sie wissen, dass andere ihn kennen. Hier stimmen Selbst- und Fremdeinschätzung überein.
- ✔ **Privatperson:** Das zweite Feld (unten links) ist der Teil Ihrer Persönlichkeit, den andere nicht kennen. Es ist Ihr privater und innerer Bereich, der nur Ihnen bekannt ist und den Sie bewusst vor anderen verbergen. Er bildet zusammen mit der öffentlichen Person das Selbstbild.
- ✔ **Blinder Fleck:** Das dritte Feld (oben rechts) ist der Teil der Persönlichkeit, den nur die anderen wahrnehmen, der Ihnen selbst jedoch nicht bewusst ist. Es handelt sich also um unbewusste Verhaltensweisen oder Gewohnheiten, die andere an Ihnen beobachten. Dieser für Sie »blinde Fleck« bestimmt maßgeblich das Fremdbild, das andere sich von Ihnen machen.
- ✔ **Unbewusstes:** Das vierte Feld (unten rechts) ist der Teil der Persönlichkeit, den weder Sie selbst noch die anderen kennen. Die Psychologen sprechen hier vom »Unbewussten«. Die darin schlummernden Begabungen und Talente lassen sich nur schwer wecken und bewusst machen.

	Verhaltensbereich ist mir selbst bekannt	Verhaltensbereich ist mir selbst unbekannt
Verhaltensbereich ist anderen bekannt	Öffentliche Person (mir und anderen bekannt)	Blinder Fleck (nur den anderen bekannt, mir selbst nicht bewusst)
Verhaltensbereich ist anderen unbekannt	Privatperson (nur mir bekannt)	Unbewusstes (weder mir selbst noch anderen bekannt)

Tabelle 16.1: Das Johari-Fenster: Je kleiner der blinde Fleck ist, desto besser stimmen Selbst- und Fremdbild überein.

Um Selbst- und Fremdbild in Einklang zu bringen, liegt der entscheidende Hebel im dritten Feld, dem blinden Fleck. Je kleiner der blinde Fleck ist, desto mehr stimmen Selbst- und Fremdbild überein. Und je mehr Selbst- und Fremdbild übereinstimmen, ...

- ✔ desto reibungsloser verläuft die Kommunikation mit der Außenwelt,
- ✔ desto zuverlässiger können Sie abschätzen, wie Sie in bestimmten Situationen wirken oder welche Gefühle und Reaktionen Sie bei anderen Menschen auslösen.

Ziel sollte es daher sein, den blinden Fleck zu verkleinern, sich also der Verhaltensweisen bewusst zu werden, von denen Sie nichts wissen, die andere Menschen jedoch an Ihnen beobachteten. Dadurch vergrößert sich automatisch der Bereich der »öffentlichen Person«. Es entsteht eine größere Offenheit für Meinungen, Informationen und neue Gedanken – und damit auch für Ihre persönliche Weiterentwicklung.

Dem Fremdbild auf der Spur: Den blinden Fleck ausleuchten

Die Lösung ist eigentlich ganz einfach: Andere Menschen sehen Seiten an Ihnen, die Sie selbst vielleicht übersehen. Der Schlüssel liegt darin, wirklich zuzuhören. Wenn Sie sich auf das Feedback anderer einlassen, öffnen sich Türen zu wertvollen Einsichten – zu kleinen Gewohnheiten, versteckten Vorlieben, unausgesprochenen Abneigungen oder unbewussten Vorurteilen. Genau hier beginnt der Prozess: Feedback aktiv einzuholen und anzunehmen, ist der erste Schritt, um sich selbst besser zu verstehen und daran zu wachsen. Es geht darum, den Mut zu haben, diesen Austausch bewusst zu starten – und ihn als Chance zu nutzen.

Feedback achtsam entgegennehmen: So kommen Sie Ihrem Fremdbild auf die Spur. Indem Sie aus Ihrem Umfeld Rückmeldungen wahrnehmen, leuchten Sie den blinden Fleck aus und können Ihr Selbstbild mit dem Fremdbild in Übereinstimmung bringen.

Es klingt einleuchtend und einfach – aber Rückmeldungen aus dem Umfeld anzunehmen, lässt sich auf Anhieb nicht so leicht umsetzen. Um Unterschiede zwischen Selbst- und Fremdbild ausmachen zu können, benötigen Sie erst einmal ein einigermaßen treffendes Bild von sich selbst. Es geht darum, sich selbst zu beschreiben. Das erfordert geeignete

Begriffe, um sich selbst irgendwie »greifen« zu können. Sprich: Sie benötigen ein psychologisches Konstrukt, das Ihnen geeignete Begriffe zur Verfügung stellt.

Es ist ein uraltes Thema: Wie schafft man es, die eigene Persönlichkeit zu fassen? Die Psychologie bietet hierzu unterschiedliche Modelle an. Seit über 2000 Jahren gibt es Bemühungen, die Persönlichkeit von Menschen mit wenigen Merkmalen zu beschreiben. Einer der frühesten Versuche stammt von Hippokrates (460–370 v. Chr.), der vier Persönlichkeitstypen beschrieben hat: Melancholiker, Phlegmatiker, Choleriker, Sanguiniker. Seitdem gab und gibt es immer wieder Versuche, Menschen in Systeme oder Kategorien einzuteilen, sie zum Beispiel anhand ihrer Physiognomie zu beschreiben, spezielle Verhaltensweisen herauszugreifen oder gar Sternzeichen zu bemühen.

Hinter all diesen Versuchen steht die Idee, die Komplexität der menschlichen Persönlichkeit, so gut es geht, zu erfassen. Das gilt auch für neuere Persönlichkeitsmodelle, und auch hier muss man sich klarmachen: Sie arbeiten mit Vereinfachungen und Reduktionen.

Persönlichkeitsmodelle bilden die Realität nur mit Abstrichen ab. Wahren Sie daher eine gesunde Skepsis, machen Sie sich auch auf Widersprüche gefasst. Für eine grobe Einschätzung der eigenen Persönlichkeit sind sie jedoch ein nützliches Werkzeug.

Nicht zuletzt aufgrund dieser Unzulänglichkeiten der Modelle ist es so wichtig, die Ergebnisse einer Selbsteinschätzung durch kritisches Selbstfeedback laufend abzusichern und anzupassen. Konkret heißt das: Wenn Sie anhand eines Modells zu einer Selbstbeurteilung gelangt sind, rufen Sie sich entscheidende Situationen ins Gedächtnis und fragen danach, ob diese Beispiele die Einschätzungen stützen. Ziel ist es, so eine möglichst stimmige Selbstbeurteilung zu bekommen – also zu erreichen, dass der blinde Fleck möglichst klein ist.

Das Selbstfeedback ist ein wichtiger Schritt, um Ihre Selbsteinschätzung zu verifizieren und gegebenenfalls zu korrigieren. Dennoch müssen Sie davon ausgehen, dass weiterhin ein blinder Fleck existiert – Selbstbild und Fremdbild also nicht übereinstimmen. Es empfiehlt sich deshalb, die Selbsteinschätzung zusätzlich durch ein aktives Feedback von außen zu überprüfen. Dieser zusätzliche »Außentest« ist Thema von Kapitel 17.

Ich möchte Ihnen Möglichkeiten aufzeigen, mit denen Sie eine Selbstbeurteilung vornehmen können. Die vorgestellten Modelle können Ihnen helfen, Ihren persönlichen Maßstab zu finden, an dem Sie das Feedback aus Ihrem Umfeld messen können – als Orientierung und Grundlage für die persönliche Weiterentwicklung.

Selbstbeurteilung anhand allgemeingültiger Lebensanforderungen

Das folgende Modell gründet auf Annahmen, die aus tiefenpsychologischen, psychoanalytischen und entwicklungspsychologischen Untersuchungen und aus dem Alltagswissen abgeleitet sind. Es orientiert sich an den Ausführungen der Psychologen Maren Fischer-Epe und Claus Epe.

Demnach entwickelt ein Mensch auf der Basis einer genetischen Grundausstattung seine Persönlichkeit, indem er individuelle Lebenserfahrungen macht. Daneben prägen ihn allgemeingültige Anforderungen, die das Leben an jeden Menschen stellt:

- ✔ Entwicklung eines stimmigen Körpergefühls,
- ✔ Entwicklung von Grundvertrauen,
- ✔ Entwicklung von Beziehungsfähigkeit,
- ✔ Entwicklung von Normen und Werten,
- ✔ Entwicklung von Leistungsbereitschaft,
- ✔ Entwicklung einer selbstverantwortlichen Lebensführung.

Diese sechs allgemeingültigen Persönlichkeitsanforderungen bieten sich als Maßstab für ein Selbstfeedback an.

Sechs Persönlichkeitsaspekte auf dem Prüfstand

Was besagen die einzelnen Lebensanforderungen? Und mit welchen Fragen zum Selbstfeedback können Sie diese Aspekte reflektieren und eine Einschätzung vornehmen?

Anforderung 1: Entwicklung eines stimmigen Körpergefühls

Durch Erfahrungen mit Wärme, Kälte, Bewegung und Berührungen entwickeln Sie ein erstes grundlegendes Gefühl zum eigenen Körper: »Das bin ich und ich bin mein Körper.« So entsteht auf der körperlichen Ebene die Basis aller Selbstwahrnehmung. Auf dieser Grundlage entwickelt sich im Laufe des Lebens ein mehr oder weniger positives Gefühl zum Körper, zur eigenen Beweglichkeit und eigenen Leistungsfähigkeit, zur Gesundheit und zur Sexualität.

Fragen zum Selbstfeedback: Wie stark, wie sicher und wie fest ist dieser Aspekt meiner Persönlichkeit? Wie sicher, wie wohl fühle ich mich in meiner Haut? In welchem Ausmaß kann ich mich und meinen Körper akzeptieren?

Anforderung 2: Entwicklung von Grundvertrauen

Wenn ein Kind grundsätzlich willkommen ist, wenn sich die frühen Bezugspersonen seiner Bedürfnisse annehmen und diese respektieren und befriedigen, entsteht ein Grundvertrauen in die Welt. Dieses Vertrauen bildet die Grundlage für alle weiteren Entwicklungsschritte, zum Beispiel in welchem Maße die Person auf die Welt und auf andere Menschen zugehen kann.

Fragen zum Selbstfeedback: Wie optimistisch, zuversichtlich und vertrauensvoll ist meine Grundstimmung in Bezug auf mein Leben, auf andere Menschen und auf die Zukunft?

Anforderung 3: Entwicklung von Beziehungsfähigkeit

Frühe Beziehungserfahrungen und das Grundvertrauen haben entscheidenden Einfluss darauf, wie ein Mensch seine Beziehungen in Zukunft gestaltet. Zur Beziehungsfähigkeit gehört es, auf Menschen zugehen, sich einfühlen und abgrenzen zu können, mit Verletzungen und Frustration umgehen und sich auch langfristig binden zu können. Dieser Prozess gelingt leichter, wenn die frühen Beziehungserfahrungen von Fürsorge, Zuverlässigkeit und Vertrauen geprägt waren.

Fragen zum Selbstfeedback: Wie gut bin ich in der Lage, Beziehungen vertrauensvoll, freundschaftlich und wertschätzend zu gestalten? Kann ich auf Menschen zugehen, Kontakt aufnehmen? Kann ich in einer Beziehung Intensität zulassen? Kann ich Beziehungen pflegen und langfristige Bindungen eingehen?

Anforderung 4: Entwicklung von Normen und Werten

Die Entwicklung von Normen und Werten ist ein Balanceakt. Zu viele und zu starre Normen engen ein, zu wenige Normen führen zu Gleichgültigkeit und Orientierungslosigkeit.

Fragen zum Selbstfeedback: Wie sicher ist meine innere Orientierung? Welche Maßstäbe habe ich, um eigenes und fremdes Verhalten zu bewerten? Was halte ich für gut oder böse, für ethisch oder falsch? Wie sicher bin ich mir meiner grundlegenden Normen? Wie weit kann ich mich von den eigenen Maßstäben lösen?

Anforderung 5: Entwicklung von Leistungsbereitschaft

Das Erleben eigener Wirksamkeit beeinflusst nachhaltig alle weiteren Erfahrungen mit Lernen, Leistung und Arbeit. Daran entscheidet sich, ob wir eine Aufgabe als Herausforderung oder belastenden Berg wahrnehmen. Fehlen Erfahrungen mit Selbstwirksamkeit, erlebt man sich schnell als Opfer, als den Umständen ausgeliefert und ohnmächtig. Mit Selbstwirksamkeit ist die Überzeugung gemeint, mit der ein Mensch davon ausgeht, erfolgreich zu sein.

Fragen zum Selbstfeedback: Wie fest und sicher ist meine Bereitschaft, notwendige Dinge anzupacken? Wie ausgeprägt ist meine Fähigkeit, mich tatkräftig einzusetzen, wenn ich ein Projekt für sinnvoll erachte?

Anforderung 6: Entwicklung einer selbstverantwortlichen Lebensführung

Im Laufe unserer Entwicklung müssen wir lernen, eigenständig zu entscheiden, für uns selbst zu sorgen und Verantwortung zu übernehmen. Wie weit es gelingt, ein autonomes und selbstverantwortliches Leben zu führen, wird auch von unserer Leistungsbereitschaft sowie unseren Normen und Werten mitbestimmt.

Fragen zum Selbstfeedback: Wie selbstverständlich ist es für mich, mein Leben aktiv zu gestalten und mich selbst zu versorgen? Wie selbstverständlich ist es für mich, persönliche Entscheidungen zu treffen und dafür die Verantwortung zu übernehmen?

Die sechs Entwicklungsanforderungen beschreiben, womit sich jeder Mensch im Laufe seines Lebens immer wieder auseinandersetzen muss. In der Summe bilden sie das Selbstwertgefühl.

Auch wenn die wesentlichen Persönlichkeitsstrukturen bereits in den ersten Lebensjahren geformt werden, bleibt persönliche Entwicklung ein lebenslanger Prozess. Schwierige Erfahrungen aus der früheren Lebensgeschichte lassen sich durch spätere positive Erfahrungen kompensieren und korrigieren. Jeder Mensch kann auch im Erwachsenenalter noch lernen, zu vertrauen und zu verzeihen oder einen Konflikt zu riskieren. Allerdings steigt der emotionale Aufwand für solche Lernprozesse mit dem Alter.

Niemand ist in allen sechs Entwicklungsdimensionen perfekt – jeder hat seine Baustellen, an denen er werkelt und lernt. Das Selbstfeedback ermöglicht es, sich diese Baustellen und den Stand der Bauarbeiten zu vergegenwärtigen.

Überlegen Sie, bei welchen der sechs Persönlichkeitsaspekten Sie stark sind, sich Ihrer Fähigkeiten sicher sind – und an welchen Stellen Sie sich weiterentwickeln möchten, also etwas zu lernen haben.

Das Selbstwertgefühl stärken

Das Selbstwertgefühl entscheidet maßgeblich über Ihr Wohlbefinden. Es wird gespeist durch die sechs Entwicklungskategorien (Körpergefühl, Grundvertrauen, Beziehungsfähigkeit, Normen und Werte, Leistungsbereitschaft, selbstverantwortliche Lebensführung). Wie Sie an selbst gesetzte Aufgaben herangehen, was Sie sich zutrauen, wie Sie andere Menschen behandeln – stets wird Ihr Handeln maßgeblich von Ihrem Selbstwertgefühl beeinflusst.

Das Selbstwertgefühl ist das grundlegende Gefühl zu uns selbst. Es spiegelt den Wert wider, den wir uns selbst zuschreiben. Es wirkt meist im Hintergrund und macht sich erst bemerkbar, wenn wir Erfolg oder Misserfolg intensiv erleben.

- ✔ Ein positives Selbstwertgefühl begegnet uns in Empfindungen wie Stolz, Zuversicht, Zutrauen und Mut, ebenso in Überzeugungen, Kompetenzen oder dem Gefühl der Überlegenheit.
- ✔ Ein negatives Selbstwertgefühl macht sich bemerkbar durch Mutlosigkeit, Unsicherheit, Angst, Hilflosigkeit, das Gefühl der Unterlegenheit.

Das Erstaunliche: Obwohl das Selbstwertgefühl immer beteiligt ist, obwohl es auf das ganze Erleben und Verhalten eines Menschen ausstrahlt, kommt kaum jemand auf die Idee, sich auch einmal Rechenschaft über das eigene Selbstwertgefühl abzulegen. Dabei wäre dies die Grundlage, um das Selbstwertgefühl gezielt zu beeinflussen – was ein durchaus lohnendes Unterfangen sein kann. Untersuchungen haben gezeigt, dass eine leicht rosa gefärbte Selbstsicht erstrebenswert und nützlich ist.

Menschen, die von sich selbst ein wenig eingenommen sind, ohne dabei ins Unrealistische abzurutschen, kommen besser durchs Leben und sind besonders selten psychisch auffällig.

Wie erreichen Sie ein positives, optimal justiertes Selbstwertgefühl? Im Kern lautet die Antwort: durch kontinuierliches Selbstfeedback, mit dem Sie sich Ihre Stärken bewusst machen.

Dies kann wie folgt geschehen:

- ✔ Um sich einen Überblick über Ihre Stärken und Ressourcen zu schaffen, nehmen Sie sich die sechs Lebensanforderungen vor und überlegen, bei welchen Themen Sie besonders stark, sicher und zufrieden sind.
- ✔ Überlegen Sie auch, welche Krisen und Misserfolge Sie bewältigt und welche Schwierigkeiten Sie gemeistert haben. Welche Lernerfahrungen waren damit verbunden, inwiefern sind Sie daran gewachsen? Auch diese Erfahrungen sind Hinweise auf besondere Stärken.

Wenn Sie durch ständiges Selbstfeedback verinnerlichen, was Sie können, wo Sie stark und erfolgreich sind, was Sie geleistet haben, womit Sie zufrieden sind –verlieren Misserfolge und Selbstwertzweifel immer mehr ihren Schrecken.

Selbstbeurteilung nach dem Riemann-Thomann-Modell

Auf der Grundlage dieser Selbstbeobachtungen können Sie nun noch ein Stück tiefer einsteigen und das Modell der Psychologen Fritz Riemann und Christoph Thomann – das Riemann-Thomann-Modell – nutzen. Ziel ist es wiederum, ein möglichst zutreffendes Selbstbild zu erhalten. Hierzu schlage ich ein zweistufiges Verfahren vor. Im ersten Schritt nehmen Sie anhand des Modells eine Selbsteinschätzung vor, im zweiten Schritt überprüfen Sie dieses Bild anhand eines kritischen Selbstfeedbacks.

Stufe 1: Die Eckpfeiler der Persönlichkeit definieren

Nach dem Modell von Fritz Riemann und Christoph Thomann lassen sich vier gegensätzliche Grundausrichtungen beobachten, die für einen Menschen charakteristisch sind. Demnach gibt es Menschen, …

- ✔ die eher zur Distanz neigen,
- ✔ die eher auf Nähe ausgerichtet sind,

- ✔ die eher auf Dauer ausgerichtet sind,
- ✔ die eher zum Wechsel neigen.

Die vier Grundrichtungen kommen in jedem Menschen vor, allerdings in unterschiedlicher Intensität. Meistens sind für das Verhalten und Empfinden eines Menschen zwei Ausrichtungen maßgebend, manchmal ist es auch nur eine. Die persönliche Kombination bestimmt die Grundtendenzen im Verhalten und im Kommunikationsstil – im Privatleben ebenso wie im Arbeitsalltag.

Die Grundausrichtungen nach dem Riemann-Thomann-Modell

Vier grundlegende Motivationen prägen, wie Menschen sich verhalten – und das zeigt sich auch wunderbar an der Art, wie Sie Ihren Urlaub gestalten. Stellen Sie sich vor, Sie planen Ihre nächste Auszeit:

- ✔ **Gemeinsam mit Familie und Freunden?** Dann suchen Sie vor allem Nähe und Geborgenheit.
- ✔ **Allein unterwegs?** Sie genießen die Distanz und die Zeit für sich selbst.
- ✔ **Immer wieder zum gleichen Ort?** Das Bedürfnis nach Beständigkeit und Vertrautheit (Dauer) steht für Sie im Vordergrund.
- ✔ **Ständig neue Menschen und Orte?** Sie lieben die Abwechslung und den Reiz des Neuen (Wechsel).

Egal, wie Ihre Antwort ausfällt – sie erzählt eine kleine Geschichte über Ihre inneren Antreiber und das, was Ihnen wirklich wichtig ist.

Wozu neigen Sie? Versuchen Sie, sich selbst im Spannungsfeld zwischen Distanz, Nähe, Dauer und Wechsel zu orten. Nutzen Sie hierzu die folgenden Erläuterungen zu den vier Ausrichtungen. Und halten Sie sich vor Augen, dass alle Grundrichtungen gleichwertig sind. Es gibt in diesem Modell kein »gut« oder »schlecht«.

- ✔ **Die Nähe-Ausrichtung**

  Für Menschen mit einer starken Näheorientierung dreht sich alles um Bindung, Vertrauen und das warme Gefühl von Geborgenheit. Sie lieben es, Harmonie zu schaffen, anderen Zuneigung zu zeigen und in sozialen Verbindungen aufzugehen. Sie sind einfühlsam, teamorientiert und verständnisvoll – immer bereit, die Bedürfnisse anderer an erste Stelle zu setzen. Doch diese Stärke kann sie auch verletzlich machen: Sie tun sich schwer, allein zu sein, und suchen oft Bestätigung bei anderen. Manchmal vergessen sie sich selbst und laufen Gefahr, in eine Opferrolle zu geraten, weil sie Konflikte scheuen und Aggressionen vermeiden.

- ✔ **Die Distanz-Ausrichtung**

  Freiheit, Eigenständigkeit und Unabhängigkeit – das sind die Leitsterne für Menschen mit einer Distanzorientierung. Sie brauchen ihren Raum, um sie selbst zu sein, und weichen emotionaler Nähe oft aus. Ihre Stärke liegt in ihrem rationalen Denken, ihrer Klarheit und ihrer Fähigkeit, sich von äußeren Einflüssen nicht beirren zu lassen. Doch diese Eigenständigkeit kann sie auch kühl und unnahbar wirken lassen. Bevor sie sich auf Nähe einlassen, brauchen sie Sicherheit, dass ihre Freiheit respektiert wird. Gefühle? Die kommen für sie erst ins Spiel, wenn sie das Gefühl haben, nicht eingeengt zu werden.

- ✔ **Die Dauer-Ausrichtung**

  Für Dauer-Menschen ist Stabilität das Fundament ihres Lebens. Sie schätzen Zuverlässigkeit, Treue und klare Regeln. Planung, Organisation und Verantwortungsbewusstsein geben ihnen Sicherheit. Mit ihrem unerschütterlichen Fokus auf Kontinuität sind sie wie ein Fels in der Brandung – jemand, auf den man sich immer verlassen kann. Doch diese Stärke hat auch ihre Schattenseiten: Dauer-Menschen können stur, unflexibel oder sogar langweilig wirken. Sie tun sich schwer mit Veränderungen und laufen Gefahr, vor lauter Strukturen die Leichtigkeit des Lebens zu verlieren.

- ✔ **Die Wechsel-Ausrichtung**

  Das Herz von Wechsel-Menschen schlägt für das Neue und Aufregende. Sie sprühen vor Energie, Kreativität und Begeisterung. Immer auf der Suche nach Inspiration und Abwechslung, machen sie das Leben bunt und lebendig. Ihr Temperament und ihre Spontaneität sind ansteckend – sie lieben das Risiko und den Nervenkitzel. Doch genau diese Leidenschaft kann auch in Chaos umschlagen. Sie verlieren sich manchmal im Moment und lassen die Verlässlichkeit vermissen. Geduld und Beständigkeit gehören nicht zu ihren Stärken, doch ihre Lebensfreude und ihr Enthusiasmus stecken einfach an.

Die vier Grundausrichtungen – Nähe, Distanz, Dauer und Wechsel – sind wie ein Kompass, der zeigt, was uns antreibt und wie wir unser Leben gestalten. Im Koordinatensystem bilden die **Raumachse** (Nähe und Distanz) und die **Zeitachse** (Dauer und Wechsel) die Pole, zwischen denen wir uns bewegen – jeder auf seine ganz persönliche Art.

Jeder Mensch ist eine einzigartige Mischung aus den verschiedenen Grundausrichtungen – ein individuelles Mosaik aus Nähe, Distanz, Dauer und Wechsel. Aber es gibt immer bestimmte Schwerpunkte, die unsere Persönlichkeit prägen und unser Verhalten leiten. Vielleicht fühlen Sie sich zu 70 Prozent von Nähe angetrieben, während Distanz nur 20 Prozent Ihrer Welt ausmacht. Gleichzeitig könnten Sie auf der Zeitachse ein Gleichgewicht spüren – etwa 40 Prozent Dauer und 40 Prozent Wechsel. Diese Mischung macht uns zu dem, was wir sind: ein individuelles, dynamisches Zusammenspiel der Kräfte, die uns durchs Leben lenken.

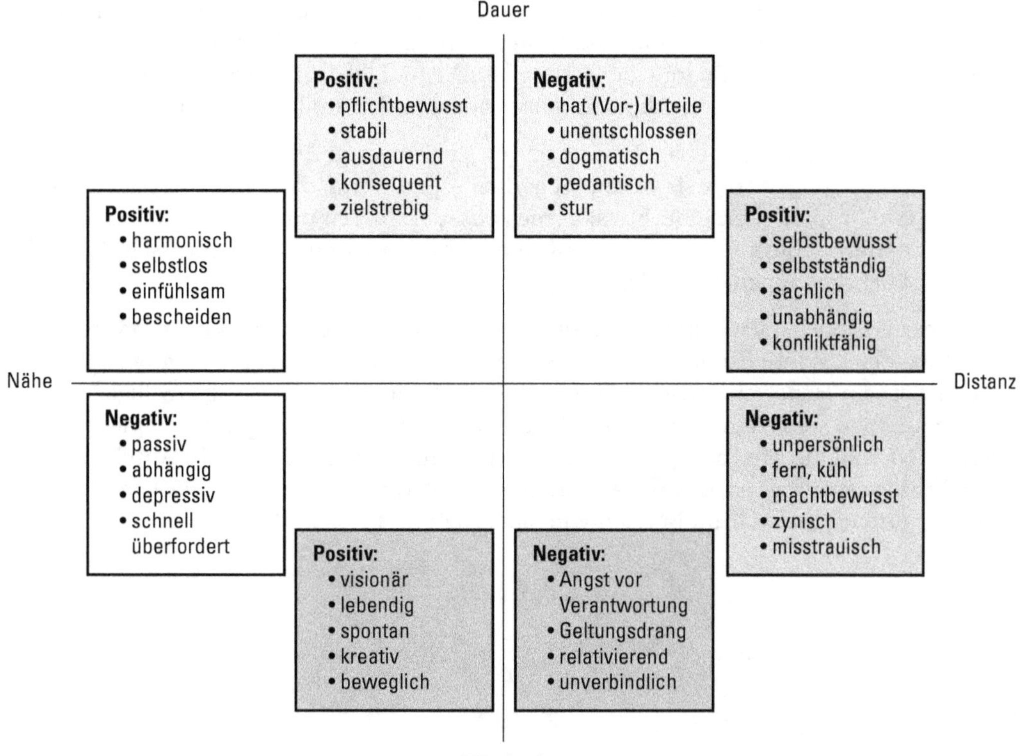

Abbildung 16.1: Menschliche Grundausrichtungen nach dem Riemann-Thomann-Modell: Nähe und Distanz, Dauer und Wechsel

Elke Werner oder »Ordnung muss sein«

Für Elke Werner, Abteilungsleiterin in einem mittelständischen Industrieunternehmen, dreht sich alles um Ordnung und Sicherheit – das sind ihre Anker im beruflichen Alltag. Sie ist organisiert bis ins Detail, manchmal fast ein bisschen zu sehr. Ihre Kolleginnen und Kollegen bewundern ihre Fähigkeit, blitzschnell alle benötigten Unterlagen aus dem Hut zu zaubern. Doch hinter dieser Präzision steht ihre größte Angst: Chaos und Unvorhersehbarkeit. Um das zu vermeiden, kontrolliert sie nicht nur ihre eigene Arbeit, sondern hält auch bei anderen die Augen offen. Schon die kleinste Gefahr, wie eine lose Bodenplatte im Eingangsbereich, bleibt ihr nicht verborgen – und sofort wird der Hausmeister informiert.

In Besprechungen ist Elke immer bestens vorbereitet. Daten, Fakten und Analysen hat sie lückenlos parat. Doch ihre rationale Akribie kann auch anstrengend sein: Bei einer

Ideensammlung zur Erweiterung des Serviceangebots blockte sie nahezu jeden Vorschlag mit Einwänden ab. Immer hatte sie die möglichen Probleme im Blick – und erstickte so die kreative Energie der Gruppe im Keim. Elke ist die geborene Bedenkenträgerin, jemand, der Entscheidungen sehr rational und gründlich abwägt.

Gefühle bereiten ihr Unbehagen, weil sie für sie schwer greifbar und unkalkulierbar sind. Entscheidungen trifft sie oft nur zögerlich – und wenn, dann mit einer Dauerhaftigkeit, die ihr Sicherheit gibt. Etwas Neues auszuprobieren oder Risiken einzugehen, fällt ihr extrem schwer. »Man weiß ja nie!« ist ihr Motto, und ein Nein rutscht ihr viel leichter über die Lippen als ein Ja.

In Elkes Persönlichkeitsprofil dominieren eindeutig die Grundausrichtungen **Dauer** und **Distanz** – das ist ihre Komfortzone, ihr sicherer Hafen. Doch auch bei ihr gibt es kleine Ausreißer: ein Hauch von Warmherzigkeit (Nähe) und ein Funken Eigenwilligkeit mit gelegentlichen wechselhaften Zügen. Ihre Persönlichkeit ist ein gutes Beispiel dafür, wie individuell die Mischung der Grundausrichtungen ist. Je stärker ein Anteil auf einer Achse ausgeprägt ist, desto mehr prägt er das Verhalten – und bei Elke liegen diese Schwerpunkte ganz klar im Bereich von Sicherheit und Kontrolle.

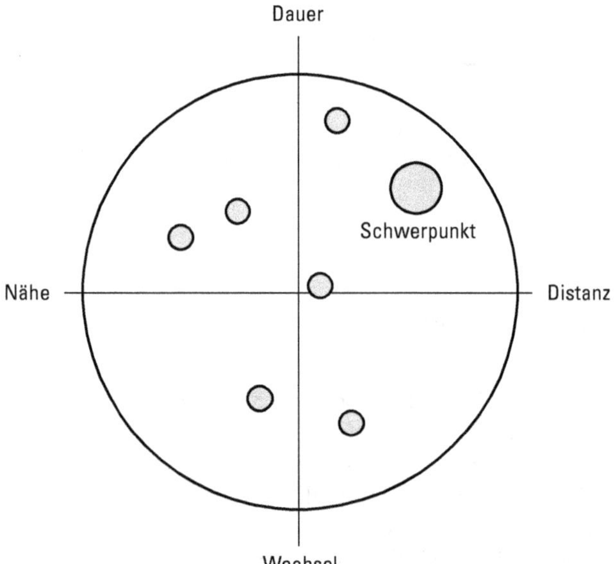

Abbildung 16.2: Beispiel einer Abteilungsleiterin: Darstellung der Persönlichkeitsanteile nach dem Riemann-Thomann-Modell

Stufe 2: Die Riemann-Thomann-Positionierung überprüfen

An welcher Stelle des Koordinatenkreuzes haben Sie Ihren Schwerpunkt? Wie haben Sie sich positioniert? Zugegeben: Es ist nicht immer einfach, seine eigene Ausrichtung selbst zu bestimmen. Schließlich existiert in jedem Menschen jede Grundrichtung und lässt sich daher – wenn man nur lange genug sucht – durch das Verhalten in bestimmten Situationen belegen. Umso mehr kommt es darauf an, durch ein gründliches Selbstfeedback das Ergebnis zu überprüfen. Hierfür gibt es verschiedene Möglichkeiten:

- ✔ Blicken Sie zurück auf die letzten Monate und Jahre. Welche wichtigen Entscheidungen haben Sie da getroffen, mit welchen Krisensituationen mussten Sie umgehen? Schreiben Sie mindestens fünf Situationen auf und reflektieren Sie Ihr Verhalten in diesen Situationen. Bestätigen diese Situationen Ihre Selbsteinschätzung?
- ✔ Beim Rückblick werden Sie feststellen, dass Sie sich einmal an Situationen erinnern, in denen Sie mehr in Richtung Distanz neigen, dann aber auch an Nähe-Situationen. In unterschiedlichen Lebenszusammenhängen finden sich ganz unterschiedliche Verhaltensschwerpunkte, im Privatleben vielleicht ganz andere als im Berufsleben. Versuchen Sie, aus den unterschiedlichen Schwerpunkten den »Schwerpunkt der Schwerpunkte« zu finden, indem Sie zum Beispiel die Häufigkeiten des Auftretens und die Bedeutung in Ihrer emotionalen Wahrnehmung herausfiltern.

Lassen Sie sich nicht irritieren, wenn der Schwerpunkt nicht sofort ersichtlich wird. Tragen Sie die unterschiedlichen Schwerpunkte in den Quadranten ein und beobachten Sie deren Entwicklung über ein Vierteljahr, um den Schwerpunkt der Schwerpunkte herauszufiltern. Oder fragen Sie zum Beispiel gute Bekannte und Freunde, wie diese Sie sehen – womit wir beim Thema von Kapitel 16 sind, nämlich der Möglichkeit, aktiv Feedback einzuholen.

Selbstfeedback durch Persönlichkeitstests

Die psychologische Forschung zeigt: Nur der Einsatz unterschiedlicher Methoden stellt sicher, dass Motive, Einstellungen und Werte, Erfahrungswissen und Fähigkeiten oder auch Persönlichkeitseigenschaften angemessen eingeschätzt werden können. Mit Blick auf das Selbstfeedback möchte ich im Folgenden noch auf ein wichtiges Instrument eingehen: die Nutzung von Persönlichkeitstests.

Vor allem in den USA nimmt seit Anfang der 1990er-Jahre die Anwendung von Persönlichkeitstests deutlich zu. In einer Studie wurde der Zusammenhang von Persönlichkeitstests und Vorgesetztenbeurteilungen hinsichtlich der Eignung für den Arbeitsplatz über fünf verschiedene Berufsgruppen untersucht. Nachgewiesen wurde eine Vorhersagekraft vor allem für den Faktor »Gewissenhaftigkeit«.

Der Faktor Gewissenhaftigkeit zählt zu den sogenannten »Big Five«, den fünf wichtigen Dimensionen der Persönlichkeit (Extraversion, emotionale Stabilität, Offenheit, Gewissenhaftigkeit und Verträglichkeit). Das Modell der fünf Persönlichkeitsfaktoren hat sich in den letzten Jahren in Praxis und Wissenschaft etabliert, scheint doch damit eine angemessene Beschreibung von Persönlichkeitsunterschieden möglich zu sein.

Der zusätzliche Nutzen aus dem Einsatz solcher Fragebogen kann mittlerweile als gesichert betrachtet werden. Trotz zahlreicher Kontroversen um die Sinnhaftigkeit von Persönlichkeitseigenschaften zeigen die Forschungsbemühungen der letzten 30 Jahre: Persönlichkeitseigenschaften und die Erfassung durch Persönlichkeitstests liefern zuverlässige Beschreibungen stabiler Verhaltenstrends von Personen.

Funktionsweise von Persönlichkeitstests

Persönlichkeit setzt sich aus drei wesentlichen Bausteinen zusammen, die unser Verhalten und Handeln prägen:

- **Dynamische Eigenschaften**

  Sie erklären, warum wir überhaupt etwas tun. Diese inneren Antriebe – wie Hunger, Sicherheitsbedürfnis, Neugier oder der Wunsch nach Nähe – sind die Kräfte, die uns in Bewegung setzen. Sie werden durch bestimmte Reize ausgelöst und treiben uns so lange an, bis wir unser Ziel erreicht haben. Jeder Mensch hat dabei eine individuelle Mischung: Was für den einen essenziell ist, spielt für den anderen kaum eine Rolle.

- **Fähigkeiten**

  Hier geht es um das »Wie« – wie gut wir etwas umsetzen können. Fähigkeiten bestimmen, wie effektiv wir ein Ziel erreichen. Ob es um analytisches Denken (kognitive Fähigkeiten) oder Geschicklichkeit (motorische Fähigkeiten) geht, diese Eigenschaften beeinflussen, wie wir Herausforderungen meistern und Probleme lösen.

- **Das Temperament**

  Das Temperament umfasst Eigenschaften, die weder durch Antriebe noch durch Fähigkeiten erklärt werden können. Es beschreibt, wie wir Dinge angehen – ob impulsiv, ruhig, gesellig oder zurückhaltend. Das Temperament ist eine wichtige Ergänzung, die unsere Persönlichkeit abrundet.

Persönlichkeitstests helfen dabei, diese Eigenschaften sichtbar zu machen. Sie erfassen typisches Verhalten, indem sie Menschen dazu anregen, ihre eigene Wahrnehmung zu beschreiben. Dabei wird deutlich: Manche Verhaltensweisen sind durch Erfahrungen geprägt und veränderbar, während andere tiefer verwurzelt und eher stabil sind.

Persönlichkeit ist also ein Zusammenspiel aus erlernten und angeborenen Eigenschaften – ein ausgewogenes Gleichgewicht, das uns als Menschen definiert.

Die Frage nach dem Ursprung von Persönlichkeitseigenschaften kann nur unter Bezugnahme auf sowohl biologische als auch sozialisationsbezogene Ansätze beantwortet werden. Jeder Mensch kommt mit vererbten Dispositionen zur Welt. Die Sozialisation in der persönlichen Entwicklungsgeschichte nimmt diese Dispositionen als Ausgangsmaterial und überformt sie. Reifungsprozesse und Lernpotenziale helfen dem Menschen, sich im Wechselspiel mit den angeborenen Dispositionen anzupassen.

Möglichkeiten und Grenzen von Persönlichkeitstests

Persönlichkeitstests bieten eine spannende Möglichkeit, Einblicke in das Selbstbild einer Person zu gewinnen. Doch sie sollten nicht mit einem absolut objektiven Bild verwechselt werden. Schließlich basieren diese Tests auf Selbstbeschreibungen, die – so differenziert sie auch sein mögen – immer nur eine Perspektive darstellen. Sie zeigen, wie sich jemand selbst sieht, und können dabei mit den Beobachtungen anderer übereinstimmen oder auch nicht.

Wichtig ist: Persönlichkeitstests liefern keine endgültigen Antworten darauf, »wie jemand wirklich ist«. Stattdessen laden sie dazu ein, über sich selbst nachzudenken und vielleicht sogar neue Aspekte der eigenen Persönlichkeit zu entdecken. Sie sind ein Werkzeug, um Denkanstöße zu geben und den eigenen Blickwinkel zu erweitern – nicht mehr, aber auch nicht weniger.

IN DIESEM KAPITEL

Die zweite Dimension von Feedback

Rückmeldungen einholen

Selbsteinschätzung auf dem Prüfstand

Feedback online einholen

Kapitel 17
Der Außentest: Aktiv Feedback einholen

Das mit dem »blinden Fleck« ist so eine Sache. Wie in Kapitel 16 beschrieben, handelt es sich dabei um Verhaltensweisen oder Gewohnheiten, die Ihnen selbst nicht bewusst sind, andere jedoch an Ihnen beobachten. Dieser für Sie »blinde Fleck« bestimmt maßgeblich das Fremdbild, das andere sich von Ihnen machen – und es lohnt sich, ihn auszuleuchten. Mithilfe der Selbstbeurteilung, verbunden mit einem kritischen Selbstfeedback (siehe Kapitel 16), haben Sie schon vieles ans Licht gebracht, was Ihnen bislang verborgen war. Doch birgt dieses Vorgehen auch seine Tücken: Wie bei jeder menschlichen Wahrnehmung müssen Sie auch in Bezug auf die Eigenwahrnehmung auf der Hut sein, um nicht in eine Wahrnehmungsfalle zu tappen (mehr dazu finden Sie in Kapitel 14).

Um das Ergebnis der Selbsteinschätzung abzusichern, vielleicht auch zu korrigieren und weitere Bereiche des blinden Flecks zu erkunden, benötigen Sie so etwas wie einen Realitätstest: Hält das Bild, das Sie anhand psychologischer Modelle und eingehender Reflexion von sich selbst gezeichnet haben, dem Alltag tatsächlich stand? Letztlich gibt es nur einen Weg, das herauszubekommen: das Feedback von Menschen aus Ihrem Umfeld. Wie Sie diese Rückmeldungen aktiv und systematisch einholen, beschreibt dieses Kapitel.

Feedback für die persönliche Weiterentwicklung

Normalerweise haben Rückmeldungen das Ziel, Orientierung im betrieblichen Alltag zu geben. Das Feedback Ihres Vorgesetzten brauchen Sie, um dessen Vorstellungen zu kennen und die Abteilungsziele darauf abzustimmen. Die Rückmeldungen Ihrer Mitarbeiter nutzen

Sie, um Ihr Führungsverhalten zu verbessern und die Zusammenarbeit im Team effektiver zu gestalten. Gute Gründe, die für regelmäßiges Feedback sprechen.

Nun gesellt sich ein völlig neues Motiv hinzu: Sie möchten Feedback einholen, um mehr über sich selbst zu erfahren – Feedback für Ihre persönliche Weiterentwicklung. Es geht darum, an sich selbst zu arbeiten und die hierfür erforderlichen Informationen einzuholen. Mag sein, dass Sie bislang Feedback eher erlitten haben. Sie haben es notgedrungen entgegengenommen, weil Ihr Vorgesetzter oder ein Mitarbeiter es Ihnen gegeben hat. Diese Zeiten sind nun vorbei, die Initiative liegt jetzt bei Ihnen, denn Sie wollen das Feedback.

Feedback grundsätzlich willkommen zu heißen, fällt Ihnen unter diesem Vorzeichen deutlich leichter. Anstatt sich etwa bei einem Mitarbeiterfeedback mühsam zu beherrschen oder gar die Kritik reflexartig zurückzuweisen, erkennen Sie darin eine Chance: Bringt dieser Mitarbeiter mit seinem Feedback möglicherweise ein verborgenes Stück meines blinden Flecks ans Licht?

Im Idealfall sind Sie nun motiviert, Feedback aus allen Richtungen einzuholen – von Ihren Mitarbeitern und Kollegen, von Ihrem Vorgesetzten, vielleicht auch von Kunden. Davon profitiert das Unternehmen, womöglich entsteht durch Ihr Engagement ein Stück Feedbackkultur. Vor allem aber profitieren Sie selbst davon.

Das Selbstbild im Realitäts-Check

Selbstverständlich können Sie für Ihre persönliche Weiterentwicklung alle Feedbackinstrumente nutzen, die Sie bereits aus dem beruflichen Alltag kennen. Hierzu zählt das spontane Feedback, das Sie in Alltagssituationen von Ihren Mitarbeitern einfordern können. Vor allem gehören dazu aber auch Gelegenheiten wie das Jahresgespräch oder die verschiedenen Varianten des Regelfeedbacks (siehe Kapitel 11). Diese Instrumente setzen Sie aus beruflichem Anlass ein, doch nutzen Sie die Feedbackinformationen jetzt eben auch zusätzlich noch für Ihre persönliche Weiterentwicklung.

Darüber hinaus gibt es die Möglichkeit, das Selbstbild einem Realitäts-Check zu unterwerfen, indem Sie bei ausgewählten Menschen aus Ihrem Umfeld gezielt Feedback einholen. Das Motto lautet jetzt also: Raus aus der Komfortzone, auf andere zugehen. Wie gehen Sie am besten vor?

Schritt 1: Teilnehmer auswählen

Um das Selbstbild wirklich auf den Prüfstand zu stellen, sollten Sie sich mindestens vier oder fünf Menschen aus Ihrem Umfeld suchen, von denen Sie sich Feedback geben lassen. Zunächst bieten sich hierfür Mitarbeiter an, aber auch Kollegen, Freunde und Bekannte. Die Empfehlung lautet: Fangen Sie mit denen an, die Sie gut kennen. Danach, vielleicht auch erst in einem zweiten Durchgang, sollten Leute folgen, die Ihnen weniger sympathisch sind – erfahrungsgemäß ist deren Feedback häufig besonders ergiebig.

Achten Sie auf unterschiedliche Feedbackgeber – denn diese sind auch unterschiedlich über Ihre Kompetenzen informiert. So haben Führungskräfte aus Ihrer Rolle heraus eine andere Sicht auf Sie als die Kollegen aus anderen Abteilungen oder gar die Kunden.

Entscheiden Sie sich für vier oder fünf Kandidaten, an deren Feedback Sie Interesse haben. Die Feedbackgeber sollten unterschiedliche Perspektiven abdecken – also Vertreter aus dem Privat- und Berufsleben, Mitarbeiter und Kollegen, vielleicht auch der Vorgesetzte.

Schritt 2: Die Feedbackgespräche vorbereiten

Die Liste der vier oder fünf Namen liegt vor Ihnen. Überlegen Sie, worauf Sie die einzelnen Feedbackkandidaten ansprechen wollen. Die Ausgangslage ist die: Sie haben eine Selbstanalyse gemacht, diese im Zuge des Selbstfeedbacks anhand einiger konkreter Situationen überprüft – und gehen mit diesen Vorstellungen in die Gespräche.

Rückgriff auf die Ergebnisse des Selbstfeedbacks

Greifen Sie also auf die Vorarbeit aus Kapitel 16 zurück, etwa auf Ihre Einordnung nach dem Modell von Fritz Riemann und Christoph Thomann. Nach diesem Modell lassen sich vier gegensätzliche Grundausrichtungen beobachten, die für einen Menschen charakteristisch sind. Demnach gibt es Menschen, …

- ✔ die eher zur Distanz neigen,
- ✔ die eher auf Nähe ausgerichtet sind,
- ✔ die eher auf Dauer ausgerichtet sind,
- ✔ die eher zum Wechsel neigen.

Die vier Grundrichtungen kommen in jedem Menschen vor, allerdings in unterschiedlicher Intensität. Meistens sind für das Verhalten und Empfinden eines Menschen zwei Ausrichtungen maßgebend, manchmal ist es auch nur eine. Die persönliche Kombination bestimmt die Grundtendenzen im Verhalten und im Kommunikationsstil – im Privatleben ebenso wie im Arbeitsalltag.

Angenommen, Sie haben anhand des Riemann-Thomann-Modells bei sich eine starke Dauer-Ausrichtung ausgemacht und erkennen an sich einen gewissen Zug zum Unflexiblen und Pedantischen. Dann möchten Sie natürlich gern wissen, ob Ihr Umfeld Sie auch so sieht. Was sagen Ihre Mitarbeiter, was Ihre Kollegen dazu?

Gehen Sie die einzelnen Kandidaten durch. Wie erreichen Sie von jedem ein möglichst aussagekräftiges Feedback? Welche konkrete Situation könnten Sie zur Sprache bringen? Etwa in der Form: »In der und der Situation, wie wirke ich da eigentlich?«

Gelegenheit zum Feedbackfinden

Ein zentraler Aspekt bei der Vorbereitung der Feedbackgespräche ist die Frage, bei welcher Gelegenheit Sie die einzelnen Teilnehmer sprechen. Wenn etwa Ihr Vorgesetzter auf der Liste steht, treffen Sie diesen vielleicht ohnehin bald beim Jahresgespräch. Das wäre eine gute Möglichkeit, bei ihm Feedback einzuholen. Andernfalls bieten sich sicherlich Gelegenheiten bei Projekten oder im Anschluss an Arbeitssitzungen.

Eher übertrieben wäre es, für ein Feedbackgespräch extra einen Termin zu vereinbaren. Dass Sie beschlossen haben, Ihr Selbstbild auf den Prüfstand zu stellen, ist ja erst einmal Ihre Privatsache. Hierfür eigens Gesprächstermine anzuberaumen, würde befremdlich wirken.

Nutzen Sie alle Feedbackgelegenheiten, die sich im Arbeitszusammenhang ohnehin ergeben. Darüber hinaus sollten Sie informell das Gespräch suchen, um das gewünschte Feedback zu erhalten.

Informell das Gespräch suchen – das kann zum Beispiel heißen: Sie gehen mit einem Kollegen einen Kaffee trinken und werfen das Thema bei passender Gelegenheit auf. Oder Sie sprechen im Anschluss an eine Projektgruppensitzung Ihren Chef an, etwa in dem Tenor: »Haben Sie noch eine Viertelstunde Zeit? Ich würde gern ein Feedback von Ihnen bekommen.« Wenn Sie dann auf Ihr Verhalten in der gerade abgelaufenen Gruppensitzung Bezug nehmen, wird er daran nichts Auffälliges finden. Sie können sich auch angewöhnen, am Ende von etwas umfangreicheren Gesprächen sich noch einmal persönlich Feedback geben zu lassen.

Menschen geben nicht gern Feedback. Noch schwieriger wird es, wenn es negatives Feedback ist. Andererseits steigert gerade ein negatives Feedback die Genauigkeit der Selbstwahrnehmung. Es ist einfacher, auf eine selbstkritische Frage zu antworten, die zum Beispiel wie folgt aussieht: »Ich habe den Eindruck, ich lasse mich in unseren Sitzungen zu sehr von Details ablenken und moderiere zu wenig. Wie sehen Sie das?«

Schritt 3: Die Feedbackgespräche führen

Ganz gleich, wen Sie zum Feedbackgespräch treffen: Ihr eigentliches Motiv sprechen Sie lieber nicht an. Dass Sie eine Selbstanalyse gemacht haben und deshalb systematisch Feedback einholen, geht im Unternehmen niemanden etwas an. Darüber können Sie in einem geschützten Zusammenhang offen sprechen, etwa bei einem Seminar, wenn Sie die Teilnehmer gut kennengelernt haben. Im betrieblichen Zusammenhang wirkt eine solche Offenheit eher deplatziert. Es genügt völlig, bei passender Gelegenheit um ein Feedback zu bitten – ohne irgendeine Rechtfertigung.

Das Feedbackgespräch bauen Sie wie üblich auf – in einer Variation des Feedbackdreiklangs:

- ✔ Ich habe beobachtet …
- ✔ Das wirkt auf mich …
- ✔ Ich wünsche/erwarte/hoffe …

Hierzu lenken Sie das Gespräch auf ein konkretes Beispiel, erkunden, wie Ihr Verhalten in diesem Fall auf den Feedbackgeber gewirkt hat und welche Erwartungen er daraus ableitet:

- Ich habe beobachtet …
- Wie wirkte das auf Sie …
- Was würden Sie sich wünschen/erwarten/erhoffen …

Vermeiden Sie es, Fragen zu stellen, die eine Antwort suggerieren, etwa in der Art: »Sind Sie nicht auch der Meinung, dass ich ein Erbsenzähler bin?« Stellen Sie stattdessen offene Fragen, am besten mit Bezug auf ein konkrete Situation: »Wie habe ich da auf Sie gewirkt?«

Wenn Sie kein konkretes Beispiel parat haben, können Sie auch allgemein bezogen auf das Arbeitsverhalten oder die Zusammenarbeit fragen: »Wie wirke ich auf Sie hier am Arbeitsplatz?«

Den Entwicklungsprozess anstoßen

Die Feedbackrunde ist abgeschlossen. Wie gehen Sie nun mit den Ergebnissen um? Blicken Sie noch einmal auf den Gesamtzusammenhang, der sich als dreistufiges Vorgehen beschreiben lässt:

- Stufe 1: Selbsteinschätzung. Mithilfe eines psychologischen Modells nehmen Sie eine Selbstbeurteilung vor.
- Stufe 2: Selbstfeedback. Sie suchen nach wichtigen Erlebnissen und Situationen, die Ihre Selbsteinschätzung stützen.
- Stufe 3: Realitäts-Check. Durch aktives Einholen von Feedback überprüfen Sie, inwieweit Sie mit Ihrer Selbsteinschätzung richtig liegen.

Stufe 1 und 2 erläutere ich in Kapitel 16, in diesem Kapitel geht es um Stufe 3.

Mögliche Ergebnisse des Realitäts-Checks

Selbsteinschätzung und Selbstfeedback haben zum Beispiel ergeben, dass Sie ein eher distanzierter und strukturierter Mensch sind. Oder dass Sie ein eher kreativer und spontaner Mensch sind. Im Realitäts-Check haben Sie durch aktives Einholen von Feedback überprüft, ob andere das auch so sehen. Nun liegen die Ergebnisse vor Ihnen. Folgende Möglichkeiten sind denkbar:

- **Das Ergebnis bestätigt die Selbsteinschätzung.** Perfekt! Nehmen Sie das Ergebnis zur Kenntnis – und denken Sie daran, dass der Entwicklungsprozess weitergeht und Sie hierfür weiterhin das ständige Feedback Ihres Umfelds benötigen.

- ✔ **Das Ergebnis stimmt im Großen und Ganzen mit der Selbsteinschätzung überein, weicht aber doch an einigen Stellen merklich ab.** Nutzen Sie die neuen Erkenntnisse, um Ihren blinden Fleck zu verkleinern. Das Außenfeedback hat Ihnen wertvolle Hinweise gegeben, um das Selbstbild mit dem Fremdbild noch besser in Einklang zu bringen. Überlegen Sie hierzu, welche Verhaltensweisen Sie neu aufbauen, von welchen hingegen Sie künftig ablassen wollen.
- ✔ **Das Ergebnis weicht sehr stark von der Selbsteinschätzung ab.** Zum Beispiel halten Sie sich für einen kreativen und spontanen Menschen, Ihnen wird aber rückgemeldet, dass man Sie als stur und dogmatisch empfindet. Das muss Sie nachdenklich stimmen, denn offensichtlich fallen Selbstbild und Fremdbild auseinander.

Wenn Selbstbild und Fremdbild auseinanderfallen

Wenn eigene und fremde Wahrnehmung weit auseinanderklaffen, sollten Sie sich zunächst die Ergebnisse noch einmal näher ansehen. Sind die Meinungen einhellig?

Angenommen, Sie halten sich selbst für eine Führungskraft, die gut delegieren kann. Erhalten Sie nun die Rückmeldung, Sie seien unfähig zur Delegation, können Sie das im Fall einer Einzelstimme noch durchgehen lassen. Fällt ein zweites Feedback ähnlich aus, sollte Sie das nachdenklich stimmen – und beim dritten müssen Sie befürchten, dass hinter den Rückmeldungen ein Verhaltensmuster steht, dessen Sie sich bislang nicht bewusst waren. Es kann sinnvoll sein, das Ergebnis durch eine weitere Feedbackrunde noch einmal zu verifizieren. Bestätigt sich die große Diskrepanz zwischen Selbst- und Fremdbild, gibt es keine schnelle Lösung.

Das Feedback hat die Lage offengelegt. In einem gewissen Rahmen besteht die Möglichkeit, selbst an der Lücke zwischen Eigen- und Fremdbild zu arbeiten. Wahrscheinlich fällt es aber schwer, in einer solchen Situation allein zurechtzukommen – und es empfiehlt sich, die Unterstützung etwa eines Coaches in Anspruch zu nehmen.

Rückmeldungen für die persönliche Entwicklungsstrategie nutzen

Die Rückmeldungen bilden die Grundlage, um eine persönliche Entwicklungsstrategie zu entwerfen. Hier bietet sich ein genauerer Blick auf die Rückmeldungen an. Prinzipiell gibt es folgende Möglichkeiten (siehe Tabelle 17.1): Das Feedback betrifft Themen, die Ihnen entweder bereits bekannt oder noch nicht bekannt sind – und die Sie als persönliche Entwicklungsaufgabe akzeptieren oder ablehnen.

Die Feedbackthemen, die Sie den Quadranten I, II und III zugeordnet haben, sind aus unterschiedlichen Gründen unproblematisch:

- ✔ An den Themen des ersten Quadranten arbeiten Sie bereits, diesbezügliche Feedbacks waren für Sie nicht neu und sind von Ihnen bereits als berechtigt anerkannt.

	Eigene Perspektive	Außenperspektive
Entwicklungsaufgabe akzeptiert	I Feedbackthemen sind mir selbst bekannt und werden von mir akzeptiert.	II Feedbackthemen waren mir nicht bekannt, werden aber von mir akzeptiert.
Entwicklungsaufgabe nicht akzeptiert	III Feedbackthemen sind weder mir selbst noch anderen bekannt.	IV Feedbackthemen waren mir nicht bekannt und werden von mir nicht akzeptiert.

Tabelle 17.1: Einteilung möglicher Rückmeldungen in vier Quadranten

- ✔ Die Themen des zweiten Quadranten lagen bislang im Bereich Ihres »blinden Flecks«. Erst das Feedback von außen hat Ihnen hier die Augen geöffnet. Die Kritik ist für Sie jedoch nachvollziehbar – und Sie sind bereit, diesbezüglich an Ihrer Persönlichkeit zu arbeiten.

- ✔ Die Themen des dritten Quadranten sind, sofern sie existieren, für Sie kein Thema, denn sie sind weder Ihrer bewussten Wahrnehmung zugänglich noch für Ihr Umfeld erkennbar.

Schwieriger stellt sich die Situation bei den Themen des vierten Quadranten dar. Die in diesen Feedbacks geäußerte Kritik war Ihnen bislang nicht bekannt und wird von Ihnen auch nicht akzeptiert. Bevor Sie diese Themen endgültig ablehnen, sollten Sie erst noch prüfen, ob hier möglicherweise die Phänomene der »Projektion« oder »Übertragung« ihre Hände im Spiel haben. Wenn Sie emotional heftig ablehnend reagieren, ist das häufig ein Hinweis auf eine Übertragung oder eine Projektion (siehe hierzu auch Kapitel 8):

- ✔ Im Fall einer Übertragung gab es in Ihrer Geschichte eine Person, deren Verhalten Sie emotional negativ erlebt haben und das den Verhaltensweisen des Feedbackgebers gleicht.

- ✔ Im Fall einer Projektion erkennen Sie beim Feedbackgeber eigene Verhaltensweisen, die Sie nicht mögen und für sich nicht wahrhaben wollen.

Es empfiehlt sich, möglichen Übertragungen und Projektionen auf die Spur zu kommen und zu prüfen, ob vielleicht darin der tiefere Grund liegt, ein an sich berechtigtes Feedback abzulehnen. Gehen Sie also, wie in Kapitel 8 beschrieben, mit sich in Klausur, um die Projektions- und die Übertragungshypothese zu überprüfen.

Bei der Übertragungs- und Projektionshypothese handelt es sich um »Hilfskonstruktionen«, die Realität besser zu begreifen (siehe Kapitel 8). Dahinter stehen immer nur Annahmen, die man für sich prüfen kann. Um tiefer in die Klärung und Selbsterfahrung einzusteigen, braucht es psychologische Unterstützung durch eine außenstehende Person, etwa durch einen Psychologen oder Psychotherapeuten.

Persönliche Weiterentwicklung

Aus dem Tableau der rückgemeldeten Themen haben Sie die wichtigen Themen identifiziert. Setzen Sie nun Prioritäten und arbeiten Sie jeweils möglichst nur an einem Thema, auf das Sie sich konzentrieren.

Versuchen Sie, zu diesem Thema laufend weitere Rückmeldungen zu bekommen – in unterschiedlichen Situationen und von unterschiedlichen Menschen. Bitten Sie in einer Situation, die Ihr Thema betrifft, möglichst zeitnah um ein Feedback. Gehen Sie auch hier nach dem Muster des Feedbackdreiklangs (Beobachtung – Wirkung – Wunsch) vor.

Beispiel:

- ✔ Schritt 1: Schilderung des Verhaltens (Beobachtung): »Herr Müller, darf ich Sie kurz noch einmal sprechen? Ich möchte Sie um eine Rückmeldung bitten. Als ich eben die Sitzung geleitet habe, habe ich die Wahrnehmungen der Teilnehmer abgefragt, habe das Ergebnis zusammengefasst und bin zum nächsten Tagesordnungspunkt übergegangen.«
- ✔ Schritt 2: Frage nach der Wirkung, die das Verhalten beim Gegenüber ausgelöst hat (offene Frage!): »Wie hat das auf Sie gewirkt?«
- ✔ Schritt 3: Frage nach dem Wunsch (optional): »Was hätten Sie in dieser Situation von mir erwartet?«
- ✔ Schritt 4: Bedanken Sie sich für das Feedback.

Online Feedback einholen – so geht's mit Herz und Verstand

Online Feedback einzuholen, kann eine spannende Reise sein – mit einigen Stolpersteinen. Ohne die nonverbale Sprache, die uns im direkten Austausch oft hilft, ist der digitale Raum herausfordernd. Aber keine Sorge: Mit ein paar cleveren Tipps wird aus dem scheinbar kalten Online-Feedback ein warmer und produktiver Austausch.

Stellen Sie sich vor, Sie schreiben jemandem eine Nachricht und er versteht etwas völlig anderes. Online passiert das leider schnell. Deshalb: Sagen Sie genau, worauf Sie Feedback möchten. Formulieren Sie klar und freundlich – und lassen Sie keinen Raum für Missverständnisse.

- ✔ **Das passende Medium: Wo fühlt sich Ihr Team wohl?**

  Jede Plattform hat ihren Charme: E-Mails geben Zeit zum Nachdenken, Umfragen strukturieren Antworten, und Videokonferenzen ermöglichen spontane Rückfragen. Der Trick? Passen Sie das Tool an Ihre Zielgruppe an. Tipp: Nicht jeder mag Kameras, also wählen Sie mit Bedacht.

- ✔ **Struktur, Struktur, Struktur!**

  Ein bisschen Ordnung schadet nie. Geben Sie vor, wie Feedback aussehen soll: »Was lief gut? Wo gibt es Verbesserungen?« Das spart Zeit und sorgt für präzise Rückmeldungen.

- ✔ **Positiv und empathisch: Die richtige Atmosphäre schaffen**

  Online kann schnell frostig wirken. Beginnen Sie daher mit einer freundlichen Anrede und zeigen Sie Dankbarkeit, dass jemand sich Zeit für Ihr Anliegen nimmt. Positive Energie kann auch digital Funken sprühen lassen.

- ✔ **Versprechen Sie Vertraulichkeit**

  Mitarbeiter sind offener, wenn sie sicher sind, dass ihre Rückmeldungen anonym bleiben. Tools wie Google Forms sind hier ein Segen. Tipp: Transparenz ist alles – erklären Sie, wie Sie mit dem Feedback umgehen.

- ✔ **Technik ohne Tücken**

  Ein schwer zu bedienendes Tool kann den besten Willen zunichtemachen. Halten Sie es simpel! Nichts soll die wertvollen Gedanken Ihrer Feedbackgeber blockieren.

- ✔ **Zeit ist Gold wert**

  Zwingen Sie niemanden, in Sekunden Antworten zu geben. Geben Sie ein großzügiges Zeitfenster und eine klare Deadline vor.

Online-Feedback mag anders sein, aber es kann genauso wertvoll und herzlich sein wie der direkte Austausch. Mit diesen Tipps machen Sie den digitalen Feedbackprozess zu einer echten Bereicherung.

Teil VI
Der Top-Ten-Teil

Besuchen Sie uns auch auf www.facebook.de/fuerdummies!

IN DIESEM TEIL …

Feedback aus der Perspektive des Senders und Empfängers: Worauf ist zu achten, was sind die wichtigsten Regeln? Und wo stoßen diese Regeln an ihre Grenzen? Hier erfahren Sie das Wichtigste, kompakt zusammengefasst: die häufigsten Fehler, die es zu vermeiden gilt, die besten Tipps zum Umgang mit negativem Feedback – und schließlich ein Test, der Ihnen hilft, die wichtigsten Aspekte dieses Buches zu rekapitulieren.

IN DIESEM KAPITEL

Fehler, denen es zu entgehen gilt

Lösungen, um die Fehler zu vermeiden

Kapitel 18

(Etwas mehr als) zehn häufige Feedbackfehler

Sie haben viele Feedbackregeln kennengelernt – was natürlich nicht verhindern wird, dass Sie auch mal Fehler machen. Um im Feedback besser zu werden, lohnt es sich, die häufigsten Fehler zu kennen und zu wissen, wie man sie am besten vermeidet. In diesem Kapitel gehe ich auf die zehn häufigsten Fehler ein.

Kein Feedback geben

Der häufigste Fehler liegt schlicht darin, in Situationen, in denen es angebracht wäre, kein Feedback zu geben. Eine Variante dieses Fehlers liegt darin, das Feedback kollektiv auszusprechen, obwohl nur eine Person gemeint ist. In diesem Fall fühlen sich alle angegriffen, auch die Mitarbeiter, die sich richtig verhalten haben.

Kein Feedback zu geben, kann mehrere Motive haben:

- ✔ Angst vor Konfrontation,
- ✔ vermeintlich unnötig,
- ✔ Bequemlichkeit.

Häufig unterbleibt ein Feedback aus Angst vor Konfrontation – ist es doch eine normale menschliche Reaktion, unangenehmen Situationen gern aus dem Weg zu gehen. Eigentlich wären ein Vier-Augen-Gespräch und Feedback notwendig, doch Ausreden gibt es viele.

Das Ausbleiben von Feedback verschlimmert die Lage: Weil der Mitarbeiter nicht erfährt, dass Sie unzufrieden sind, behält er sein Verhalten bei. Sein Fehlverhalten wird sich ständig wiederholen – so lange, bis bei Ihnen das Fass überläuft und die Kritik schließlich doch aus Ihnen herausplatzt. Dann jedoch in einer wenig konstruktiven Form.

Lösung: Geben Sie Feedback, machen Sie es. Um es mit den Worten von Erich Kästner auszudrücken: »Es gibt nichts Gutes, außer man tut es.«

Feedback als unnötig ansehen

Feedback geben unterbleibt oft auch aus der fälschlichen Annahme: »Wenn die Sache mir klar ist, muss sie den anderen doch auch klar sein.« Ein Trugschluss! Ein Grundgedanke, der sich durch dieses Buch zieht, ist die Tatsache, dass Menschen unterschiedliche Sichtweisen haben und mit jeweils eigenen Landkarten zur Erklärung der Welt unterwegs sind. Wenn koordiniert gehandelt werden soll, zwingt diese Unterschiedlichkeit der Landkarten zu einem Abgleich – und dieser Abgleich gelingt nur über Feedback.

Wenn Feedback überflüssig erscheint und deshalb unterbleibt, steht dahinter die Annahme, dass der andere die gleiche Landkarte benutzt. Kommt es zu einem Feedbackprozess, stellt sich sehr oft heraus, dass diese Annahme falsch war: Die Wahrnehmungen und Interpretationen einer Situation sind in Wirklichkeit ganz verschieden.

Lösung: Entwickeln Sie Neugier, die Landkarten Ihres Gegenübers kennenzulernen. Dümmer werden Sie dabei nicht – die investierte Zeit ist zumindest Lernzeit.

Feedback aus Bequemlichkeit vermeiden

Auch aus Bequemlichkeit unterbleibt manches Feedback. Angesichts der immer größeren Informationsflut neigen viele Führungskräfte dazu, sich auf den zweckdienlichen Informationsaustausch zu beschränken. Die Mühe, darüber hinaus eigenes und fremdes Verhalten zu reflektieren, machen sie sich häufig nicht. Dabei macht eine einfache Kosten-Nutzen-Überlegung klar, dass sich diese Bequemlichkeit nicht auszahlt. Argumente, die den Nutzen von Feedback belegen, finden Sie in diesem Buch viele. Anstatt aus Bequemlichkeit auf Feedback zu verzichten, kommt es nun noch darauf an, die Vorteile wirklich zu erleben.

Lösung: Überwinden Sie sich, geben Sie öfter Feedback.

Zu wenig positives Feedback geben

Im Unterschied zum negativen Feedback fehlt für ein Lob der drängende Anlass. Die Mitarbeiter erbringen gute Leistung, Ziele werden erreicht, die Dinge funktionieren reibungslos – aus Führungssicht besteht kein Handlungsbedarf. So kommt es, dass im beruflichen Alltag positives Feedback, so angebracht es auch wäre, häufig ausbleibt.

Ein wenig Beifall des Chefs im richtigen Moment kann mit Blick auf Motivation und Stimmung Wunder wirken. Anerkennende Worte unter Kollegen ebenfalls. Das gilt umso mehr, wenn positives Feedback bislang noch nicht zum Repertoire Ihrer Führungsinstrumente gehörte.

Sollten Sie zu denjenigen zählen, die das Auslassen von Kritik schon als großes Lob ansehen, sei Ihnen ans Herz gelegt: Wenn Sie den Erfolg eines Mitarbeiters hervorheben, dessen Leistung detailliert beschreiben, es zudem schaffen, Ihre Freude über diesen Erfolg zum

Ausdruck zu bringen, werden Sie sich wundern: Dieser Mensch ist plötzlich gut gestimmt, ja geradezu gerührt durch das, was Sie gesagt haben.

Experimentieren Sie doch einmal mit positivem Feedback, fangen Sie gleich damit an. Aber achten Sie auf Details der Situation, die Sie anerkennen. Durch diese Details erhöhen Sie die Glaubwürdigkeit des Feedbacks, da Sie signalisieren, dass Sie sich wirklich damit auseinandergesetzt haben.

Lösung: Ein Hoch auf das positive Feedback. Machen Sie es sich zur Gewohnheit, berechtigtes Lob auszusprechen, wann immer sich ein Anlass bietet. Auf eine negative Rückmeldung sollten im Idealfall fünf anerkennende Äußerungen kommen, um die motivierende Energiegrundbilanz ausgeglichen zu halten.

Feedback als Wahrheit missverstehen

»Wahrheit ist die Erfindung eines Lügners.« Der österreichisches Biophysiker Heinz von Foerster bringt es mit diesem Satz auf den Punkt. Da alle Wahrnehmung subjektiv ist, ist auch die Sicht der Welt oder die Sicht von Dingen ausschließlich subjektiv. Wer auch immer Feedback gibt, es handelt sich dabei um seine Wahrnehmung – nicht um die Wahrheit. Sich dies klarzumachen und Feedback nicht als Wahrheit misszuverstehen, ist eine wesentliche Grundlage für erfolgreiches Feedback.

Lösung: Seien Sie sich bewusst, dass Ihre Sicht der Situation nicht die Wahrheit ist. Wichtig ist der Austausch der Perspektiven. Als Vorgesetzter treffen Sie dann die Entscheidung, nach welcher der subjektiven Wahrnehmungen weiter vorgegangen wird.

Feedbackregeln als Machtinstrument begreifen

Regeln lassen sich als Machtinstrument missbrauchen – auch Feedbackregeln. Eine dynamische Diskussion kann dadurch erstickt werden, dass auf Feedbackregeln gepocht wird. Setzt der Feedbackgeber die Regeln dazu ein, um seine Flughoheit zu behaupten, kommt es …

- ✔ entweder zum Streit darüber, wie es denn angehe, dass hier jemand die Regeln bestimmt,
- ✔ oder zu einer Friedhofsruhe in der Kommunikation, weil die Beteiligten durch den Druck der Regeleinhaltung nicht dazu kommen, ihre Emotionen auszudrücken.

Feedbackregeln sind sinnvoll, wenn es allen Beteiligten um Klarheit der Kommunikation und Resonanz im Verstehen geht (was nicht völlige Übereinstimmung in den Inhalten heißen muss).

Es kann sinnvoll sein, Feedbackregeln bewusst zu brechen – dann, wenn Sie eine Diskussion anheizen möchten. Umgekehrt lässt sich eine angeheizte Situation wieder normalisieren, indem Sie bewusst auf die Anwendung von Feedbackregeln zurückgreifen. In diesem Spannungsfeld gilt es, zu handeln.

Feedbackregeln sind hilfreich, wenn beide Seiten ihre Anwendung als sinnvolle Klärungshilfe akzeptieren. Die entscheidenden Variablen sind dabei Respekt und Vertrauen.

Lösung: Überprüfen Sie Ihre Haltung, in der Sie Feedbackregeln einsetzen.

Das Gegenüber nicht zu Wort kommen lassen

Zuhören heißt nicht zustimmen – ist aber eine unabdingbare Grundhaltung, wenn der Nutzen eines Feedbacks sich entfalten soll. Dennoch begehen viele Feedbackgeber den Fehler, ihr Gegenüber nicht zu Wort kommen zu lassen. Die Ursache liegt oft in der Haltung, ein negatives Feedback schnell hinter sich bringen zu wollen. Hat man die Kritik ausgesprochen und fühlt sich dadurch entlastet, wartet man die Antwort erst gar nicht mehr ab.

Auch hier liegt ein Missverständnis über das Wesen von Feedback vor. Es geht nicht darum, einfach nur seine Kritik anzubringen, sondern eine Klärung herbeizuführen. Dafür jedoch muss man die Sichtweise des anderen erfahren – und das bedeutet: die Stellungnahme des anderen anhören!

Der Kommunikationsforscher Paul Watzlawick hat einmal sinngemäß gesagt: »Um zu verstehen, was ich gesagt habe, muss ich erst einmal die Antwort des anderen abwarten.« Nimmt man diesen Satz ernst, ist die Reaktion des Gegenübers essenziell. Selbst wenn der andere keine Stellungnahme abgibt, lassen sich daraus Schlüsse ziehen. Dem anderen hierzu jedoch gar nicht erst die Chance zu lassen, degradiert das Feedback zur persönlichen Entlastungsreaktion.

Lösung: Achten Sie beim nächsten Feedbackgespräch darauf, die Perspektive Ihres Gegenübers gezielt zu erfragen.

Feedback als Eintagsfliege

Einmal Feedback geben – und dann nie wieder. Wenn Feedback noch nicht zur Gewohnheit geworden ist, kann das leicht passieren. Leider bewirken solche Eintagsfliegen wenig. Einmal ist zwar besser als kein Mal – doch wenn Sie die Zusammenarbeit mit einem Mitarbeiter verbessern möchten, wenn Verhalten geändert werden soll, braucht es langen Atem.

Wer einen schnellen Erfolg erwartet, versäumt es, den Feedbackprozess konsequent nachzuverfolgen. Doch genau das ist entscheidend! Viele Feedbackgeber glauben, das Thema sei abgehakt, wenn der Mitarbeiter im Feedbackgespräch die Kritik verstanden und eine Verhaltensänderung zugesagt hat. Hierbei überschätzen sie jedoch Lernvermögen und Bequemlichkeit des Menschen.

Selbst bei kleineren Vorkommnissen sollte der Vorgesetzte mindestens ein Mal nachfassen – und sei es nur zwischen Tür und Angel. Die Regel sollte jedoch ein Folgetermin sein, der allein durch die Tatsache, dass er vereinbart wurde, die Ernsthaftigkeit der Sache vermittelt. So entsteht eine hohe Verbindlichkeit, selbst wenn das Gespräch selbst nur sehr kurz ist.

Lösung: Nehmen Sie sich einmal eine Woche lang vor, konsequent zu positiven und negativen Themen Rückmeldung zu geben. Werten Sie am Ende der Woche aus, inwieweit sich Arbeitsklima, Stimmung und Ihr Gefühl für die Mitarbeiter verändert haben.

Vor allem das Kurzfeedback sollte in Fleisch und Blut übergehen. So ist es möglich, einen Mitarbeiter durch kleine Hinweise und Korrekturen »auf Kurs zu halten« – vergleichbar mit einem Auto, das auf einer geraden Straße korrigierende Lenkbewegungen benötigt, wenn es nicht im Straßengraben landen soll. Und: Gewöhnen Sie sich als Vorgesetzter an, mit Ihrem Mitarbeiter bei jedem –abgesehen vom Tür-und-Angel-Feedback – Feedbackgespräch einen Folgetermin zu vereinbaren. Selbst wenn es dann nur einen kurzen Austausch gibt, steigert dies die Verbindlichkeit und Ernsthaftigkeit enorm.

Schwierige Feedbackgespräche nicht vorbereiten

Menschliche Kommunikation ist anfällig für Missverständnisse. Das mag im normalen Alltag nicht weiter schlimm sein – und es wäre übertrieben, jedes Alltagsgespräch kommunikationstheoretisch auf eventuelle Missverständnisse hin auseinanderzunehmen. Wer jedoch als Führungskraft handlungsfähig bleiben will, kann auf eine gute Vorbereitung wichtiger Gespräche nicht verzichten. Dies gilt ganz besonders für emotionsgeladene Feedbacksituationen.

Fehlende Vorbereitung mit operativer Hektik zu entschuldigen, ist eine gefährliche Ausrede. Was Sie bei der Vorbereitung an Zeit einsparen, büßen Sie im Nachhinein häufig doppelt und dreifach: Missverständnisse, die beim schlecht vorbereiteten ersten Gespräch entstanden sind, müssen Sie nun in Folgegesprächen mühsam und zeitaufwendig wieder ausräumen.

Lösung: Nehmen Sie sich genügend Zeit, um ein Feedbackgespräch vorzubereiten. Je emotionaler ein Gespräch zu werden droht, umso besser muss die Vorbereitung sein. Achten Sie dabei insbesondere auf die Regeln, um die Stimmigkeit des Feedbacks (siehe Kapitel 3) und eine hohe Resonanz zu erreichen (siehe Kapitel 6).

Das Feedback hinauszögern

Feedback ist nicht besonders angenehm – und so kommt es, dass man es gern hinausschiebt. Dabei mag auch die Hoffnung eine Rolle spielen, dass sich durch Abwarten eine einfache Lösung ergibt. Oder dass ein voreiliges Feedback schlafende Hunde weckt, die Sache dadurch erst zum Problem wird.

Tatsächlich ist es umgekehrt: Durch Abwarten steigt die Wahrscheinlichkeit, dass sich ein Konflikt verschärft oder zusätzliche Konflikte entstehen. Ein Feedback hinauszuzögern, zählt daher zu den Feedbackfehlern, die Sie vermeiden sollten.

Die Befürchtung, dass man schlafende Hunde insofern weckt, als dass man etwas anspricht, was in der Wahrnehmung des anderen gar kein Konflikt ist, kann nicht gelten. Wenn dem so ist, klärt es sich bei Ansprache. Verschlimmern durch Ansprache kann nicht sein. Wenn es sich verschlimmert, gibt es scheinbar noch ganz andere Anteile, die transparent gemacht werden müssen.

Lösung: Zögern Sie ein Feedback nicht hinaus. Je früher Sie die Sache ansprechen, desto besser.

Feedback auf die Leistungsbewertung einschränken

Feedback hat drei Zielebenen: Wertschätzung, Positionsbestimmung, Coaching. In manchen Unternehmen besteht die Neigung, das Feedback auf den Aspekt der Positionsbestimmung, das heißt die Leistungsbewertung der Mitarbeiter zu reduzieren. Damit bleiben die beiden anderen Dimensionen ungenutzt – und man vergibt sich der Möglichkeiten, Feedback auch für Motivation und Effizienzsteigerung zu nutzen.

Lösung: Überlegen Sie, welche Möglichkeiten zur Wertschätzung und zum Coaching des Mitarbeiters es gibt. Entwerfen Sie einen kleinen Aktionsplan, der Feedback unter diesen Aspekten angeht – und gewinnen Sie darüber ein größeres Führungsrepertoire.

Schnelle Veränderungen erwarten

Ein häufiger Fehler ist es, nach einem Feedback eine schnelle Verhaltensänderung beim kritisierten Mitarbeiter zu erwarten. »Ein paar Wochen ging es gut«, heißt es oft, »dann war wieder alles beim Alten.« Darauf lässt sich antworten: Das ist normal. Lernen verläuft nicht linear, Rückfälle gehören dazu. Die Vorstellung, mit einem Feedbacktermin sei es getan, geht an der Lernwirklichkeit des Menschen vorbei.

Jedes auf Veränderung ausgerichtete Feedbackgespräch braucht mindestens einen, wahrscheinlich mehrere Folgetermine. Kommt es zu einem Rückfall in die alte Verhaltensweise, so dient der Folgetermin dazu, hieraus zu lernen und gegebenenfalls den Aktionsplan zu verändern oder zu ergänzen. Ein Folgetermin sollte aber auch Gelegenheit sein, Erfolge anzuerkennen und zu feiern.

Am längsten dauern Veränderungen von Eigenschaften der Persönlichkeit. Hier sind langwierige Lernprozesse nötig, kurzfristige Erfolge daher kaum zu erwarten. Der Veränderungsprozess verlangt ein hohes zeitliches und persönliches Engagement, möglicherweise auch ein begleitendes Coaching durch einen ausgebildeten »Lernhelfer« wie etwa einen Berater oder Psychotherapeuten. Einfacher geht es bei beruflichen Fertigkeiten, Zeitmanagement oder Anforderungen, die direkt den Arbeitsplatz betreffen. Doch auch hier braucht der Veränderungsprozess seine Zeit und erfordert manchmal einen längeren Atem.

Lösung: Begreifen Sie Feedback als einen Prozess, der seine Zeit benötigt. Rechnen Sie von vornherein mit mehreren Folgeterminen. Sehen Sie Rückfälle in altes Verhalten als normal an – und interpretieren Sie diese als Lernchance.

IN DIESEM KAPITEL

Umgang mit Reflexen auf negatives Feedback

Tipps zum negativen Feedback

Kapitel 19
Zehn Tipps zum Umgang mit negativem Feedback

Positives Feedback ist in der Regel unproblematisch. Zwar gibt es Menschen, denen es peinlich ist, gelobt zu werden, doch auch bei ihnen überwiegt der positive Effekt: Lob stärkt das Selbstbewusstsein. Weit schwieriger stellt sich die Situation bei negativem Feedback dar. Es kann ebenfalls positive Entwicklungen anstoßen, birgt aber auch die Gefahr, Entwicklungsmöglichkeiten einzuschränken. Somit stellt sich die Frage: Wie gelingt es, negatives Feedback produktiv einzusetzen?

Um negatives Feedback anzunehmen, ist es häufig notwendig, Gedankenmuster zu ändern. Wer jede Selbsterkenntnis, jeden Wandel ablehnt, steht sich selbst im Weg – auch wenn dieser Mechanismus ursprünglich einen Schutz vor den Gefahren des Wandels darstellte.

Im Gehirn gibt es unterschiedliche Bereiche, die alle unterschiedliche Funktionen übernehmen. Ein Bereich, der Neokortex, ist der eher rationale, problembewusste, lösungsbewusste, analytische Bereich des Gehirns, den wir häufig als das erwachsene Selbst erleben und der gefühlt am ehesten unserem eigenen Ich entspricht. Das limbische System dagegen ist der Sitz der Gefühle. Dort ist der Mandelkern beheimatet, der für die Überlebensfähigkeiten der Spezies unverzichtbar ist, da er die ausschließliche Aufgabe erfüllt, die Welt ständig auf mögliche Gefahren und Bedrohungen hin zu beobachten. Was als Bedrohung wahrgenommen wird, setzt sich zumindest aus stammesgeschichtlich gelernten Bedrohungen (Feuer, Schlangen …) und im Lebensverlauf als bedrohlich interpretierten Reizen zusammen. Menschen, die schnell auf negatives Feedback reagieren, haben ein Wächtersystem aufgebaut, das reflexartig auf die Bedrohung reagiert.

Es heißt also, diese gelernten Reflexe zu »überlernen«. Das Überlernen kann unterschiedlich geschehen. Das häufige Erleben, dass Befürchtungen nicht eintreten, sorgt schnell für ein Umlernen. Die eingeschliffenen Muster werden durch neue emotionale, physiologische Reaktionen zu einer Neubewertung gebracht und verändern sich. Aber nicht alle sind in der Lage, sich zu exponieren und neue Erfahrungen zu machen. Das folgende Fragenmuster kann helfen, Mut aufzubauen, um offener zu reagieren.

Eingefahrene Gedankenmuster aufbrechen

Um mit negativem Feedback umgehen zu können, kann es notwendig sein, eingefahrene Reflexe umzulernen. Wie das möglich ist, zeigen die folgenden Fragen und Antworten.

Frage 1: Was ist Ihr Ziel?

»Ich möchte negatives Feedback annehmen können, ohne gleich dagegen zu reagieren oder gar aufzubrausen.«

Frage 2: Was machen Sie zurzeit, das Sie daran hindert, dieses Ziel zu erreichen?

»Ich unterbreche. Ich werde laut. Ich rechtfertige. Ich bekomme schlechte Laune.«

Frage 3: Was würde schlimmstenfalls passieren, wenn Sie das nicht mehr machen würden?

»Ich würde meine Autorität verlieren. Die Mitarbeiter würden vielleicht auch denken: Was ist das für ein Weichei, dass der sich das alles gefallen lässt. Die Mitarbeiter nehmen mich nicht mehr ernst, wenn ich als Chef Fehler mache. Im Übrigen war ich immer der Beste. Und nur wenn und weil ich der Beste war, haben die Leute mich anerkannt.«

Die Antworten auf die ersten drei Fragen zeigen, dass der Antwortende in einem Dilemma steckt. Aus seiner Wahrnehmung ist sein Handeln vollkommen stimmig. Die tiefsitzenden Grundüberzeugungen gilt es jedoch, infrage zu stellen. Hier kann ein Coach helfen. In einfachen Situationen reicht möglicherweise schon das kritische Hinterfragen der in Frage 3 geäußerten Annahmen über die befürchteten Konsequenzen.

Frage 4: Gibt es Hinweise, dass Sie mit diesem Glaubenssatz richtig liegen? Haben Sie einen Beleg, dass Mitarbeiter sich gegenüber einem Chef, der kleine Fehler macht, nicht mehr respektvoll verhalten? Haben Sie das bei anderen Chefs erlebt?

In der Höhle des Löwen

Die schwierigste, aber wohl auch effektivste Expositionsübung liegt darin, sich von Menschen Feedback geben zu lassen, die garantiert mit Kritik aufwarten werden. Bevor Sie sich in die »Höhle des Löwen« begeben, sollten Sie vorbereitet sein. Üben Sie vor dem Spiegel oder spielen Sie das Gespräch im »Kopfkino« durch.

Ihre wichtige Aufgabe ist es, das negative Feedback genau zu verstehen. Sie müssen nichts kommentieren. Fragen Sie nach, wenn Sie etwas nicht verstanden haben – bitten Sie um

Konkretisierung. Erlaubt sind nur echte Fragen – sprich: Tabu sind Fragen, hinter denen sich eine Meinung versteckt oder die ironisch gemeint sind.

Bevor Sie das Gehörte ablehnen, fragen Sie nach. Etwa mit der Frage: »Wie sind Sie darauf gekommen?« Wenn Sie der Argumentation Ihres Gegenübers nicht folgen, legen Sie die Gründe für Ihre Ablehnung dar. Stellen Sie diese Gründe, sofern die Zeit reicht, dann noch einmal der Kritik Ihres Gegenübers: »Was meinen Sie dazu?«

Bedanken Sie sich am Ende des Gesprächs für das Feedback, ohne dass unbedingt weitere Schritte besprochen werden. Wie erging es Ihnen? Werten Sie das Gespräch allein oder mit Ihrem Coach aus. Wahrscheinlich werden Sie gemischte Gefühle beobachten: einerseits Stolz, dass Sie es geschafft haben, anderseits Sorge, was sich jetzt im Team ereignet.

Eine Woche später: Hat sich das Verhalten des Mitarbeiters Ihnen gegenüber verändert? Haben Sie den Eindruck, an Autorität verloren zu haben? Überprüfen Sie Ihre mittelfristigen Erwartungen. Vermutlich werden Sie feststellen, dass Ihre Autorität eher gestiegen ist. Wiederholen Sie die Übung, bis Sie Ihren eigenen Beobachtungen glauben können.

Abwehrende Menschen sind häufig schüchtern oder verstecken ihre sozialen Ängste hinter einer besonders vorgetragenen Ruppigkeit. Auf keinen Fall geben sie Schwächen und Fehler offen zu. Das hat den großen Nachteil, dass sie viel Energie in das Verbergen möglicher Schwächen stecken. Wenn Sie nunmehr über Gründe für Ihr Verhalten, Erlebnisse, Einschätzungen und Interessen außerhalb Ihrer Arbeit sprechen, wächst die Wahrscheinlichkeit, Ähnlichkeiten mit Ihnen zu entdecken. Sie werden sympathischer, da Ähnlichkeit Sympathie auslöst. Und: Es gibt weniger zu verheimlichen, da es jetzt offen ist. Machen Sie aus den Ihnen bekannten blinden Flecken blinde Flecken, die auch den Kollegen bekannt sind. Und bitten Sie um Unterstützung, diese Schwächen in den Griff zu bekommen.

Damit wächst die Wahrscheinlichkeit, dass Sie sich selbst Hilfe suchen zu diesen blinden Flecken – und dass Ihnen eher geholfen wird. Studien zeigen, dass Menschen eher zu Hilfe und Unterstützung bereit sind, wenn sie ihre Schwächen zugeben und signalisieren, dass sie daran arbeiten.

Zehn Tipps zum Umgang mit negativem Feedback

Natürlich müssen Sie sich nicht alles gefallen lassen. Wenn Ihr Gegenüber respektlos handelt oder spricht, sind Sie nicht verpflichtet, das über sich ergehen zu lassen. Ich gehe jedoch von einer respektvollen Grundhaltung des Feedbackgebers aus. Und es ist wichtig, negative Botschaften konstruktiv verarbeiten zu können und nicht sofort abzulehnen. Als Erste-Hilfe-Maßnahmen bieten sich dazu die folgenden Techniken an, um das eingeübte Verhalten zu irritieren und neue Wege zu gehen.

1. Wenn Sie bemerken, dass Sie sich aufregen, konzentrieren Sie sich auf Ihre Atmung. Versuchen Sie doppelt so lange auszuatmen, wie Sie eingeatmet haben. Dadurch stellt sich das autonome Nervensystem auf Beruhigung um.

2. Versuchen Sie zu verstehen, was Ihr Gegenüber offen und vielleicht durch die Blume sagen will. Aber geben Sie sich nicht zufrieden mit Ihren Interpretationen. Bleiben Sie gegenüber Ihren eigenen Interpretationen kritisch.
3. Fassen Sie das Gehörte zusammen. Und lassen Sie Ihren Gesprächspartner bestätigen, dass er es genauso gemeint hat, wie Sie es zusammengefasst haben.
4. Auch wenn sich in Ihnen alles sträubt, bedanken Sie sich für das Feedback. Der Dank heißt nicht, dass Sie zustimmen. Sie bedanken sich lediglich für das Feedbackverhalten des Mitarbeiters, nicht – unbedingt – für den Inhalt.
5. Sie müssen in der Regel auf das Feedback nicht sofort reagieren. Sie müssen nur antworten. Und die Antwort kann sein: »Vielen Dank! Ich werde mir das einmal durch den Kopf gehen lassen.«
6. Wenn Sie bemerken, dass die Unruhe steigt, nehmen Sie sich etwas zu schreiben und notieren Sie sich Stichpunkte zum Gehörten. Dadurch entschleunigen Sie beträchtlich.
7. Versuchen Sie, sich in die Haltung des Neugierigen zu bringen: Sie sind ab jetzt ein Forscher und wollen herausfinden, wie interessant unterschiedliche Menschen doch denken und wahrnehmen können. Versuchen Sie, die Unterschiedlichkeiten zu entdecken. Eine ganz neue Welt tut sich auf …
8. Wenn Sie dieses Kapitel aufmerksam lesen, werden Sie wahrscheinlich Schwierigkeiten im Umgang mit negativem Feedback haben. Das heißt, dass diejenigen, die Sie kennen, von Ihnen bereits erwarten, dass Sie unwirsch und abweisend reagieren. Wenn sich dann jemand hervorwagt, ist das Ihre Chance, ein neues Image zu schaffen. Dazu müssen Sie aber lernen, Ihre Mimik und Gestik, Ihre nonverbale Kommunikation im Griff zu behalten. Eine in Falten gezogene Stirn, ein besonders lautes Ausatmen oder eine zornig gestellte Frage, ein besonders starkes Ausatmen mit verdrehten Augen können das alte Image bestätigen.
9. Kombinieren Sie die Tipps: Gewinnen Sie Zeit durch das »Muss-ich-mir-durch-den-Kopf-gehen-lassen« und fragen Sie andere Kollegen, wie sie die gleiche Situation wahrgenommen haben.
10. Wenn Sie innere Aufregung bemerken, versuchen Sie, herauszufinden, was konkret Sie aufbringt. Manchmal hilft es, sich das Geschehen als Filmszene vorzustellen und sich zu fragen, wie die Szene auf einen imaginären Zuschauer wirken würde. Würde der Zuschauer sich auch aufregen? Wenn ja, warum? Dadurch gewinnen Sie Distanz und können sich besser selbst lenken.

IN DIESEM KAPITEL

Feedbackwissen im Test

Feedbackwissen online

Die richtigen Antworten

Kapitel 20
Zweimal zehn Fragen: Der Feedbacktest

Wie lässt sich das Wissen dieses Buches noch einmal zusammenfassen? Wie können Sie möglichst schnell die wesentlichen Aspekte noch einmal rekapitulieren? Der Feedbacktest in diesem Kapitel gibt Ihnen die Möglichkeit dazu: Ein Fragenkatalog führt Sie im Schnelldurchlauf durch alle relevanten Themen.

Quiz: das Feedbackwissen im Test

Im folgenden Multiple-Choice-Test gibt es einige Male mehrere richtige Antworten. Am Ende folgt die Auflösung.

1. Wie ist der Feedbackdreiklang aufgebaut?
   a. Ich beobachte ... – ich interpretiere ... – ich beurteile ...
   b. Ich habe beobachtet ... das wirkt auf mich ... ich wünsche von Ihnen ...
   c. Ich bin unzufrieden. Sie sind unzuverlässig und lassen Sie das in Zukunft.
2. Wie viele Varianten des Feedbackdreiklangs wurden in dem Buch vorgestellt?
   a. Eine Variante.
   b. Drei Varianten.
   c. Fünf Varianten.
3. Was ist mit dem Bild »Landkartenvergleich« gemeint?
   a. Eine andere Beschreibung für den Feedbackprozess.
   b. Ein Vergleich der Landschaft mit der Landkarte.

   c. Eine Konstruktion, die verdeutlichen soll, dass unterschiedliche Menschen sich von der Landschaft unterschiedliche »Landkarten« fertigen, ohne dass sie sich dies bewusst machen.

4. Warum ist es sinnvoll, sich selbst Feedback zu geben?

   a. Es ist nicht sinnvoll, weil ich mir selbst gegenüber nicht objektiv sein kann.

   b. Ich kann versuchen, meinen blinden Fleck kennenzulernen.

   c. Es ist eine Möglichkeit, sich mit sich selbst auseinanderzusetzen und weiterzuentwickeln.

   d. Je stärker ich mich mit mir auseinandersetze, desto größer ist die Wahrscheinlichkeit, die Veränderung anderer Menschen wohlwollend (und gnädig) zu begleiten.

5. Wenn Sie meinen, dass ein Feedback notwendig ist, sollten Sie dann sofort reagieren oder warten, bis ein wenig Zeit zwischen dem Ereignis und dem Feedbackgespräch vergangen ist?

   a. Sich Zeit nehmen, um die Situation genau analysieren zu können.

   b. Nicht unmittelbar, aber zeitnah reagieren.

   c. Im Allgemeinen das Feedback so schnell wie möglich nach dem Ereignis geben.

   d. Im Allgemeinen das Feedback so schnell wie möglich nach dem Ereignis geben, abgesehen von Jahresgesprächen.

6. Ein Feedback am Arbeitsplatz und eine Leistungsbewertung konzentrieren sich auf das Verhalten und die Arbeitsleistung der Mitarbeiter. Wie unterscheidet sich ein Feedback von einer Leistungsbeurteilung?

   a. Ersteres bedeutet ein Vier-Augen-Gespräch, Letzteres ist ein geschriebener Projektbericht.

   b. Das eine blickt in die Vergangenheit und das andere konzentriert sich auf die Zukunft.

   c. Das eine konzentriert sich auf zwei Menschen, das andere will fast das gesamte Team erfassen.

   d. Die Leistungsbeurteilung ist ein Spezialfall des Feedbacks.

7. Was ist der erste Schritt, wenn Sie ein Aufwärtsfeedback planen?

   a. Eine Abwägung, ob das Ziel des Gesprächs das Risiko wert ist.

   b. Alle Informationen und Beispiele zusammentragen, die für das Gespräch benötigt werden.

   c. Klären, ob das Gespräch geführt werden soll, und gegebenenfalls einen Termin mit dem Vorgesetzten vereinbaren.

8. Was sollten Sie tun, wenn ein Feedbackgespräch vollkommen aus dem Ruder gelaufen ist?

   a. Unrat vorbeischwimmen lassen: Fehler passieren.

   b. Wenn das Gespräch durch Ihre emotionale Reaktion aus dem Ruder läuft, heißt es, am nächsten Tag auf den Mitarbeiter zugehen und gemeinsam klären, was in dem Gespräch schiefgelaufen ist.

c. Sich nach dem Gespräch versuchen klar zu werden, woran die Eskalation des Gesprächs gelegen hat.

9. Angenommen, einer Ihrer Mitarbeiter wäre sehr unsicher und scheu. Wie würden Sie am besten auf ihn zugehen, um ihm Feedback zu geben?

a. Offene Fragen stellen.

b. Kleine Veränderungsschritte vereinbaren.

c. Nicht das Gespräch suchen, um den Kollegen nicht zu verunsichern.

d. Kollegen dazu anregen, auf den Kollegen zuzugehen.

10. Zu welchen Gelegenheiten sollte man kein Feedback geben?

a. Kein Feedback geben, wenn der Empfänger emotional aufgebracht ist.

b. Kein Feedback geben, wenn der Sender emotional aufgebracht ist.

c. Wenn die Situation, auf die hin Feedback gegeben wird, vollkommen aus dem Rahmen fällt.

d. Kein Feedback geben, wenn man die bisher gute Beziehung gefährdet.

Lösungen

Frage 1: Je nach Ausgangssituation ist a) und b) zutreffend.

Frage 2: Hier ist c) die Lösung. Es wurden fünf unterschiedliche Variationen vorgestellt:

- ✔ die ursprüngliche Form
- ✔ Feedback unter Gleichgestellten
- ✔ Feedback nach oben
- ✔ Feedback im Jahresgespräch
- ✔ sich Feedback holen

Frage 3: Hier ist c) die Lösung.

Frage 4: Die Lösungen b), c) und d) sind zutreffend.

Frage 5: Hier sind die Lösungen b), c) und d) richtig.

Frage 6: Hier ist d) die richtige Lösung.

Frage 7: Hier sind alle drei Antworten richtig.

Frage 8: b) und c) sind die Lösungen der Wahl.

Frage 9: Sie müssen ins Gespräch kommen. Dazu verhelfen offene Fragen. Die Lösung ist a).

Frage 10: Hier sind die Antworten a), b) und c) zutreffend.

Quiz zum Online-Feedback

1. Was ist eine besondere Herausforderung beim Online-Feedback im Vergleich zum persönlichen Feedback?
   a. Die technische Ausstattung der Teilnehmer.
   b. Der fehlende visuelle und nonverbale Kommunikationskanal.
   c. Die längere Zeitspanne für die Rückmeldung.
2. Welcher Aspekt ist beim Online-Feedback besonders wichtig, um Missverständnisse zu vermeiden?
   a. Präzise und klare Sprache.
   b. Der Einsatz von Emoticons.
   c. Der Zeitpunkt der Nachricht.
3. Welche Plattform ist besonders geeignet für umfangreiches Online-Feedback?
   a. Messenger-Dienste wie WhatsApp.
   b. Videokonferenz-Tools wie Zoom oder Teams.
   c. Soziale Medien wie Facebook.
4. Warum kann Online-Feedback leichter als unpersönlich wahrgenommen werden?
   a. Weil es meist schriftlich erfolgt.
   b. Weil es zu schnell gegeben wird.
   c. Weil die technischen Hürden zu hoch sind.
5. Was ist ein häufiger Fehler beim Geben von Online-Feedback?
   a. Zu spät auf technische Probleme eingehen.
   b. Feedback in langen Textabsätzen ohne klare Struktur geben.
   c. Sich ausschließlich auf positive Rückmeldungen zu konzentrieren.
6. Wie kann die fehlende Körpersprache beim Online-Feedback ausgeglichen werden?
   a. Durch die Verwendung von Schriftgröße und -farbe.
   b. Durch eine achtsame und präzise Wortwahl.
   c. Durch regelmäßige Audio- und Videonachrichten.
7. Was kann helfen, Online-Feedback persönlicher zu gestalten?
   a. Eine standardisierte Antwortvorlage verwenden.
   b. Sich auf die wesentlichen Punkte konzentrieren.
   c. Den Einsatz von Video-Feedback nutzen.

8. Welcher dieser Punkte ist beim Online-Feedback besonders entscheidend?
   a. Schnelligkeit und Spontaneität.
   b. Asynchrone Kommunikation.
   c. Verbindlichkeit und Klarheit.
9. Welcher Vorteil bietet Online-Feedback im Gegensatz zu herkömmlichen Feedback-Gesprächen?
   a. Es kann jederzeit und ortsunabhängig gegeben werden.
   b. Es ist anonymer.
   c. Es kann mehr Details umfassen.
10. Welche Kommunikationsform sollte beim Online-Feedback vermieden werden?
   a. Sprach- und Videoaufnahmen.
   b. Ironie und Sarkasmus.
   c. Schriftliche Rückmeldungen.

Lösungen

Frage 1: b) Der fehlende visuelle und nonverbale Kommunikationskanal.

Frage 2: a) Präzise und klare Sprache.

Frage 3: b) Videokonferenz-Tools wie Zoom oder Teams.

Frage 4: a) Weil es meist schriftlich erfolgt.

Frage 5: b) Feedback in langen Textabsätzen ohne klare Struktur geben.

Frage 6: b) Durch eine achtsame und präzise Wortwahl.

Frage 7: c) Den Einsatz von Video-Feedback nutzen.

Frage 8: c) Verbindlichkeit und Klarheit.

Frage 9: a) Es kann jederzeit und ortsunabhängig gegeben werden.

Frage 10: b) Ironie und Sarkasmus.

Abbildungsverzeichnis

Stichwortverzeichnis

R

S

T

U

www.ingramcontent.com/pod-product-compliance
Lightning Source LLC
LaVergne TN
LVHW061935220826
846092LV00004B/1012